北京市中小学名师发展工程系列丛书

首届
北京名师名校长论坛
论文集（一）

鱼 霞 主编

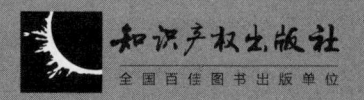

知识产权出版社
全国百佳图书出版单位

图书在版编目（CIP）数据

首届北京名师名校长论坛论文集.一／鱼霞主编.—北京：知识产权出版社，2018.3
ISBN 978-7-5130-5439-3

Ⅰ.①首… Ⅱ.①鱼… Ⅲ.①中小学教育—文集 Ⅳ.①G63-53

中国版本图书馆 CIP 数据核字（2018）第 035865 号

责任编辑：徐　浩　　　　　　　　　责任校对：谷　洋
封面设计：SUN 工作室　　　　　　　责任出版：刘译文

首届北京名师名校长论坛论文集（一）
鱼　霞　主编

出版发行：知识产权出版社 有限责任公司		网　址：http：//www.ipph.cn	
社　址：北京市海淀区气象路 50 号院		邮　编：100081	
责编电话：010-82000860 转 8343		责编邮箱：xuhao@cnipr.com	
发行电话：010-82000860 转 8101/8102		发行传真：010-82000893/82005070/82000270	
印　刷：北京嘉恒彩色印刷有限责任公司		经　销：各大网上书店、新华书店及相关专业书店	
开　本：720mm×960mm　1/16		印　张：20.75	
版　次：2018 年 3 月第一版		印　次：2018 年 3 月第一次印刷	
字　数：475 千字		定　价：88.00 元	
ISBN 978-7-5130-5439-3			

出版权专有　侵权必究
如有印装质量问题，本社负责调换。

目 录

教师应厘清的关于"核心素养"的基本问题 …………………………… 陈黎明（1）
基于"核心素养"的高中历史综合实践活动课程的探索
　　——以"依托永定河文化，开发校本课程的研究"为例 ………… 安丽萍（5）
从基于标准到基于学科素养培养的教师专业发展实践研究
　　——以北京市朝阳区学科教师培训工作为例 …………………… 白雪峰（10）
充分挖掘科学史教育价值，提高学生生物科学素养 ………………… 毕诗秀（15）
深层阅读教学课例分析：一个隐喻认知的角度 ……………………… 蔡　吉（24）
通过基于学情的"同课异构"提升初中英语教师听说课教学设计与
　实施的能力 ……………………………………………………………… 曹爱平（31）
注重理性思维，促进学生对生物学核心概念的理解
　　——以"ATP 是细胞的能量通货"为例 ………………………… 曹仁明（39）
基于专家指导的陈经纶中学高中化学高端备课及教学实践研究报告 …… 曹宇辉（46）
对社会主义核心价值观的深度分析
　　——由一节哲学课引发的思考 …………………………………… 曹正宝（56）
以面积为例谈数学活动设计
　　——数学活动设计初探 …………………………………………… 陈春芳（62）
小学生数学表达能力的培养研究 ……………………………………… 陈凤伟（67）
基于核心素养培养的高中英语文学阅读校本课程实践探索 ………… 程　岚（77）
生涯规划课程教学效果评价标准的研究 ……………………………… 程忠智（82）
探索学道文化课程培育学生核心素养 ………………………………… 戴文胜（88）
准确把握教材意图，精心设计数学课堂教学思路
　　——由《体育比赛中的数学问题》的教学想到的 ……………… 单红兵（95）
小学音乐课堂活动教学现状与教学策略的研究 ……………………… 丁艳茹（98）
中学数学教学中运用信息技术提高学生发现、提出问题能力的研究
　　——《利用导数研究不等式恒成立问题》的课例分析 ………… 董　武（106）
中学古诗教学中对语文核心素养的培养 ……………………………… 董雪娇（116）
基于核心素养发展的"持续默读"高中英语阅读教学 ……………… 杜秀平（123）
课外阅读促进学生核心素养的形成和发展 …………………………… 冯建平（128）
在实验探究活动中提升学生的化学核心素养 ………………………… 冯清华（133）
于"矛盾"中觅光亮　提升教材解读品质
　　——以小学人教版教材中林海音的作品为例 …………………… 高雅跃（138）
合理分析文本，确定英语学科核心素养的培养重点 ………………… 关　媛（144）
学生核心素养培养"校本化"实施的实践与思考 …………………… 管　杰（150）

· 1 ·

使用形象化记录时应注意的问题 …………………………………… 郭建华（155）
敢于"放手"的爱　收获幸福成长
　　——浅谈幼儿自主学习品质的培养 …………………………… 韩　梅（163）
浅谈数学核心素养在教学中的显现
　　——以"函数的单调性"教学为例 …………………………… 韩　玮（167）
初中物理复习课对培养学生能力的教学价值 …………………… 郝　臣（175）
基于学生心智模型发展的高中物理建模教学初探 ……………… 何春生（180）
从数学核心素养与育人价值看运算主线 ………………………… 贾光辉（185）
运用时间轴进行技术史教学的研究 ……………………………… 江卫园（192）
基于学生核心素养发展的文本解读与教学实施
　　——以《唯一的听众》为例 …………………………………… 蒋秀云（197）
利用社会资源在小学美术教学中的研究 ………………………… 金　姬（203）
培养儿童的科学精神，科学教师至关重要 ……………………… 孔晓燕（211）
基于核心素养的数学实践活动的设计与实施 …………………… 黎　宁（216）
且行且思在纪录研究之路上 ……………………………………… 李爱华（229）
寓对话品性培育于记叙文读写课程 ……………………………… 李得武（233）
尊重差异的教学策略 ……………………………………………… 李洁玲（238）
论语文翻转课堂的操作流程 ……………………………………… 柴　荣（242）
营造情境唤醒初中生的古诗文积累 ……………………………… 陈　沛（247）
研究引领需求，效果激发动力
　　——提升教师培训有效性的方法策略 ………………………… 陈　侠（253）
基于核心素养发展的高中英语写作教学的实践研究
　　——以一节写作研究课为例 …………………………………… 冯爱武（260）
创设诗意课堂，塑造诗意人生
　　——英文诗创作与欣赏在高中英语教学中的创新运用与实践 ……… 蒋炎富（269）
分析初中生疑问的类型与利用实验释疑 ………… 李树新　卢慕稚　王亚兰（278）
中考改革背景下的初中英语听力教学研究与实践 ……………… 刘云凤（284）
数学教学中解题反思能力的培养与实践 ………………………… 栾瑞红（291）
普通高中推进名著阅读的有效策略 ……………………………… 罗　丹（299）
慢读细品，关注学生的阅读感受 ………………………………… 吕　静（306）
利用阅读输出活动　改变初中生英语阅读学习态度 …………… 聂青华（310）
学生发展核心素养：政策背景、内涵辨析及培养路径 ………… 宋洪鹏（315）
交流轮岗背景下中小学校教师队伍建设的挑战与应对 ………… 郝保伟（322）

教师应厘清的关于"核心素养"的基本问题

陈黎明[*]

【摘　要】 目前,"核心素养"是我国基础教育研究领域中的"热词"。如何理解核心素养的基本内涵以及如何培育学生的核心素养成为广大一线教师共同关注的问题。本文从三个方面入手,即为什么提出"核心素养"、基础教育阶段学生的"核心素养"是什么以及教师如何培育学生的核心素养,来帮助教师进一步厘清关于"核心素养"的基本问题,避免教师在问题庞杂、条目繁多的框架体系中无所适从。

【关键词】 核心素养;基本问题;内涵

一、为什么提出"核心素养"

为了深刻了解事物的本质,不仅要"知其然",更要"知其所以然"。所以,教师只有认清"核心素养"理念背后的价值动因,才能更深刻地把握核心素养的内涵,从而有的放矢地进行教学。

那么,在我国基础教育领域,为何提出培养学生"核心素养"这一价值目标呢?我们认为,当前我国基础教育领域对培育学生"核心素养"的热切关注,其动因是对新时代背景下基础教育究竟要"培养怎样的人"的"再思考"。

教育作为人类的一种特殊的实践活动,与社会、个人之间有着天然的、内在的联系。然而,不同的时代对教育有不同的要求,对所培养出的人应具备的个性品质的期待也不尽相同。新中国成立以来,我国基础教育以培养学生的基础知识和基本技能为主。"双基"的培养目标在一定时期内适应了我国社会的政治经济发展水平,为我国培养了大批合格的劳动者。然而,随着现代社会的发展以及全球经济的转型,基础知识和基础技能以及基本方法和基本态度、价值观的培养,已经不足以让学生应对时代的变化,也无法满足现代社会对现代人的基本要求。众所周知,当今社会是一个价值多元、信息开放、知识日新月异的社会。而教育作为"营造社会生活的一种手段",必然要考虑社会的发展,实现一定的社会目的,满足一定的社会需要,并为社会的发展培养出所需要的公民,从而为建设理想的社会打下良好的基础。

---

[*] 陈黎明(1985~),女,北京教育科学研究院教师研究中心,博士,研究方向为教师专业发展、教师政策。

所以，在这样的社会背景下，我们必须要进一步厘清教育应该培养什么样的人，或者说，具有哪些品质、素养的人才能够在现代社会创造幸福生活并积极服务社群。当前，我国基础教育领域内对学生核心素养的探讨，不仅是对教育规律的一种探寻，更是对社会需求的一种回应。

作为一线教师，我们应该明晰"核心素养"所提出的时代背景，理解当下对核心素养的探讨是对基础教育阶段培养目标的重新思考，是新时期课程改革、实施素质教育的抓手。核心素养并不是一个新问题，它的核心始终是"培养什么样的人"的问题。所以，教师们也不用将核心素养的探讨视为畏途或额外的负担，而应积极地从更为广阔的视角出发，改变思维方式并理性反思在现代社会背景下要培养怎样的人。

那么，在新时代背景下，究竟应该培养怎样的人呢？学生的"核心素养"应该包含哪些内容呢？

二、何谓学生的"核心素养"

核心素养（key competencies）一词，源于国际经济合作与发展组织（OECD）、联合国教科文组织（UNESCO）、欧盟（EU）等世界组织对人的核心素养的研究。例如，OECD对核心素养的界定主要从功能论出发，将核心素养看作是个人适应社会、改造社会的能力和内在品质，并指出"反思性思考和行动"是核心素养的关键。欧盟从终身学习的理念出发，将核心素养定义为："在知识社会中每个人发展自我、融入社会及胜任工作所必需的一系列知识、技能和态度的集合。"在此背景下，各国先后开始构建起各有侧重的学生核心素养框架体系（例如，美国的21世纪素养框架、新加坡的学生素养框架），并以此为圭臬指导基础教育课程、教学以及教师专业发展等方方面面的改革。

近些年，我国学者对核心素养的探讨也是如火如荼。其中具有代表性观点的有林崇德教授带领的研究团队对核心素养的界定，即"核心素养（Key Competencies）是学生在接受相应学段的教育过程中，逐步形成的适应个人终身发展和社会发展需要的必备品格和关键能力。它是所有学生应具有的最关键、最必要的基础素养，是知识、能力和态度等的综合表现，可以通过接受教育来形成和发展，具有发展连续性和阶段性，兼具个人价值和社会价值。而且，学生发展核心素养是一个体系，其作用具有整合性"。林崇德教授从教育功能的两个维度（个人与社会）出发，强调了学生核心素养的"关键性""基础性"的特点，并根据教育的规律指出核心素养的形成具有联系性和阶段性特点，可以说从宏观上对核心素养的内涵给予了较为全面的概括。同时，以此核心素养的概念界定为基础，2016年3月《中国学生发展核心素养（征求意见稿）》向社会发布。征求稿从微观层面出发，具体提出了中国学生的九大核心素养：社会责任，国家认同，国际理解；人文底蕴，科学精神，审美情趣；身心健康，学会学习，实践创新。九大领域的提出，进一步将核心素养从理念的层面转化为具体的条目，为培育学生的核心素养提供了一个较为明确的方向。

当然，值得注意的是，既然是"核心"素养就要体现其"核心性"而不能笼统且力求全面的表述所有的素养条目。无所不包的素养条目只会让实践者无所适从。所以，对于核心素养的确定，不仅要把握住时代要求对人的基本素养的期待，更应该根据每个年龄阶段学生的生理与心理的发展特点，具有针对性地培养学生的基本素养和核心品质。那么，在了解为什么提出核心素养以及核心素养是什么的基础上，各学科教师如何才能培养学生的"核心素养"呢？

三、教师如何培养学生的"核心素养"

在理解何为核心素养的基础上，如何通过自身的教学实践培养学生的核心素养是每位教师最关注的问题。正如上文所述，核心素养的提出是新时代背景下，教育对应培养什么样的人的进一步追问。所以，教师在教学过程中不仅要关注学科基础知识、基本技能的传授，更要始终将培养"人"作为一种价值追求。具体来讲，教师应从以下三方面入手，通过教学培养学生的核心素养。

首先，重视教学中基础知识与基本技能的传授。无论何种教育理念或理想的实施，都不能忽视教师对学生基础知识与基本技能的传授这一根本教学目标。通过系统的教育教学活动，使学生能够在较短时间内获得人类所积累的基础知识并获得相应的基本能力，是教育教学的基础性目标。学生作为成长中的个体，只有在获得基本性知识与能力的基础上才能获得其他方面的发展。所以，切勿忽视基本知识与能力在基础教育培养中的基础性地位。当然，传授基础知识并不等于运用机械的教学方法向学生灌输知识，而要重视方式方法，在传递基础知识的过程中着力培养学生运用知识解决问题的能力。

其次，培养学生的学科思维。在培养学生基础知识、基本能力的基础上，教师应该着重培养学生的学科思维。每一个学科都有其特有的思维方式并能够培养学生某一方面的品质。例如，数学学科中对学生逻辑思维的培养，物理学中对学生守恒思维的培养，哲学课中对辩证思维的培养，外语学科中培养学生对多元文化的认同，等等。通过学科思维的培养，学生可以在学习基础知识的过程中获得认识世界的认识论、解决问题的方法论以及合理看待世界的价值论。教师只有把知识本身所附带的思维方式传递给学生，才能通过知识的传授改变学生的思维，并培育学生的学科素养。而学科素养的形成也是学生核心素养形成的关键。

最后，教师应始终将培养"人"作为教育的终极追求。这里强调的是教师在教学过程中不能把培养获取"高分"的"工具人"作为终极的价值追求。教师眼里要有"人"的存在，并将培养具有独立人格、自律能力、责任感、创造性、开拓意识等品质的现代人作为目标。总之，在培育学生核心素养的过程中，教师需要更加广阔的视野与人文情怀，能够不断汲取社会学、心理学、哲学等人文科学知识，不断提升自身的专业素养。只有这样的教师才能够在当今教育改革的浪潮中坚守教育理想，培养出身心健康、具有良好道德情操、内心向往美好生活并具有社会责任感和使命感的人，并通过这样的人来建设一个自由、民主、充满人文精神和法制规范的理想社会。

【参考文献】

[1] The European Parliament and the Council of the European Union. Recommendation of the European Parliament and of the Council of 18 December 2006 on Key Competences for Lifelong Learning [J]. Official Journal of the European Union, 2009 (8).

[2] 中国学生发展核心素养（征求意见稿） [EB/OL] http：//wenku.baidu.com/link？url=Gd1YSccNCprOR28kb48dzBRZ_qJz4L3xcGQtkC-kEzceMPE0WzOkWn_qBTHWUTrwtqWvtX4A2NbWZaXM_YS6oFtroC3FqcIzK7FPyJScaq_.

基于"核心素养"的高中历史综合实践活动课程的探索
——以"依托永定河文化,开发校本课程的研究"为例

安丽萍[*]

【摘 要】 2017年北京市拉开以"核心素养"为主导理念的教育改革的大幕。对这一教育理念的理解,其实就是要回答"培养什么样的人"和"怎样培养人"的问题。本文通过探索如何将高中历史综合实践活动课程与课堂教学有效结合,重点围绕课程实施的目的、方法、效果等方面,挖掘并培养学生的关键能力和必备品格,在具体实践中尝试解读"核心素养"的含义,以及它赋予当今教育改革的现实意义和深远影响。

【关键词】 核心素养;综合实践;课程目标;课程实施;课程效果

在教育部2014年印发的《关于全面深化课程改革落实立德树人根本任务的意见》中,首次提出"核心素养体系"这个概念。自此,"核心素养"迅速成为一个热词,为教育界所熟知。

目前,对于核心素养的明确界定是个体在知识经济、信息化时代面对复杂的、不确定的现实生活情境时,运用所学的知识、观念、思想、方法,解决真实问题所表现出来的关键能力与必备品格。它所强调的关键能力与必备品格是根据人的终身发展与社会发展的要求来确定的,在众多的素养中是最重要、最关键的。我认为"核心"二字也并没有一个完全统一的标准,但应该突出强调的是个人修养、社会关爱、家国情怀,同时还要注重自主发展、合作参与、批判精神、创新实践等,在自我实现的同时促进社会的发展,无疑这应该成为我们教育的终极目标。爱因斯坦曾说过:"教育无非是将一切已学过的东西都遗忘后所剩下来的东西。"遗忘掉的东西就是所学的具体知识和内容,而剩下来的就是所谓的能力品格(素养),是个体应具有的起基础和支撑作用的素养。

核心素养的培养要通过不同课程的合力配合,同时,衡量学生核心素养的质量标准又体现在具体学科在这一合力中所发挥的独特作用与教育价值。以历史学科为例,正如吴伟教授所言:"历史素养是通过日常教化和自我积累而获得的历史知识、能力、意识以及情感价值观的有机构成与综合反映。其所表现出来的,是能够从历史和历史学的角度发现问题、思考问题及解决问题的富有个性的心理品质。"

---

[*] 安丽萍(1967~),女,北京市京源学校,特级教师。

为了适应改革的需要，作为一线教师，有必要深入了解、理解这个将主导教育发展的支柱性理念。只有这样，才有可能在今后的教学中，让它从一个抽象的概念变成教学的法宝，指导教师的教育教学实践，充分发挥它的效力。本文就以笔者主持的研究课题"依托永定河文化，开发校本课程的研究"为例，谈谈我在高中历史综合实践活动中培养学生核心素养的一些尝试和体会。不揣浅陋，期望在交流探讨中得到专家、同行们的批评指正。

一、立足实际，合理制定课程目标

一门学科的兴衰归根到底在于它的社会功能。"依托永定河文化，开发校本课程的研究"属于综合实践活动课程。它是以北京永定河流域的古村落文化为依托，以实践活动为主要方式，结合学科特点开发的校本课程。它是对国家课程的拓展与补充，旨在为不同发展方向的孩子提供更多的发展机会，给孩子更多选择的余地；在关注学生全面发展的同时，也满足他们个性发展的需求。因此，我们的课题是探索如何将国家课程与校本课程有效结合的一次尝试。

国家课程的优点是突出了对书本知识的获取和前人经验的总结，但不足之处是忽视了学生从亲身体验中学习历史的重要途径。因此，课程目标的制定是基于高中学生已有的历史学习经验和学习能力，以高中历史学科课程为核心，以北京永定河文化，特别是古村落文化为载体，以民居建筑四合院为抓手，指导学生按照科学的研究方法开展实践活动，期望最终能将研究成果转化为有效的历史学习资源，使课堂教学与社会实践有机结合。在课题实施过程中，指导学生阅读、整理，学习通过多种途径获取历史信息的方法，提高研读史料的能力；养成善于提问、勤于思考、主动探究的学习习惯；增强合作意识和团队精神；培养创新精神和实践能力，增强历史意识，提高历史思维品质。

借助北京永定河流域丰富的历史文化资源，让学生感受传统文化的魅力、价值，增强关注现实、关注家乡发展的历史使命感和社会责任感；深刻思考历史文化遗产的保护、开发与城市化进程之间的关系，树立挖掘、弘扬、传承民族传统文化的主动意识和求真求实的科学态度。

课题研究的最终目标是希望能将这些知识、技能和情感态度、价值观转化为一种可持续发展的学习内驱力，即核心素养所强调的关键能力和必备品格，为学生的终身发展奠定基石。

二、走向社会，有效推进课程实施

走出书斋，走向社会，通过广阔的社会大课堂，让学生在体验中探究，在合作中交流，在碰撞中思考，它带给学生的都是充满生活气息的真实感受。

作为实践活动课程，实地参观考察是必不可少的。一次完整的考察活动应该包括编制活动方案、组内讨论交流、实地活动探究、成果展示汇报等环节。这个过程对培养学生的学科能力、思维品质、意志品格等核心素养都具有深刻的影响。

例如，在考察门头沟区的明清古村三家店时，老师指导学生在阅读相关文献资料的基础上，编写活动方案，要求是明确活动主题、确定考察路线、围绕参观重点设计探究问题。接下来就是实地考察了。在整个活动中，学生们仔细观察、大胆质疑、积极提问，通过小组合作发挥团队精神、互相鼓励、启发，充分表现出他们在学习中的主体地位和探究精神。学生们设置的问题如下：

（1）义源记商号原址（78号院）为什么院门没有门槛？

（2）琉璃的颜色有啥讲究？为什么坐落在古街上的这座山西会馆能使用黄色琉璃瓦盖顶？

（3）古老的殷家大院见证了历史变迁，在这里留下了哪些历史印记？

（4）你能读懂这条古街上那些精美的砖雕、木雕、石雕上所刻画的历史故事或历史典故吗？它们寄托了农耕时代人民怎样的理想？

（5）屋脊、门楣、门簪、门墩、墀头、影壁、老门联、窗棂等与四合院有关的各种装饰，呈现出中国特有的吉祥文化。仔细观察，体会其中所蕴含的传统文化精髓。

（6）"门当户对"的本义是什么？在三家店古街上找找你喜欢的"门当户对"，说说理由。

（7）从三家店的地理位置、商业传统，谈谈它与北京城的关系以及它自身的价值与地位。

学生们带着这些问题，一路走，一路看，一路思，一路议，还不时会迸发出新的问题，摩擦出新的思维火花。

这条古街所蕴含的人文历史以极富人情味的方式呈现出来，比正史来得更丰满，也更生动。明清时期的政治、经济、科技、重要历史人物以及中国传统的思想观念、文化风貌、社会习俗，农耕文明时期人们的理想追求，等等，这些原本写在历史教科书里的知识，在这里都变得鲜活起来。在城市化进程不断加快的今天，学生在实地找到的这些历史印记，也遇到了严峻的挑战，这更有助于他们理解中国传统文化的价值与精髓，可能也更能感悟到"留得住绿水青山，记得住乡愁"对留住一个民族的记忆、维系一个民族生存发展所产生的深远意义。

三、教学相长，彰显课程教育效果

当我们开发的教学资源深入到学生最近的"生活区"，课堂教学与学生生活紧密相关的时候，学生的学习兴趣和学习动机才有可能被激活，情感态度、思想认识才能得以升华，知识与技能转化为学生的素养也就水到渠成、顺理成章了。

1. 有助于教师教学方式的转变

在课题开展过程中，我们深入研究了古村落文化中最具代表性的传统民居建筑四合院，这样一个小小的庭院几乎就是农耕时代古老文明的缩影。而且，它所包含的古代中国的政治制度、经济形态、哲学思想、伦理道德、美学理论、生态观念、风水学说等内容，几乎覆盖了高中历史教材所涉及的中国古代所有相关知识。

于是，从社会实践再回归课堂教学时，我确定了一个研究话题就是"中国传统建筑的文化内涵——品北京四合院之美"，以四合院为载体，将其发展历史、建筑形态、布局特点、装饰手法等内容，与高中历史三个必修模块中的分封制、宗法制、小农经济、礼乐制度、中庸思想、天人合一等相关知识统筹整合，构成这节课的两条主线，一明一暗，齐头并进，相辅相成，让学生真切感受到儒家思想对中国传统建筑的深刻影响，以及中国传统建筑所蕴含的丰富而深厚的文化内涵。尊宗敬祖、向心凝聚的家族亲情，家国一体的政治伦理思想，不偏不倚的中庸智慧，礼制与和乐之间的平衡、协调营造出的和谐有序的社会氛围，封闭围合的建筑特点孕育出东方特有的含蓄内敛、深藏不露的文化气质和民族性格，寓教于情、寓教于乐的装饰文化反映了人们对美好生活的憧憬和乐观向上的生活态度，天人合一所蕴含的风水理论表达了人们对大自然的热爱、亲近、敬畏、谦恭的生态理念，以及人类对环境科学的认识和思考，等等。儒家思想的精髓通过四合院这一经典建筑模式得到了完美诠释。

教学资源的整合，使课堂教学与现实生活紧密联系在一起。在老师的通盘运作下，书本知识从孤立走向整体，从分散走向集中。完整的知识体系、立体的知识架构建构起来，有利于学生将教材中那些抽象、枯燥、平面的文字变得直观、生动、立体起来，使所学内容更加丰满，富有人文情怀，更有助于培养学生以广阔的视野和敏锐的洞察力把握古代中国历史发展的全貌。

我相信，学生感受到的四合院之美，足以深深触动他们的心灵，中国传统建筑的迷人风采和隽永魅力也会镌刻在他们的心里。从课堂到社会，再回归课堂，学生对知识的理解和感悟、思想认知的升华都显得顺畅自然、水到渠成。

2. 有助于学生学习方式的转变

"北京永定河流域的古村落"是我们的总课题，学生们又根据自己的兴趣开发出若干个子课题，如风水文化、装饰文化、庭院文化、门文化、吉祥文化等。学生可以根据自己的兴趣爱好自由选择，结成研习小组，每个组都配有指导老师。其中，对风水文化感兴趣的同学最多，主要因为在传统观念里风水学说充满了神秘感，甚至成为封建糟粕、迷信落后的代名词。但在接触了这个课题后，大家对风水学说有了新的认识和理解。

风水，也叫堪舆，是中国古代即已产生的一种生活环境的设计理论，千百年来广泛影响着人们的生活，在传统文化中占有重要地位。说到北京城市和民居四合院的形成，风水学说是至关紧要的因素。

风水文化小组的同学们初涉这个领域就表现出强烈的好奇心和浓厚的兴趣。他们查阅了很多资料，了解到风水理论在中国的缘起、发展历程、所处地位，以及它所蕴含的科学、合理的成分。对这一古老学说，学生们也有了自己的理解和价值判断，他们还在课题组内举办了一次小型讲座，其中王一凡同学的发言给大家留下了深刻的印象，她撰写的小论文《透过风水看石景山的墓葬文化》也很有新意。

源于现实生活中的鲜活素材被转化为学生们的学习资源，拉近了学生与历史的距离，孩子们的自主学习、合作学习、选择性学习都是在多样化、开放式的学习环境中实现的。这种学习方式的转变，为开阔学生视野、丰富学科知识、提高学生的创新精神和实践能力提供了发展平台，这样的学习才能使历史真正成为一门充满魅力的人文科学。

3. 有助于学生核心素养的提升

我们课题组在前期的调查问卷中有两道题：你心目中的古村落是什么样的？你认为古村落应该具有哪些特征？绝大部分同学写出来的内容几乎都包含了这样几个关键词：破破烂烂、愚昧迷信、贫穷落后等。但当他们通过专家讲座、查阅资料，有了一定的知识储备之后，再走进这些古村落，特别是接触到这里的原住民，听他们原汁原味地讲述，再通过亲眼所见、亲手触摸、亲自观察之后，才有了真切的感受。"学贵有疑，小疑则小进，大疑则大进。"现代学习方式特别强调问题在学习活动中的重要性。孩子们每次参观前，都会准备一些问题，参观后又会产生新的疑问。经历了发现问题、提出问题、分析问题、解决问题的循环探究的学习过程，他们的知识、能力和思想认识都得到了提升。

课题开展过程中我们进行了大量文献资料选读的训练，所以学生在历史学习中研读史料的能力不仅明显提高，史证意识也很突出，应该说这都是重要的历史学科素养。比如"为什么说四合院这种民居建筑是对古代天人合一思想的完美诠释？"学生们会从房屋的布局、庭院的功能、北京人喜欢种植的花草树木、饲养的小动物等方面找依据；在论述过程中，孩子们会运用地理知识，如北方的环境、气候、太阳高度角、季风等方面来谈这一古老建筑的科学性；从建筑的选址、朝向、大门的位置、周边环境等特点，谈古老的风水理论所蕴含的合理成分。

课堂上，学生们思维碰撞活跃，观察视角独到，问题意识突出，问题指向明确，知识迁移能力较强，特别是他们对待传统文化所表现出来的公正、客观、理性的态度更是令人称道。

2017年北京市拉开以"核心素养"为主导理念的改革大幕。核心素养不只是课程目标，还是一种崭新的课程观。如何践行核心素养，对于教师而言，都要做好这份答卷。这将是一个艰巨而任重道远的过程。

【参考文献】

[1] 朱晓明. 试论古村落的评价标准[J]. 古建园林技术，2001（4）.
[2] 黄顺基. 走向知识经济时代[M]. 北京：中国人民大学出版社，1998.
[3] 吴伟. 历史学科能力与历史素养[J]. 教学研究，2014（3）.
[4] 叶小兵. 培养学生的历史学科核心素养——历史课程教材改革的新思路（主题报告）.

从基于标准到基于学科素养培养的教师专业发展实践研究
——以北京市朝阳区学科教师培训工作为例

白雪峰*

【摘　要】：从基于标准到基于学生学科核心素养培养的骨干教师工作坊研修，是区域学科教师培训工作面对学术引领与内涵发展这一新要求的转型升级，不仅体现了对成人学习规律的尊重与遵循，更凸显了"培训课程标准化"向"学员即培训资源"的理念转变。深入学科教学内容的问题导向和基于课堂教学实践改进的任务驱动是"唤醒教师对教育内在价值、教育教学规律和个人专业发展的认识自觉、探索自觉和规划自觉"的助推器，促进了学科教师主动探究，有效学习，支持特色发展的工作坊研修文化的建设。

【关键词】基于标准；学生素养培养；教师专业发展；实践研究

如果以专业素养和教学能力为划分依据，一般来说在职教师的专业发展（专业成长）大致要经历角色适应期、技能发展期、探索发展期、专业成熟期、资深专家期五个阶段，处于不同专业发展阶段的教师所呈现出的角色特征、发展问题、提升需求都不尽相同，因此，他们需要学习的内容和采用的形式也不完全相同。[1] 朝阳分院作为区域教师专业成长的基地，以培训研究为先导，以重点项目为载体，以实践改进为指向，积极探索教师专业发展规律，践行"唤醒教师对教育内在价值、教育教学规律和个人专业发展的认识自觉、探索自觉和规划自觉"的培训理念，从基于"教学能力检核标准"到基于"学生核心素养培养"开展学科骨干教师工作坊研修，卓有成效地推动了学科教师培训工作的科学发展和教师队伍的专业发展，为快速发展朝阳区教育事业提供了坚实的人才保障。

一、改革培训机构设置，促进服务功能发挥

朝阳分院遵循宏观设计体现共性规律、微观实施体现个性差异、有学科而不唯学科、无学科而又依托学科的指导思想，认真研究教师成长规律，聚焦成人学习特点，打

---

* 白雪峰（1972~），男，北京人，中学高级教师，北京教育学院朝阳分院教师专业发展中心主任，主要研究方向为中学数学教育教学。

[1] 陈桃.教师专业发展阶段及与之相适应的培养模式的构件[J].中小学教师培训，2016（3）：6-8.

通中小师训和学科组界限，建设和培训功能定位相匹配的内设机构，培养了一支业务水平过硬，按照教师专业发展阶段进行研究的专职培训队伍，着力促进以教师专业发展为本的培训工作更加精细优质。

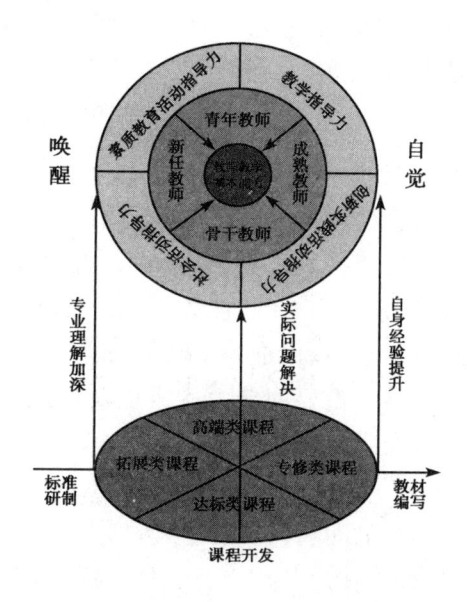

[图示：教师专业发展中心结构图，包含唤醒、自觉、专业理解加深、实际问题解决、自身经验提升、标准研制、教材编写、课程开发等要素，以及新任教师、青年教师、成熟教师、骨干教师四个发展阶段，高端类课程、拓展类课程、专修类课程、达标类课程四类课程]

2011年朝阳分院成立了教师专业发展中心、基础素质培训中心、德育心理培训中心等10个内设机构，中心下设"培训部"。例如，教师专业发展中心下设新任教师、青年教师、成熟教师、骨干教师培训部。各部门以教师持续的专业发展为本，着重规划设计，依托集体协作，为科学实施教师培训工作奠定坚实基础。

二、狠抓培训课程建设，提供多元课程资源

围绕教师培训课程的开发机制建设、课程体系框架构建、课程实施管理评价三个重要环节，朝阳分院构建了开放多元、立体长效的课程建设体系。在课程开发上，确立标准、课程、教材"三点连线"的长效机制，以标准制定规范培训工作，为课程研发提供坐标；以课程开发指导培训实施，为教师培训提供载体；以教材编写物化培训成果，为教师培训提供发展平台。在课程体系上，聚焦教师教学基本能力和岗位工作能力，形成两大系列、三大功能、四个领域、四个发展阶段的课程内容体系，多元满足教师专业发展需求和岗位工作要求。在课程管理评价上，将松懈的过程监控紧缩为严把两关，推动以研究为核心的常规"课程论证"工作，严把课程入口关；开发运用培训评价指标和评估工具，严把课程效果关。教师培训课程开发主体的多元、开发思路的开放、监控管理的灵活，为朝阳区课程建设工作发展带来了动力与生机。❶

---

❶ 北京市朝阳区教育委员会. 创三位一体研训格局促朝阳教育内涵发展——北京市朝阳区"十二五"时期教师研训工作总结汇报.

三、聚焦教师教学能力，夯实教师成长基石

我们坚持以实践为基础、以问题为中心、以需求为导向，扎实开展分层分类分岗的学科教师培训，有重点有选择地开展项目研修。

（一）开展基于教师教学基本能力标准的教师专业发展研究

1. 研制教学基本能力检核标准

基于全区调研数据和绩效管理理念，深入分析教师岗位要求，聚焦教师教学能力提升，共识教师能力发展中的主要问题和发展路径；围绕教师教学设计、教学实施和教学评价3个维度、12个关键表现领域和28个能力要点，构建了科学性、针对性较强的《朝阳区中小学教师教学基本能力检核标准》（以下简称《标准》）。重点回答"教师教学能力的维度、关键表现领域、重要的能力构成以及构成能力的要素"等问题，并通过编写《标准解读》深化对能力标准的理解。

《标准》研制过程历时一年，我们访问专家近30位，召开研讨会数十次，聚类分析了广大中小学教师教育教学中的问题，汇集专家的实践智慧，寻找外显的教学行为进行描述，形成了59个结果指标。在此基础上，开展广泛的基现调研，对2 864名朝阳区中小学教师进行问卷调查；委托北京师范大学教师教育研究中心对调研数据进行分析，完成调研报告《朝阳区中小学教师基本能力调研报告》和《朝阳区中小学教师基本能力学段分析》。根据调研结果，按照教师专业发展阶段对教师的教学能力结果指标进行等级判断和分层描述，形成合格、良好和优秀的标准达标等级。

2. 编写教师培训教材

2011年，各学科组基于《标准》开发学科教师培训课程。在对《标准》中的能力要点和要素进行充分解读的基础上，遴选本阶段影响深刻的重要能力要点，开发形成中小学学科能力培训课程，并对课程的培训内容和培训方式进行重点研究，以实现深化教师对教育教学的理解、改变教师教育教学行为的培训目标。进一步地，我们针对朝阳区学科教师教学现状和发展要求，经过多次研讨交流，围绕其中10个能力要点，编写、试用并正式出版了24本中小学和职高培训教材。

3. 开展"五环节"教师培训

依据智慧技能形成过程，组织开展"测、讲、摩、练、评"的"五环节"教师培训，目的是完成智慧技能原型定向阶段的任务和原型操作阶段的任务，强化在课堂教学研究中的实践与反思，以增强学科教师培训的针对性和操作性，促进教师从原型定向阶段向原型内化阶段迈进。[1]

在培训实施过程中，各学科又针对教龄10年以下的青年教师和10年以上的成熟教师，遴选其中4~6个能力要点，开展分层次、分学科培训，在培训目标、培训内容、培训形式以及考核要求等方面都做了不同的处理。在集中面授学习、解读标准、研讨案例、在线交流和考核测试的基础上，开展基于能力要点的课堂教学实践与改进。

---

[1] 白雪峰. 教师教学基本能力解读与训练（中学数学）[M]. 北京：北京理工大学出版社，2012.

通过不同类型的培训实践，不仅检验了基于教师教学能力标准的培训课程的培训效果，同时也促进了教师课堂教学能力的提升。在总结反思第一轮基于标准的培训经验和问题的基础上，我们正在开展第二轮的教材编写和培训试用，据此不断改进和完善培训教材，研制在线考核测试的试题，为后续全区学科教师教学能力培训做好资源准备。

（二）开展基于学科核心素养培养的教师专业发展研究

为了进一步突出教师培训的实践性和问题性，提高教师培训的针对性和实效性，提升参训教师实际的获得感和满意度，在研究教师教学能力的基础上，我们将视角聚焦在教师指导学生学习方面，依托各学科骨干教师工作坊，开展基于学科核心素养培养的教学中关键问题研究。

1. 清晰研究路径，梳理问题清单

首先，我们打通了中小学的学段界限，各学科大组通过认真开展深度的课标研读交流、广泛的文献检索综述和全面的课堂教学观察反思，参考学生学业水平监测结果和教师研修活动中的具体情况，梳理并提炼对培养学生学科核心素养有重要影响的教学问题，形成学科教学的关键问题清单。这些教学关键问题区别于具体知识点和琐碎的、零散的教学问题，主要目的是引导教师关注如何选取对学生发展最有价值、最有意义的核心学习内容；如何引导学生形成学科核心的思想方法、核心能力和重要价值观；如何进行有效的教与学的活动设计，有力支持教学目标的实现；如何对教学进行全过程持续性和发展性的评价。❶

例如，中学数学学科工作坊的教师们通过研读《义务教育数学课程标准（2011年版）》和正在修订的《普通高中数学课程标准（讨论稿）》，将前者提出的10个核心概念与后者提出的六大学科核心素养有机整合，依据初中数学教学中的数与代数、图形几何、统计概率和综合实践四大领域，形成了二维的初中数学教师的教学关键问题清单。

2. 解构关键问题，明确研究内容

各学科骨干教师工作坊的教师们在不断追问和尝试回答本学科的核心素养是什么，本学段对这些学科核心素养的定位和目标是什么，在具体教学中某一学科素养培养中的主要问题是什么，如何通过具体教学实践案例呈现该素养的培养过程，基于教学案例能够提炼出哪些培养学科素养的具体教学方法或策略等问题的同时，各个工作坊通过分组分工，每个小团队聚焦一个学科教学关键问题开展更为具体且更具针对性的研究。在解构每一个问题的基础上，开展文献学习研究，同时选择典型的教学内容，通过集体备课研讨，生成教学视频案例，开展实践研修。每个小组的学科专家结合教学案例再进行理性分析，梳理出培养学生学科素养的具体的教学方法或策略。

例如，针对问题"如何抓住从数字到字母过渡的关键期培养学生的符号意义？"学科组经过讨论，解构生成如下9个研究问题点："数字到字母过渡的关键期"应该如何界定？符号意识的概念界定是什么？初中生符号意识的发展基础是什么？这一时期的学生符号意识具有哪些具体表现？需要研制哪些反映学生符号意识表现程度或水平的具体

---

❶ 缴志清. 初中数学教学关键问题指导［M］.北京：高等教育出版社，2016.

特征（指标）？初中生在三种数学语言之间的转义、表达、交流和应用等方面存在哪些认知障碍？关于符号意识的学科发展要求是什么？在初中数学教学中，选择哪些核心内容可以更好地体现学生符号意识的培养？结合具体教学案例能够提炼出哪些提高学生符号意识、培养数学抽象素养的具体方法和策略？

进一步地，研究团队细化分工，明确学习、研究、实践和反思的具体内容，深入探寻每一个问题的答案。在这个环节中，我们将一线学科骨干教师的课堂实践、学科专家的专题讲座及相关案例的点评分析有机整合，形成教师开展网络研修的学习资源。可以说，上述依托学科骨干教师工作坊开展专题研修的实践过程，也是一个培训资源的生成过程，优质教师教育教学智慧的共享过程。

深度反思从基于教师教学基本能力检核标准的培训到基于学生学科核心素养培养的教师工作坊研修的培训方式转型，凸显了在培训管理理念、管理机制、内容形式等多方面的转型升级。

基于《标准》的培训，突出了"培训课程标准化"的培训资源建设观。通过率先在全市乃至全国研制、实践并推广系列"检核标准"，满足并引领了培训课程建设的品质需求，改进和完善了教师发展支持体系，推进了培训工作制度化、规范化，基本破解了分层分类分岗开展培训的难题。

基于学生学科核心素养培养的骨干教师工作坊研修，突出了"学员即资源"的培训资源观。这一研修方式更遵循成人学习的规律，利用深入学科内容的问题导向和基于课堂教学实践改进的任务驱动唤醒教师"三觉"，为教师提供了更为个性化与生成性的学习资源，初步形成了教师主动探究、高效学习、支持特色发展的工作坊研修文化。

当前，面对北京市深化基础教育领域综合改革和实现学生核心素养整体提升的新形势，面对朝阳区"学术引领与内涵发展"对教师专业发展提出的新要求，面对教师职后教育的"供给侧改革"的新挑战，教师培训工作需要进一步加大统筹协调力度，进一步完善培训课程体系，进一步创建培训文化，坚持"以人为本，按需培训，分层分类，提高效益"的工作原则，充分发挥现代化信息网络平台的支撑作用，完善教师培训课程体系，拓宽课程研发引进渠道，丰富优质课程资源，完善课程实施管理和评价反馈机制，努力促进教师培训的内容创新、模式创新和机制创新。

充分挖掘科学史教育价值，提高学生生物科学素养

毕诗秀[*]

【摘　要】 生命科学史是提高学生科学素养的生动素材，其教育价值有多方面的体现。笔者选择4个案例，介绍如何将生命科学史融于生物教学，分别阐述生命科学史的四大教育价值：一是有助于学生了解生物学研究是基于唯物、辩证、发展与和谐等思想认知的基础上，从而领会生命科学思想；二是有助于学生体验学科知识的形成过程，把握生物学科知识体系和学习规律；三是生命科学史有助于学生了解学科思维方式和学科研究的基本方法，提高学生的科学探究和批判性思考能力；四是有助于学生感悟科学家的科学态度、科学精神、创新与合作等方面的特质。

【关键词】 生命科学史；科学思想；科学素养

高中生物新课标指出，科学是一个发展的过程。学习生物科学史能促使学生重走科学家探索生物世界的道路，理解科学的本质和科学研究的方法，学习科学家献身的精神。近年来，在高中生物学教学中，我们持续探索以科学史为素材，提高学生科学素养的教学组织和方法，取得一定的教学效益。下面，结合几个具体的教学案例，谈谈我们的教学实践和体会。

一、生命科学史有助于学生了解生物学研究是基于唯物、辩证、发展与和谐等思想认知的基础上，从而领会生命科学思想

从20世纪开始，关于细胞膜的结构，科学家们提出很多假说和模型。"细胞膜的流动镶嵌模型"的建构是一个不断深入发展和完善的过程，有助于学生体会科学技术的发展与生命科学发展之间相辅相成的关系，体会结构与功能功相适应等学科思想。

首先，教师组织学生进行"观察生熟玉米粒的胚能否被红墨水染色"的实验，根据实验现象引导学生推测得出活细胞膜具有选择透性的结论。教师提出问题：我们想知道细胞膜为什么具有这样的特性，从何入手呢？学生会根据生物体结构和功能相适应的

---

[*] 毕诗秀，北京市第四中学生物教师。

特点提出，要研究细胞膜的结构。师生共同讨论达成共识：要了解结构，需要清楚其分子组成以及这些分子是如何排列的。之后由教师提供如下史实，引导学生层层剖析，归纳出细胞膜流动镶嵌模型的要点。

1899年，英国细胞生理学家Overton曾用500多种化学物质对植物细胞的通透性进行上万次的实验，发现细胞膜对不同物质的通透性不同：胆固醇、甘油等脂溶性物质容易透过细胞膜，不溶于脂类的物质透过细胞膜相对困难。❶

学生根据相似相溶原理推测细胞膜是由脂质组成的。然后教师告知，科学家们确实从细胞膜中提取出脂质，并确定为磷脂。

1925年，荷兰科学家E. Gorter和F. Grendel用丙酮等有机溶剂抽提人或哺乳动物的红细胞膜中的磷脂成分，将磷脂在空气——水界面上铺成单分子层，发现这个单分子层的面积相当于原红细胞膜表面积的2倍。❷

教师介绍人或哺乳动物成熟红细胞的结构特点，引导学生根据实验结果得出结论：细胞膜中的磷脂分子排列为双层。教师启发学生根据磷脂分子的特点及细胞膜所处位置，分析磷脂双分子层如何排列并图示磷脂分子的排列方式。教师提出问题：细胞膜还有其他组分吗？

19世纪30年代，科学家发现细胞膜的表面张力显著低于油——水界面的表面张力（已知油脂表面如吸附有蛋白质成分时，表面张力则降低）。后来发现，细胞膜会被蛋白酶分解。❸

根据以上事实得出结论：细胞膜的组分还有蛋白质。

利用以上史实总结出细胞膜的分子组成以及磷脂分子的排布后，提出问题：蛋白质分子和磷脂分子之间如何排布呢？呈示科学家们的研究成果：

1935年，Hugh Davson和James Danielli推测细胞膜的分子排布为"蛋白质—脂质—蛋白质"，提出细胞膜结构的三明治模型❹（如图1❺）。

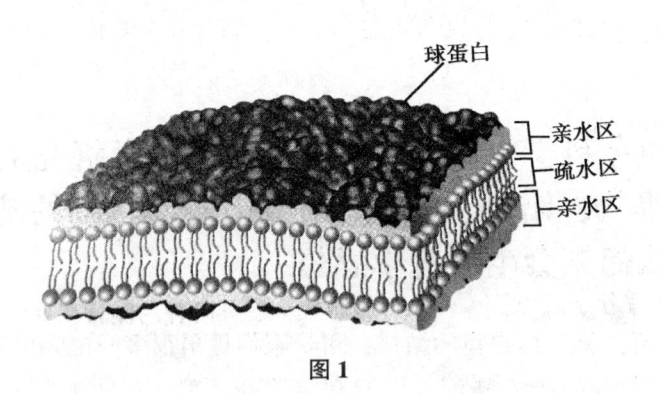

图1

1959年，杜克大学的J. D. Robertson用电镜观察到细胞膜呈现暗带—亮带—暗

---

❶ 汪堃仁，薛绍白，柳惠图. 细胞生物学 [M].二版.北京：北京师范大学出版社，1998：52.
❷❸❹❺ Gerald Karp，王喜忠，丁明孝. 分子细胞生物学 [M].张传茂，等译. 北京：高等教育出版社，2005：119-140.

带 3 层，结果如图 2，❶ 这个结果好像支持了三明治模型。结合三明治模型，有人认为暗带为蛋白质，明带为磷脂双分子层。

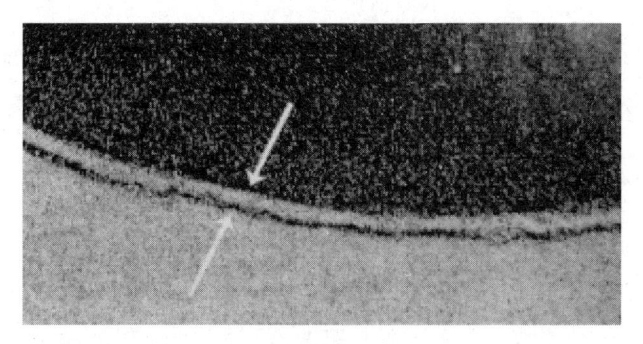

图 2

教师提供资料：暗带和明带的宽度分别是 20 埃和 35 埃，和磷脂分子的头部、尾部的宽度接近，引起学生对三明治模型科学性的质疑。之后教师提供细胞膜冰冻蚀刻的结果（如图 3❷）。请同学们根据断裂面上有颗粒物，猜测蛋白质在细胞膜中的排布。

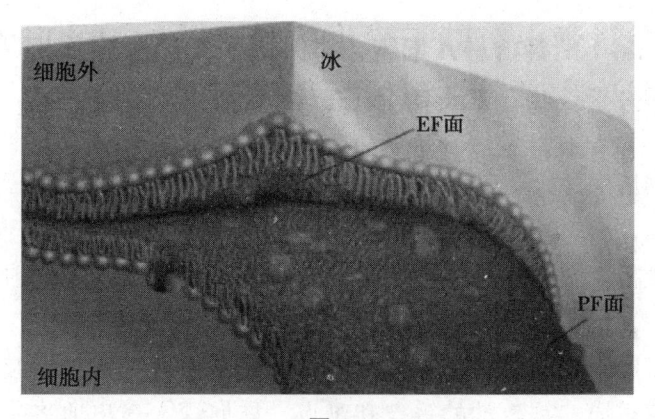

图 3

学生根据史实推测出细胞膜的组成成分及其排布后，教师提出问题：如果组成细胞膜的分子是固定不动的，变形虫等单细胞动物如何获得食物？

1970 年，霍普金斯大学 Larry Frye 和 Michael Edidin 用发绿色荧光的染料标记小鼠细胞表面的蛋白质分子，用发红色荧光的染料标记人细胞表面的蛋白质分子，诱导小鼠细胞和人细胞融合。这两种细胞刚融合时，融合细胞一半发绿色荧光，一半发红色荧光。在 37℃ 下经过 40min 左右，两种颜色的荧光均匀分布。❸（结果如图 4❹所示）

教师启发学生思考红绿荧光均匀分布的原因，根据组成膜的蛋白质等分子可以运动总结细胞膜具有流动性的特点，最后呈示细胞膜流动镶嵌模型并板书总结的要点。

---

❶❸ Gerald Karp，王喜忠，丁明孝. 分子细胞生物学 [M].张传茂，等译. 北京：高等教育出版社，2005：119-140.

❷ 吴庆余. 基础生命科学，[M].二版. 北京：高等教育出版社，2006：68-69.

❹ 刘凌云，薛绍白，柳惠图. 细胞生物学 [M].北京：高等教育出版社，2001：40.

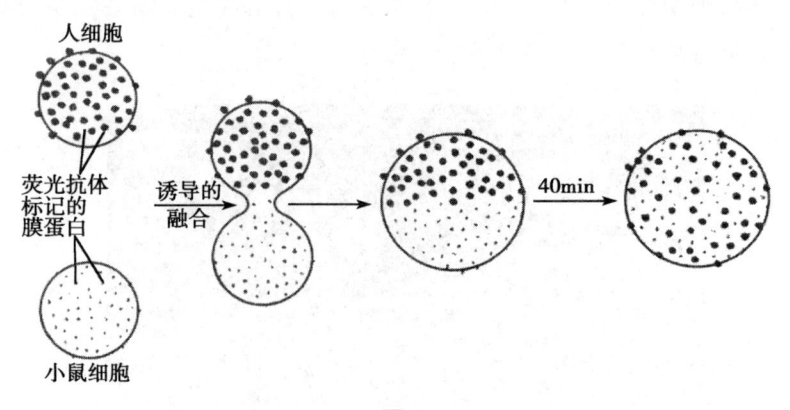

图4

上述细胞膜结构的教学，既培养学生不断发现问题、提出问题、解决问题的能力，帮助学生理解细胞膜的结构及特点，也使学生体会到生命学研究是基于唯物、辩证、发展与和谐等思想认识的基础上不断探索的科学过程，领会科学思想。

二、生命科学史有助于学生体验学科知识的形成过程，把握生物学科知识体系和学习规律

课堂教学中利用生命科学史的目的是服务于教学，而不是单纯讲历史。教师可以根据教学的需要，提供教材上没有的科学史实，拓展学生视野，培养其获取信息能力、实验与探究能力、分析综合能力等，让他们体验学科知识的形成过程，把握学科知识体系和学习规律。

必修3"稳态与环境"中"兴奋的产生、传导和传递过程"涉及细胞水平和分子水平的研究，抽象难懂，是教学的重点和难点。如何深入浅出地将科学结论呈现出来呢？在教学过程中笔者收集了与这一知识形成有关的科学史，并加以筛选，应用于课堂教学，收到很好的效果。下面将选择的史实和作用做一简单介绍。

教师提出问题：兴奋如何产生？在细胞中如何传导呢？提供如下资料：

英国剑桥大学三一学院赫胥黎（Andrew Fielding Huxley，学习数学、物理和化学）和霍奇金（Alan Lloyd Hodgkin，学习生物学和化学）选择枪乌贼作为实验材料研究兴奋的产生、传导过程。枪乌贼巨大神经元纤维没有髓鞘，直径粗达1mm，玻璃微电极能轻易插入。他们通过大量的实验揭示了静息电位和动作电位的离子机制。为了表彰其在神经冲动的产生、传导和信息传递研究方面的杰出贡献，1963年诺贝尔生理学奖和医学奖颁给了这两位科学家。❶

通过上述资料的分析，学生能体会选择枪乌贼这一理想实验材料是这两位科学家成功的关键。这一科学史实展示了成功的实验与选择合适的实验对象是分不开的，以及在探究知识的过程中不同学科的科学家之间的合作。

---

❶ 王永胜. 生命学核心概念的发展 [M]. 北京：人民教育出版社，2007：146-155.

为学生讲解兴奋在神经纤维上的传导机制后，提出问题：兴奋在细胞之间如何传递呢？依然是以电信号的形式传递吗？介绍以下史实。

1904年，英国剑桥大学一位年轻生理学工作者托马斯·埃利奥特研究发现：刺激支配膀胱的神经，或不刺激神经，注射肾上腺素，膀胱的反应（收缩或舒张）是相似的。[1]

引导学生分析实验现象，猜测某些化学物质也能引起兴奋的产生。事实真的是这样吗？

1921年，奥托·勒维（Otto Loewi）分离支配蛙心的迷走神经，并制备装有斯氏插管的立体装置。加入任氏液，清洗数遍，可维持心搏数小时。奥托·勒维在此基础上进行的的蛙心灌流实验，其实验原理示意图如下（见图5）。

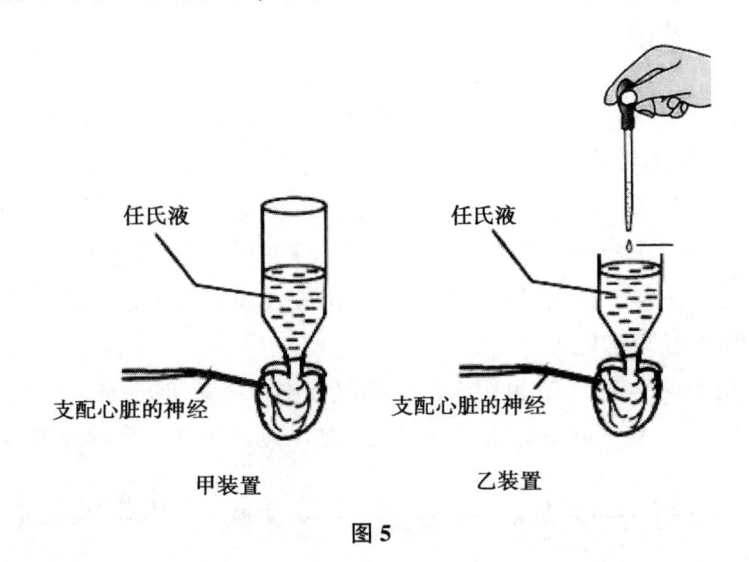

图5

实验1：电刺激甲装置中蛙心的迷走神经，其心搏振幅和频率都减弱。

实验2：电刺激甲装置中蛙心的迷走神经后用吸管从其灌流装置任氏液中吸取液体，滴入蛙心未受电刺激的乙装置中，发现乙装置蛙心心搏振幅和频率都减弱。[2]

引导学生分析实验结果，提出问题：为什么接受灌流液的乙装置蛙心的心搏振幅和频率都减弱？实验证明了兴奋在神经和肌肉之间是如何进行传递？上述实验结论的得出不够严谨，如何设计对照组？请预期对照组的实验结果。学生根据实验目的，设计的对照实验是不用电刺激甲装置蛙心的神经，重复实验2的其他步骤，预期结果是心搏振幅和频率不改变。

根据上述分析，学生讨论得出结论，神经元和肌肉之间兴奋的传递依靠的是化学信号，并做出假设：神经受到刺激后，能产生某种化学物质，在细胞之间兴奋传递中发挥重要作用。这种化学物质是什么呢？提供资料：

英国神经科学家亨利·哈利特·戴尔爵士于1929年从牛、马的脾脏中分离出乙酰胆碱，发现乙酰胆碱在神经肌肉之间的兴奋传递中起作用。进而把此假说推广

---

[1] 朱文玉. 医学生理学 [M].2版. 北京：北京大学医学出版社，2009：237.
[2] 陈守良. 动物生理学 [M].3版. 北京：北京大学出版社，2005：55-57.

到整个外周神经系统，后来陆续发现其他一些传递兴奋的化学物质。这一观点被广泛接受并将这些化学物质统称为神经递质。亨利·哈利特·戴尔爵士与奥托·勒维一起获得1936年的诺贝尔生理学或医学奖。❶

形成神经递质的概念后，教师出示突触的结构示意图和电镜照片图，讲解该结构组成要点、兴奋传递的机制以及在临床等方面的应用。

通过上述史实，学生体验了神经递质概念的提出以及兴奋的传导和传递这一学科知识形成的过程。

三、生命科学史有助于学生了解学科思维方式和学科研究的基本方法，提高学生的科学探究和批判性思考能力

北京协和医科大学基础医学研究所邓希贤教授曾说过："科学研究要钻进去，跳出来。"所谓钻进去就是要有勤奋严谨、一丝不苟的研究精神；所谓跳出来是指思维方式不能僵化，不迷信权威，敢于大胆质疑。生命科学史上第一个被发现的激素——促胰液素，其作用机制的提出经历了曲折的历程，体现了丰富的想象在科学研究中的重要作用。笔者精选这一史实，帮助学生了解学科思维方式和学科研究的基本方法，提高学生的科学探究和批判性思考能力。

首先，教师为同学提供19世纪人们对胰腺分泌胰液的研究。❷

19世纪的认识，认为胰腺分泌胰液只是在盐酸刺激下的一个神经调节过程。

胃酸 ——刺激→ 小肠神经兴奋 → 胰腺 ——分泌→ 胰液

然后提供法国学者沃泰默为证实上述结论的3组实验结果。❸

（1）稀盐酸 ——注入→ 狗的上段小肠肠腔 ——结果→ 胰腺分泌胰液

（2）稀盐酸 ——注入→ 狗的血液中 ——结果→ 胰腺不分泌胰液

切除通向小肠的神经，只留下血管，重复实验（2）。

（3）稀盐酸 ——注入→ 狗的上段小肠肠腔（切除神经） ——结果→ 胰腺分泌胰液

学生按照实验科学的思维方式和研究方法，将实验（1）和（2）比较、实验（1）和（3）比较，认为胰腺分泌胰液不仅有神经调节，还应该有体液调节。教师对学生的正确结论给予肯定和鼓励。之后再出示沃泰默的结论：他认为小肠的神经很难剔除，胰

---

❶ 陈守良. 动物生理学 [M].第3版. 北京：北京大学出版社, 2005：55-57.
❷❸ 王永胜. 生命学核心概念的发展 [M]. 北京：人民教育出版社, 2007：146-155.

腺分泌胰液是顽固的神经调节。沃泰默的错误结论使其与一个新的发现擦肩而过，为英国科学家斯他林和贝利斯做了嫁衣。同学们从沃泰默囿于权威的结论这一惨痛的教训体会到大胆创新、质疑在科学研究中的重要性。

出示资料，介绍1902年英国科学家斯他林（Starling）和贝利斯（Bayliss）另辟蹊径的成果。

  斯他林（Starling）和贝利斯（Bayliss）读了沃泰默的论文，很感兴趣。他们重复沃泰默的实验，结果完全相同，但他们坚信自己将神经剔除得很干净。之后他们将甲狗的十二指肠黏膜刮下，过滤后的滤液注射给乙狗，结果胰液分泌增加。二人认为两只狗之间不会有神经联系，于是做了一个大胆的假设：在盐酸的作用下，小肠黏膜产生一种化学物质，该物质进入血液后，随血液流到胰腺，引起胰液的分泌，即胰腺分泌胰液的过程也有化学调节。❶

请学生根据实验设计原则，控制变量，提出可行的实验方案，验证两位科学家的假设。师生交流讨论之后，教师呈示如下流程图，介绍斯他林和贝利斯的实验思路和方案，进而得出实验结论：胰液的分泌是小肠黏膜分泌的化学物质调节的结果。使学生从自己与科学家们相同的实验思路和设计中收获成功的喜悦。

狗的小肠黏膜+稀盐酸 —研磨过滤→ 提取液 —注入→ 狗的静脉 —结果→ 胰腺分泌胰液

介绍完促胰液素的发现历程后，教师又为学生提供了资料。

深感遗憾的俄国生理学家巴甫洛夫

  关于酸性食糜进入小肠引起胰液分泌这个现象，早在1850年就由著名的法国实验生理学家克劳·伯尔纳（Claude Bernard）发现过，但似乎没有引起世人注意。后来又被俄国巴甫洛夫实验室的道林斯基（Dolinski）于1894年重新发现。

  巴甫洛夫是现代消化生理学的奠基人，他对消化生理学的贡献是十分卓越的。在19世纪末，他和学生积20多年的创造性工作，写成了《消化腺工作讲义》（1897；英译本，1902）这部经典著作，获得了1904年诺贝尔生理学或医学奖。

  他们认为，盐酸引起的胰腺分泌是一个反射。他们原先设想，迷走神经和内脏大神经都可能是这个反射的传出神经，巴甫洛夫的另一个学生帕皮尔斯基（Popielski）对上述现象的产生机制进行了分析。他发现，切断双侧迷走神经、切断双侧内脏大神经以及损坏延髓后，这个反应仍然出现。他设想，在胃的幽门部可能存在着一个胰液分泌的"外周反射中枢"。

  又过了几年，帕氏发现，即使切除了太阳神经丛、毁坏脊髓以及切去胃的幽门部，盐酸溶液仍能引起胰液分泌。因此，帕皮尔斯基于1901年被迫修正了他自己过去的假设，认为这是一个局部短反射，其反射弧连接十二指肠黏膜和胰腺的腺泡细胞，通过位于胰腺外分泌组织中的神经节细胞而实现局部短反射作用。

  贝利斯和斯他林的"促胰液素的发现"于1902年发表后，引起了全世界生理

---

❶ 王永胜. 生命学核心概念的发展 [M]. 北京：人民教育出版社，2007：146-155.

科学工作者极大的兴趣，也引起巴甫洛夫实验室工作者的极大震惊。这个新概念动摇了后者多年来坚信的消化腺分泌完全由神经调节的思想，使他们一时难以接受。他们一方面力图收集已有的证据来反驳这个化学调节理论，一方面认真重复贝、斯二人的实验。但促胰液素的客观存在是经得起实践检验的。

曾离开苏联定居加拿大的巴甫洛夫的一个老学生巴布金（B. P. Babkin）在撰写巴甫洛夫传记时，有这样一段生动的描述："巴甫洛夫让他的一个学生来重复贝利斯和斯他林的实验，巴氏本人和其他学生都静静地立在旁边观看。当出现提取物引起胰液分泌时，巴氏一言不发地走出实验现场回到书房。过了半小时后，他又回到实验室来，深表遗憾地说："自然，人家是对的。很明显，我们失去了一个发现真理的机会！"❶

由巴甫洛夫的遗憾引导学生分析贝利斯和斯他林成功的奥秘，由此体会大胆的创新、丰富的想象、严谨的实验、科学的分析在发现真理的过程中的重要作用。"探究知识的过程中科学家所持观点发生碰撞时，不能迷信权威，要尊重科学事实，不唯书不唯上"，这句话是学生对上述事件的精辟总结，体现了学生对追求真理的科学家的科学态度、科学精神和科学世界观的认可和赞同。

四、生命科学史有助于学生感悟科学家的科学态度、科学精神、创新与合作等方面的特质

我们从教材上学习的一些科学概念只有一两句话，但该概念形成的过程可能是不同国籍、不同年代、不同学科的科学家通力合作的结晶，如酶概念的形成就是一部由系列诺贝尔化学奖串联起来的精彩科学史实。在教学过程中教师将一个个科学故事讲给学生听，让他们总结并体会酶概念的形成过程。以科学家的科学态度、科学精神和科学世界观影响学生，有助于学生感悟科学家的特质。

教师先以1773年意大利科学家斯帕兰扎尼（Spallanzani）实验引出"酶"这个名词后，为学生提供如下资料。

生物学家巴斯德和化学家李比希之争

法国微生物学家巴斯德认为：糖类发酵产生酒精是由于活酵母菌的存在，离开了活细胞的参与，酒精发酵不能进行。而德国化学家李比希认为：引起发酵的仅是酵母菌细胞中的某种物质参与而已（化学反应），这些物质只有在细胞死亡裂解后才能发挥作用。二者的争论直至李比希去世都没有停息。

启发学生思考两位科学家争论的焦点是什么？你如何设计实验，判断孰是孰非？同学们积极思考、讨论，很多同学想到将酵母细胞中的物质提取出来进行验证。教师充分肯定学生的想法，之后介绍德国化学家毕希纳于1897年设计的巧妙实验——无细胞发酵方法，将"战火"熄灭。

---

❶ 何维，刘学礼. 健康卫士：免疫与内分泌 [M] //诺贝尔奖百年鉴. 上海：上海科技教育出版社, 2002. 李思孟. 生理医学家的故事 [M].武汉：武汉出版社, 2006.

将含有酵母细胞的培养液研磨、过滤获得不含酵母细胞的提取液，加入葡萄糖溶液，在无氧条件发酵，检测到酒精的产生。毕希纳为此获1907年诺贝尔化学奖。

介绍完毕希纳的实验方案后，思路和方法正确的同学自豪感油然而生，这激发了他们进一步探究的兴趣和动力。教师趁势引导：如果你是毕希纳，你会进一步研究哪些问题？引导学生提出问题：这种物质是什么？如何提取这种物质？教师请同学阅读如下资料。

资料1：英国生物化学家哈登利用透析袋分离、分析酵母提取液的成分，推测起催化作用的可能是其中的大分子物质——蛋白质。他因有关糖的发酵和酶在发酵中作用的研究及方法创新获1929年诺贝尔化学奖。

资料2：1926年，美国人萨姆纳尔（Summer）用丙酮从刀豆中提取出脲酶，发现脲酶能催化尿素水解为氨和CO_2。他又通过一定的技术手段得到脲酶的结晶，并证实了该酶的化学本质是蛋白质。因为这种晶体显示出蛋白质的性质，凡是能使蛋白质变性的东西，也都会破坏这种酶。由此，萨姆纳肯定酶是一种蛋白质。最后，科学家终于证实，酶就是一种蛋白质催化剂，并命名为enzyme。萨姆纳尔获1946年诺贝尔化学奖。

资料3：美国化学家奥尔特曼（Sidney Altman）于1978年发现一种RnaseP的酶（由20%的蛋白质和80%的RNA组成）中起催化作用的是RNA。1981年美国化学家切赫（Thomas R. Cech）在《科学》杂志上发表"四膜虫的L—19IVS（一种RNA）是一种酶"，并命名为ribozyme。RNA自身具有的生物催化作用具有重要意义，不仅为探索RNA的复制能力提供了线索，而且说明了最早的生命物质是同时具有生物催化功能和遗传功能的RNA，打破了蛋白质是生物起源的定论。二人共获1989年诺贝尔化学奖。

请同学们根据上述资料总结酶的概念要素，形成酶的科学概念：酶是活细胞产生的具有催化作用的有机物（蛋白质或RNA）。

酶的发现史是一部在探究知识的过程中科学家所持观点之间的碰撞和争论的科学史，是一部科学家们一丝不苟探求科学真相的历史，呈现了科学家的科学态度、科学精神和科学世界观，对学生有很好的教育意义。

科学史是单元内容的一个组成部分，教师要依据教学目标，选择、梳理科学史内容，将科学史纳入合理编制的单元教学程序，切忌以科学史替代单元知识。将科学史融于生物学教学，使学生从中体验科学知识及其理论体系的演变和完善过程。学生在分析科学史实的学习过程中，逐渐认识和理解随时间的变革科学思想的获得和利用是怎样受到了社会、道德、精神和文化的影响，使他们以历史的观点、发展的眼光去看待科学发展史上的事实，去理解科学观念的形成和发展以及科学的本质，学会用发展的、批判的眼光审视现有的科学知识。这有利于学生认识自然科学的文化内涵。学习科学史有益于培养学生的批判精神、分析问题、解决问题等能力，提高学生的科学素养。

深层阅读教学课例分析：一个隐喻认知的角度

蔡 吉[*]

【摘 要】 如何加强学生对文本的深层次理解能力，即如何培养学生批判思维能力，是当前中学英语阅读教学中遇到的问题。本文认为，隐喻认知策略的使用对文本解读有重大作用。文章从认知隐喻的角度阐述隐喻认知与文本解读之间的内在联系，并结合英语课文教学实际，从隐喻认知与词汇理解、隐喻认知与句式理解、隐喻认知与语篇理解三个侧面，探讨隐喻认知策略在英语深层阅读教学中的作用。

【关键词】 隐喻；文本解读；阅读教学

一、引 言

目前，高中英语阅读教学的模式化、表面化现象严重，阅读大多停留在信息提取和理解层面，对学生的深层次思维培养重视不够。而新课程改革提出英语课堂应以培养学生核心素养为目标，这就要求英语课堂不能仅停留在语言知识的层面，而应让学习者形成语言能力，同时提升语言思维品质，塑造文化品格，达到发展其持续学习、终身学习的能力。然而，很多教师对此深感茫然。

学习者文本深层意义理解能力的缺失，很大程度上是对作者行文表达方式的理解偏差造成的。笔者通过对隐喻认知的探讨，发现隐喻认知理论对英语阅读教学做出了理性的注解。认知语言学认为，隐喻是日常语言中随处可见的现象，它在本质上是认知的，不是修辞格，不是简单的语言的产物，它更确切地说是一种通过语言表现出来的思维方式（Lakoff & Johnson，1980）。我们赖以思考和行动的日常概念系统，在实质上是隐喻性的。阅读过程在某种程度上就是隐喻的理解过程。束定芳（2000）把阅读理解分为"辨认"和"隐喻意义推断"两个阶段，前者是读者通过语义冲突及其性质做出对句子的隐喻性理解判断，后者则是根据隐喻涉及的多方事物之间的关系对该隐喻的实际意义或作者真正意图进行推理判断的过程。

在英语教学中，教师会频繁地接触到教材中的隐喻现象，它们体现在词汇、语法和篇章等各个层面。刘丹凤和魏跃衡（2007）认为，隐喻学习理应成为外语学习过程中

---

[*] 蔡吉，北京教育学院石景山分院教师。

不可分割的一部分，因为隐喻意识在外语学习者的批判性阅读和理解中具有不可替代的价值。然而，隐喻作为认知、语言与文化的纽带，在英语教学中的作用却没有引起中学英语教师的足够重视。

二、基于隐喻认知的阅读教学课例分析

下面结合北师大版高中教材 Module 8 Unit 23 的 lesson1 War Memories 的内容，就隐喻认知在文本解读中的作用进行具体分析。

（一）隐喻认知与词汇理解

隐喻思维在理解和掌握生词和词组的过程中意义重大。Maclennan（1994），Gibbis（1992），Lazer（1996）等认为，隐喻应用于词汇习得，有助于降低学习难度，提高理解和灵活应用能力。Zoltan Kovecses 和 Peter Szabo（1996）有关匈牙利英语学生词汇教学实验肯定了隐喻策略的积极作用。当人们需要认知或描述未知事物时，原有的概念不能反映新事物，原有的语言符号已经不能表达新的概念时，社会借助一个已知的认知域表达一个新的概念，完成对不熟悉事物的认知和理解。

隐喻认知策略创造了词汇原有意义（源域）与引申意义（目的域）的有机联系，文本为用已知的概念去诠释陌生的概念提供了生动的语境。学生不仅了解了词义发展规律，同时提高了深层次阅读理解能力。可见，隐喻认知在理解词意方面有着极大的魅力和便利性，如下面文本的解读：

We were on the frontier and on Christmas morning we stuck up a board with "A Merry Christmas" on it. The enemy had stuck up a similar one. Two of our men then threw their equipment off and climbed out of the trench with their hands above their heads as our representatives. Two of the Germans did the same. They greeted each other and shook hands. Then we all got out of the trench. Bill (our officer) tried to prevent it but it was too late so he and the other officers climbed out too. We and the Germans walked through the mud and met in the middle of no-man's-land.

We spent all day with one another. Some of them could speak English. By the look of them, their trenches were in as bad a state as our own. One of their men, speaking in English, remarked that he had worked in England for some years and that he was fed up to the neck with this war and would be glad when it was over. We told him he wasn't the only one who was fed up with it. The German officer asked Bill if we would like a couple of barrels of beer and they brought them over to us. Bill distributed the beer among us and we consumed the lot. The officers came to an understanding that we would celebrate Christmas in peace until midnight.

Just before midnight we all decided not to start firing before they did. We'd formed a bond and during the whole of Boxing Day we never fired a shot and they the same; each side seemed to be waiting for the other to set the ball rolling. One of their men shouted across in English and asked how we had enjoyed the beer. We replied that we were very grateful and spent the whole day chatting with them. That evening we were replaced by other soldiers. (Adapted from Old Soldiers Never Die by Frank Richards)

此篇文本的人物关系是学生未曾设想的。本阶段设计者抓住士兵与敌人和平庆祝圣诞节这个主要矛盾，通过分析文中词汇的隐喻现象（见表1），引导学生对于语言文字下的深层含义进行深挖。学生自主探究，对阅读信息进行分析和整理；通过朗读原句，用自己的话加以诠释，分析双方士兵的行为，总结其对战争的态度。学生仔细阅读，解读并表达了士兵不想打仗的态度。

表1 文段词汇源域与目的域对比

	Source domain（源域）	Target domain（目的域）
stick up	short piece of wood	put up
hands above their heads	position of hands	show no weapons
no-man's-land	land without people	land not owned or controlled by each side
look	an action	expression
be fed up to the neck	eat too much	be tired of
came to an understanding	reach a place	finally to know
bond	rope/chains	strong connection/agreement
set the ball rolling	action in sports	beginning

交战双方的士兵们爬出战壕，握手言和，共饮啤酒，和平庆祝圣诞，这些场景都是学生们闻所未闻、难以想象的画面，是对他们原有价值观的有力冲击，令他们终生难忘。学生阅读课文，运用隐喻认知策略分析士兵的行为和话语，体会士兵对战争的极度厌恶以及对和平的强烈渴望。学生从带有隐喻特征的词汇表达入手，对战争中士兵的心理做出更深层次的探究，得出士兵厌恶战争、渴望和平的结论。

可见，英语不仅词汇丰富，而且几乎每个词在具体文本中都有众多词义。合理运用隐喻认知，可以加深学生对词汇"广度"和"深度"的理解和运用（侯奕松，2011：113）。

（二）隐喻认知与句意的理解

在文本解读过程中，隐喻思维可以深化对语篇话语潜在意义的了解。通过隐喻手法，喻体映射到语言形式、表达形式上，构建起语言形式、文本内容和隐含意义之间的联系，从而直达作者写作意图。

上篇例文最后一句"That evening we were replaced by other soldiers"就是一个隐喻式的句子，这个隐喻把之前不合常规的士兵行为合理化，同时点明战争的本质和文章的主题：尽管厌恶战争，但和平和友谊在战争中是不被允许的；战争摧毁一切形式的和平，回归杀戮的本来面目。下面的文本能够深刻体现隐喻句式对文本解读的影响：

The general was coming to give him the award because he happened to be number twenty thousand to come through this hospital. They had this little ceremony, saluted him, and then gave him a Purple Heart and a watch. As the general handed him the watch, "from the army, to show our appreciation", the kid more or less threw the watch back at him. He said something like, "I can't accept this, sir; it's not going to help me walk". After this little incident, I went over and took him in my arms. If I remember correctly, I started sobbing and I think he was crying too. I really admired him for that. I swear that it was the only time I let somebody see what I felt. It took a lot for him to do that, and it sort of said what this war was all about to me. (Adapted from A Piece of My Heart by Keith Walker)

本篇的"award"本身就是一个隐喻,源域指"由于好的作为而被奖励",映射到目标域则变为第2 000个伤员的"lucky number",进而道出了战士死伤的意义所在。句中的"watch"源域为计时器,目标域指"规律的生活",显然这个失去双腿的战士无法正常生活了。失去双腿也意味着失去了正常的生活。所以,通过熟悉的经验,我们很容易从源域的意义拓展到目标域的意义。

句式隐喻的联动,体现出将军、护士和病人对颁奖的不同态度,也含有生动的隐喻丰富的表达方式。将军"held a ceremony, saluted"的行为表明这个奖励是重要的、光荣的,而战士"threw it back"暗示这个奖励毫无意义。护士的拥抱和哭泣,表达了对战士的同情。篇章就三者的行为进行对比,进一步发展了隐喻信息,即战争中立场不同,感受不同。通过对隐喻认知策略的使用,从模仿思维到自主思维转变,培养了推断能力。学生由描述到判断,再到认同和情感表达,体现了思维能力的发展。引导学生分析战争对士兵身心的折磨,战争夺去青年的双腿,摧残其未来。这样,学生的认知和情感步步攀升,最终领悟到战争对人的伤害是终身的,是无法弥补的。

(三)隐喻认知与语篇的理解

语义学研究者认为,隐喻是语言中最活跃的部分,存在于各种文本之中。许多具有普遍意义的主题,如理智、情感、人生意义等,都是用隐喻来表达的。隐喻具有表象性、情意性价值内容的丰富性与解读的自由性,因而有助于更好地理解和欣赏英语思维的精髓和地道的语言形式。

在文本中重点研读以下含有隐喻的句式,可了解到其对整篇文意的作用:

(1) Together with other villagers they were marched a few hundred metres into the village square where they were told to sit.

(2) Then, in surprise he watched as the soldiers set up a machine gun.

(3) The calm ended. The people began weeping and begging.

(4) One man showed his identification papers to a soldier, but the American simply said, "Sorry". Then the shooting started.

引导学生细读品味,来发掘文本下的隐含信息。同时设置几个问题:

(1) What voice is used in sentences? Why?

(2) What does "In surprise" imply?

(3) Are there any metaphors through the contrast of the description of villagers and soldiers?

这一任务目的在于引导学生关注小说类文章极负张力的隐喻式的语言特点。通过分析被动语态在描写中的作用和对比扫射前后村民的情绪,评价他们在战争中的角色及所受伤害。借助对村民和士兵的描写语言风格的鲜明对比,使学生领会作者所传达的在战争中平民的无助与士兵的嗜血无情。文章中的鲜明对比这一语言特点,引导学生在阅读中分析语言风格,得出作者写作意图。同时,战争的残酷暴露无遗,情感氛围易于渲染。隐喻式的写作表达,把整个语篇系统进行连接,推动语篇思想的发展。

又如在下面文段中,用了大量的否定句式:

Me and an acquaintance were walking behind an English pub once, going back to our base, and we saw one of our planes come over heading westwards for an American base just across the valley.

One of its engines was on fire and we saw it hit the ground. We didn't know if it still had its bombs aboard or if it was coming back from Germany, so we didn't dare go near it. I tried to phone the American base, but I couldn't get through. The line just didn't work. A handful of fire fighters came, but nobody dared to go near the plane because it was on fire and we couldn't find out if it still had its bombs and tanks full of petrol.

We were scared the whole thing would go up like fireworks and take us with it. The crew couldn't get out and we could hear the men screaming and shouting and there was nothing we could do because of the bombs. They died, five of them. Then we found out later they had just been out for a training session. (Adapted from Six War Years by Barry Broadfoot)

如用隐喻策略导读文本,作者写作意图显现无遗。让学生找出语言描写特点,体会作者用重复的修辞手法表达隐喻含义。

(1) We didn't know if it still had its bombs aboard or if it was coming back from Germany, so we didn't dare to go near it.

(2) I tried to phone the American base, but I couldn't get through. The line just didn't work.

(3) A handful of fire fighters came, but nobody dared to go near the plane because it was on fire and we couldn't find out if it still had its bombs and tanks full of petrol.

(4) The crew couldn't get out and we could hear the men screaming and shouting and there was nothing we could do because of the bombs.

作者用了大量的否定词表达战士想救又不敢救的矛盾心理和内心煎熬。读者不禁自问:"Why didn't the soldiers save their partner's life?"进而自然会有道德的价值判断:"Do you think it is right or wrong to do so?"通过分析人们在战争中的心灵创伤,说明战争让人失去人性,失去道义,失去是非判断力。

让学生思考:在什么条件下人们用连续的否定句?一般是在拒绝、无助、恐慌、焦虑、逃避等情形下,人们在战争条件下的心态在这几个句式中暴露无遗。隐喻策略的运用,使学生轻易地抵达作者内心,同时,解读文本的过程,也是抓住了学生的情感的过程。这样,学生不仅学习了文本语言的美,心灵也受到震撼。

三、基于隐喻认知的阅读教学的启示

隐喻现象贯穿教材始终，而英语教学主要关注词汇、语法和篇章等环节的处理上，很少涉及对学生的隐喻认知策略的培养。对于隐喻句理解来说，如果不能通过当前的阅读信息完成连续性推理，那么接下来的理解会随即遇到障碍（孙启耀、张建丽，2011）。特别是在阅读理解上，涉及作者意图、推理判断等深层次问题，如果回避隐喻认知策略的培养，就难以找到合适的解决办法。因此，用隐喻认知理论实践英语文本教学，探索英语阅读教学策略，在英语教学中有着十分重要的意义。

（一）培养学生的隐喻意识

从上面的教学案例可以看出，语言的隐喻本质及隐喻概念是阅读理解中的一个至关重要的因素，对隐喻的正确理解和隐喻策略的掌握关乎阅读能力提高、作品修辞及意境的深层理解。

正因为隐喻是人类思维的一种模式，隐喻的使用在日常生活和文学作品中随处可见，隐喻学习理应成为英语教学的重要环节。无论是直观的还是非直观的隐喻，都需要学习者有足够的想象力。从某种程度上说，培养学生具有一定的想象力去领悟非母语的真实内涵是教学的最终目标（侯奕松，2011）。

（二）挖掘中英隐喻的相似性

人类的认知具有很多共同性，英汉两种语言中有很多抽象思维的隐喻表达都是相近的。目前高中英语教材的语篇中，隐喻的出现或在词汇层面，或在篇章层面，而这些隐喻现象多数是以相似性为基础的。语篇隐喻是由隐喻思维将事物的相似性加以扩展引申，由一个关键的相似点找到与之对应的一连串关系，然后层层深入展开。如上文课例中与敌人共庆圣诞节的场景，就是找到一个个隐含意义的相似点层层展开课文分析的。要想深层次理解文本，需要找到"圣诞"与"亲情"的联结、"亲情"与"杀戮"的联结，找到这些意义的悖论，从而体会战争的残酷。王燕（2007）认为，隐喻不仅出现在词句中，还常常出现在整个篇章结构中。理解主题隐喻的相似性是理解文章的关键。

（三）注重隐喻的文化内涵

隐喻的表征隐含了文化的逻辑，隐喻的概念存在文化的差异。当喻体和本体之间难以找到相似性时，语境对隐喻的判断和理解往往起着决定性的作用。语境分语言语境和非语言语境两类。语言语境指语言的上下文，即句子在篇章中的位置。非语言语境指语言交际过程中语言表达的特定环境，包括传统习惯、文化背景和地理特点等。如本文课例中对战壕里的圣诞聚会描写，如果离开西方节日文化的特点，就很难对文本进行深度挖掘。所以，语境对语言的表达有很强的制约作用，同时又具有很强的揭示作用。我们可以利用语境因素的语言的制约作用来解读文本，获取深层次的意义。

四、结　语

总之，在英语学习中，学生会遇到很多类似的含有隐喻概念的文本，学生掌握了隐喻策略就找到了解开文章深层意义的钥匙。隐喻思维可以使学生加强文本的分析力，使学生从关注文章内容转变到感受和领悟语言特点和深层表意的高度，进而感受语言的生动，理解作品的价值，提高语言领悟力和欣赏水平。

【参考文献】

［1］Lakoff，G. & Johnson，M. Metaphors We Live By ［M］.Chicago：The University of Chicago Press，1980.

［2］Ricoeur，P. The Rule of Metaphor ［M］.London：Routledge & Kegan Paul，1975/1986.

［3］束定芳.论隐喻的理解过程及特点 ［J］.外语教学与研究，2000（4）.

［4］刘丹凤，魏跃衡.谈隐喻意识在英语学习者深层阅读理解中的作用 ［J］.遵义师范学院学报，2007（1）.

［5］侯奕松.隐喻研究与英语教学 ［M］.北京：北京师范大学出版社，2011.

［6］孙启耀，张建丽.中国英语学习者隐喻能力发展障碍及其干预机制研究 ［M］.北京：科学出版社，2011.

［7］王燕.认知语言学视角下的隐喻理论与英语教学 ［J］.湘潭师范学院报：社会科学版，2007（1）.

通过基于学情的"同课异构"提升初中英语教师听说课教学设计与实施的能力

曹爱平*

【摘　要】密云地处北京市偏远山区，经济比较落后，尽管我们在努力，英语教学相对而言还是比较滞后。而我区20所初中校的学生和每个年级60名左右的英语教师之间的层次也不一样，存在非常大的差异。因此，在课例教研活动中，一个课例、一种教学设计不能起到抛砖引玉、示范引领的作用，经常出现无法面对全体的问题。笔者在教研活动中借鉴"同课异构"课例的实施现状和有效开展策略进行了探究，使各个层次的教师及教授各个层次学生的教师都能收获最大化，提升初中英语教师基于学情的听说课教学设计与实施的能力。"同课异构"强调围绕某一特定的教学主题组织教研活动，根据学生情况和教师风格的差异对教材内容进行教学设计与实施。本文收集多种数据（如问卷、访谈、录像、展示、研讨等）深入分析"同课异构"能够提升初中英语教师听说课教学设计与实施的能力。

【关键词】同课异构；听说课；教学设计与实施

一、引　言

"同课异构"是一种有效的教学研究活动形式，在我国基础教育研究方面有着广泛的应用，也是当今教研活动的一大热点。密云区以地域为单位划分为城内、库南和库北三个学区，不同学区所在学校的学生存在非常大的差异。城内学区的密云三中、五中、六中学生水平相对较好，小学基础扎实，家长重视，师资队伍也比较整齐；学生综合语言运用能力较强，听说能力相对较高，2014~2015学年第二学期初一英语期末考试成绩平均分100.91，优秀率68.12%，及格率89.43%。库南学区9所初中校再加上城内学区的其他2所学校，学生水平参差不齐，两极分化十分严重，家长也不太重视教育，孩子学成什么样无所谓，完全靠老师的水平；2014~2015学年第二学期初一英语期末考试成绩平均分93.65，优秀率50.22%，及格率85.24%。库北学区6所学校的师资队伍不整齐，家长忽视孩子的学习，学生整体英语水平薄弱，尤其是听说能力非常差，课上听不懂老师的课堂用语，大部分时间教师只能用汉语组织教学；2014~2015学年第二学期

---

* 曹爱平，密云区教师研修学院研修员，中学高级。

初一英语期末考试成绩平均分 80.37，优秀率 27.35%，及格率 70.93%。而在"同课异构"教研活动中，不同的教学风格所形成的鲜明对比往往会带给参与者更多的思考和更深的启迪，进而达到取长补短、提高教学效果的目的。

义务教育《英语课程标准（2011 年版）》教学建议第五条要求，结合实际教学需要，创造性地使用教材。根据实际教学目的和学生学习需求，对教材中的部分内容和活动进行替换，也可以根据需求添加活动步骤，比如增加准备或提示性的步骤，从而降低学习难度。笔者所在区存在同一节课的设计在不同层次的学校有非常大的差异的特点。针对学生英语基础的差异和学习需求的不同，同一教学内容的教学设计就应不同。因此，如果课例教研活动只是一种上法，就不能满足其他层次学校教师和学生的需求。结合各学校学生需求不同以及教师教学设计能力的现状，在教研活动中通过基于学情的"同课异构"，针对同一教学内容，由来自 3 个不同学区的 3 位上课教师根据学生情况进行不同的教学设计，然后授课，进行课例展示；听课教师课后进行对比分析，交流研讨，撰写活动反思。这样的活动能够满足不同层次学校教师的需求，适合不同层次学生的实际情况，能够取得较好的教学效果。密云的情况在全国不少地区都是普遍存在的，因此这样的活动应当对很多地区的教研员或学校教研组有参考价值。

二、同课异构与教研活动

在学者和一线教师的研究中所涉及的"同课异构"的概念阐述均有所不同。郭宏才（2009）提出"同课异构是指不同教师面对同一教材课题，构建差异性教学策略，同伴参与课堂观察，比较反思，共同提高的一种教研模式"。华东师范大学的陈瑞生（2010）把"同课异构"看作是一种有效的教育比较研究方式，认为"同课异构是指不同的教师在相同的年级、不同的班级上同样的教材、同等进度的同名课，并比较它们在教材分析、教材设计和教学风格等方面的异同，从而实现互相学习的目的，并在此基础上，谋求改善学生课堂学习、教师专业发展的一种教育比较研究方式"。任庆梅（2010）认为"在同课异构中，'构'是核心、基础和灵魂；'异'则强调变化、发展。不同的教师受自身教育理念和教学经验等因素影响，各自的教学设计具有个性化特点，呈现出五彩缤纷的效果。教学规律和教学内容的共性决定了同课异构的'同'，教学环境因素的不同和不同教师的教学个性决定了同课异构的'异'。而反映出同课异构的魅力与内涵，体现不同教师专业发展水平的恰恰是'异构'"。综合上述几种观点，可以看出虽然研究人员对同课异构的概念有不同的理解和看法，但基本都从"同课"和"异构"两个方面进行阐述。笔者认为，基于不同学情的"同课异构"，能够提升初中英语教师听说课教学目标设定的能力。

研究"同课异构"教研方式的功能方面的文章有很多，代表性的文章有李云吾《谈谈"同课异构"教研方式的目的与价值》，指出"同课异构"教研方式促进了教师间的信息共振、学科间的知识共振、教师与参与者的思维共振，使教师间形成一种"合力效应"，促进了教师的专业成长。周庆在《"同课异构"教学活动探析》中指出，在"同课异构"活动中，多个教师以不同方式呈现同一内容，这一过程既体现了基于知识积累的教师个人对教材的独特理解，又展现了基于教学经验的教师个人教学风格；既有显性知识的显现，又有缄默知识的显现，活动结束后上课教师和听课教师在这两方面都有所收获，有利于教师专业成长。不管是李云吾的合作共振还是周庆的个性教学，大量研究表明，同课异构适合我区学情和教情。在初中英语听说课教学目标设定活动中会引领教师深度研读教材。基于学情进行多样的教学设计，有利于上课教师和听课教师通过分析对比，找出自己的不足，发现别人的亮点；既有利于教师专业成长，又能服务于学生，使每一位学生得以发展，使教学真正适合学生。

三、活动设计

整个活动先后分为三个阶段：准备阶段，活动阶段，反思阶段。

第一阶段，准备。为了明确教师参加同课异构前的问题，清晰教师的需求，通过访谈的形式了解上课教师和被跟踪调查教师日常教学中的实际情况，结合具体问题进行针对性的研究。基于访谈了解到的情况——教师教学设计与实施困惑，基于我区学生英语听说能力薄弱的现实，教研员选定北师大版教材的听说课。为了面向全体，引领教师通过深入研读教材，透彻了解教学内容，全员初一、初二英语教师根据各自学生的实际情况在指定时间内完成指定教学内容的教学设计。这样，教师对活动内容了如指掌，使自己在参与整个活动过程时做到心中有数，思想碰撞有理，活动后通过反思会使自己的教学设计更贴近学生实际。完成后，按照活动步骤，上课教师将自己的设计以学区为单位说课。教师在学区组长的组织下进行听、评、议、改，通过反复打磨、通过不同思想在一次次碰撞中达成的共识，不断完善上课教师基于学情的教学设计，与会老师对如何更好地进行教学设计也会有更清晰的认识。为收集一手真实数据，此活动需要全程录像。这个基于学情的教学设计是否能够有效地落实在真实的课堂上呢？上课教师要将磨好改好的课在课堂上实施，上交录像课例光盘。同时，被跟踪的教师将自己的教学设计（无磨课过程）实施于课堂，在其中一个教学班上课并录像，以收集并观察其同课异构活动前的教学思想和教学行为。上课教师利用课余时间将基于学情的教学设计与课堂实录相匹配，梳理基于学情的教学设计说课稿，准备在同学段教师面前说课。为了使活动真正起到抛砖引玉的效果，使教师在活动中有所学、有所思、有所得，这一准备环节至关重要，需要教研员指导帮扶。

第二阶段，活动。第一步，教研员介绍，用时5分钟。为了使参会教师明白活动的背景及目的，使活动更具有针对性，教研员在正式活动开始前简要介绍一下活动程序及目标。第二步，上课教师说课，每人20分钟。上课教师在全体同学段英语教师面前结合录像的课例说课，然后在课后反思，起到示范引领的作用。世界上没有一节课是完美无缺的，有缺憾才真实，教师才能扬长避短，不断前行。第三步，交流研讨，用时30分钟。在认真聆听上课教师的说课之后，与会教师分组交流研讨。组长组织本组成员探讨上课教师基于学情的教学设计是否达成了教学目标，在这一过程中不同的思想不断交汇、不断碰撞，最终提炼出认同点及需要进一步改进的部分，使之更加完善。在这一过程中，教师真正收获的是对自己教学行为的深刻反思。第四步，汇报，每组限时5~8

分钟。各组选出一名代表将各自的研讨结果在全体教师面前汇报，互补、分享，共同提高。最后，教研员点评。教研员梳理大家的观点，提出各自的优势及需要改进的地方，同时提出建议和希望。为了使活动基于实际，利于进一步反思，此活动也需要全程录像。

只有转变观念，才能改变自己的教学行为；只有亲身体验，才会有更深刻的理解和认识。听了上课教师的说课，通过交流，老师们也探讨出一致认同的观点。这时，全员修改最初的教学目标，目的是完善教学设计，过程中改变。教研员收集修改稿，进行对比，分析出活动前后的变化。变化是在不知不觉中发生的。修改完教学设计后，全员撰写活动反思，提升教学水准。教师的阵地是课堂，如果光说不练，那就是纸上谈兵。为了对比活动前后的教学行为，看是否真正发生变化，被跟踪教师把修改后的教学设计实施于课堂（另一个教学班），进行录像，利于观察分析、检测活动效果。

第三阶段，反思。为促进教师的专业发展，上课教师及被跟踪的教师整理课例材料，将自己在整个活动过程中的所思所感梳理总结，撰写、提交反思报告。之后，对上课教师及被跟踪教师进行深度访谈，了解教师参加同课异构后的变化和反馈。教研员在整个过程中应收集各种数据，通过对比、分析、提炼，撰写活动设计报告。

各阶段活动流程图：

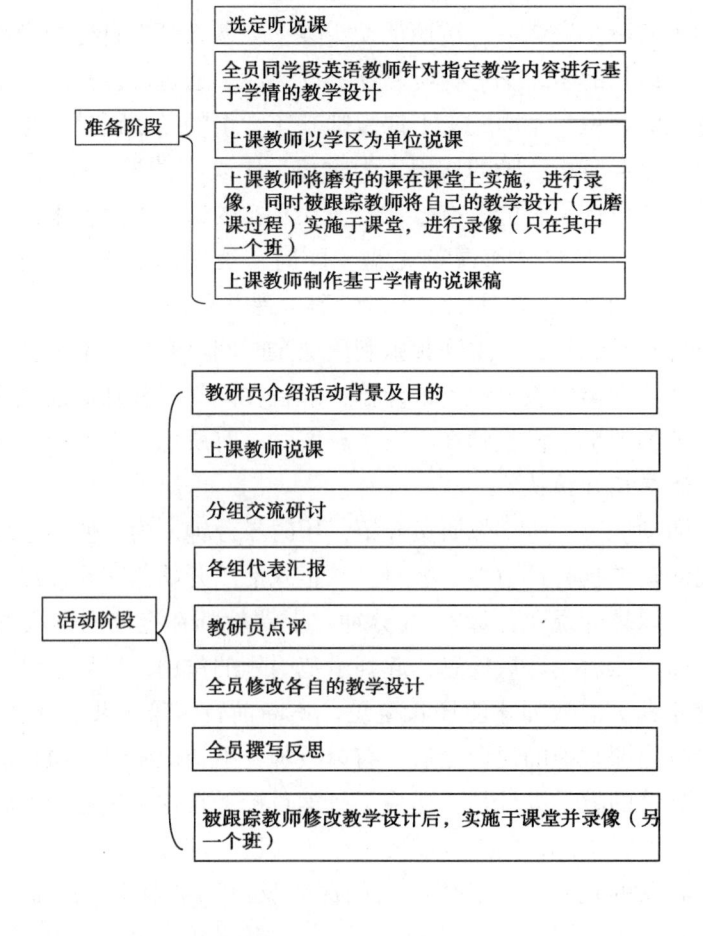

准备阶段：
- 访谈上课教师和被跟踪调查的教师
- 选定听说课
- 全员同学段英语教师针对指定教学内容进行基于学情的教学设计
- 上课教师以学区为单位说课
- 上课教师将磨好的课在课堂上实施，进行录像，同时被跟踪教师将自己的教学设计（无磨课过程）实施于课堂，进行录像（只在其中一个班）
- 上课教师制作基于学情的说课稿

活动阶段：
- 教研员介绍活动背景及目的
- 上课教师说课
- 分组交流研讨
- 各组代表汇报
- 教研员点评
- 全员修改各自的教学设计
- 全员撰写反思
- 被跟踪教师修改教学设计后，实施于课堂并录像（另一个班）

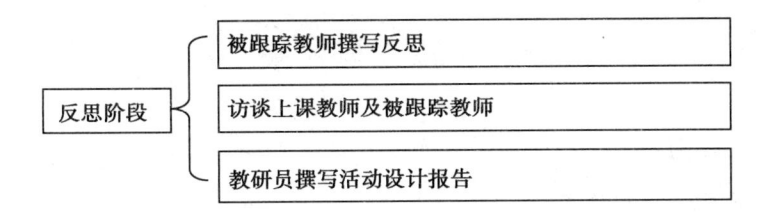

```
反思阶段 ─┬─ 被跟踪教师撰写反思
          ├─ 访谈上课教师及被跟踪教师
          └─ 教研员撰写活动设计报告
```

四、活动实施数据

活动实施数据具体见下表。

次数	教师简介	展示活动课题内容	展示时间及地点	展示时长	展示相关数据							
						备课教案	说课	试讲	课例录像	教学设计	课例课件	说课课件	反思
第一次	A老师：城内，工作7年，区骨。B老师：库南，工作17年，区学带。C老师：库北，工作8年，校骨	北师大教材八年级上听说课 Unit 3 Lesson 7	2015年10月29日 密云五中	180分钟	份数或时长	3份	90分钟	3节	5节	3份	5份	3份	55份
第二次	D老师：城内，工作6年，校骨。E老师：库北，工作8年，校骨	北师大教材七年级上听说课 Unit 3 Lesson 8	2015年12月2日 密云五中	150分钟	份数或时长	2份	60分钟	2节	4节	2份	4份	2份	51份
第三次	F老师：库北，工作7年。G老师：城区，工作20年，区骨	北师大版教材七年级下听说课 Unit 2 Lesson 4	2016年3月9日 密云六中	180分钟	份数或时长	2份	20分钟	2节	2节	2份	2份	无（因为是现场听课）	23份
第四次	B老师：库南，工作17年，区学带。H老师：库北，工作15年，校教研组长	北师大版教材七年级下听说课 Unit 3 Lesson 8	2016年3月23日 不老屯中学	180分钟	份数或时长	2	30分钟	2节	2节	2份	2份	无（因为是现场听课）	12份
第五次	I老师：城区，工作6年，校骨。J老师：库南，工作15年，区骨	北师大版教材八年级下听说课 Unit 1 Lesson 2	2016年3月30日 密云五中	180分钟	份数或时长	2	60分钟	3节	3节	2份	2份	2份	45份
第六次	K老师：工作7年，普通老师。L老师：工作11年，校骨	北师大版教材八年级下听说课 Unit 5 Lesson 14	2016年5月19日 北交大附中	180分钟	份数或时长	2	30分钟	2节	2节	2份	2份	无（因为是现场听课）	12份

五、转变与效果

（一）笔者的转变

（1）教研活动理念的转变。

从以"教研员"为主体变成以"教师"为主体。

（2）教研活动组织形式的改变。

教研员从台前走到幕后，即由过去的教研员讲座、教材辅导、上示范课等一味灌输到助力教师，为教师搭建平台。

（二）参与活动教师的转变

（1）绝大部分参与活动的教师教学目标制定得清晰、具体、可操作，教学活动形式设计得丰富多样，能调动学生积极参与，注重听说语言技能的培养。

（2）所有参与活动的教师都能重视学情的分析，并开始关注文本分析。

（3）所有参与活动的教师能够尽量使语言情境创设得相对真实，并关注情感态度的渗透。

（4）所有参与活动的教师反映自己的教学设计越来越适合学生，实施的效果越来越满意，学生的获得越来越大。

A老师在反思中写道：回想起来我以前教学设计中的教学目标好像放在任何一个听说课都可以，也经常用一些不可测的抽象的词汇，如听懂、理解、掌握、熟练运用，等等。通过参加这种有设计、有任务的教研活动，我明白了教学目标的设定应具体，如通过听……找出……的信息，紧扣文本内容，使之明确；描述时用表示结果的行为动词，如找出、说出、写出、讲述、描述、谈论，等等。但自己在措辞方面还相差很远，我会继续与活动同步，争取有更大的进步。

B老师在反思中写道：这种有计划、有设计的同课异构活动尽管有些累，但自己在过程中得到了锻炼，在锻炼中有了深刻的体验，这样的体验是刻骨铭心的。比如，教学活动的设计如果高于学生，学生就会吃不消；低于学生了就会没意义，学生均不能在课堂上有所获得。所以只有基于学生的、适合学生的教学设计才能使输出更顺畅，学生才会有所学、有所练、有所得。

在与C老师访谈中了解道：以前教研活动的一种课例展示结束后，学到的东西不多，因为学生不同，用不了；如果用了，效果也大打折扣，跟展示课的效果相差甚远。而自从参与同课异构活动以来自己茅塞顿开，尽管还有这样或那样的不足，但每节课上下来自己都高兴，因为学习在课堂上真的发生了，学生张嘴说英语的机会多了，学习英语的兴趣也大有提高，学好英语的自信心也树立起来了。C老师感慨道：受益的是自己，收获的是学生，自己对教学充满了期待。

访谈其中一位参会的教师，她说：同课异构在初中英语听说课教学设计活动中引领教师深度研读教材，基于学生进行多样的教学设计，有利于我们听课教师通过分析对比，找出自己的不足，发现别人的亮点，拓展了自己的视野。再加上专家的指导，引发自己从新审视自己的教学，努力提高自己的欲望被激活了。

（三）B 老师在教学设计实施后的反思节录

这节课是一节听说课，文本是有关 Sports 的一段对话。教学活动设计着眼于对学生进行体育精神的渗透，同时以获取对话中 David 和 Mike 两人对课后活动安排及观点的信息为重心。

（1）听说课的教学设计要围绕话题主线，完成信息输入、语言知识内化和语言输出。在获取信息的过程中，三个听力活动全部围绕两个主人公谈论的体育运动展开。从获取谈论的体育活动到他们会参加哪项运动（中间渗透听力技巧，理解交际过程中的问答关系），再到获取他们对这些运动所持的个人观点（渗透对形容词比较级的学习和理解）。通过三次听力活动，帮助学生厘清了话题的主线，同时也明确了交际的语言主线，逐步为最后的输出做了信息和语言的支撑。

（2）板书要随着教学进度逐步呈现，有一个形成的过程，便于学生理解和内化。板书的出现是随着活动的不断深入，随学随出。这样，使学生对这些语言能够有一个积累的过程，同时也给学生一个理解、内化的过程，有助于教学目标的达成。

（3）听力活动设计一定要基于学生能力和文本特点。这段对话虽然主题突出、任务少，但是两个主人公都是男孩子，声音不易区分，因此让学生整体听后再获取两个人有关运动项目的个人观点难度很大。再有，对话中设计的体育运动很多，语言转化很快。基于以上种种文本特点，我在设计听力活动时，采用了分段听，看文本做进一步的推断句子间的逻辑关系，以达到能面向全体学生的目的。

通过课堂实录，我发现由于学生准备的时间不充分，而且教师对输出活动的要求不到位，使得学生在最后输出环节没能很好地运用本节课所学的新语言，目标达成不太理想。

（四）效 果

有一位参会教师在活动接近尾声时给笔者提建议，他真诚地说：建议就是这样的活动多开展。听后笔者很是激动，既高兴又倍感压力，同时更有了动力。因为活动带给我们的是进步，是改变。这位老师接着说："以前咱们的活动我要么找借口不来，要么玩手机，要么犯困，而现在不仅每次都愿意来，而且还期盼下一次。自己变了，积极上进了，教学理念提升了，改革方向明确了，课堂实施技巧娴熟了，可借鉴的教学设计丰富了。最大的收获就是活动使我思想震荡，心灵荡涤。"

一位上课的教师给笔者发来短信：谢谢您！第一次跟您近距离接触，感觉您特别地亲切，特别愿意跟您干活。今天的课，真的很感谢您对我的帮助，不知耽误了您多少宝贵的时间。从教学设计到课件不知改了多少次，每一次修改都带给自己一份惊喜，原来这样会更好，果真在课堂实施过程中教学目标达成程度高，学生有真正的获得。希望我以后还能有这样的机会，能够再次锻炼自己。

另一位上课的教师发来微信，写道：此次展示之前的准备过程是痛苦的。教学设计和 PPT 改到了第 9 稿，试讲了 4 个班，几乎每时每刻大脑都在思考这节课。教学设计修改，修改，再修改，每天都要熬到深夜。这一过程真的很累，但确实收获颇丰。每一次您的指导和备课组教师的建议都会使我产生新的想法，升华我的教学理念，还有展示后大家给予的肯定与建议使自己更加坚定信心。只有亲身体验了，才会有深刻的感悟，才会使自己有所进步，不断提高。我希望还有这样的机会锻造自己！

总之，教师亲自体验就会有感悟；有了感悟，心灵就会有触动，于是教师的教学设计理念、教学行为就会悄然发生变化，一路前行。教研活动时，教师也从过去的被动接受到现在非常积极主动地参与。

从某种意义上说，教师决定着新课程改革的成败。因此，要使新课程改革顺利进行，教师就要在教育理念和教学实践能力上达到更高的要求，具备更高的专业素质。同课异构是目前各级教育教学部门组织的被广泛应用的教研活动，对此进行深入研究有助于提高我区初中英语教研活动的质量。通过实践，探索出基于学情的同课异构提升初中英语教师听说课教学设计与实施能力的有效方法，可以促进教师深入研究教材，提升教师自我反思水平，探讨有利于教师专业成长的有效途径，提高学生的英语水平。

【参考文献】

［1］叶澜．教师角色与教师发展新探［M］.北京：教育科学出版社，2001.

［2］顾明远．教师的职业特点与教师专业化［J］.教师教育研究，2004（6）.

［3］顾明远．把提高教育质量放在重中之重的位置［J］.中国社会科学报，2011（3）.

［4］周庆．"同课异构"教学活动探析［J］.石家庄学院学报，2012（4）.

［5］李云吾．谈谈"同课异构"教研方式的目的与价值［J］.教学月刊：中学版，2007（12）.

［6］郭宏才．同课异构的几点反思［J］.中小学教学研究，2009（7）.

［7］陈瑞生．同课异构：一种有效的教育比较研究方式［J］.教育理论研究，2010（1）.

［8］任庆梅．中小学英语同课异构教研方式的理论思考［J］.基础英语教育，2010.

［9］Cochrance Smith, M. & Lytle, S. Teacher research and knowledge［M］.New York：Teacher's College Press, 1993.

［10］Freeman, D. & Richards, J. C. Conceptions of Teaching and Education of Second Language Teachers［J］.TESOL Quarterly, 1993（27）.

［11］Stevick, E. Teaching and Learning Language［M］. Cambridge：Cambridge University, 1982.

［12］Wallace M J. Training Foreign Language Teachers-A Reflective Approach［M］.Cambridge：Cambridge University Press, 1991.

注重理性思维，促进学生对生物学核心概念的理解
——以"ATP是细胞的能量通货"为例

曹仁明[*]

【摘　要】 生命科学属于科学课程，是科学教育的重要方面。在高中生物学教学中如何实现课程标准的理念要求，遵循科学教育的基本特征，促进学生对生物学重要概念的理解？本文以高中生物"ATP是细胞的能量通货"为例，说明基于科学本质、联系实际、科学讲求实证、理科要讲理等角度渗透理性思维教育，以促进学生基于以重要知识为载体的生物学核心素养的发展。

【关键词】 科学本质；核心概念教学；理性思维；问题解决式教学策略

一、问题的提出

生物学是研究生命现象和生命活动规律的科学，生物课程是高中阶段重要的科学课程。生物课程由一系列的生物学事实、专业术语、概念、原理、规律、模型、理论等知识体系组成，也包括观察、实验、比较、分析、综合、假说演绎、建立模型、系统分析等科学方法体系。学生在学习生物学时普遍感觉抽象、知识点繁多，还有的人认为生物学是理科中的文科，需要大量记忆。在生物教学改革中也存在重知识、轻科学方法过程或重科学方法训练、轻知识的倾向。例如，高中生物学中ATP的结构与功能的知识，既抽象又枯燥，传统教学通常是老师结合图片说明ATP的结构，介绍其在生命活动中的作用，学生记记背背这些理论知识，过一段时间基本忘记了。科学、技术、社会的高速发展，已经促使科学教育从传统的学科教育向现代科学教育转变，在教育目标上表现为由知识技能中心转向以科学素养为中心。生物学属于科学课程，在生物教学中突出科学教育的本质特征，重视对科学本质的理解，体现理科讲理的思想，强化核心概念的教学。因此，在高中生物教学中如何注重渗透理性思维的思想，更有效地传递科学概念，发展学生的科学探究能力，帮助学生理解生物科学、技术和社会的相互关系，增强学生对自然和社会的责任感，促进学生形成正确的世界观和价值观，进一步提高学生的生物学的科学素养，已经成为当前高中生物课程改革的重要研究课题。

---

[*] 曹仁明，北京师范大学附属实验中学教研组长。

二、对科学教育、科学本质、核心概念教学的认识

（一）科学教育

科学教育是一种通过现代科学技术知识及其社会价值的教学让学生掌握科学概念，学会科学方法，培养科学态度，且懂得如何面对现实中的科学与社会有关问题做出明智抉择，以培养科学技术专业人才，提高全面科学素养为目的的教育活动。科学素养不仅包括对现代科技知识技能的掌握，而且还涉及科学精神、科学态度、科学方法、科学能力、科学行为与习惯等方面。

现代科学教育的特征表现为四个结合：科学精神与人文精神的结合，现代科技与人类生活的结合，科学内容与科学过程的结合，知识教育与能力培养的结合。这四个方面的结合为我们有效地进行科学教育的实践活动提供了着力点。

《普通高中生物课程标准》中倡导的第一个理念就是"提高生物科学素养"。提高每个高中学生的生物科学素养是课程标准实施中的核心任务。生物科学素养是公民科学素养构成中重要的组成部分。生物科学素养是指公民参加社会生活、经济活动、生产实践和个人决策所需的生物科学知识、探究能力以及相关的情感态度与价值观，它反映了一个人对生物科学领域中核心的基础内容的掌握和应用水平，以及在已有基础上不断提高自身科学素养的能力。这里所说的"生物科学领域中核心的基础内容"，可认为是生物学核心概念。

（二）核心概念

以事实知识为主的课程，遗忘是难免的，尤其是在"知识爆炸"的年代，要指望学生记住许多细碎的信息是不切实际且低效的。因此，课程应该超越事实，以概念为本，通过让学生构建起核心概念来实现超越课堂的持久价值和迁移价值，为学科间的联系提供支持。核心概念构成了学科的基本框架，对学生今后的学习起支持作用，具有思维训练价值以及文化和教育功能。当前对核心概念的表述没有一个统一的定义，学者们基于对科学概念的理解提出了一些基本的要素。概括地说，核心概念是位于学科中心的概念性知识，包括重要概念、原理、理论等的基本理解和解释，这些内容能够展现当代学科图景，是学科结构的主干部分，具有超越课堂的持久价值和迁移价值，还为学科之间提供了联系。核心概念的选择不是随意的，而是要展现学科的逻辑结构，且具有一定的前沿性，赫德列出的选择标准如下：

> 展现当代科学的主要观点和思维结构；足以能够组织和解释大量的现象和数据；包含大量的逻辑内容，有足够的空间用于解释、概括、推论等；在教学中可以用上各类情境下的例子，并可用于日常生活中的常见的情况和环境；可以提供许多机会，用以发展与本学科特色相关的认知技能和逻辑思维过程；可以用于组建更高阶的概念，而且可望与其他学科的概念结构建立联系；表达了科学在人类智力成果中所占有的地位。

（三）科学本质

《普通高中生物课程标准》课程目标中明确提出，学生通过高中生物课程的学习，将在以下各方面得到发展：获得生物科学和技术的基础知识，了解并关注这些知识在生活、

生产和社会发展中的应用；提高对科学和探索未知的兴趣；养成科学态度和科学精神，树立创新意识，增强爱国主义情感和社会责任感；认识科学的本质，理解科学、技术、社会的相互关系，以及人与自然的相互关系，逐步形成科学的世界观和价值观；初步学会生物科学探究的一般方法，具有较强的生物学实验的基本操作技能、收集和处理信息的能力、获取新知识的能力、批判性思维的能力、分析和解决实际问题的能力，以及交流与合作的能力；初步了解与生物科学相关的应用领域，为继续学习和走向社会做好必要的准备。

三、基于科学本质的理解，注重理性思维，实施生物学核心概念教学的策略

课程内容应围绕核心概念进行选择，教学重心应该从"讲授事实"转变为"使用事实"，以形成可迁移的核心概念和根本的知识结构。教学方法要强调问题探讨而不是学习现成的答案，鼓励彼此交流、论证、一起学习，充分运用学生的前概念和元认知能力组织学习。

中学生物核心概念的教学主要有五步：（1）以教学单元作为建构核心概念体系的基本单位；（2）审视教学单元内容，建构本单元的核心概念体系；（3）把核心概念转化为一些基本理解（学生的认知结构），这是期望学生从学习中逐渐形成的；（4）把基本理解以"基本问题"的形式表达，以问题驱动教学和学习，促进学生的基本理解；（5）根据基本问题设计教学活动、学习活动和评价活动，从而使学生参与基本问题的讨论和过程学习。这些活动和过程应有助于学生达到基本理解，最终完成知识建构，形成核心概念。

"ATP 是细胞的能量通货"这节内容，是"细胞代谢"这一单元知识体系中的一个核心点。

（一）基于单元教学的核心概念的分析——"ATP 是细胞的能量通货"的概念分析

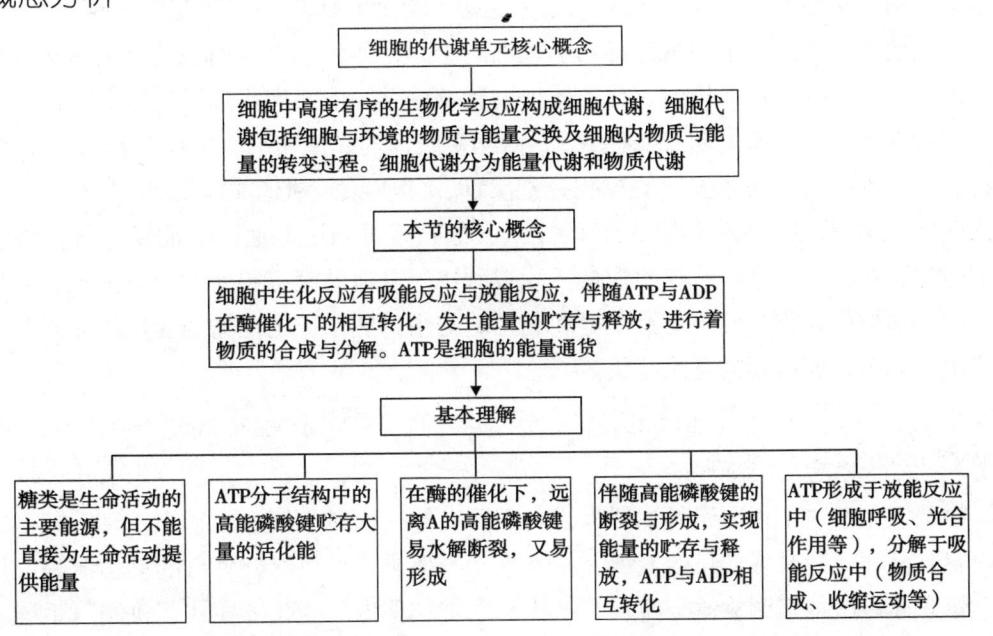

```
细胞的代谢单元核心概念
        ↓
细胞中高度有序的生物化学反应构成细胞代谢，细胞代
谢包括细胞与环境的物质与能量交换及细胞内物质与能
量的转变过程。细胞代谢分为能量代谢和物质代谢
        ↓
   本节的核心概念
        ↓
细胞中生化反应有吸能反应与放能反应，伴随ATP与ADP
在酶催化下的相互转化，发生能量的贮存与释放，进行着
物质的合成与分解。ATP是细胞的能量通货
        ↓
      基本理解
```

| 糖类是生命活动的主要能源，但不能直接为生命活动提供能量 | ATP分子结构中的高能磷酸键贮存大量的活化能 | 在酶的催化下，远离A的高能磷酸键易水解断裂，又易形成 | 伴随高能磷酸键的断裂与形成，实现能量的贮存与释放，ATP与ADP相互转化 | ATP形成于放能反应中（细胞呼吸、光合作用等），分解于吸能反应中（物质合成、收缩运动等） |

（二）基于理性思维、"问题解决式"的教学设计

针对核心概念的分析与理解，以核心概念设计为载体，科学要讲理，渗透理性思维的理念，以问题解决式的教学过程促进核心概念的形成。

生命活动为什么需要能量？
　　↓　物理学：热力学第二定律
糖类等有机物的化学能能否直接用于生命活动？
　　↓　实验研究：肌肉收缩的实验
ATP 为什么能够为生命提供能量
　　↓　化学知识：高能磷酸键的理解
　　　　科研数据：能量级处于中位
ATP 在细胞中的含量很低，如何持续供能？
　　↓　综合分析：能量的来源与去路
ATP 与 ADP 相互转化实现能量的储存与释放
　　↓　建立知识体系
ATP 是细胞的能量通货

（三）基于理论联系实际的概念理解

现代科学教育强调现代科技与人类生活的结合，教学中从学生的生活经历、经验等出发，巧设情境，不断揭示问题、矛盾，引领学生探究思维，激发学习动力。能有效地促进学生对概念的理解与深化，是加强核心概念教学的重要途径。

在本节课的课程引入中，教师结合学生刚开完运动会的经历，给出班上同学跳远、接力比赛的照片，参赛队员介绍自己在比赛中的感觉，与大家一起分享。教师及时提出问题：我们运动为什么要消耗能量？我们的能量来源于何处？我们为什么要吃饭？对这些似乎是司空见惯的生活实际的深入讨论促进了学生的认知。在问题深入探讨过程中，结合书桌的整理及摆珠子的情况说明物理的热力学定律，深入浅出，使学生深刻理解到消耗能量的意义与吃饭的价值。在实验说明葡萄糖并不能直接作用于生命活动的情况下推出神奇的药片"三磷酸腺苷二钠片"，由学生宣读药品说明书，进而分析 ATP 的结构与特点，体现结构与功能统一的思想。把 ATP 比作电池、把蛋白质比作电池盒，来说明 ATP 的作用机理：细胞利用 ATP 的能量就像收音机利用电池中的能量一样。如果只是把电池放在桌上，里面贮存的能量不能被利用，电池就没有用处。只有把电池放进收音机的电池槽中，收音机才能够获得和利用电池中的能量。电池里的能量用完以后，可以拿出来充电，或用新的电池替代。

（四）基于理科讲理的思想，注重理科跨学科的通用概念的运用，促进生物学核心概念的理解

物理、化学、生物同属科学课程，它们既有统一的科学概念、思想，又有各自的研究内容与范畴，同时各学科的发展又相互推动与促进，形成综合理科的科学课程。如在科学概念体系中都强调物质与能量、结构与功能、稳定与变化、模式、机制、系统、证据、解释、测量等。然而生命是自然中最复杂的运动形式，物理、化学的发展是生物学

发展的基础。了解和熟悉一些基本的通用概念并运用于生物教学中，能有效促进概念的理解、深化和应用。

细胞是一个开放的生命系统。在提出生命活动为什么需要能量维持的问题后，结合生活中的实例来说明系统的耗散性都具有从稳定有序到不稳定无序的趋势，即生命系统也遵循物理学中的热力学第二定律。要维持生命有序性，就要有能量的不断输入，我们的活动就要一直在与热力学第二定律做抗争。我们的能量从何而来呢？能量既不能产生，也不能消失，只能是从一种形式转化为另一种形式，这又是物理学中的热力学第一定律。因此，我们需要的能量只能来自食物的转化，我们就要吃饭。植物就要进行光合作用，将光能转化为生命能的能量。

生命能利用的能量形式是什么呢？运用化学概念说明什么是化学能，能量转化要伴随在物质的合成与分解过程中。

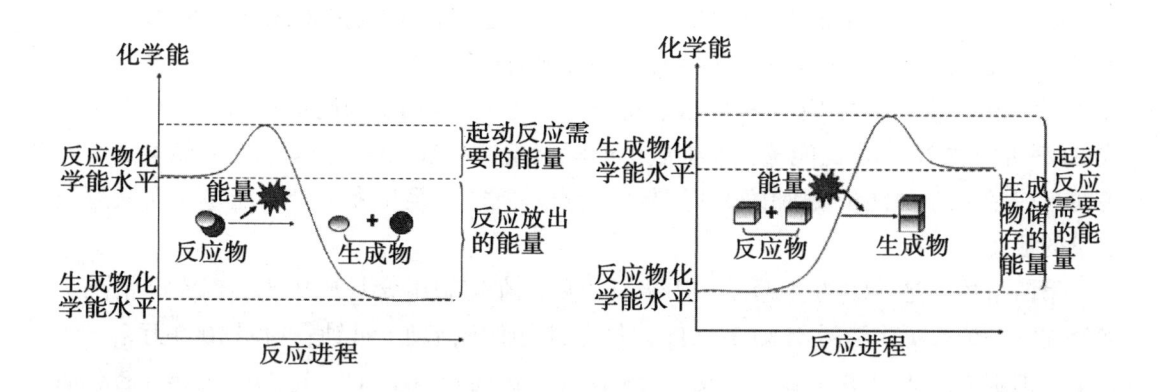

在理解 ATP 分子中的高能磷酸键如何能贮存大量化学能的过程中，结合分子式的认识，运用类比的思维，引入电性的概念。带电的磷酸基团就像两根磁铁的正极，如果把极性相同的两端相对，很难让它们彼此靠近。同样，把三个磷酸基团结合起来形成腺苷三磷酸也需要相当大的能量。只有一个磷酸基团结合时，需要的能量不多，化学键所储存的能量也不多，形成的分子称为一磷酸腺苷（AMP）。再添加第二个磷酸基团形成二磷酸腺苷（ADP）时，需要更多能量迫使两个基团靠拢。再添加第三个带负电的磷酸基团和前两个形成化学键时，需要的能量还要大。当这个化学键断裂时，其中的能量就会释放出来。同样，运用类比说明 ATP 供能的过程——弹簧受压时储存了能量，当受压的弹簧放开时，能量就释放出来，将物体弹到空中。化学键也像弹簧一样，受裂解时，储存在其中的能量就会被释放。有些弹簧比其他的弹簧紧，化学键也一样，有些化学键能储存比其他化学键更多的能量。

（五）基于科学讲求实证的思想，促进核心概念的理解

科学是基于证据的思想、解释与辩解，科学的本质是探究与解释。在说明葡萄糖等有机物并不能直接供给生命活动所需能量而 ATP 能直接为生命活动供能的教学中，传统教学仅是通过资料做些说明，缺乏真实性和表现性。本课则利用蛙的腓肠肌标本进行电刺激实验，在肌肉呈现疲劳时，分别施加葡萄糖溶液、ATP 溶液，观察肌肉收缩的

情况。学生通过实验现象的观察与体验，认识到 ATP 神奇的作用。

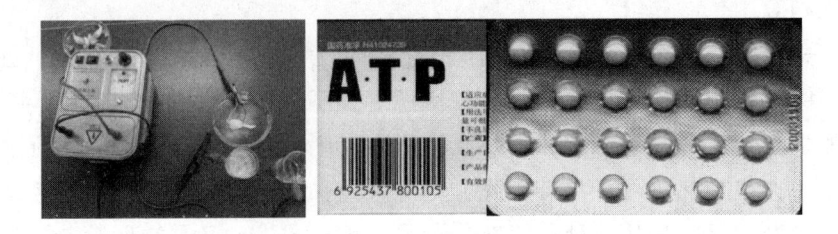

在教学中引入科学数据增加说理性也是科学教育的重要途径之一。在 ATP 的教学中引入如下数据以说明 ATP 为什么能够成为细胞的能量通货。

第一组数据说明我们不同的生命活动消耗的能量是不同的，并借此指导学生进行健康的有氧运动。

第二组数据是利用瓶中两色球的排列，无序状态是有序状态的 250 倍！结合数学概率的角度说明无序性是常态，要维持有序性必须消耗能量。

第三组数据是 1 摩尔葡萄糖完全氧化分解可释放 2870KJ 的能量，1 摩尔 ATP 水解成 ADP 可释放 30.5KJ 的能量，而细胞中的耗能反应一般需要约 54.3KJ 的能量。由此说明 ATP 在细胞的能量转换中灵活高效的特点，既能满足生命活动的能量需要又避免能量的浪费。

第四组数据是 ATP 在生命活动中极其重要，在细胞中含量应很高，但实际情况又如何呢？一个人每天消耗 45KJ 的 ATP，每个肌肉细胞活动 1 秒钟，约需 1000 万个 ATP 分子。细胞中的 ATP 并不多，这又如何解决呢？进而推断出 ATP 与 ADP 的相互转化而实现能量的供需矛盾。最后分析 ATP 的来源与去路，构建出本节课的核心概念体系，为后面的深入学习打下基础。

生命活动	能量消耗/（KJ·h-1）
坐着写字	117.23
随意站立	125.60
散　步	661.51~967.15
游　泳	2239.94
实验室工作	305.64
进　食	117.23
骑自行车	711.75~2152.89
舞　蹈	864.73~2507.89
慢　跑	3621.58
从 CO_2 合成葡萄糖	需要能量
从氨基酸合成蛋白质	需要能量
细胞外物质进入细胞	需要能量

注：以上几项的能量消耗数据以体重为 67.5kg 成人计算。

四、总结反思

核心概念在科学学科中有着十分重要的地位，围绕核心概念进行教学设计和课堂教学对教师来说是高效经济的，对学生也是十分有益的，有助于提高学生的科学素养。这种重要性和必要性是显而易见的，也得到了国内研究者和很多教师的认可。经过几年来研究者们的努力，现阶段国内研究者和部分教师对于核心概念的认识已经比较清晰，对其重要性也有了深刻的认识。已经有一些教师开始尝试围绕核心概念进行教学设计，并对这种教学模式的程序进行了总结，这对于其他教师进行教学设计具有一定的借鉴价值。

要围绕核心概念进行教学设计，对课程设计者和教师提出了比以往更高的要求。要提升学生的科学素养，教师应首先提升自己的科学素养；要教给学生核心概念，教师头脑中首先应该有层次清晰的核心概念体系。此外，教师还必须掌握丰富的事实材料并对该学科中的一些核心概念或核心观点有着清楚而深刻的认识，这样才能信手拈来，精选科学事实来帮助学生逐步形成抽象的核心概念，并进一步形成跨学科的科学观点。只要有了这样的认识，不论采用何种教学方法，只不过是运用不同的方法来呈现不同的事实材料，而科学课的重点和灵魂都集中在如何使用这些事实材料来帮助学生形成抽象的概念上，所有的课最终的目的都是一致的。而选择什么事实材料，如何呈现，如何引导学生形成概念，形成概念之后如何对学生的理解水平做出评价，这就是教师和研究者需要不断研究、不断积累、发挥才智的地方了。注重理性思维教育，才能够真正提升学生的科学素养，让科学知识对学生的一生产生积极的影响。

【参考文献】

[1] 刘恩山. 中学生物学教学中概念的表述与传递 [J]. 中学生物学，2011（1）.

[2] 张颖之，刘恩山. 核心概念在理科教学中的地位和作用——从记忆事实向理解概念的转变 [J]. 教育学报，2010（2）.

[3] 胡玉华. 基于核心概念建构的生物学新课程教学 [J]. 中学生物学，2012（28）.

[4] 刘恩山，张颖之. 课堂教学中的生物学概念及其表述方式 [J]. 生物学通报，2010（7）.

[5] 顾志跃. 科学教育概论 [M]. 北京：科学出版社，2001.

[6] 赵占良. 中学生物学的科学思想（北京讲座 PPT）.

基于专家指导的陈经纶中学高中化学高端备课及教学实践研究报告

曹宇辉[*]

【摘　要】 陈经纶中学化学组参与了北师大化学系组织的高端备课活动，通过教师建立科学探究和基于探究的科学教学观，关注学生已有认知和个人概念对科学学习的重要影响，重视体现科学本质观的课堂教育并逐步培养学生的建构主义学习观，以实现STS教育思想。促进教师从基于工作的教学设计转向研究定位的教学设计，从单课时教学设计转向单元整体教学设计，从单线索孤立性简单教学设计转向多线索整合性复杂教学设计，有效提高教学效率，培养学生的学科能力。

【关键词】 专家指导；高中化学；高端备课；教学实践

一、问题的提出

陈经纶中学进入"首都名校"之后，必须以师为本，大力倡导"科学施教，因材施教，快乐施教"的三施教文化，充分重视教师的专业发展，重视教师教学文化的形成，重视教师个人的事业有成，这样才能深层次地解决教师的职业倦怠问题，提升整体的施教能力和水平。

如何更好地运用现代科学教育理论和方法指导教学，如何不断地超越和创新已有的教学设计水平，如何在学校跨入首都名校大背景下做一名基于研究的教学设计实施者，这些目标成为化学组每一位教师的努力方向。结合学校根据教育改革和教师专业发展的需要，提出具有经纶定位和特色的教师五项专业能力修炼要求：（1）消化理论的能力；（2）驾驭课程的能力；（3）掌控课堂的能力；（4）教育创新的能力；（5）科研反思的能力。在学校的大力支持下，从2009年开始，化学组参与了北师大化学系组织的高端备课活动。

二、研究目标

（1）实施核心观念建构的有效性教学。

---

[*] 曹宇辉（1971~），女，北京人，中学高级，研究方向为化学教育。

（2）从知识解析为本到基于学生认知发展。
（3）促进教师教学设计与实践，实现从基本要求到高水平的跨越。

三、理论基础

"高端备课"的核心宗旨是通过开放性和实效性兼顾的化学课堂教学促进学生与化学相关科学素养的发展。以开展认知发展为本的教学设计与实践为核心理念，以化学核心内容的教学问题诊断及有效教学策略为研究单位，以专家支持的研究性集体备课为方法手段，以学生的认知发展效果为证据，以多元化的教学设计研究和教师专业发展共同体为平台。其目的是通过教师建立科学探究和基于探究的科学教学观，关注学生已有认知和个人概念对科学学习的重要影响，重视体现科学本质观的课堂教育并逐步培养学生的建构主义学习观，以实现STS教育思想。

（1）认知发展理论（Cognitive-developmental Theory 或 Theory of Cognitive Development）是著名发展心理学家让·皮亚杰提出的，被公认为20世纪发展心理学上最权威的理论。所谓认知发展是指个体自出生后在适应环境的活动中对事物的认知及面对问题时的思维方式与能力表现随年龄增长而改变的历程。

（2）建构主义理论。让学生成为学习的主体，强调学生对知识的主动探索、主动发现和对所学知识意义的主动建构。

（3）STS = Science Technology Society（科学，Science；技术，Technology；社会，Society）的研究简称为STS研究，它探讨和揭示科学、技术和社会三者之间的复杂关系，研究科学、技术对社会产生的正负效应。其目的是要改变科学和技术分离，科学、技术和社会脱节的状态，使科学、技术更好地造福于人类。

（4）合作学习理论。合作学习是以生生互动合作为教学活动的主要取向，学生之间的互动合作为其共同特征。

四、研究与实践过程

（1）准备素材，确定题目进行前备课。

化学组教师共同钻研教材，解决教材的重点、难点和教学方法。主讲教师提炼并融合个人教学方法进行前期准备。

（2）汇报方案及沟通。

全组教师参与，在专家指导下进行具体化精致化设计。

（3）试讲、调研。

主讲教师试讲，专家组和化学组全体教师听课，并进行课前课后学生访谈及测试。

（4）反思、改进。

通过课堂实践及专家对课堂教学行为的多维观察的反馈，及时调整教学内容和教学策略，以追求学生最大化发展。

（5）展示活动，反思总结。

化学组多次承担市区级教学示范活动，促进教师从基于工作的教学设计转向研究定位的教学设计，从单课时教学设计转向单元整体教学设计，从单线索孤立性简单教学设计转向多线索整合性复杂教学设计，通过课后访谈、专家点评进一步提升。

五、成果主要内容

（一）高端备课活动促进教师专业发展

1. 新课程背景下以促进学生认知发展为本的提高化学单元复习课实效性的教学设计

（1）课题提出。在目前新课程的教学中，教师对于新课的教学已能较好转变教学方式，新课程目标在新课教学中得到较好的落实。与之相比，复习课教学却相对滞后，没得到相应的重视，导致它对新课程没有起到应有的作用。新课程背景下的复习课应该怎么上，如何把新课程的复习课上得有声有色；高中的三个年级中，如何在不同层次、不同阶段体现高中化学复习课的特点，都是化学教学非常具有探讨价值的课题。

（2）指导思想。化学复习是对已经学过的知识的再学习，是巩固知识、防止遗忘的基本方法。新课程提倡探究性学习，重视知识的获得过程，但不否定知识本身的价值。但是，复习不是单纯的知识重复，复习课应该是新课的发展与延伸。教师要善于从旧知识中挖掘出新内涵，增强知识间的联系，形成知识结构。

王磊教授说："高端备课的核心宗旨是通过开放性和实效性兼顾的化学课堂教学促进学生与化学相关科学素养的发展。"复习课问题线索的设计必须针对学生的认知脉络，证据线索应该支持和回应问题线索，解决问题就是获得相应的结论。解决问题之后或开展活动之后要交流讨论的还应该有认知脉络的发展，认知障碍的突破，认知方式的转变。同时探讨不同年级、不同模块复习课教学要求及模式，更加深入地探究复习课的有效性。

高中化学新课程的教学设计倡导在进行内容分析时关注知识的功能与价值、在进行学生分析时关注学生认知发展的障碍点和发展点，倡导"以促进学生认知发展为本"的教学。"以具体知识剖解为本"的教学与"以促进学生认知发展为本"的教学在新课引入、问题线索设计、教学过程等方面均有所不同，具体如表1所示（王磊，2008）。

表1 "以具体知识剖解为本"的教学与"以促进学生认知发展为本"的教学比较

比较项目	"以具体知识剖解为本"的教学	"以促进学生认知发展为本"的教学
新课引入	巩固性复习引入	激发原有认知
问题线索设计	问题线索基于知识点	提问基于偏差认知提问
核心内容的教学活动设计	教学活动设计是为了关键词的理解	假设——求证——论证——检验
课堂总结	复习、巩固、练习	认知方式的变化，体会认知的功能价值
教学效果评价	以得到明确的知识结论为终点	看到学生能否自省到其认知发展和变化

（3）实施案例。化学组承办"以学生认知发展为线索的复习课研讨活动"，朝阳区全体高中化学老师参与，北京市教育学院专家和北京师范大学教授来到现场点评。

曹宇辉老师高一年级单元复习——必修一第三章《金属及其化合物》的复习《从硫酸亚铁看元素化合物的学习策略》，以形成铁的知识网络图为核心，以解决问题的思路和方法为具体目标，是程序、策略的教学。这节课不是简单地对新课的重复，而是在新背景中对元素观、分类观和转化观的内化过程。本节课的设计和实施，很好地完成了教学目标。这节课荣获"第六届全国实验区高中化学新课程实施成果交流大会教学案例"一等奖（见图1）。

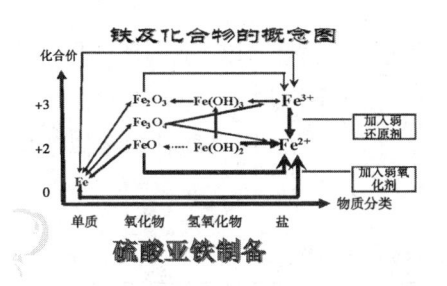

图1 曹宇辉老师教学案例

董颖老师的高二年级模块复习《多角度认识有机反应》，从帮助学生建立学习有机方程式的角度，即反应条件、反应现象、反应的STS应用及化学键的形成与断裂等各个层面对化学反应做出明确分析，并与考题中的出现形式一一对应。这节课荣获全国实验区高中化学新课程实施成果教学案例一等奖（见图2）。

图2 董颖老师教学案例

于守丽老师高三年级专题复习——基本理论复习课《平衡复习》，通过复习帮助学生打通四种平衡之间的关系，建立大一统的平衡观，并且整合、串联起不同模块中的同一知识，真正实现了知识的螺旋式上升，让学生对知识的认识经历了一个"由厚变薄"的过程。这节课荣获全国实验区高中化学新课程实施成果教学案例类一等奖（见图3）。

（4）效果。千丝万缕必有主线，多孔之网必有纲绳。三个年级三节精彩的复习课深深地吸引着听课的每一位老师，并得到了专家的肯定和全区教师的高度评价。在之后的很多次教研活动中，这三节复习课还作为范例对化学复习课教学起到了引领作用。

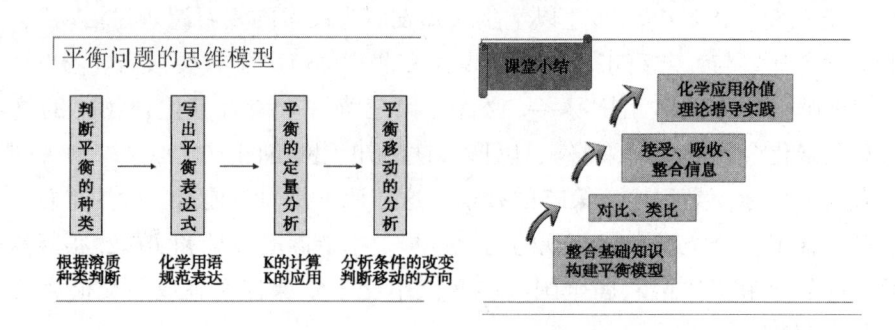

图3　于守丽老师教学案例

2. 以问题解决模式进行同一内容不同年级层级教学，让学生的认知层次螺旋上升

（1）课题提出。知识不仅有不同类型，而且有不同层级。高中化学新课程分成必修和选修两个层次，化学平衡、电化学等核心理论在三个年级都有。相似知识在必修与选修呈现示例（以人教版为例）如表2所示。

表2　相似知识的呈现示例

示　例	必修课中出现的知识	选修课中呈现的知识	选修课程名称
1	元素周期表（族、周期）元素性质（原子半径、化合价、金属性、非金属性）	元素周期表（分区）元素性质（电离能、电负性）	物质结构与性质
2	乙酸、乙醇	醇、酚、醛、羧酸、酯	有机化学基础
3	化学能转化为电能	电化学基础	化学反应原理
4	煤、石油和天然气的综合利用	煤和天然气的综合利用	化学与技术
5	硅酸盐	玻璃、陶瓷、水泥	化学与生活
6	混合物的分离和提纯	物质的分离与提纯	实验化学

那么，它们在不同学段的价值到底是什么，必修阶段讲什么，讲到什么程度，选修阶段讲什么，讲到什么程度，这些问题都非常值得我们去探究。当前必修教学普遍存在"一竿子插到底"的现象，造成师生教学负担过重，应该让学生的认知层次螺旋上升。化学新课程结构的层次性和多样性，内容的模块化和主题化，确定了必修与各个选修模块所担负的教学责任，从而控制教学深广度，做到各模块教学不越位。这是新课程的要求，也是保证新课程得以顺利实施的基石。

（2）实施案例。卢娟、郑文燕老师以电化学为载体，分别以必修一和选修四的相关内容进行层级教学。

卢娟老师从化学电源入手，明确原电池的概念，以同学们熟悉的最简单电路为依托，以铜锌原电池为载体，分析讨论，得出原电池的工作原理（见图4）。从实验观察到的现象入手，重点讨论构成原电池的四要素，为高二双液原电池的学习及电池的设计和高三陌生电池的分析学习打下坚实的基础。

郑文燕老师从单液电池入手提出有盐桥的双液电池模型，并以铜锌双液电池模型为

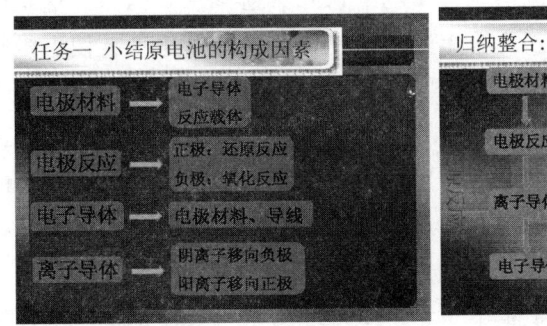

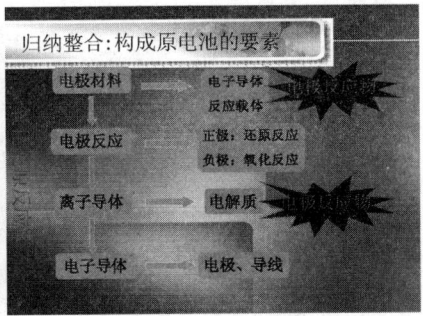

图 4　卢娟老师教学案例

载体，使学生深化理解构成原电池的四要素，并设计三氯化铁和碘化钾双液电池模型，引导学生理解原电池工作原理（见图5）。

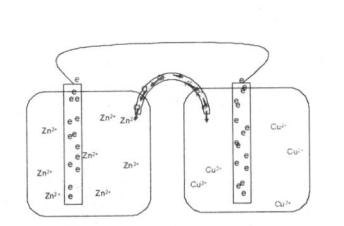

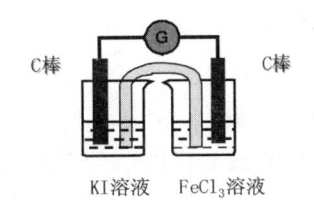

图 5　郑文燕老师教学案例

（3）效果。两节公开课很好地诠释了必修与选修衔接与递进的关系，到场的50余位化学教师深刻体会到化学课堂教学的深度和广度，北京教育学院专家的点评画龙点睛。

3. 以观念建构模式进行单元式教学，让学生更为深刻地理解化学的本质，提升思维能力

（1）课题的提出。这次研究课题的确立是基于学生认知的需要。元素化合物和有机化学的零碎知识较多，如果只是无条理地堆积，那么堆积的知识越多，头绪就越乱，也越不利于运用所学知识去解决问题。对零碎的知识进行归纳，使之条理化、纲领化，不仅能帮助学生记忆，也有利于学生建立牢固的知识结构。如果不能激发起学生长久的学习兴趣，那么，随着课程内容的加深、思维活动量的加大，学生对化学就会产生厌倦，化学学习就会由起初的好奇、主动探索演变为对事实和现象的死记硬背。

在传统的化学概念教学中，主要以老师为主体，讲清概念中关键的字和词、剖析概念、从正反两方面分析，学生很难真正去理解和体会概念的内涵和外延。最重要的是，我们忽视了学生的一个最基本的追问：为什么建立这样一个概念，这样的概念、理论有什么实际用处？我们应该想想是不是我们用这些具体的问题淹没了学生对概念建立意义的最初追问，从而阻断了学生在解决实际问题的时候使用化学学科观点和概念的动机。

我们认为学习有机化学最关键的一点就是用化学科学特有的认识物质世界的视角和

思维方式唤醒学生头脑中与生俱来的对未知事物的认知热情和求知欲望，这是使人不知疲倦地从事科学探究的根本驱动力；也只有这样才能使学生愿意思考，使思维超越具体化学事实，达到观念层次的认识。每一门学科中都存在某些广泛而强有力的适应性观念，这些观念内隐于学科的基本概念和基本原理当中，并为不同的知识所揭示，是组织和整合知识体系的线索。它们不仅能解释这门学科中某些特定的客观事物，还能反映这门学科中的一般事物与规律。学生一旦获得这种观念，就能够理解事物是如何相互关联的，能够不断地扩大和加深认识。因此我们采用了基于观念建构的教学设计。

从认识论角度来说，要形成化学基本观念，必须经历学习具体知识、掌握化学思想和方法、形成完善的化学认知结构的过程，这也是我们进行整体教学设计的思路。

（2）实施案例。赵晓明、王锋、曹宇辉、卢娟老师以分类观和结构观为载体，分别以必修一和选修五的相关内容进行观念教学。

分类是人类认识自然界、进行科学研究的最基本的方法之一。通过对物质进行分类，可以将物质世界的复杂性、多样性转化为规律性和条理性，有助于人们对化学研究对象做出深入的有针对性的反映。但是必须注意，分类的标准将影响到分类的结果。对物质进行分类的关键在于找到可被普遍接受的分类标准，即对物质本质属性和内在联系的把握。人们对物质的认识是一个由现象到本质的逐步深化过程。高一两节课具体设计如下。

第一节课通过对学生最熟悉的碳家族的物质进行分类探究多种分类角度，概括出对研究物质的化学性质最有价值的分类角度：物质的组成。实现了由元素到物质。通过对物质类别通性的讨论实现了由物质到性质，通过对未知物性质的预测体现了分类的预测功能，通过二维网络图的建立完善了分类角度，突出了由分类到认识物质性质的方法的完整性。在第二节课中运用分类观的预测功能来学习铝的化合物。实现分类思想的类比迁移应用，并关注了类别间的关系、转化的特点、类别转化的应用，丰富了分类对性质研究的应用价值（见图6）。

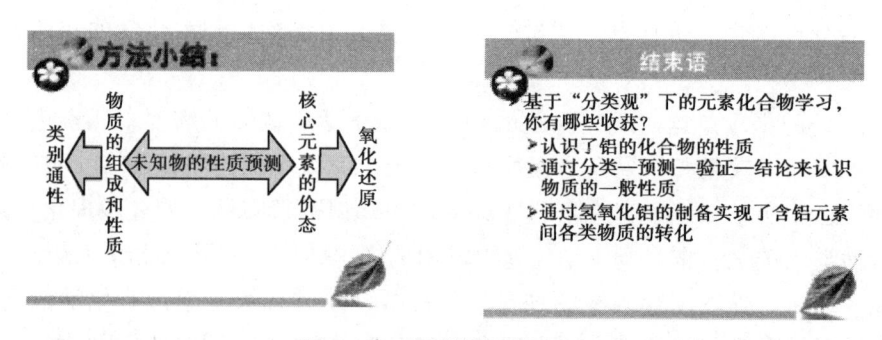

图6　高一两节课设计案例

通过这两节课的学习，学生再面对一个陌生的具体物质时，就会自觉地对该物质进行分类，通过核心元素去寻找其对应的物质家族。物质分类标准从组成元素的种类到元素价态的变化是学生对化学物质属性的认识由现象到本质所带来的必然结果。

高二两节课是安排在学习了两章之后的一节复习课和一节新授课。通过前两章的教学，学生已基本具备了分析结构、预测物质性质的知识基础。第一节复习课是帮助学生总结"结构决定性质"的一般思路并认识到思维模型的解释功能和预测功能。在以前的学习中学生往往只关注官能团，推断化学性质时主要用到类比的思想，简单地进行知识迁移。基于这样的分析和对以前教学的思考，教师采用了从学生的"前概念"出发，通过讨论4-氯-1-丁烯可能具有的化学性质，让学生自主分析归纳出该有机物结构所包括的内容，进而讨论结构决定性质的一般分析思路。再通过甲苯再认识和预测1-丙醇的化学性质、让学生理解思维模型的两个重要功能——解释和预测，以促进学生有机化学结构观的形成，知道有机物具备怎样的结构特点，这样的结构特点可能会反映出怎样的性质。从结构角度来分析如何断键和如何成键的问题，依据结构认识有机物性质，认识有机反应；依据结构预测有机物性质，预测有机反应，让学生从一个新的视角来体会"结构决定性质"的思想。第二节醛的教学进一步强化学生分析结构、预测物质性质的能力，并在此基础上强调醛基的结构与化学性质的关系，进一步建立有机物之间的转化关系（见图7）。

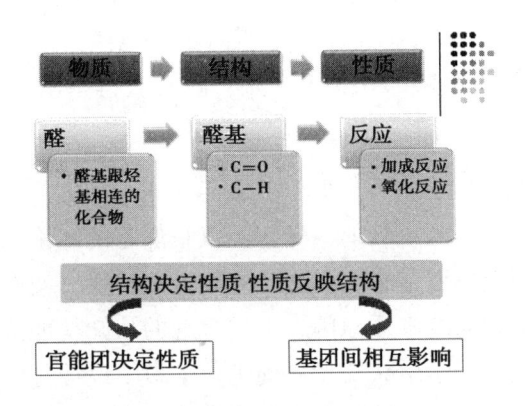

图7　高二两节课设计案例

（3）效果。这四节课注重所学知识的持久性和迁移性，强调学生深层理解力的发展和复杂思维能力的培养。对深入理解和有效转化知识而采取的超越实施的思考方式的积极影响，能最大限度地促进为掌握新信息而在头脑中进行的概念图示的发展，能最大限度地达到和提高与知识内容、过程能力及深层理解力的整合。

（二）高端备课活动促进教研组建设，硕果累累

高端备课给陈经纶化学组注入了一股春风，所带来的思考给每一位化学教师开启了一扇窗。化学教研组也在为教师专业发展搭建平台的同时不断创新发展，许多教师教学设计与实践实现了从基本要求到高水平的跨越。

从"新课程背景下提高化学单元复习课实效性的教学设计"到"化学概念建构下的化学课堂实施"，高端备课的每一个主题都给老师们带来很多思考，也带来很多振奋。从"寻找最有价值的课题"到"首轮教学设计并汇报"，再到"带着理念雕琢第二轮的教学设计"，直至最后的"精彩展现"，每次都充满了不同设计线索下深层思想碰撞，也势必要求教师更加了解教材，更加理解化学学科的核心理论及核心知识。其间，不断与专家进行沟通，一次次，一遍遍，精雕细琢，不断探索。在否定与肯定之间，教研组每位教师都得到了历练，更快地成长。

在整个过程中，化学组的老师讨论时的内容也在发生改变，从重视课堂展示的环节细节，到学生思维的发展和接受，再到化学的思想和内涵。组里的氛围悄悄地朝研究题目方向转变。通过备课促进教师基于工作的教学设计转向基于研究的教学设计。从最开始的选题、初稿及整个备课过程，都进行了记录，并留有反思。几易其稿的过程也是一个理念不断提升的过程，这个过程本身也就是一个研究过程。也许假以时日，成为"研究型教师"将不再是一种梦想。

参加高端备课以来，教师通过不断反思与改进，有不少备课集成的心得汇聚成文章获奖或发表。

（三）发挥了示范校课程引领的作用

几年来化学组教师多次承担市区级公开课，进行教材分析，受到专家及同行好评。2009年度，化学组荣获"全国高中化学新课程实施先进单位"；2012年3月，获得全国基础教育化学新课程实施优秀团队称号；2013年4月，我校获得全国基础教育化学新课程实施先进单位；2014年，化学组在朝阳区普通中学优秀教研组评选活动中被评为"优秀教研组"；2015年7月，我校获得全国中学化学新课程实施先进单位。

（四）高端备课活动促进学生认知发展

知识是有不同类型、不同层级的，知识不仅是静态的结论，还是生动的过程，更是思维的工具和方法。高端备课带来的是教学方式上的转变，使教师体会到认知方式的差异是导致学生产生概念差异的本质原因，促进观念的认知功能实现是非常重要的，从而实现以知识解析为本到基于学生认知发展促进化学教学设计与实践向高水平跨越。

学生在实践中、学习中、创造中成为各具特色的学习主体。参加高端备课三年来，学生们在"全国中学生数理化学科能力"和"高中学生化学竞赛"中屡创佳绩。北京师范大学教授们对学生的课后访谈不仅让学生们眼界开阔，也促进教师更深刻地理解教与学的关系。对学生来讲，这样一种学习过程不仅在知识方面，在能力和情感、态度、价值观的培养方面收获更大。

六、成果特色与创新

成果的适用性：高端备课不仅对参与本节课的学生产生即时的影响，更会对其认知的发展产生持久的作用，为学生的进一步深造打下伏笔，为之后的知识留下思维接口；也不仅是对本校学生，更多的是给听课的每位化学教师带来触动。相信他们会在自己的教学中去体验，也一定会去反思自己的教学过程。

成果的继承性：化学新课程提出的三维目标是一个整体，在教学设计与实施中，需要教师充分挖掘教学内容承载的过程与方法、情意方面的教育功能，做到三维目标的有机整合，使目标得到有效落实。高端备课更好地展示了如何处理目标，可以更好地运用到以后的教学过程中。

成果的发展性：高端备课源于备课又超越备课，基于研究又融入实践，为教师创造发展的环境，搭建成长的平台，创设研究的氛围。化学教研组将把这项非常好的活动坚持下去。

【参考文献】

［1］H. Lynn Erickon. 概念为本的课程与教学［M］.北京：中国轻工业出版社，2001.

［2］王磊. 从知识解析为本到基于学生认识发展促进化学教学设计与实践向高水平跨越——北京师范大学化学教育研究所"高端备课"项目简介［J］.化学教育，2010（1）.

对社会主义核心价值观的深度分析
——由一节哲学课引发的思考

曹正宝[*]

一、理论依据及概念界定

（一）深度分析

根据《现代汉语词典》解释，"深度"一词是指：(1) 深浅的程度；(2)（工作、认识）触及事物本质的程度；(3) 事物向更高阶段发展的程度；(4) 属性词，程度很深的；(5) 表示一个人的学识、修养很高。深度分析，就是对事物本质的认识。

（二）知识的深度分析

什么是知识？具有不同的学科背景的人有不同的理解与阐释。有人认为知识是人们对某个事物的熟悉程度，是人类的认识成果。也有人把识别万物实体与性质的是与不是定义为知识，知识就是经验的固化和概念之间的联结。教育心理学中的"知识"是指个体通过与环境相互作用后获得的信息及其组织，有广义与狭义之分。狭义的知识可以表述为：陈述性知识、记忆性知识、直接表述的知识。广义的知识可以分为两类，即陈述性知识、程序性知识。陈述性知识是描述客观事物的特点及关系的知识，也称为描述性知识。程序性知识是一套关于办事的操作步骤和过程的知识，也称操作性知识。这类知识主要用来解决"做什么"和"如何做"的问题，可用来进行操作和实践。认知心理学是从知识的来源、个体知识的产生过程及表征形式等角度对知识进行研究的。哲学家认为，在理解知识的含义时，有必要把作为人类社会共同财富的知识与作为个体头脑中的知识区分开来。人类社会的知识是客观存在的，但个体头脑中的知识并不是客观现实本身，而是个体的一种主观表征，即人脑中的知识结构。它既包括感觉、知觉、表象等，又包括概念、命题、图式，它们分别标志着个体对客观事物反应的不同广度和深度，是通过个体的认知活动而形成的。哲学主要对人类社会共同知识的性质进行研究，心理学则主要对个体知识的性质进行研究。不同学科领域对知识的定义是有差异的，因此，要进行知识的深度分析，首先要明确知识所在的学科领域，其次再进行本质的认识。

---

[*] 曹正宝，北京师范大学大兴附属中学。

（三）社会主义核心价值观的深度分析

社会主义核心价值观以"三个倡导"为基本内容，与中国特色社会主义发展要求相契合，与中华优秀传统文化和人类文明优秀成果相承接，是中国共产党在新的历史条件下凝聚全党全社会共识做出的价值判断与价值选择。社会主义核心价值观作为一种知识，具有陈述性属性和程序性属性，既具有教育心理学的个性意义，又具有哲学层面的共性意义。本文以一节中学哲学课为例，试图从上述两个角度就社会主义核心价值观这个知识作本质的认识。

二、作为陈述性的知识，深度分析

（一）构建核心知识体系，建立联系

深度分析是为了使学生深刻理解知识的本质，需要以核心知识为中心，构建关于核心知识的结构体系，使学生不仅能识别有关核心知识的各个方面，而且清楚并掌握它们之间的内在联系。因为概念构成了判断和推理，是认识知识的基础，所以核心概念之间的联系，是我们深度认识知识的必要前提。

以《生活与哲学》第11课为例，关于社会主义核心价值观的知识体系首先可以这样建构相关概念链。

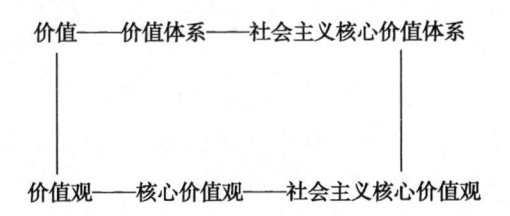

```
价值——价值体系——社会主义核心价值体系
 |                    |
价值观——核心价值观——社会主义核心价值观
```

价值，在哲学中是指一事物对主体的积极意义；体系是指若干有关事物或某些意识相互联系的系统而构成的一个有特定功能的有机整体。价值体系是由若干有关价值以一定的方式联系起来，构成一个有特定功能的有机的价值整体。社会主义核心价值体系，在我们的社会主义社会，是由国家、社会、个人的核心价值以一定的方式联系起来，构成一个有特定功能的有机的价值整体。价值观，对事物价值的总的看法和根本观点。核心价值观，在众多的价值观中占有核心地位，起决定性作用的价值观。社会主义核心价值观，是指那些在社会主义价值体系中居统治地位、起指导作用、从最深层次科学回答"什么是社会主义"或社会主义本质属性这一根本问题、在马克思主义理论体系中占据核心地位的价值理念。

（二）通过构建师生互动的问题链，实现社会主义核心价值观与哲学其他知识的联系，加深学生对其本质的理解

问题1：价值观属于社会意识吗？答案当然是。

问题2：价值观由社会存在决定吗？学生回答：决定。

问题3：社会存在决定社会意识，社会存在的发展决定社会意识的发展。二者同步

吗？学生回答：不同步。

问题4：为什么不同步？学生回答：社会意识有相对独立性。

问题5：社会主义核心价值观有相对独立性吗？学生回答：有。

问题6：社会主义核心价值观有相对独立性，表现在哪里？学生回答：作为正确的先进的社会意识能够正确地预见社会的发展，指导社会的发展。作为价值观的社会主义核心价值观对社会发展有导向作用。

这样的知识体系的问题设计，加深了学生对核心概念本身及其与上位概念之间的深度联系，有利于学生对发展马克思主义哲学的理论创新的理解。对理解"为何提出社会主义核心价值观"奠定了认识的基础。实际上，社会主义核心价值观既来自于当下的社会存在，又是我党对社会存在的主动回应，同时也为"践行社会主义核心价值观"埋下了伏笔。

通过构建关于社会主义核心价值观的知识体系，使学生清楚并掌握这些知识之间的内在联系。结构决定功能，构建知识体系有利于对知识的融会贯通。思想政治新教材以生活为基础，立足于学生的生活经验，把理论观点的阐述寓于社会生活的主题之中，淡化了知识的逻辑性和系统性。因此，整合教材内容，构建知识体系，不仅从更广阔的角度清楚了知识的各个方面，也有助于更细致、深入地把握核心知识。

（三）对比分析，加深理解

对比是事物之间的相对比较，是认识事物的一种基本方法，即通过观察分析，找出研究对象的相同点和不同点。

封建社会核心价值观："三纲五常""仁义礼智信"等。

社会主义核心价值观：三个层面24个字的倡导（略）。

资本主义核心价值观：自由、平等、博爱等。

对社会主义核心价值观的本质认识，还要对比封建社会核心价值观、资本主义核心价值观等。通过比较，能够感受到社会主义核心价值观与其他两个社会形态的价值观的根本不同，让学生理解核心价值观的社会历史性的特征，提高学生对社会主义核心价值观的深刻理解。

三、作为程序性的知识，深度分析

（一）构建认识问题的逻辑思维过程，加深对社会主义核心价值观的认识

"是什么，为什么，怎么办"是认识问题的逻辑思维过程。"是什么"是下定义，形成概念，认识事物本质属性；"为什么"是探索事物的因果联系，揭示事物的地位、形成的原因、作用、产生的结果；"怎么办（怎样）"是分析问题后，启示我们应该如何解决问题，探索解决问题的方法，找到解决问题的途径。对社会主义核心价值观这个新生事物的深度分析，要构建思维的基本逻辑过程。为此，本节主要从什么是社会主义核心价值观，为什么要提出社会主义核心价值观，如何践行社会主义核心价值观三个层

面来构建整体课堂教学架构。一般来说，人们自觉主动地完成某项事情的前提是对该事情的意义和价值有了深刻的理解，也就是为什么要做某事如果明白了，怎么做会做得更好一些。践行社会主义核心价值观的前提是让学生理解其意义和价值所在。深刻理解了为什么提出社会主义核心价值观后，践行的时候会落实得更好。

例如，在这节课的第二环节中设计了中国共产党为什么提出社会主义核心价值观。从国际国内两大背景以及四方面必要性来呈现说明。

提出的背景：

（1）国际：经济全球化、世界多极化趋势加强，给中国带来前所未有的机遇和挑战。

（2）国内：改革开放后，社会主义民主和法制建设不断完善，社会主义市场经济体制逐步建立。

提出的社会必要性：

（1）是应对西方价值观冲击和挑战的客观需要。当今世界，各种思想文化交流、交融、交锋日益频繁，我们同资本主义的较量，本质上是社会主义价值体系同资本主义价值体系的较量。确立社会主义核心价值观，形成全体人民的共同价值追求，有利于提升我国文化软实力和国际竞争力，推动中华文化更好地走向世界；有利于抵御西方资产阶级腐朽思想文化的渗透，切实维护我国文化安全。

（2）中华民族伟大复兴的需要。1500年之前，中国一直雄霸全球，曾引领世界文明1000多年。500年来的世界舞台上，先后有海上霸主葡萄牙和西班牙，"海上的马车夫"荷兰，然后又有"日不落"的英国，还有陆上强权的法国，在夹缝中崛起的德国，随后又出现了东方强国日本和超级大国俄罗斯，最后是新兴强国美国在19世纪末成为世界的头号强国。到今天为止，这些国家你方唱罢我登场，各领风骚，在不同时期创造了属于自己的辉煌。纵观人类历史长河中曾经称得上世界强国的，其共性就是为人类提供了不同的精神产品。中国是当今世界的第二大经济体，理所当然要为全人类做出自己的贡献，发出自己的声音，提出自己的主张、自己的核心理念，实现中华民族的伟大复兴。

（3）增强中华民族凝聚力的需要。有利于凝聚全国人民的共同价值追求，为新时期建设中国特色的社会主义奠定思想基础。

（4）是发展社会主义市场经济，引领、整合多样化社会思潮的现实需要。随着经济体制深刻变革、社会结构深刻变动、利益格局深刻调整，人们在思想认识上的独立性、选择性、多变性、差异性日益增强，各种价值观念和社会思潮纷繁变幻。引领、整合多样化社会思潮，把不同阶层、不同认识水平的人团结和凝聚起来，需要牢固树立社会主义核心价值观。

随着我国政治体制改革的不断深入、经济的长足发展和国外各种社会思潮的不断涌入，人们的价值观和人生观发生了深刻的变化。国际国内形势的深刻变化，使人们的思想既面临着有利的条件，也面临着严峻的考验。社会思潮的多元化和差异性，导致人们不同程度地存在政治信仰迷茫、理想信念模糊、价值取向扭曲等问题，这就要求必须有统一的基本价值观和价值标准，必须建设中国特色社会主义核心价体系。当前，我国已进入全面建成小康社会的决定性阶段。在这种思想多样、价值多元的条件下，只有大力提倡社会主义核心价值观，以此凝聚全国人民的共同价值追求，才能真正在全社会形成巨大的价值共识和思想共鸣，才能保证中国特色社会主义发展的正确方向。

（二）通过真实的思想碰撞，实现价值判断、价值认同、价值选择

实现个体价值认同，不能靠说教，更不能靠强迫，而是要建立在主体内心的真实自愿接受的基础上。对于社会主义核心价值观，如何自觉主动地去践行，代表了我们对其本质意义的认识。

例如，从宏观层面分析社会主义核心价值观提出的背景和意义，接着，怎么办就是微观落实。本节第三部分从个体角度分析如何践行社会主义核心价值观，设计了正反两个事例。

案例一：针对公共汽车上的让座纠纷，假如你是那个大学生，你怎么办？

公交车上，一位老太太把自己座位让给16岁的孙子，却埋怨没人给她让座。

案例二：面馆老板带来的感动。请续写这个故事的结尾。

一位借款经营小面馆生意的老板，原封不动地把一个客人遗忘的装有6万多元的皮包还给失主，事情传开后……

通过具有争议的贴近生活的案例评析，引发价值冲突；通过课堂辩论和真实的心理体会引导学生做出正确的价值判断和价值选择，实现价值认同；通过一个具有正能量的故事，让学生把情感用续写的方式传下去，传递爱心，升华情感。行为落实是价值选择的目的和归宿，"润物无声，踏雪无痕"才是上策。如果在教学中能及时地把个人的行为与社会价值结合起来，实现个人与社会的统一，最后升华为正确的价值观，自觉践行社会主义核心价值观，从具体到抽象，实现本质性的认识。

（三）构建个人准则、社会导向、国家目标体系，建立社会主义核心价值观的整体联系

社会主义核心价值观，从教育心理学角度来认识，要求我们每个人去践行，去转化成自己的行动指南。因此，只有在实践中主动自觉地落实倡导的各项要求，由个人行为转化成社会正能量才算得上对社会主义核心价值观的本质认识。

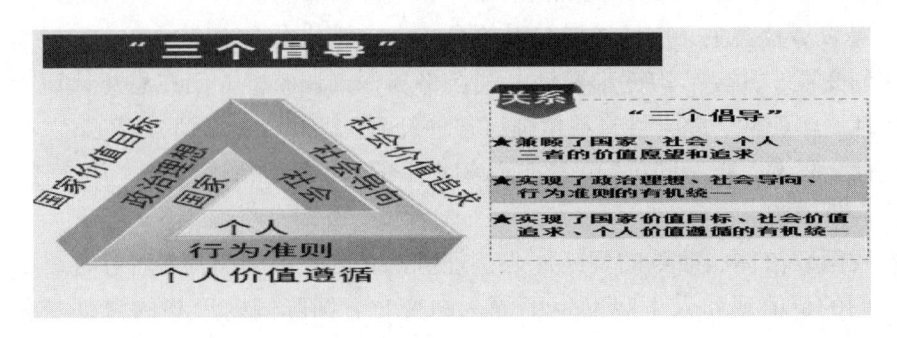

"三个倡导"

国家价值目标 政治理想 国家
社会价值追求 社会导向 社会
个人 行为准则 个人价值遵循

关系 "三个倡导"
★兼顾了国家、社会、个人三者的价值愿望和追求
★实现了政治理想、社会导向、行为准则的有机统一
★实现了国家价值追求、社会价值追求、个人价值遵循的有机统一

因为民族的振兴、国家的发展、社会的进步离不开每一个公民的具体践行，所以，社会主义核心价值观的三个层面的倡导是有机统一的。如果我们每一个人在生活中都能

诚信友善，在工作中爱岗敬业，热爱集体，热爱国家，这就需要我们在劳动和实践中处理好个人与社会的关系，在砥砺自我中实现人生价值；那么我们的社会就会人人自由、事事平等、司法公正、处处体现公平正义，我们的国家一定会经济富强、政治民主、精神文明、社会和谐。如果每个人都生活在这样的国度里，是多么幸福安详。

对社会主义核心价值观的深度分析，站在不同的角度、不同的学科领域，会有不同的结果。本文就一节哲学课引发些许思考，不妥之处，敬请批评指正。

以面积为例谈数学活动设计
——数学活动设计初探

陈春芳[*]

【摘　要】2011版的《数学课程标准》在过去强调的"双基"的课程目标的基础上增加了两项，一项是基本思想，另一项是基本活动经验，并明确指出：数学活动经验的积累是提高学生数学素养的重要标志。数学活动经验需要在"做"的过程和"思考"的过程中积淀，是在数学学习活动过程中逐步积累。数学活动对于探究数学知识的形成过程、积累基本的数学活动经验起到了不可替代的作用。

【关键词】数学活动；经验积累；面积

2011版的《数学课程标准》在过去强调的"双基"的课程目标的基础上增加了两项，一项是基本思想，另一项是基本活动经验，并明确指出：数学活动经验的积累是提高学生数学素养的重要标志。数学活动经验需要在"做"的过程和"思考"的过程中积淀，是在数学学习活动过程中逐步积累的。可以想见，数学活动已成为学生进行数学学习的一种重要的形式。对于探究数学知识的形成过程、积累基本的数学活动经验起到了不可替代的作用。对于怎样设计数学活动，笔者在教育教学实践中针对"面积"这部分知识有一些思考与尝试。

一、以概念为核心设计数学活动

面积属于图形与几何知识领域，10个核心概念中的空间观念主要是在这部分内容中得以体现、落实。

小学生空间观念的形成过程具有直观性的特点，对一些较为抽象的几何概念不能直接理解，需要借助直观的演示才能理解。心理学的观点认为，空间观念的形成不像拍照，要想建立空间观念，必须有动手做的过程。这个过程不仅是实践的过程，更是尝试、思考、想象、推理、验证的过程。只有在这样的活动中，学生才能逐步把握概念的本质。因此，教师必须引导学生进行操作活动，让他们亲自去比一比、摸一摸、折一折、剪一剪、拼一拼、画一画、量一量，调动视觉、触觉、听觉等多种感官的协同活

---

[*] 陈春芳，北京市顺义区石园小学教师，主要研究方向为数学教学。

动，为形成空间观念奠定基础。

案例一：（涂色活动）。

在教学中，通过涂色活动让学生感受"面积"；然后将物体的表面展开，得到一个封闭图形，从而帮助学生进一步理解"面积"，进而概括"面积"概念。

师：老师给你们准备了两个学具，看看是什么？（出示花和长方体）请你用喜欢的颜色，涂出它们的面积。

师：（展示一个平面图形）你看他涂得怎么样？好在哪儿？

生：她涂得又匀、又满。

师：（出示两个长方体纸盒）这两个长方体涂得有什么不同吗？

生：涂一个是一个面的面积，涂六个是六个面的面积。

师：把这个纸盒展开，老师把它沿边描下来，大家看到了一个怎样的图形？

生：看到了六个面都涂上了颜色。

生：看到了组成一个十字形。

师：我们把这个纸盒再变成长方体，由此你想到了什么？

生：把长方体打开就能变成面的，把这些面围起来就是长方体。

师小结：看来，"物体表面"和"封闭图形"之间有着密切的联系，所以我们说"物体表面或平面封闭图形的大小叫作它们的面积"。

在抽象概括"面积"概念时，重视学生的动手操作，调动了学生的各种感官的参与，也注重了从实物直观到图形直观，并善于沟通它们之间的密切联系，从表象中概括出事物的本质属性，揭示面积的概念。

二、在学生的认知难点处设计数学活动

对学生的了解是设计数学活动的强有力的依据。在学生的认知难点处设计，数学教学活动是一个特殊的认识过程。在这个过程中，不仅要求学生掌握抽象的数学结论，更应该注意学生的数学思维训练，引导学生积极参与探究知识的形成过程，培养学生的数学能力。著名数学家皮亚杰说："儿童的思维是从动作开始的，切断动作与思维的联系，思维就不能得到发展。"在小学数学的教学的过程中，教师应充分利用学具，加强学生的实践操作，让学生在学具操作中发挥潜力，通过动手操作学具解决问题，获取知识。

以平行四边形的面积为例，学生对这部分知识的认知是怎样的呢？对学生进行调研发现，他们对于平行四边形真是既熟悉又陌生。他们认为平行四边形能够变形，既可以变成长方形，又可以变成平行四边形，所以平行四边形的面积就可以用它们的邻边相乘。我对四年级的学生以及五年级的学生做了前期的调研发现，不仅是四年级的学生这样认为，五年级的学生也是这样认为的。看来，面积对于孩子来说，还是既熟悉又陌生的。熟悉的是我们每天见到，陌生的是当平行四边形变形时，面积也随之发生了变化。为此，设计了这样的数学活动。

案例二：在操作之后，课堂中在交流怎样求出平行四边形的面积。

生：平行四边形是能够变形的，所以我把平行四边形一拉，变成了长方形，就可以用长乘宽了。长方形的面积是长乘宽，虽然平行四边形变形，但是它的边没有发生变化，所以平行四边形的面积就是用邻边相乘。（这是班中一名优秀生的发言）

老师利用学具（带有高的平行四边形，在高上标上了长度）进行演示：

师：现在这个长方形的面积你能计算吗？

生：30×20＝600（平方厘米）

师：拉一下，现在是什么图形，你还能计算它的面积吗？（底为30厘米，高为15厘米。）

生：现在是平行四边形，面积是30乘以15，等于450平方厘米。

师继续拉动图形……

师：现在计算它的面积是多少？

生：面积是300平方厘米。

师：继续拉下去呢？

生：150平方厘米。我们发现，在变化的过程中，平行四边形的底没有发生变化，高在不断缩短，所以面积发生了变化。

课后访谈中，孩子们印象最深的是这个"小仪器"。是这个小仪器让学生对知识的认识发生了变化。探究其中原因，这个小仪器似乎没有什么特别之处，只是在"高"上做了文章。真所谓"数无形少直观，形无数难入微"。把握"变化的本质"——底不变，高在不断发生变化，面积也就发生了变化，这个"小仪器"帮助学生从观察到的现象抽象出了数学结论，使自己原有的认知发生了变化。观察为虚，操作为实，学生的数学活动经验也在操作与思考中得以体现。

三、抓住数学本质设计数学活动

小学阶段学习的图形与几何主要是直观几何，这种几何是通过发现和探索活动来促进几何概念的发展，目标就是通过一系列广泛的活动和经验建立直观的几何观念。这样几何就变成孩子们做的一些事情而不只是看到的和读到的东西。小学生形成、发展空间观念主要依靠"视"与"触"，亦即主要途径是观察与操作……理论和实践都告诉我们，直观操作在小学几何教学中有着十分重要的地位和作用。因此，在平行四边形面积教学中，我们一般都是先安排学生开展拼剪探究活动，通过分析、比较转化前后的平行四边形与长方形，推导得出平行四边形的面积计算公式。

三年级学习的长方形、正方形面积，是通过度量探究出长方形的面积公式。而对平行四边形面积的学习是学生第一次通过转化对图形面积进行探索。学生怎样就想到了转化呢？转化的依据是什么？只有抓住数学本质才能顺理成章地让转化成为孩子们探索平行四边形面积的工具。探索面积的本质是度量，最基本的方法就是数。在不断度量（数方格）的过程中，学生就会在不断解决怎样数的过程中想办法，怎样把不是整格的凑成整格的。在"凑整格"的过程中，为转化搭建了"脚手架"。

以面积为例谈数学活动设计

不同版本的教材都安排了"数方格"的环节，也就是在方格纸上割补平行四边形，再通过转化探究平行四边形的面积。因此，这个环节中，我给学生提供了方格图中的平行四边形和不带方格的一样大小的平行四边形，探究平行四边形的面积。面对不同层次的学生，提供多样学具进行探索。

案例三：

师：老师给你提供了学具，一个方格纸上有平行四边形，还有1号平行四边形。可以借助方格纸进行探究，也可以探究完一个再选择另一个探究。最好把你的想法表示出来，让其他同学也能看明白你的想法。

（学生探究）

师：把你的想法跟大家说一说。

生1：我的想法是这样的，这边有一个三角形，把这边的三角形，平移到这边，并把所有的小方格标上数字，就知道有多少个方格，就有多少平方厘米。大家同不同意我的想法？

这个孩子是从整体的角度进行思考的。首先孩子采取了最朴素的数的方法，度量出能够数出的相关正方形的面积。并且在数的过程中，自觉进行移多补少。

生：同意。

师：有同学有不同意见吗？

生2：如果是像你那样平移，半个格怎么求面积？

这个孩子的思考角度，显然是与第一位同学不相同的。他关注的是每一个小正方形的整体性，也就是她提出的问题：半格或者不够半格怎么办？

师：这个问题太关键了，半格怎么求面积呀？

生2：我不能解释。

师：那谁来解答？可以到前面来。

生3：这边这块平移过去，所以这边的半个格也被平移过去了，和另一个半格就成了整个方格。大家同意我的看法吗？

结合前两个学生的回答，把前面两个学生的不同角度观察的结果进行了沟通，形成了自己的解释。

生：同意。

师：都同意他的看法了，她最关键的一点是什么呀？你们就都同意了。

生：她就是把半个格，平移合成一个正方形。

师：你的意思就是把所有的半格儿，都拼成整格的，这样数起来就好数了。是吗？

生：是。

师：真好。谢谢解答的同学，也谢谢提出问题的同学。

虽然学生观察问题的角度不尽相同，但面对平行四边形，借助方格纸，孩子们不自觉地想办法把半格转化成整格。经历一个交流反馈——产生质疑——形成解释——达成共识的过程，课堂中这样生生之间的质疑是真实的，解释是有说服力的。正如课后访谈中吴正宪老师提出了问题："孩子们，你们怎么就想到了转化呢？我怎么就没想到呢？

你们帮帮我!"孩子们自信地说道:"在方格纸中数的时候,发现有的不是整格的,就凑成半格的。把所有的半格的都凑在一起就成了。再观察,把左边的三角形平移到右边就简单了。"用方格纸搭建了解决问题的脚手架,孩子们只要跳一跳就够到了桃子。那种成功感是别人替代不了的。

四、在可操作处设计系列数学活动

知识的学习并不是一蹴而就的。是不是学习完了面积单位,学生就建立了对1平方厘米、1平方分米、1平方米的真正感知了呢?我们可以面积单位为核心,设计一系列的数学活动。

案例四:

系列活动一:自己制作面积单位。

认识了面积单位之后,让学生自己制作1平方厘米、1平方分米以及1平方米。这是对课堂上所学知识的实践过程,也是给孩子们建立面积单位大小的表征过程。亲自动手操作之后,会有不同的感悟。

系列活动二:建立与生活的联系。

用生活中的物体描述1平方米、1平方分米、1平方厘米有多大。

系列活动三:建立面积单位之间的联系。

把1平方分米贴在1平方米上,让学生感知1平方米与平方分米之间的进率。

只有在了解学生的基础上结合知识的特点,设计生动、活动的课堂,才会激发学生学习的兴趣。只要学生感兴趣,才会学起来。学生的学习不仅是需要耳朵听、大脑思考,动手操作、合作学习是学生学习的重要方式。不是有这样一句话吗:"我听过了,我就忘了;我看见了,我就记得了;我做过了,我就理解了。"多让学生动手操作,在做中理解,多感官参与学习,调动学生的学习兴趣。这会直接影响学生的学习效果。孩子只有喜欢数学课堂,才会喜欢数学,才会积极地、有兴趣地学习!

数学活动是学生数学学习的重要方式。在设计数学活动时,不仅要根据知识点的特点,更要遵循学生的认知规律,才会真正促进学生的学习。

小学生数学表达能力的培养研究

陈凤伟[*]

【摘 要】 义务教育的数学课程能为学生未来生活、工作和学习奠定重要的基础。数学课程的实施、数学课堂教学所采用的所有策略、方式、途径，都要充分、合理、有效地发挥数学学科的特点，去实现其特有的育人功能。为了达成上述目标，我们在数学课程的实施中，进行了小学生数学表达能力培养的行动研究。通过厘清理论背景和现实背景，提出了本研究的重点问题，即在小学数学教学中如何提高学生的数学表达能力？要解决的子问题有小学生数学表达能力的内涵，数学表达能力的分类、特性，尝试构建小学生数学表达能力的评价标准。数学表达能力和数学思维能力密切相关，需要贯穿于整个数学课程中，贯穿在学生良好数学学习习惯的养成中，贯穿在基本数学经验积累、基本数学思想形成的过程中。本研究基于行动研究的范式，以课堂教学为主阵地，以教学设计为切入点，以教学实施为途径，以案例分析为效果检验，归纳提炼了教学中小学生数学表达能力的培养策略。

【关键词】 小学生；数学表达能力；培养策略

一、问题的提出

在现代社会里，能够用不同的表达方式来传达自己想要传达的信息，是适应于社会所必需的一种能力。就义务教育阶段的数学教学而言，既要让学生掌握现代生活和学习所需要的数学知识与技能，更要发挥数学在培养人的思维能力和创新能力方面不可替代的作用。

（一）现实背景

1. 教学中的现象

课堂上善于口头表达的学生可以得到更多的展示自我的机会，而不擅长的呢？容易成为被忽视的群体。学习中，有的学生可以按照自己的话语系统进行表达，如果要求他用数学化的语言，则不知道怎么说了。有的学生喜欢借助图形语言、体态语言、模型操作进行表达，这样他们好像更自信。

---

[*] 陈凤伟，北京市东城区史家胡同小学副校长。

有些学生真让老师诧异，他们常常有很精彩的口头表达，但是书面表达却一片混乱。真怀疑这是同一人吗？

2. 调研中的发现

为了了解学生对表达方式的喜好、学生基本的表达特点以下影响表达的相关因素，我们进行了学生调研。

分析统计结果，48%的学生喜欢书面表达。这与学生的表达优势和表达习惯有关系（见图1）。

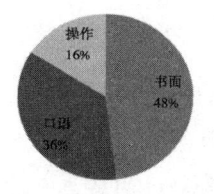

图1　学生喜欢的表达方式

学习中遇到问题时，59.8%的学生选择的交流对象是好朋友，18.9%的学生选择的是数学老师（见图2）。课堂活动中，45%的学生选择了倾听的方式。问其原因，有主观上不愿意表达，有客观上没有表达机会的。教学活动中，41%的学生会提出自己的想法。经确认，这些学生的数学学习是有明显优势的。

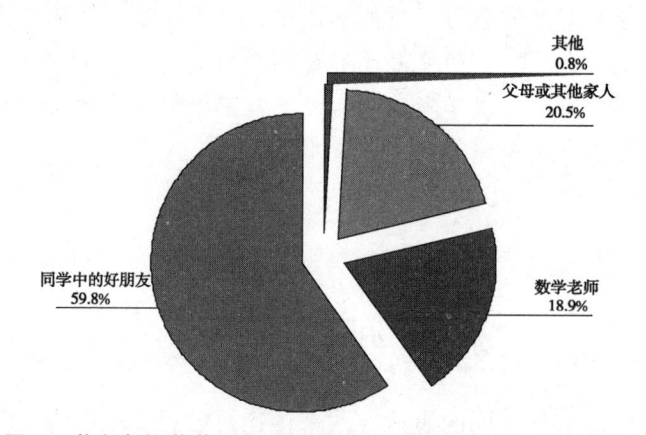

图2　学生在数学学习中遇到困难时，第一个想找的交流对象

16%的学生不参与学习讨论。一部分是表现内向，各种状态下都不主动表达；一部分是数学学习有困难，只在数学活动中不主动参与。

3. 分析中的思考

（1）学生群体的表达方式是多样化的，个体表达能力不平衡；表达上的劣势会给学生的整体学习带来负面影响。

（2）数学思维、数学语言与数学表达密切相关。受思维发展的影响，学生常用生活语言表达自己的数学理解。

（3）教师的关注影响着学生数学表达的主动性。低年级教师关注学生的习惯养成，使得多数学生获得了表达的机会。到了中高年级，教师为了教学效率，就容易忽视那些不爱说、不会说的学生；内外因结合，使得有些学生放弃了主动表达。

（二）理论背景

1. 《数学课程标准》的目标分析

重视数学表达已经成为许多国家和地区数学课程的发展趋势。美国、英国、德国、荷兰、新加坡等，都在课程标准中有明确的要求。

英国在《国家数学课程文件》中提出，数学活动应使学生能够进行数学交流，在应用数学中注意数学交流。日本的教学大纲则要求学生能够进行"数学的表示、表达"。法国在教学大纲中提到，应使学生"能明确地表述"，使"学生在书写和口头交流方面形成清楚的习惯"。新加坡数学教学大纲的四条宏观教育目的之一，就是"数学表示"。全美数学教师理事会在1989年制定的《美国学校数学课程与评价标准》把"数学交流"作为课程与评价标准之一；2000年的《学校数学原则与标准》中，再次强调了"数学交流"标准。

我国义务教育阶段的数学教育，核心在于培养学生的数学素养，养成良好的学习习惯。数学表达能力既是重要的数学素养，也是多种能力的综合。《义务教育数学课程标准》在一、二学段中要求：学生通过经历与他人合作交流解决问题的过程，学会倾听和理解他人的思考方法和结论，清晰表达和解释自己的思考过程与结果。

2. 已有研究概述

（1）数学表达能力的基本内涵。国际数学教育领域多倾向用"数学交流"来阐释，国内的相关研究则对数学表达与交流进行了区分与整合。

比较"交流"与"表达"的概念，交流是思想的交互，表达是思想的输出；交流是方式，表达是形式。与数学表达密切相关的还有数学思维、数学理解、数学语言，四者相辅相成，密不可分。

（2）小学生数学表达能力的特性。对数学表达能力特点的研究多借鉴心理学科，关注的是儿童自然语言（口语）的获得及习得规律。对儿童接受学校教育后，体现主体表达特点的书面语言需要细致研究。

（3）影响小学生数学表达能力的相关因素。概括起来，除了学生本身的认知发展、心理发展等因素外，主要还有对象的影响、环境的影响——包括文化环境和物理环境。[1]

（4）数学表达能力的水平及评价。借鉴数学交流能力的水平划分及评价，通过定量评价来确定对象所处的各种能力水平，再对表达能力进行定性分析，综合两者描述对象的数学表达现状。[2]

蔡金发（1996）对学生QCAI任务的解答进行了全面的量性、质性分析和评分。在评分的时候，对学生解决问题的思路、呈现的方式、呈现的内容都有具体界定。这个评价标准为本研究调查学生数学表达的现状提供了分析的依据。本研究中形成的小学生数学表达能力评价标准也以此为借鉴。

（5）小学生数学表达能力的培养策略。将已有研究中的培养方法归纳为三类：创

---

[1] 潘琰琰，新课程背景下高中生数学交流能力培养的策略研究［D］，兰州：西北师范大学，2010.
[2] 沈丹，八年级学生数学交流能力的调查研究［D］.上海：华东师范大学，2014.

造氛围，教学指导；示范引领，措施具体；评价导向，能力培养。这些都可直接应用在本研究中。

（6）数学表达能力对学生发展的重要性。中外一些数学教育家也全方位论述了数学表达能力对学生未来发展的重要性。荷兰著名教育家弗赖登塔尔指出："数学学习就是要通过数学语言，用它特定的符号、词汇句法和成语去交流、去认识世界。"❶

张奠宙先生在《"与时俱进"谈数学能力》中谈到，中国对于"数学交流能力"和"数学表示能力"很少提及，教学中对学生的数学口头表达能力关注很不够。要提高学生的数学思维能力，必须培养学生数学语言表达能力，即通过听、看、想、说等活动培养学生的表达能力，从而促进思维能力的发展。❷

二、研究问题和目标

1. 研究问题

小学数学教学中如何培养学生的数学表达能力？有哪些针对性的实施策略？

2. 研究目标

（1）厘清小学生数学表达能力的概念界定，进行类别划分和特性归纳。

（2）初步制定小学生数学表达能力的评价维度，并在案例研究中运用。

（3）行动研究小学生数学表达能力的培养方法，提炼教学实施中的培养策略。

3. 研究内容及方法

采用行动研究的模式，运用调查法、内容分析法、课堂观察法，发挥教育者做研究的优势，以改善实践作为重点。

主要包括：在小学数学教学中如何提高学生的数学表达能力？基于研究问题要解决的子问题有：小学生数学表达能力的内涵，数学表达能力的分类、特性，尝试构建小学生数学表达能力的评价标准。沿着"概念界定——理论分析——教学设计——课堂实践——学生反馈"的路径，探索培养学生数学表达能力的方法；基于方法形成培养策略，并将培养策略从数学学科延展到各个学科的教学中，拓展到学生的创意表达活动中。

4. 研究创新点

（1）形成本研究小学生数学表达能力的概念界定及维度划分。

（2）设计针对小学生数学表达能力特点的教学活动，分析、积累案例。

三、研究过程和成果

（一）形成小学生数学表达能力的概念界定

小学生在数学学习中，基于具体的问题情境，调动已有的经验，经过识别理解、转译构造、组织表达，按照自我思考的方式，用口头语言（体态语言是口头语言中的重

---

❶ 弗赖登塔尔. 作为教育任务的数学 [M]. 陈昌平，唐瑞芬，等译. 上海：上海教育出版社，1995.
❷ 张奠宙. "与时俱进"谈数学能力 [J]. 数学教学，2002（4）.

要部分,包括身姿、手势、表情、目光等非语言因素传递和表达信息的语言辅助形式)、书面语言(文字符号语言、图形图表语言)和实物操作(模型、图形演示和模型图形制作)等方式,呈现出数学对象、解决问题的过程、表明观点及结论的能力(见图3)。

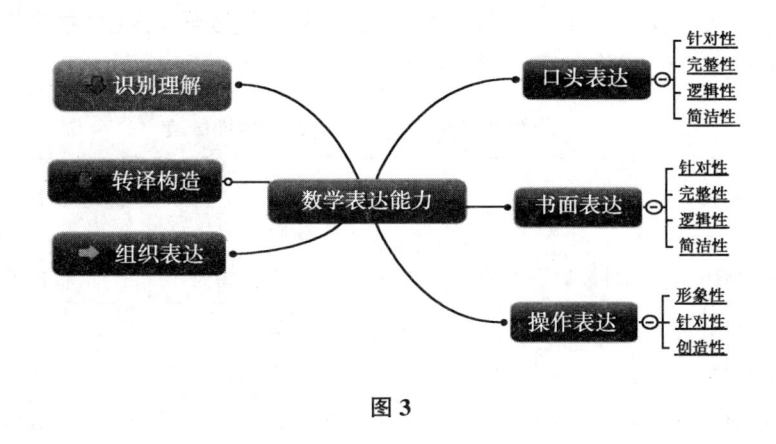

图3

(二)形成小学生数学表达能力的框架结构

1. 数学表达能力的表征方式

对于表征方式中的各种数学语言,不过分强化"数学化的精准性",而是符合学生认知发展的阶段性,与数学本身的科学性一致即可。透过学生对数学表达表征方式的选择,发现他们对表达方式的偏好,并且不同表征方式的转换也可以显示出学生思维的特点和进程。

2. 数学表达能力的分类

将数学表达能力分为数学口头表达能力、书面表达能力和操作表达能力。其中将操作表达能力作为一类,一方面是尊重学生发展的阶段性规律,另一方面依据认知风格的不同,让所有学生都能以自己偏好的、适合的表达方式呈现数学思考,促使他们在原有基础上继续发展。

3. 数学表达能力的特性

遵循学生数学表达的过程,依据数学思维的品质(如深刻性、灵活性、敏捷性、独创性、批判性等),归纳出小学生数学表达能力的特性。

(1)针对性:指能够依据问题、条件和目标进行有目的、明确的表达。

(2)完整性:包括两方面,一是表达形式上的规范和完整,二是内容上的完整。

(3)逻辑性:指由问题初始状态到目标状态的思维轨迹,反映了思维的指向性和有序性。

(4)简洁性:体现了数学抽象性和概括性的特点,是对学生数学表达的更高要求。

(5)形象性:是指借助工具或手段将数学思维可视化、直观化。

(6)创造性:是指在呈现数学思考、数学对象和数学结论的方式上,有突破思维定式的效应。

（三）形成小学生数学表达能力的评价标准

通过参考 PISA 测试、德国数学教育标准中对数学交流能力水平的划分及《美国学校数学课程与评价标准》，蔡金发对学生 QCAI 任务的解答进行了全面的量性、质性分析和评分。本研究依据 6~12 岁年龄阶段儿童动作思维、形象思维向抽象思维发展的阶段性规律，整理义务教育《国家数学课程标准》中关于数学表达能力的要求，制定了小学生数学表达能力的评价指标和评价标准（见表 1~表 2）。

表 1 小学生数学表达能力的评价指标体系

一级指标	二级指标	评价标准和等级		
		水平 1	水平 2	水平 3
口头表达	针对性	目标识别不清	目标识别基本清楚	目标识别清楚
	完整性	不完整	基本完整	很完整
书面表达	逻辑性	混乱	比较有条理	条理清晰
	简洁性	烦琐	有一些繁杂	概括简练
操作表达	形象性	内容不具体形象不生动	内容比较具体形象比较生动	内容具体形象生动
	创造性	完全模仿	基本模仿	独具特色
数学表达的过程	识别理解→转译构造→组织呈现			

表 2 小学生数学表达能力的评价标准

等 级	评价标准
水平 1	表达目标不清楚，呈现的数学观点不明确，缺少过程，缺少具体描述，结论不完整，没有形象呈现，但是有表达自己思考的意向；内容之间没有条理关系或是没有建立联系，但是有基本的、不完整的内容呈现
水平 2	表达目标有指向，有呈现的数学观点，有主要的数学过程，有表达的思路，但是不完整，有具体呈现，但是不太鲜明；内容之间有联系，但是逻辑关系需要调理；有一些自我的思考显示出来，但是不清晰
水平 3	表达目标明确，有完整的数学思考，呈现出具体的方法、过程和结论；内容之间的关系清晰，有条理，有具体形象的呈现方式。有些还有自己独特的表达方式或观点、结论

采用表现性评价，基于标准进行教学，即把标准与学生的学习任务结合，让学生在解决问题、表达结果时进行自我评价；把标准与教师设计的教学活动结合，教师对照标准判断、分析学生的完成情况，依据效果进行再设计。

（四）进行小学生数学表达能力的测试

基本步骤包括：明确测试目的，设计测试问题（情境、开放、难易度），选择测试对象（有特点），规范测试流程（测试要在学生确认"会了"的前提下进行，如果学生不会，就要进行问题的更换），分析测试结果。

分析学生的测试结果，围绕表达能力的六种特性进行，即针对性、完整性、简洁性、逻辑性、形象性、创造性。

分析学生数学表达能力的特性时要注意，对同一个问题，如果学生选择了同样的表达方式，那么可以进行表达水平的比较；对同一个问题，如果学生选择了不同的表达方式，则不进行表达水平的比较，只分析学生此种表达能力的特性。

（五）培养小学生数学表达能力的教学策略

1. 教学设计具有针对性

调查显示，多数学生都渴望在课堂上把自己的观点和见解表达出来。因此，教师要依据学生数学表达能力的整体状况，贯彻以"数学表达为形式、思维发展为内涵"的教学设计和教学方法，特别要预设好学生数学表达的教学活动。

策略一：预设多样化表达的教学活动。包括预设学生数学表达能力的培养目标、核心问题。预设的教学活动要与教学内容相适切，教学活动要具有延续性。

多样化表达的教学活动要依据教学目标而设计，目标本身还是教学质量和效果的准则，即学生表达什么？可以怎么表达？表达的怎么样？立体整合为一个或几个教学活动。学生从数学的角度发现、理解问题，由确定表达什么到选择怎么表达，组织呈现。

策略二：创设举例反驳的教学情境。教学中要捕捉教学活动的关键点，激发学生在问题的"往复"中深化思考，完善表达，让每一次表达成为输出的再生资源。

2. 教学实施具有发展性

小学生的数学表达能力与其对知识的理解、技能的掌握、经验的积累、思想方法的形成密切相关。所以，教学中要依据学生的认知发展，关注其数学表达能力的特性发展，不断调整教学实施。

策略一：关注认知发展，预留内化时空。尊重学生的差异发展，直面学生现状，进行动态调整。预留的时空分为"大小时空"，"大时空"指认知发展的阶段性，"小时空"指面对同一问题的不同进程。不急于一步到位，给学生由模仿到自我理解的转化过程，然后再尝试表达。

策略二：多种表达结合，促进思维发展。数学表达能力是一种综合能力，学生的多样化表达不仅限于口头表达、书面表达、操作表达，很多时候是各种表达方式相结合的。并且学生在解决问题时，常常会创造性地使用一些自然图形和符号来表示自己的数学理解和数学结论。多种表达方式相结合可以使表达的思想更充分、更准确、更完整。

3. 教学评价的导向性

评价方式的多样化体现在多种评价方法的运用上，包括书面评价、口头评价、活动报告、课堂观察、课后访谈、课内外作业记录，等等。实现以评价促学习，以评价促发展。

策略一：尊重个性的针对性评价。针对学生的数学表达做好观察记录，分析学生完成表现性任务的过程和结果，进行水平界定，提出改进建议和有效的改进措施（见表3）。

表3 数学表达能力个性评价记录

个案编号：　　　　　　　　　　　　　　　　　　填表日期：　年　月　日

姓　名		性　别		年　龄		班　级	
发现的问题	（在学生书面、口语、操作中出现的现象）					
具体描述及分析	（照片或文字）					
得到的启发	（采用什么方法？取得什么效果？）					

策略二：动态调整的多元评价。围绕数学表达能力的发展需要，根据班级学生的发展现状，可以进行评价项目的调整和评价标准的修订。其最终目标是通过学生数学表达能力的评价，促进其整体的发展。

策略三：逐步递进的表现性评价。从数学课程标准的总目标、从学生数学表达能力的发展目标出发，逐级向后思考，选择、安排特定的表现性任务或练习——既是数学课程内容，也是数学学习活动，还是一种评价。

根据班级学生的现状，选择、安排特定的表现性任务，反向制定阶段目标，让学生不仅明确需要做什么，还能在标准的引导下知道怎么做更好。

（六）教学实施的具体建议

促进学生的数学表达能力，教师无疑是至关重要的"刺激源"，所以必须全方位提高教师的专业素养，特别是教师的表达。这里的"教师表达"指的是教师的语言表达、动作表达、设计教学活动、调控教学进程、创设教学环境、评价和引导学生的数学表达。

（1）教师要提高解读课程标准的能力。
（2）教师要提高自身的数学表达能力。
（3）教师要提高评价和分析学生的能力。
（4）教师要注意教学实施的方法提炼。

教师要了解数学表达对学生数学学习和发展的价值，基于不同的发展阶段和数学学习阶段，基于学生的表达特点，精心进行教学活动的设计和实践，给每个学生创设表达机会，将学生数学表达的结果进行收集，透过现象寻找背后的原因，发现学生在数学表达上的优势是什么？弱势在哪里？原因在哪里？需要给予什么样的关注，效果如何？总结培养学生数学表达能力的方法，逐步形成有效的策略。

四、研究结论和后续方向

（一）研究效果

1. 教师方面，理念转变落实在教学行为中

研究中明确了数学表达能力对学生认知发展的重要性，透过现象分析学生数学表达能力发展、变化的原因。在教学设计前，注重学情的调查分析，预设学生数学表达的教学活动，为学生多样化表达提供机会。教学实施中，进行动态调整，为学生预留表达的时空。教学实施后，自觉地进行效果分析，给予学生针对性的指导和帮助。

教学实施中形成了标志性的"表达动作"，即学生的课前表达、课中表达、课后表达、学期展示表达、学年创意表达。逐步归纳出培养小学生数学表达能力的基本策略，以数学表达能力的培养促进学生数学素养的综合提升。

2. 学生方面，表达能力提升促进整体发展

从学生的学习表现上看，多样化的数学及学科表达成为学习中的主体表现。由被动到主动，学生开始自信地表达自己的思考，朝着乐于表达、善于表达的方向发展。

从学生的学习能力上看，随着学生数学表达能力的针对性、逻辑性、完整性、形象性、简洁性、创造性的提升，学生的数学认知也在发展，表现在具体形象思维逐步向抽象逻辑思维的方向上发展，并由此带动学生整体能力的提升。

（二）研究的结论

（1）小学生数学表达能力的培养可以促进学生的思维发展。

（2）为学生提供多样化的表达机会能够促进学生表达能力的发展。

（3）为学生预留表达的时空能够促进学生数学认知结构的形成。

（4）多元的评价方式能够全方位引领学生数学表达的发展方向。

（三）反思与展望

希望研究能够持续跟进，给予学生纵向发展的记录及指导，继续关注学生数学表达能力提升的策略研究。

本研究的难点之一是数学表达能力的评价标准。要对初步形成的评价体系进行量化评价，进一步在实践中进行检验、分析和完善。

【参考文献】

［1］沈呈民，孙连举，李善良．数学交流及其能力的培养［J］.课程·教材·教法．1991（9）．

［2］唐慧彬．培养小学生数学语言表达能力［J］.现代中小学教育，2008（5）．

［3］袁建中．浅谈小学生数学语言表达能力的培养［J］.小学时代（教师），2012（11）．

［4］张宇．促进高中课堂中的数学交流的策略研究［D］．武汉：华中师范大学，2005.

［5］苏红雨．中学课堂中的数学交流［J］.数学通报．2002（7）．

［6］高全胜，杨华．如何让学生用数学语言说话［J］.2011，20（2）．

［7］綦春霞．数学交流浅谈［J］.数学通讯，2001（21）．

［8］杨咪咪．小学生数学交流的水平测量与特征分析［D］.上海：华东师范大学，2011.

［9］D．A．格劳斯．数学教与学研究手册［M］.陈昌平，译．上海：上海教育出版社，1999.

［10］沈娟梅．中学数学教学中数学交流的研究［D］．武汉：华中师范大学，2005.

［11］和学新．论数学教学的表达策略［J］.数学教育学报，2006（4）．

［12］王家成．培养小学生数学语言表达能力的有效策略［J］.中国教师，2012（1）．

［13］周德．培养学生数学表达能力的策略［J］.教学与管理，2012（34）．

［14］吕程，周莹，刘喆．小学生数学表述能力的迷失与重建［J］.中国教育学刊，2013（1）．

［15］涂红琴．数学言语及其能力的培养［D］.武汉：华中师范大学，2004.

［16］肖锋．论思维与表达［J］.人文杂志，1990（5）．

［17］丁亿．数学交流的价值及其内容与形式［J］.数学教学，1998（2）．

［18］苏洪雨．初中生数学交流的现状及其分析［J］.数学教育学报，2003（8）．

［19］周良良，安金龙．高中数学交流能力培养的实践研究［J］.上海教育科研，2010（2）．

［20］全美数学教师理事会．美国学校数学教育的原则和标准［M］.蔡金法，等译．北京：人民教育出版社，2004.

［21］李祎．课堂数学交流研究综述［J］.中学数学教学参考，2005（8）．

［22］李恩江．思维与语言表达的逻辑性刍议［J］.科技写作，1991（3）．

［23］刁正久．提高中学生数学表达能力的研究（结题报告）．

［24］刘达．对发展中学生数学交流表达能力的认识与思考（PPT）．

［25］任志远．非言语交流与教学［J］.江西教育，1989（6）．

［26］崔允漷．基于标准的学生学业成就评价［M］.上海：华东师范大学出版社，2008.

［27］曹一鸣．国际视野下的中国中学数学课堂微观分析［M］.北京：北京师范大学出版社，2006.

［28］王甦．汪安圣．认知心理学［M］.北京：北京大学出版社，2006.

基于核心素养培养的高中英语文学阅读校本课程实践探索

程 岚[*]

【摘 要】 本文论述核心素养培养与高中英语文学阅读校本课程开发之间的关系，介绍笔者所在学校高中英语文学阅读校本课程的实施与评价情况。在实践中，笔者总结提炼出强化和培养英语学科核心素养的四项原则要求。

【关键词】 核心素养；英语学科核心素养；高中英语文学阅读；校本课程开发

一、核心素养培养与高中英语文学阅读校本课程开发之间的关系

我国界定的"核心素养"是指"学生在接受相应学段的教育过程中逐步形成起来的适应个人终身发展与社会发展的人格品质与关键能力"。[1] 文学是认识人生、陶冶情操、开启心智、拓宽视野、丰富精神文化生活的重要途径。英语文学作品不仅能为我们提供活生生的语言范例，提供语言运用的环境，同时还具有内在的美学价值和教育启蒙及提高国民文化素质的作用。而现行高中英语教材中涉及文学的内容较少。为了培养学生的核心素养，开发高中英语文学阅读校本课程是非常必要的。因为校本课程可以"满足学生对提高课程的适应性，促进学生的个性成长；提升教师的课程意识，促进教师的专业发展；实现学校的课程创新，促进学校特色的形成"。[2] 英语学科的核心素养主要由语言能力、思维品质、文化品格和学习能力四方面构成。[3] 在高中阶段开展适合学生英语语言水平与心智发展水平的文学阅读教学，使孤立的语言延伸至文化、历史和哲学。在阅读他人的生活经历时，读者与作者进行着无声的对话。这样的阅读过程既锻炼了学生的语言能力和学习能力，又不断触动着他们的内心，促进他们心智的成熟，提升他们的思维品质和文化品格，即全方位提高学生的英语学科核心素养。

---

[*] 程岚（1971~），女，中国人民大学附属中学，北京市英语特级教师。
[1] 钟启泉．基于核心素养的课程发展：挑战与课题[J]．全球教育展望，2016（1）：3-25．
[2] 钟启泉，崔允，吴刚平．普通高中新课程方案导读[M]．上海：华东师范大学出版社，2003：225-226．
[3] 王蔷．从综合语言运用能力到英语学科核心素养——高中英语课程改革的新挑战[J]．英语教师，2015（16）：6-7．

二、人大附中文学阅读校本课程的设计与实施

2013年9月至今,我们在学校开设了高中英语文学阅读校本课程。高一通过学习《英美文学欣赏入门》,学生能够理解文学故事各要素的特点,能够从人物评价、情节分析、主题挖掘、语言赏析以及与自己的情感链接等方面赏析一部文学作品,进一步激发英语文学阅读的兴趣,提高英文阅读、写作、口语表达能力和思辨能力。高二学习的《英美文学研读》课程,根据从出生、童年、少年、青年、成年、老年到最终死亡的生命历程精选出不同时期不同体裁的经典名家名篇。课程结束时,学生能够通过小组研读,从人物评价、情节分析、主题挖掘、语言赏析、自身情感链接以及文学文化背景等方面深度挖掘不同话题、不同体裁、不同时代的文学作品,领悟作品中普世的核心价值,提高综合语言运用能力、思辨能力和人文素养,更好地认识自我、认识世界。

在课程的实施方面,我们采用文学阅读讨论七步法,即讨论前"快速阅读,发散解读,同伴分享",然后是课堂"短剧表演,分析讨论",讨论后"评价反思,自由创作"。帮助学生从不同角度理解作品,运用所学词汇和语法知识表达对人生的感悟,从语言能力、学习能力、文化品格与思维品质四个层面全面提高学生的英语学科核心素养。

下面通过采用过的五种教学活动形式来阐述如何通过文学阅读课程促进学生的英语学科核心素养的培养。

(一) 诗歌创作

诗歌创作的形式可以用于介绍人物、表达对作品主题的思考,有助于学生读写能力与思维的逻辑性同时提升。例如,传记体诗歌的撰写除了帮助学生厘清书中人物的生平和重要事件,还有助于学生准确运用定语从句的语法结构表达思想情感。

下面选录一首学生阅读完《简·爱》之后为简·爱写的传记体诗歌。

> Jane
> Cautions, decisive and kind
> Daughter of a poor pastor
> Who loves Mr. Rochester
> Who feels wrong about being a mistress
> Who needs a warm hug, pure land and peace
> Who gives warm heart, kind heart and whole heart
> Who fears cheating, leaving and losing
> Who would like to see a wedding
> Who dreams of a simple life with her Mr. Right
> Thornfield
> Eyre

学生读完《秘密花园》之后用一首 My Dream Land 表达了对自己理想乐园的憧憬,文字优美,思维缜密。

I crave a place where I bask in light,
where the sun shines day and night;
I crave a place where I enjoy right,
where souls fly and held not tight;
I crave a place where I freely write,
where thoughts soar and nothing trite;
I crave a place where I widen sight,
where wisdom grows and gains its height.

（二）配画或配乐

以配画或配乐的形式进行文段赏析或主题评析，以多元智能理论指导学生以听、说、读、看、写的方式理解作品、表达思想。每部作品阅读之后，学生都要画出该书的故事图（Story Map）。负责情节剖析的同学要完成主要情节之间的因果关系示意图（Cause and Effect Chart），负责语言赏析的同学要创作体现作品主题的绘画作品或者从书中选出有代表性的插图，并解释创作或选择的缘由。还可以选出自己最喜欢的段落，同时选择一首能够体现这一段落主题的音乐或歌曲，并陈述原因。如阅读完《虎妈战歌》之后，高二（1）班的学生与来自爱尔兰友好学校的学生一起讨论、比较中西方教育方式的异同。讨论主持人在课堂最开始用两段采访"虎妈"蔡美儿的视频帮助来自爱尔兰的同学了解该主人公。然后，通过表演呈现书中主要的情节，在课堂最后，深情演唱将英文歌曲 Roses 改编成的 Mom's love，来表达对妈妈的爱——因为他们认为妈妈的爱（Mom's love）就像带刺的玫瑰（Roses），虽然有时候扎得人很疼，却很美。

下面是学生仿照歌曲 Roses 改编的 Mom's Love。

Some say mom, she is a river
That drowns the tender reed
Some say mom, she is a razor
That leaves your soul to bleed
Some say mom, she is a tiger
And she's always been so sulky
I say mom, she is a flower
And you its only seed
It's the heart afraid of failing
That never achieves its goal
It's the dream afraid of waking
That never takes the chance
It's your mom who've cared for so much
That makes you always happy
And you'll see, who is the lover
Your mom will always be
When the night has been too lonely

And the road has been too long
And you think that love is only
For the lucky and the strong
Just remember in your family
Far away from where you study
Stands your mom that with her true love
Trying her best to make you the best

(三)思辨训练

以主题辩论和个人链接的形式进行思辨能力的训练，听说能力与思辨能力同步提升。例如，阅读《海底两万里》的时候，主持人设计了这样一道讨论题：请根据自由、生命、知识、爱情这四项人生目标的重要性，将它们排序，并说明理由。学生们引经据典，纷纷表达自己的观点。主持人最后总结发言，表示无论是崇尚知识的科学家，还是追求自由的勇士，还是不把生命排在第一位的仁人志士，或是把爱情放在首位的浪漫人士，各有各的道理；我们的世界需要开拓者，需要梦想家，也需要实干家。阅读《呼啸山庄》的时候，主持人引导全班同学讨论：如果你是作家，你会改写哪个事件，从而使 Heathcliff 的命运截然不同。同学们丰富的想象力和良好的表达能力给课堂带来了欢笑，引发了思考。再如，在小说《秘密花园》课堂讨论的最后，同学们都找到了属于自己的秘密花园：可以是爸爸妈妈、班级、图书馆，也可以是童年的幸福时光、自在的睡前时光、没有压力的日子，还可以是看待世界的方式。

(四)短剧表演

表演的过程就是学习过程，因为学习是一种群体活动。例如，厚厚一本《麦克白》改编成30分钟的四幕剧表演下来，足以体现学生们的语言能力和团队合作能力。讨论后的自由创作，有学生会选择以短剧的形式进行续写或扩写。表演可以架设连接语言与文化、课堂与生活的桥梁。通过表演，学生不仅体悟到英语语言文字的表达和内涵，还获得了审美体验和多元文化理解。表演之后，学生对情节、主题和人物的理解都更加透彻，课堂讨论的参与度也更高。以自编自导自演的形式体验小说中人物的命运，发展语言能力的同时促进文化理解。

(五)多元动态评价

一本书读完之后，每个学生要从知识掌握、学习能力与学习策略三个方面进行自我评价，需要具体说明自己表现比较好的地方和需要改进的地方。每节课之后讨论主持要从10个维度对同学的课堂表现进行评价，每个同学还要写反思日志，陈述自己从这节课学到了什么，以及如果这节课需要改进某个地方，那应该是什么？借助自评、互评和他评相结合的多元动态评价体系，提升学生自主学习的信心与能力。

三、人大附中英语"魅力"课堂的实践

我们的文学阅读课程具有以下四个特点：第一，老师推荐作品，然后由学生组成小

组来确定全班需要共同阅读讨论的作品；第二，学习的过程中学生开展阅读、思考、表演、讨论、反思、创作等系列活动，既完成个人阅读笔记，又有同伴的多次分享，还有全班的互动研讨，是语言、文化、思维相融合的深度学习方式；第三，课程评价贯穿整个阅读进程，课前、课中和课后表现全部纳入考评，而且是自评与他评相结合，多元评价，及时反馈；第四，教师的角色与传统课堂也截然不同，教师作为阅读活动的促进者、推动者和协调者，设计阅读笔记，辅导课堂活动设计，进行课堂观察、评价与反馈。总体来说，文学阅读课程的实施以学生为本，尊重学生的兴趣、能力多元化，提高学生阅读素养的同时提高学生自我管理、自我评价、自我调适的能力，体现综合性、实践性、关联性和自主性的学习过程。

从讨论前的独立认知、同伴互助完善阅读笔记，到课堂上运用英语抒发情感、表达见解，学生内化语言，深化思考。课后评价、反思、改进自己的阅读行为，并且通过自由创作表达对作品的感悟。整个过程是以"学"为中心，打造"魅力"课堂。"魅力"课堂体现的是英文 MAGIC（魅力）这个单词 5 个字母代表的 5 个特点：M 指 Motivational，充分激发学生的学习热情；A 指学生主动学习，自主（Autonomous）发展；G 指课堂讨论、思维碰撞时会生成（Generative）很多思想火花；I 指通过学生与老师、学生与学生、学生与文学作品之间各种互动活动（Interactive），学生学会欣赏身边的人，热爱所生活的世界；C 指整个课堂活动在交流、合作中进行，学生不断挑战自我，创新（Creative）思维能力得到发展。"魅力"课堂将知识学习与技能发展融入主题、语境、语篇和语用之中，促进文化品格和思维品质形成，引导学生学会学习，指向核心素养培养。

四、研究发现与启示

在文学阅读校本课程的实施与评价实践中，通过"魅力"课堂的 5 个特点，我们总结提炼出强化和培养核心素养的四项原则要求：第一，坚持兴趣引领、快乐学习的原则，以激发学习热情和创设学习情境为抓手，从认知、情感、能力到人文素养的培养，实施全人教育；第二，坚持以学为基点的原则，在培养学生自主学习能力的过程中提升文化品格和语言能力；第三，坚持互动讨论的原则，引导点拨，激发潜能，在思维碰撞的过程中自然提升核心素养和人文修养；第四，始终把思维品质的培养作为提高核心素养的中心环节与枢纽工程来抓，让人文素养成为训练思维与发展能力的源泉。这四项原则可以渗透到日常教学之中，培养学生的英语学科核心素养，促进学生全面发展和作为人的整体发展。

生涯规划课程教学效果评价标准的研究

程忠智*

【摘　要】 生涯规划课程是目前中小学开展心理健康教育、提高德育实效性的一种主要途径和有效载体。建立一套较为科学的评价指标，对于确保生涯规划课程的实际效果和价值具有重要意义。本文基于我区开展的以"我规划，我发展"为主题的生涯规划课程大赛，通过生涯规划课程教学效果评价标准的研究，推动生涯规划教育在教育实践中的开展。通过对生涯规划课程的评价体系的建构进行探索，从活动主题、活动设计、活动过程、教学素养、活动效果等方面把生涯规划课程的活动评价标准简化为五条。实践表明，此评价标准简捷、有效、实用。

【关键词】 生涯规划；课程；评价标准

生涯规划课程主要是帮助学生通过对自己进行评估，了解自己的生活目标、职业价值观、兴趣、能力以及个性特征；了解职业及职业环境，确定自己的职业目标及发展方向；以此激发和调动学生自觉学习、自我发展的内驱力，使个人目标与社会目标相吻合，使个人资源与社会资源充分地、合理地、有效地进行配置与利用，从而获得更多的人生成就感和幸福感。

进行生涯规划课堂教学质量评价是教学质量监控机制的重要组成部分。制订科学、合理的中小学生涯规划课堂教学质量评价标准，对教师授课质量进行客观、公正的评价，对教师教学水平的提升、学生学习质量的提高有着重要的现实意义。

对生涯规划课程的评价应是多维度的，既包括教师和学生两个方面，也可以是"过程评价"和"效果评价"。笔者在教研工作中，对生涯规划课程的评价体系的建构进行了探索：先根据本课程的特点提出全面的指标；组织各校心理教师对指标体系进行研讨，予以合并、增减；在实践中试用，进行信度与效度的检验，及时修订；请专家进行评判，提出建议；最终确定指标体系。几年来的教育实践表明，此评价体系简捷、有效、实用。现简要介绍如下，以期和同行共享。

我们从活动主题、活动设计、活动过程、教学素养、活动效果、表现力等方面把生涯规划课程的活动评价标准简化为六条。

---

* 程忠智，北京教育学院丰台分院心理教研室主任，中学高级。

一、活动主题：主题明确，有针对性

（1）主题明确。每次生涯规划课程都应围绕某一方面的某个主题展开。整个活动的各个环节始终都应紧扣主旨，做到"形散而神不散"。让学生一课一得，课课受益。

（2）有针对性。生涯规划课程强调从学生的主体地位与主体需要出发，根据不同年龄阶段学生的身心发展特点和需求选择课题。为提高生涯规划课程的科学性与针对性，我们对实验校做了相应的问卷调查，包含学生生涯辅导需求、生涯教育的途径。学生的需求反馈如下。

自我发展：了解自己的能力、优势与不足（83.6%）；了解自己的性格特点（80.5%）。

探索社会：了解自己感兴趣职业的工作内容（83.6%）；了解自己向往的中学的信息（70.4%）。

生活规划：掌握独立生活的能力（85.6%）；了解如何更好地平衡学习与生活（88.4%）。

生涯准备：学习如何调节自己的情绪（89.5%）；了解如何掌握好的学习方法（85.9%）。

外部支持：获得参加各种社会实践的机会（85.1%）；了解高年级或已经毕业学生的学习经验（80.1%）。

进一步对我区中小学心理教师现状的调研及访谈表明，心理教师对于学校心理教育的主要渠道——生涯规划教育课教学设计与实施的学习需求很高，亟须厘清对生涯教育课的认识，把握教学设计要领，明确教学评价标准，进一步提升对课堂的驾驭能力，增加课程的实效性，从而促进中小学学生在成长关键期的健康发展。

具体来说，适合中学生的主题有：

（1）自我探索：我的梦想——我要干什么；能力探索——我能够干什么；兴趣探索——我喜欢干什么；性格探索——我适合做什么；价值观探索——我最看重什么。

（2）对工作世界的探索：职业知识进入路径；对待学习和工作的积极态度；工作的意义。

（3）对环境的探索：了解父母期望；了解家庭背景；了解社会经济形势。

（4）对学业、升学的探索：入学适应指导；各门学科的学习与职业的关系；自主学习与职业——学习动机激发、计划和目标、反馈和调节；文理分科指导中、高考志愿指导。

（5）决策和行动的技能：角色与行为；获取职业信息；时间管理；撰写简历；决策技能；制订行动计划的技能——提高行动力；休闲管理；共同工作或为他人工作时所需的人际技能；恰当地表现自己的技能；恰当地表达自己的情感、回应及想法的技能。

二、情境创设：触动学生，激发学生求知欲

情境创设是指通过角色扮演、讲故事、听音乐、看视频等方式，创设一定的情境或营造某种心理氛围。

（1）创设故事化情境。兴趣是最好的老师，是开启智慧大门的金钥匙。如果学生对讨论的问题有浓厚的兴趣，就会产生强烈的求知欲望，参与起来乐此不疲，这就是所谓的"乐学之下无负担"。因此，我们要充分利用教学资源，创设一定的故事情境，如讲述、漫画、Flash、照片配音、录像剪辑等，使学生产生身临其境的感觉。

（2）创设生活化情境，把生涯规划课程和学生的生活实际联系起来，让教学贴近生活。这样，既能让学生体会到教学源于生活、心理就在身边，感受到心理的应用价值和力量，对班级心理辅导产生亲切感，又培养了学生运用心理知识解决实际问题的能力，培养了学生的创新意识。

（3）创设活动化情境。让学生投身到问题情境中去实践，使学生在动口说、动手做、用耳听、用眼看、动脑想的过程中学习知识、增长智慧、提高能力。

（4）创设游戏情境。游戏是学生最乐于接受的形式之一，也是能让学生积极参与教学活动的一种有效手段。游戏能稳定学生的学习乐趣，使其学习兴趣、爱好得以延伸，整节课都能保持高涨的参与热情。

情境创设应新颖得体，能触动学生，激发学生参与的兴趣。在生涯规划课程上，教师应经常采用不同的活动，创设一定的情境或营造某种心理氛围，将心理理论和操作技能灵活运用于课堂，将音乐、美术等请进课堂，让现代化的教学手段为课堂增辉，让学生始终以愉悦的心境参与整个活动，在活动中体验、感悟。

在一节成功的生涯规划课程中，教师必定非常注重热身活动的引入、情境的创设以及团体氛围的营造，并有步骤地激活团体动力，一步一步推动其发展。

三、活动过程：结构完整，思路清晰，重点突出，充分发挥学生主体作用

（一）结构完整，设计思路清晰

生涯规划课程一般而言只有 40~45 分钟。在这样短短的时间里，要实施一个非常复杂的方案是很难的。在这种条件下，能否给全班学生留下一个深刻印象，关键就在于操作思路是否简洁、清晰、明快。如果思路混乱，"东一榔头西一棒子"，就难免会陷入不知所云的尴尬境地。

设计思路清晰的表现：活动清晰有序，每一个步骤紧紧围绕主题需要。教师的思路是通过活动来呈现的，思路清晰，学生的注意力就会被紧紧吸引住，不知不觉间就跟着教师的引领进入了活动的"胜境"。教师应先以活动、游戏、生活事件、故事等创设情境，提出问题，接下来生生讨论，教师小结，然后学生联系自我（实践），最后是教师总结升华。整个活动设计逐层递进，而不是平行并列。

（二）面向全体，充分发挥学生主体作用

开展活动时，教师要选择一些学生中普遍存在的、涵盖面广的教育点，面向全体学生，与学生一起探讨、研究、交流，提高每个学生的心理健康水平。

教师经常采用集体活动、分组游戏、同桌交流，问卷调查、问题讨论、辩论会等形式，让学生都参与到活动中来。在课堂上，教师尤其要关注自卑内向的学生，启发、引导他们敞开心扉，积极参与活动，踊跃发言，同时，引导积极发言的学生关注其他同学的情感经验。团体动力是否能发挥作用，取决于学生的参与程度与真情流露，也取决于同伴的积极倾听、分析与帮助。

教师运用团体动力，给全体学生提供足够的安全感，去除防卫心理，营造自由表达的思维氛围，容许不同见解的充分争鸣。如果没有真实的参与和真实的团体动力，就不会有真实的体验和感悟。

（三）注重互动

教师要引导学生学会在体验中感悟、分享，不能越俎代庖，不顾学生实际迫不及待地把自己的观点灌输给学生，或者急于评价、替学生总结。

班级团体动力的基础在于小组内的生生互动，只要小组团体"热"起来了，整个班级大团体必然"热气腾腾"。所以，调控好小组的活动至关重要。小组的互动应该是实质性的，教师设置的话题集中而又有较大的探讨空间，学生才会乐此不疲。在此基础上，全班分享才会具有启发性，才会引发学生发自内心地说出肺腑之言。

教师应引导学生自觉遵守团体规范，使课堂活而不乱。团体动力的正常展现应该是有序的。如果某位心理教师感到自己一上课就混乱不堪，特别是在组织活动和讨论时，学生各行其是、调侃成风，使得教师左右为难，那么，首先要全面反思的恰恰是教师自己的教育理念、设计思路、活动安排、组织能力等方面是否出现了问题，而不是先去责怪学生。

要面对全体学生并根据学生特点加强个别指导，要用正确的学生观、人才观看待学生，正视差异、尊重差异、善待差异，真诚地期望每一个学生都能成功，为学生创造成功的机会并及时给予激励，为学生品尝成功的心理体验创造条件；要主动接近学生、了解学生，成为学生的知心朋友，发现学生心灵深处的火花，挖掘学生的优势智能；通过面向全体的教学和个别指导相结合，增强教学的针对性和实效性。

四、教学素养：注重科学性、人文性，有表现力

教育理念是生涯规划课程的灵魂。一个教师的理念是否正确，是显现于整个活动过程之中的。当学生在活动中提出各种具体问题、发表各种不同见解之时，更是对教师能否准确把握活动课主题及其核心理念的一种挑战。如果处理好了，问题就会变成促使学生成长的契机。那么，如何判断教师的教育理念是否正确呢？

首先，要看教师的理念是否符合心理健康教育的目标和方向。第一，要引导学生了解"我是谁"。第二，要积极地指导他们自觉地树立正确的职业理想，指导他们把自己

的职业兴趣、爱好、特点同社会未来的发展有机地结合起来，使他们能够清醒地认识到将来"我想干什么"。第三，要积极地指导他们努力地学习，刻苦钻研，有意识地磨炼，不断地提高自身的综合素质和能力，以适应未来职业生涯发展的需要，即指导他们认识到将来"我能（会）干什么"。第四，要积极地指导他们从实际出发，有意识有目的地从点滴做起，不断地学习、锻炼和提高自己的综合素质和能力，即指导他们弄清楚"我现在应该干什么"。第五，要积极地指导学生从知识能力、道德品质素养及心理素质方面进行准备。

其次，要看教师在实施过程中对主题的理解有无片面性和绝对化。学生通过接受心理辅导，既增加了对困难的了解，也加强了对自我的认识——目前的处境、自己的优势与不足、内心的需求、未来的发展方向、问题根源等。它可以使学生在困难面前积极发现个人与周围环境的有利因素，并加以有效利用，促进个人的不断成长。值得一提的是，这种学习是通过心理教师的积极启发，个人努力思考而"悟"出的。

最后，要看教师能否对学生在活动过程中偏离主题的发言给予及时的引导。对教师心理教育理念的深度考验莫过于现场应对学生五花八门的发言。学生偏离主题的语言是经常会冒出来的，如果教师对自己组织的活动没有深入的思考，就可能会"捉襟见肘"。团体活动的现场是无法完全预料的，尤其是在全班分享交流时，各种情况都可能出现，教师一定要做好临场应变，对学生发言的回应必须简洁、到位。要做到这一点，心理教师要有广博的知识和一定的心理学基础理论功底，能够把握问题的重心和辅导的方向，有适度的幽默感，并善于适时引导，使活动或讨论不偏离主题，避免出现明显的失误。

评价一节生涯规划课程，必须把正确把握理念放在重要位置，方可对心理教师的专业提升起到引领作用。

教师是否自觉运用一定的心理技术，是生涯规划课程与主题班会或思想政治课的一个重要的区别。心理教师要逐渐地学会运用专注、倾听、同感、澄清、重述、小结、具体化、举例子、聚焦等心理技术，对各种情况及时做出回应。需要强调的是，作为心理教师，特别是兼职心理教师，要达到专业要求是有一个过程的。从目前来看，对于大多数心理教师和班主任而言，能积极主动地去探索、尝试，就已经不容易了，我们应该予以充分的宽容、支持和鼓励。

人文性强，一方面体现在教师需要树立正确的学生观上：（1）学生本质上是有上进心的；（2）学生希望获得成功、希望得到别人认可；（3）学生是喜爱上学、喜欢学习的，之所以有时表现得不爱学习，可能是由于遇到了一些困难；（4）经过教师或家长正确的引导和适当的鼓励，以及学生的努力，学生会产生积极改变的。

另一方面，人文性强主要体现在教师有亲和力，亲切、真诚地面对学生。研究表明，学生在和谐、民主、有安全感的课堂中更易流露真情、表现真我。倾诉自己的真情实感，此时的学生也更易得到启发，从而获得心灵的营养。因此，教师要注意营造和谐、民主、有安全感的气氛，引导学生表现真我，倾诉真情实感，得到启发、感悟；使学生能够在开放的环境中表露自我，坦诚相见；使整堂课或活泼，或静谧，或感人，或温馨，避免紧张、害怕、忧虑、沉闷。

另外，教师的知行合一非常重要。身教胜于言教。教师要身体力行，举手投足、言行中处处体现对学生的尊重、关注与爱护。

在表现力上，教师一方面要深刻领会本节课要达到的目的、教学重点，另一方面，要有激情、有感染力。研究表明，一个人要向外界传达完整的信息，单纯的语言成分只占7%，声调占38%，肢体语言占55%。所以，教师要从语言、表情、语调、肢体动作等多方面增强自己的表现力。

五、活动效果：内容有相应的深度，预期学生有实际收获

现实生活告诉我们，往往某种兴趣、某种特长会影响一个人的一生。教师要抓住问题的症结，从情感、认知、行为等各方面步步深入、层层落实，由点到面、由表及里，在有限的时间里完成高质量的活动。主要表现为：

（1）课堂活动有节奏，一些讨论有相应的深度。例如，一位教师在上《做最好的自己》这一课时，充分地调动学生资源，请学生谈谈是如何解决烦恼的；小组代表发言后，请其他组员补充，再请班级中其他组成员补充。除此之外，也可以采用让学生举例子、结合事例来讨论等方法，增加讨论的深度。

（2）解决问题的方法要有可操作性，使学生掌握起来既方便又实用。

（3）生涯规划课程的重点要落在学生身上。引导学生联系实际，看看大家讨论的哪些方法对自己有帮助，使学生有实际收获。使学生在知识的学习与个体自我觉察、与社会、工作之间建立起积极的联系，把社会对学生的要求和希望转化为学生发自内心的需要，从被动地"要我学"变为主动地"我要学"。他律辅之以自律，规划会得到更好的落实；自律置于他律的环境，规划会产生更大的力量。以此充分调动学生的积极性，提升教育效果，提升学生学习的成就感，使学生在学习知识和塑造完美个性的同时增强未来进入社会的适应能力。

【参考文献】

[1] 吴武典，金树人．班级辅导活动设计指引 [M]．台北：张老师文化事业股份有限公司，1993．

[2] 夏海鹰．心理健康教育课程问题探究 [M]．北京：中国人事出版社，2004．

[3] 曹梅静，王玲．中小学心理健康教育课程设计 [M]．广州：广东高等教育出版社，2004．

[4] 陈家麟．学校心理健康教育——原理与操作 [M]．北京：教育科学出版社，2001．

[5] 钟志农．生涯规划课程的操作要领 [J]．思想·理论·教育，2001（10）．

[6] 施丽君．生涯规划课程评价指标体系的建构研究 [D]．金华：浙江师范大学，2005．

探索学道文化课程培育学生核心素养

戴文胜*

【摘　要】 20世纪90年代以来，国际组织及美国、新加坡等国家相继开始构建学生核心素养模型。2014年，我国教育部印发的《关于全面深化课程改革落实立德树人根本任务的意见》中，第一次提出"核心素养体系"这个概念。由此，开启了中小学校在学生核心素养体系建设方面的探索与研究。本文重点介绍北方交通大学附属中学从自身特色学道文化课程建设出发，在学生核心素养体系的构建与实践方面进行的大胆尝试。

【关键词】 核心素养；学道文化；课程

国民素质决定了国家的竞争力和国际地位，核心素养是国民素质的根本。20世纪90年代以来，核心素养成为全球范围内教育政策、教育研究、教育实践领域的重要议题，国际组织与许多国家或地区相继开始构建学生核心素养框架，以此作为指导教育发展的方向和目标。近年来，随着中高考政策的大力改革，我国教育正在发生从应试教育向素质教育的重要转型，教育部在多个文件中提出落实学生核心素养体系建设的重要意见。北方交通大学附属中学在学校顶层文化设计的基础上，从学校特色"学道"文化出发，全面构建学生核心素养体系，确立了"知行合一，内外通达"的核心素养培育目标，从德育理论创新、育人和学科发展深度结合的角度出发，开设"学道课"等核心素养课程，并将"学道"素养教学模式应用于各学科的教学过程中，推进学科素养和核心素养的全面发展。

一、学生核心素养体系建设是国家人才战略的需要

在人类社会发展进程中，人才是社会文明进步、人民富裕幸福、国家繁荣昌盛的重要推动力量。当今世界正处在大发展、大变革、大调整的时期，加快人才发展是在激烈的国际竞争中赢得主动的重大战略选择。目前，我国正处在改革发展的关键阶段，深入贯彻落实科学发展观，全面推进经济建设、政治建设、文化建设、社会建设以及生态文明建设，推动工业化、信息化、城镇化、市场化、国际化深入发展，全面建设小康社会，实现中华民族伟大复兴，必须从人才战略的角度出发，大力提高国民素质。

---

* 戴文胜，男，北方交通大学附属中学校长。

在教育部 2014 年印发的《关于全面深化课程改革落实立德树人根本任务的意见》中，第一次提出"核心素养体系"这个概念。从此，全面落实学生核心素养体系建设，为国家培养符合时代需要的素质人才成为每个学校和教育工作者面临的紧要任务。

二、交大附中对核心素养的认识和理解

（一）核心素养的由来

自 1997 年以来，国际经济合作与发展组织（OECD）、联合国教科文组织（UNESCO）、欧盟（EU）等国际组织先后开展关于核心素养的研究。受其影响，美国、英国、法国、德国、芬兰、日本、新加坡以及中国台湾地区等也积极开发核心素养框架。

1. 国际组织的学生核心素养框架

1997 年 12 月，OECD 启动了"素养的界定与遴选：理论和概念基础"项目，确定了三个维度，分别是：

（1）能互动地使用工具，即互动地使用语言、符号和文本，知识和信息，（新）技术。

（2）能在异质群体中进行互动，即能快速适应环境，形成并执行个人计划或生活规划，有效地保护自己。

（3）能自律自主地行动，即与他人建立良好的关系，团队合作，管理与解决冲突。

2013 年 2 月，UNESCO 发布报告《走向终身学习——每位儿童应该学什么》。该报告基于人本主义的思想提出核心素养，即从"工具性目标"转变为"人本性目标"，使人的情感、智力、身体、心理诸方面的潜能和素质都能通过学习得以发展。

2. 美国的学生核心素养框架

美国"21 世纪素养"框架以核心学科为载体，确立了三项技能领域：

（1）学习与创新技能。包括批判性思维和问题解决能力、创造性和创新能力、交流与合作能力。

（2）信息、媒体与技术技能。包括信息素养、媒体素养、信息交流和科技素养。

（3）生活与职业技能。包括灵活性和适应性、主动性和自我指导、社会和跨文化技能、工作效率和胜任工作的能力、领导能力和责任能力。

3. 新加坡的学生核心素养框架

2010 年 3 月，新加坡教育部颁布了新加坡学生的"21 世纪素养"框架，其中提到：社交与情绪管理技能包括自我意识、自我管理、社会意识、人际关系管理、负责任的决策；公民素养、全球意识和跨文化交流技能，包括活跃的社区生活、国家与文化认同、全球意识、跨文化的敏感性和意识；批判性、创新性思维，包括合理的推理与决策、反思性思维、好奇心与创造力、处理复杂性和模糊性；交流、合作和信息技能，包括开放、信息管理、负责任地使用信息、有效地交流。

（二）交大附中对核心素养的思考

参考以上代表性核心素养框架，结合我国教育现状，可以总结出：学生素养是以学科为基础，受其学习过程中的自身努力、环境影响，由训练和实践而习得的思想、品

性、知识、技巧和能力。其中，能促进人生命成长、人生发展，可提升、可进阶的核心因素就是核心素养。它是适应个人终身发展和社会发展所需要的必备品格与关键能力，是所有学生应具有的最关键、最必要的共同素养，主要有以下四大方面：判断选择素养，理解反思素养，包容合作素养，自律自主素养。

三、交大附中学生核心素养体系的构建与实践

从以知识传授为主的教育模式转向注重能力培养的素养教育，需要对学校工作进行深入的梳理和思考。为此，交大附中领导班子和骨干教师团队积极应对，采取走出去、引进来的做法，与清华大学、北京师范大学等科研机构紧密合作，调研国内外先进的教育理念和教学模式，逐渐构建起具有自身特色的学生核心素养体系。

（一）设计规划具有学校特色的顶层文化，作为学生核心素养体系的坚实基础和有力保障

我们纵览交大附中60年的发展历程，将学校的教育使命定位于：创造有生命动力的教育，让学生和教师成为更好的自己，从而把交大附中建设成为一所受人尊敬、富有力量的幸福学校。

基于百年交大创校伊始"交流融通"的深刻内涵和交大附中"饮水思源，爱国荣校"的校训精神，结合传统文化中的"道"字内涵，从教师的天职是"传道、授业、解惑"出发，交大附中倡导学生应该具有"学道、求知、质疑"的学习精神，从而将"学道"文化作为学校的特色文化。其中，"道"是中国乃至整个东方古代哲学的重要概念，其正确的解读是"万事万物所包含之规律的高度概括"，需要反复探求和研究，不可轻易定义和说明。这恰恰对应于世界的复杂性、多样性和规律性，与教育的目的"帮助学生更好地认识世界、探索世界"高度吻合。另外，学道既可以解释为学习之道，同时，从"为学日益，为道日损"的角度，也具有"探索世界和人生是加法、减法的集合"的深刻含义。

（二）确立交大附中"知行合一，内外通达"的学生核心素养培育目标

核心素养是指适应个人终身发展和社会发展所需要的必备品格与关键能力，因此我们有必要确立一个核心素养培育目标。为此，交大附中在16字育人目标"感恩重责，阳光包容，博学笃行，健康雅趣"的基础上，提出具有学校特色的核心素养培育目标——"知行合一，内外通达"。

在这个目标的选择上，我们汲取了北京交通大学的校训精神，选取"知行"；同时，从青少年心理发展的特点出发，结合学道文化，提出"通达"。其中，"知行"不仅强调的是学习与实践两个方面，而且"知"字本身"致良知"的含义意味深远；"合一"则与"学以致用"、重视能力提升的素养教育理念高度契合。

有了这个目标，我们在开展核心素养体系的实践中，就有了重要的参考和清晰的方向。例如，交大附中二分校高一（1）班在分组调研的时候，有7位同学在个人兴趣一栏直接写下了"钱"这个字眼，班主任和指导教师并没有反感，而是鼓励大家组成了

金融小组，引导大家在课余时间学习金融知识。众所周知，阅读理解能力是语文考试的难点，很多学生对此感到头痛。为了让这个组的学生感受到阅读理解的重要性，我们在阅读材料选择时，不仅引导学生如何分析文学经典，更引导大家分析一些具有时效性的财经新闻。2015年10月16日，李克强总理发表了对中国经济的六点判断。本着"知行合一"的精神，金融小组马上开展了一次针对性阅读理解，要求大家根据总理这次讲话的内容分析预测出中国2015年第三季度GDP的增长幅度超过7%还是低于7%，高或者低的程度如何。学生们相当准确地预测到6.8%，只比国家统计局后来公布的数据6.9%差了0.1%！指导教师更是在此基础上，在期货市场做出了做空沪铜的操作，当天收益就达到了数万元。这让学生们深深认识到，语文阅读理解的培养不仅是为了应付考试，还是未来指导投资决策的必要能力。

没多久，这个班发生了一件意想不到的事情，班里有个同学的名贵钱包不见了，而她不能确定钱包是在上学路上还是班级里丢失的。这让很多同学心理上很别扭，有人发牢骚说："自己的东西不看好，丢了怀疑别人，讨厌死了！"针对这件事情，班主任和指导教师迅速组织班会，大家本着"内外通达"的精神，开诚布公地交流对此事的看法。当发牢骚的同学试着站在丢钱包同学的角度思考问题时，他认识到"如果我丢了钱包，也会很着急"的心情。而在老师们的引导下，同学们认识到，世上的财富有三种，第一种是以金钱为代表的财物，比如这个钱包；第二种是能够创造金钱的知识和技能；第三种是能够让大家团结起来一起创造更大价值的信任。班里有同学丢了钱包，那就是班级的损失；但是，更重要的是，我们面临着失去更高层面的财富——同学间的信任。最后，大家达成了共识，钱包一定不是班里同学拿走的。同时，大家发起一个小募捐，给丢钱包的同学买了一个30块钱的新钱包。这位同学感慨地说："我丢了一个贵的钱包，但得到了一个更宝贵的礼物。谢谢大家！"

（三）从学生核心素养体系构建的需要出发，大胆创新德育理论

2014年8月习近平总书记在讲话中指出："学校要把德育放在更加重要的位置，全面加强校风、师德建设，坚持教书育人，根据少年儿童特点和成长规律，循循善诱，春风化雨，让社会主义核心价值观的种子在学生们心中生根发芽。"这一讲话精神对学校德育工作提出了更高标准，要求我们在教育实践中进行理论和方法的大胆探索，使对学生核心素养的培育过程紧紧围绕社会主义核心价值观的渗透这一核心工作。对此，交大附中与清华大学人文学院素质教育研究与发展中心深入合作，积极开展新时期中学德育工作有关课题的研究，从道育和德育划分、青少年信仰教育、学科德育、心理健康等方面进行了有益的探索。

1. 道育和德育的划分

长期以来，我国学校道德教育等同于德育工作，评估办法相对简单。交大附中结合社会主义核心价值观教育，对道德教育进行了相应划分，把道德教育分为道育和德育。其中，道育主要是指个体内心的价值培养，包括：（1）培养爱国主义和集体主义观念；（2）继承和发扬中华民族优秀文化传统；（3）形成积极学习西方先进人文思想和科学技术的治学态度；（4）树立正确的世界观、人生观和价值观。从某种意义上来说，道育的内容偏重于个体内隐的价值判定，即一个人头脑中关于对错、是非、轻重的判定。

当前，社会物质文化高度发达，但是精神文明的建设相对落后，尤其在价值观方面出现了一些不和谐的声音。例如，反腐大潮中落马的贪官们，当他们把对国家、对人民的责任和对事业、对理想的追求排到了自己的利益和享受之后，必然在拥有权力时，不知不觉地落入金钱、美色的陷阱。反之，当我们的学生把理想、学业排在游戏、享乐之前时，他就会自然而然地迸发出求知上进的动力，在学校努力学习，在社会积极进取。

另一方面，德育则是指个体外显的行为规范、人格品质、公民素养等方面的培养，这与现行的学校德育工作基本一致，更多靠要求、规定和日常的检查、监督来引导和完善。可以说，道育和德育是道德教育中紧密相关的两个组成部分，两者完美的结合才会让学生真正感悟到道德教育的内涵与外延，感受到完整的道德体验。正如我校师生共同总结的那样："道是德的基础，德是道的结果。无道之德，如同无源之水；无德之道，如同无用之功。"

通过这样的划分，我校在德育工作中将道育作为有力的支持，通过体验式活动让学生更好地思考个人的人生观和价值观，将社会主义核心价值观的内容不只是记忆于心，更多地践行于日常生活和学习。

2. 信仰思考及解决方案

著名思想家丹尼尔·贝尔曾经指出："现代主义的真正问题是信仰问题。用句不时兴的语言来说，它就是一种精神危机。"当前，我国处于社会转型的过程之中，传统的文化与价值观念受到来自多方面的严峻挑战，这给人们的道德生活、社会伦理秩序带来了多重冲击。在原有的道德规范、理想观念和文化信仰受到不同程度的质疑，而新的道德体系未能清晰确立之时，人们在精神层面不可避免地呈现出一种疑虑和空虚的状态，这便是大家通常所说的道德信仰危机。如果不早日解决这种精神上的困惑与迷茫，个体道德发展与社会道德建设都将举步维艰。

这种道德信仰的部分缺失对中学德育的影响尤其巨大。我校德育工作针对很多家长和学生所认为的"中国人是没有民族信仰的"这一错误认识，创造性地提出了对信仰的不同划分，将人类信仰分为自然信仰（如火、太阳、龙等）、宗教信仰（佛教、基督教、伊斯兰教等）、科学信仰、政治信仰和哲学信仰五大类；并且，通过积极开展传统的国学教育，引导中学生和家长思考以"天道"为代表的中国传统哲学，揭示科学信仰、社会主义信仰和中国传统哲学信仰之间"三位一体"的相互关系。

对此，绝大多数中学生认识到，中国是一个有着悠久民族信仰的国家，中华民族的信仰是最崇高的哲学信仰，社会主义信仰和中国传统哲学信仰本质上有一致性。这既是中华文明作为世界四大古代文明之一唯一传承至今，源远流长，生生不息的根本原因，也是中国在全球社会主义发展中一枝独秀的文化基础。同时，更重要的是，我们明确地告诉学生们，这种信仰的时代探索需要大家共同参与，希望他们以为子孙后代解决问题的态度去面对中国信仰的研究。如何用"三位一体"的中国信仰去解释人类思考的三大基本问题"我从哪里来？到哪里去？我是谁"，一时之间成为很多中学生主动交流和探讨的话题。有了这样的信仰研究基础，困扰我校的一些德育工作瓶颈迎刃而解。

（四）探索核心素养创新课程，为学生核心素养建设提供课程支持

交大附中核心素养创新课程应从课程目标、课程内容、课程实施、课程评价和问题

诊断等多个方面来系统构建，既立足于各种素养课程的规划和教学，又着眼于"无处不课程，无时不课程"的建设意识，把课程建设变成"有""无"相生的良好状态。现阶段在参考美国、新加坡、我国台湾地区等围绕核心素养开发的课程体系基础上，交大附中相继开发了"学道课""校庆 Call Center 课"、创新型生涯规划课、各类社团课等独立于文化课之外的核心素养课程，让学生们在学习各科文化知识的同时，充分体验和感受知识与能力的结合，培养积极乐观的学习和生活态度。

学道课是交大附中文化顶层设计落地的核心课程，为学校核心素养体系建设提供基础服务，是交大附中从应试教育向素养教育转型过程中必不可少的教育创新。学道课将通识教育与应试需求有机结合，跨越了人文和科学多个学科，结合教育部大力开展美育培养的要求，将美学、哲学、语言学、心理学作为启发和调动学生认知需求的突破口，有效地解决部分学生因为学业知识相对传统僵化产生的厌学情绪；将计算机、互联网、人工智能的最新发展应用于学习领域的研究，引导学生更好地思考所学知识的拓展与应用。它包括"生命与生活、学习能力系统、学习之用、学道之法"四大部分，共 36 个课时，分别讲述生命之力、生活之美、人际之和、学习习惯与错题本、学习类型与记忆力、学习管理与注意力、学习感觉与逻辑力、学习角度与观察力、人生规划与选择、学法总论及各个学科的学习方法等内容，引导学生建立正确的学习观和方法论，成为德育和教学工作兼顾的重要课程。

再如，校庆 Call Center 课是根据交大附中的校庆需要设计开发的一门综合类特色课程，由学生志愿者报名参加，通过 Call Center 给校友打电话，介绍学校近年来的发展状况，了解校友近况和需求，建立学校和校友、校友和校友间的紧密联系。从沟通和交流的素养角度，要求学生学会基本的交流话术，接人待物的礼仪规范，以及对学校发展历史的知识学习等。

另外，交大附中在普通生涯规划课的基础上，进行了大胆的实践创新。不仅采用常见的心理测量手段，引导学生思考未来职业发展方向和落实选课工作；更从不同职业的素养要求出发，结合核心素养和学科素养培养计划，将生涯规划与学生平日的文化课学习状态、成绩密切结合，引导学生在生涯规划的过程中更为积极主动地将知识获取和未来人生发展挂钩，起到了很好的学习促进作用。例如，对于一个未来想要成为教师的学生来说，语言表达方面的素养很重要。那么，当他在语文考试中作文得分偏低的时候，老师就会将他的生涯规划目标和学科成绩结合来清楚地提醒他在多大程度上偏离了自己的理想职业，进而激发学生去思考"过去的我、现在的我、未来的我"，帮助学生更好地接受知识和能力训练，不断向着提升自身价值的方向努力。

（五）提出"学道"素养教学模式，引导各学科教师思考教育创新和学科素养任务落实

核心素养的培养和教学的变革是紧密联系的。培养核心素养就是要培养学生学习的真实能力，培养学生把知识综合化和解决问题的能力。交大附中教研部门将学道文化与各学科教学相结合，创造性提出"学道"素养教学模式，将学道、求法、固术作为课堂学习的明确任务；通过促进师生互动和生生互动，营造更加活跃的课堂氛围，帮助学生更好地参与到课堂教学中。

在国家课程校本化方面，融入"学道"理念，将知识建构能力、学习执行能力和态度情感动力作为教学重点，把知识体系、模式程序、文化素养的内容和任务按照"学道"模式设计进各门课程之中，有力促进文化课向文化转化，把"成为文化的课程"当作交大附中课程建设的品牌形象。

三、结　语

核心素养不是一个抽象的概念，它是影响一个人终身发展的关键因素。学生核心素养体系建设是社会进步的必然要求，是教育发展的未来方向。本文简要介绍了一些交大附中对学生核心素养体系的理解、构建及实践活动。由于研究时间尚短、专业水平有限，难免在理论和实践方面存在一些不足之处，恳请教育界同仁和有识之士给予批评指正！

【参考文献】

［1］核心素养如何转化为学生素质［R］.教育周刊·基础教育.厦门：2015.

［2］褚宏启，张咏梅，田一.我国学生的核心素养及其培育［J］.中小学管理，2015（9）.

［3］张义兵.美国的"21世纪技能"内涵解读——兼析对我国基础教育改革的启示［J］.比较教育研究，2012（5）.

［4］裴新宁，刘新阳.为21世纪重建教育——欧盟"核心素养"框架的确立［J］.全球教育展望，2013（12）.

［5］OECD. Definition and Selection of Competencies（DeSeCo）：Theoretical and Conceptual Foundations Strategy Paper［EB/OL］. http：//www.oecd.org/education/skills-beyond-school/definition and selection of competencies deseco. htm.

准确把握教材意图，精心设计数学课堂教学思路
——由《体育比赛中的数学问题》的教学想到的

单红兵[*]

【摘 要】"单循环赛"和"淘汰赛"是学生第一次接触到的两种体育比赛中的赛制。通过学习的过程明确各队之间是怎样比赛的，能根据各队比赛情况计算出比赛场次，并在此过程中沟通知识之间的联系。因此，深入钻研教学内容，准确把握教学重点，尊重差异定重点，是上好课的前提；充分了解学生原有的知识结构和认知水平，从学生实际出发，充分预设，是上好课的保证；关注全体学生，注重评价语言的运用，巧抓生成，顺教而导，是上好课的关键；注重融合，把对学生的关注体现在细节之处。

【关键词】教学内容；深入钻研；教材意图；准确把握；精心设计

《体育比赛中的数学问题——单循环赛》是北京出版社、北京教育出版社联合出版的"北京市义务教育课程改革实验教材"第7册第五单元"综合应用"中的教学内容，属于《标准》归纳的四个学习领域中的"实践与综合应用"，有较强的实际应用价值。"单循环赛"和"淘汰赛"是学生第一次接触到的两种体育比赛中的赛制。对于"淘汰赛"，学生有一些了解；对于"单循环赛"，绝大多数学生很陌生。本节课的教学重点是明确各队之间是怎样比赛的，能根据各队比赛情况计算出比赛场次，并在此过程中沟通知识之间的联系。就知识点来说，教会学生计算比赛场次并不困难，但是要让学生真正理解单循环赛，理解计算方法的算理有一定的难度。难点体现在三个方面：

（1）如何让学生理解单循环赛每个队比赛的场数明明都一样，可是计算时各队的场数却不同，这仿佛是一对矛盾。

（2）在解释计算方法时，怎么让学生体会到语言的严密性和科学性。

（3）怎么引导学生沟通知识间的联系，并主动运用联系解决问题。

另外，数学知识在生活中的灵活运用在本节课也体现得很明显，菜谱和车票问题就是很好的例证。学生在解决这个问题时会发现运用数学知识解决具体问题时要考虑很多现实的因素，体会到数学知识在生活中的灵活变通。

学生在一年级时认识了直线和线段，会数简单的线段的条数，四年级时再次接触数

---

[*] 单红兵，北京市牛栏山一中实验小学教务主任，中学高级职称。

线段，这时会用列式的方法计算线段的条数，这些成为本节课沟通知识间的联系的知识储备。

我用访谈及问卷的方式对不同学校的两个班的孩子进行了前测，目的是了解不同地区孩子的差异及共性。前测结果表明：孩子们听说过"单循环赛"这个名称的几乎没有，孩子们对于数图形、数角、数线段知识的掌握得较好，但是有的孩子只知道怎么计算，却不知道为什么这样计算。了解学生数线段等知识的掌握程度，为的是让学生感悟数学知识的内在联系和发展，做适时渗透，为加强数学知识之间的内在联系做好孕伏。

基于以上对教材的理解和对学生情况的分析，我确立了如下的设计思路。

一、深入钻研教学内容，准确把握教学重点，尊重差异定重点，是上好课的前提

在充分认识本节课知识的重难点、了解知识间纵横联系的基础上，我立足整体，创设了握手游戏情境，从学生现有的认知水平、知识经验出发，利用情境过渡到单循环赛的教学。学生能利用知识间的迁移理解单循环赛。我又选择了具有现实意义的奥运会女子曲棍球比赛作为探究素材，在探究之后又和赛程安排表进行了对比验证，培养学生求真品质，让学生看到数学知识与实际生活的区别和联系。

另外，在教学的实施过程中，学生能通过自主探索，沟通数线段和单循环赛之间的联系，体会数学知识之间是相互联系的。在运用新知解决实际问题时，学生又认识到，在应用数学知识解决生活中的实际问题时，还要具体问题具体分析。

本节课的教学内容具有抽象性强、不易理解等特点，因此要充分考虑学生可能遇到的困难。

二、充分了解学生原有的知识结构和认知水平，从学生实际出发，充分预设，是上好课的保证

生成，是课堂教学的重要特点。没有预设的生成往往是盲目的，低效的。不承认课堂教学的生成性，对课堂教学进行过度的预设，不允许课堂出现意外、分歧，这样的课堂是不现实的。

数学课堂教学是一种动态生成的过程，在这个过程中，既有意料中的"预设生成"，更有预设目标之外的"诱发生成"。课堂，正因为这些"美丽的意外"而显得格外鲜活。由于预设的充分，当学生提出"意外"发现的时候，我充分给予学生自主探索的空间，给学生发表自己见解的机会，让他们在互相争论中，突破难点，培养能力。

三、关注全体学生，注重评价语言的运用，巧抓生成，顺教而导，是上好课的关键

课堂上，我俯下身子看学生，尊重他们的意见和想法，适时给予他们鼓励和自信，

通过师生、生生间的评价，激发学生学习数学的兴趣。"你真是心明眼亮！"称赞的语言给学生以动力。"大家稍等，让他再回想一下！"鼓励的语言给学生以信心。"看来，很多知识间都有内在的联系。如果我们抓住这种联系，就能把不同类的问题用同一种方法解决了！"总结的语言让学生有所收获。这些带有启发性、引导性、概括性的评价语言的运用，不仅给学生一种积极的导向作用，更能体现教师对文本的理解和预设。

四、注重融合，把对学生的关注体现在细节之处

1. 课前做好前测活动，了解学生的已有经验

这节课虽然学习的是单循环赛，不涉及淘汰赛，但是有了对学生前测的分析我觉得有必要了解一下学生这方面已有的经验。比如玩跳棋。在玩的过程中，我了解到学生会按照淘汰赛的规则去安排3个人的跳棋比赛，但是不知道"淘汰赛"这个名称。我没有告诉学生这叫"淘汰赛"，而是鼓励——其实我们3个人还可以有别的比赛方法？一个心理暗示，学生就知道先去想一想，通过认真的思考很可能想到每个人都和其他人比一次。尽管学生不知道这就是单循环赛，但为新课上理解单循环赛的规则做了一些铺垫。

2. 自然融入巧安排，让学生在游戏过程中学习

本节课是由学生易于接受的握手情境入手，过渡到单循环赛。在握手情境中，我鼓励学生到前边来参与握手游戏。在参与过程中，看似简单地邀请几个同学，却蕴含着学问。在邀请时，我假装随机安排在两个同学中间，其实这是充分考虑到这个游戏中两边同学的难度。第一个同学要自己理解规则，而最后一个同学则要理解一个难点："为什么我不用再和其他人握手了？"让学生在游戏中自然体悟数学知识，丰富了教学形式，也分散了难点。

3. 精心设计学具，用具体的形象感悟抽象的内容

在最后的菜谱练习中，考虑到班上有几个孩子抽象思维能力较弱，光凭想象"这5种菜能不能保证一周不完全重样"有很大难度，我设计了便于学生操作的学具。在使用学具的时候，我尊重学生的认知差异，将这些学具作为辅助的手段帮助学生理解思考方法，而不是一刀切地要求孩子们必须都动手去摆一摆。因为，抽象的思考必须借助具体形象，利用学具摆一摆，能直观地看见思维的过程，帮助他们更好地理解抽象的计算方法。

4. 作业和课堂融合，潜移默化中将课内和课外学习结合起来

有了前测和课堂的学习，我为学生设计了这样的作业：回家后按照单循环赛的要求设计一个3人参加的跳棋比赛，并为他们设计了一份记录表（作业设计）。由于在前测时我已渗透过一种别的比赛方法，这时他们很容易想到这种方法就是单循环赛的方法，也是对课前独立思考的一个回应。另外，这次的比赛，他们既是组织者又是参与者，成功举办一次比赛对他们来说是挑战，更是一种难得的机会。在此过程中，又促使学习延伸到课外，同时也促进了和家人的情感交流。

本节课力求在抽象、难于理解的知识讲解过程中，充分发挥学生的积极性和主动性。在学习知识和解决问题的过程中，对学生进行数学方法的指导，鼓励学生将课堂学习发展到课外，让学生的学习空间更广阔，力争做到"润物细无声"。

小学音乐课堂活动教学现状与教学策略的研究

丁艳茹*

【摘　要】 音乐是一种一般的"认知类别",同时又是一种产生于社会的生成性观念,这种观念赋予声音一种与个人实践或社会实践相关的地位功能。因此,音乐是一种由社会创造出的真实存在体,音乐的意义在于它是从使用中产生,也由音乐的使用可以表达音乐的价值。

笔者经常思考:学生在小学阶段六年的音乐学习中,是否习得了如何使用音乐的能力?他们具备了哪些能力?一般学生通过学校音乐教育将会选择参与哪些社会音乐行为?纵观目前学校音乐教育的发展,可以看出,学校的音乐教育与学生生活实际脱节,不能服务于学生的实际生活;大多数学生没有能力同时也不愿意在他们的日常音乐生活中使用他们在学校中所学的东西。这种现象可以推断,学校中所教授的内容可能是对学生毫无意义的,是他们不感兴趣的,同时也是没有任何实际价值的。

鉴于此,本文根据研究需要,从理论研究和应用研究的角度出发,以如何构建自主、高效的"音乐活动课程"为研究的途径,以"音乐活动教学法"的运用为研究的手段,通过对"小学音乐活动课教学现状"进行调研和分析,对活动教学法的内涵、概念、活动学习策略、活动设计、评价维度及意义进行了有益的探讨。旨在通过研究,建构有效的音乐活动教学模式,在保持学校音乐教育的生活性、实践性的基础上,实现学习与社会生活的沟通、与学生经验的联系,让学习回归生活,服务生活,丰富人生经历,焕发音乐学习的生命活力。使音乐教育中的"教"与"育"有机融合,并渗透到每节课的日常教学中。达到音乐学科以美育人的功能性作用,逐步提升学生的音乐素养。

【关键词】 音乐课堂;活动教学;现状调查;策略研究

在我国,有关活动学习的思想早在孔子的《论语》中就有相关描述。孔子主张君子"讷于言而敏于行",提出"多闻。择其善者而从之,多见而识之"。荀子在《劝学》中指出:"君子之学也,入乎耳,著乎心,布乎四体,形乎动静。"《中庸》提出:

---

* 丁艳茹(1974~),北京人,女,北京小学丰台万年花城分校,中学高级教师,研究方向为小学音乐课堂教学。

"博学之，审问之，慎思之，明辨之，笃行之"，将"行"作为学习过程的一个重要环节。

我国教育家陶行知改造了杜威的理论，使它更适于中国的教育状况。他提出："教学做合一"，既以"做"为中心，"行是知之始"，"重知必先重行"。可见陶行知的"做"是建立在"行"的基础上，是以"行"求知，强调"行"是获得知识的源泉。

一、小学音乐课堂活动教学的现状研究

活动教学一般是指教师根据教学要求和学生获取知识的过程为学生提供适当的教学情境，根据学生身心发展的程度和特点设置，在一定问题的牵引下，以知识、能力、情感多方面发展为目标，通过丰富多彩的具有自主性、实践性、探索性的主体活动，促进学生整体发展的教学方法。这种以活动教学法为主、教学效果显著的课堂模式被称之为活动教学模式，也称活动教学。（潘洪建《活动学习教学策略》）

（一）文献收集与分析

笔者通过 CNKI 数据库索引，目前的学术论文中活动教学相关论文共 16 798 篇，其中，"活动教学法"相关论文共 10 536 篇，一般论文 280 篇，硕士论文 12 篇。这些研究涉及英语教学和语文及其他学科，研究的较为深入、全面，研究资料也很丰富。以"小学音乐活动教学法论文"检索，结果有 1 379 篇。其中，奥尔夫音乐教学法 6 篇，愉快音乐教学法 3 篇，音乐暗示教学法 6 篇，幼儿园音乐游戏法 10 篇，其余均为音乐教学法等方面的内容。以"小学音乐活动课"检索，论文共 141 篇。

虽然目前有"小学音乐活动教学法策略"相关方面的研究，但研究的还是不够深入。有关小学音乐活动教学法策略及有效运用的研究少且不系统，至今还没有形成有效运用的系统研究专著，仅有的相关文献资料也限于活动教学的几本书籍和一些零散的学术论文。小学音乐活动教学法策略具有很高的研究价值，作为工作在一线教学的音乐教师，有责任和义务通过研究，在音乐教学活动中充分调动学生的多种感官和学习兴趣。研究把感知学习与实践操作融合在一起的活动教学法的有效策略，在不断的音乐实践过程中，逐步培养和提高学生终身发展的音乐能力。

（二）小学音乐课堂活动教学的现状调查

美国纽约州立大学的托马斯·里吉尔斯基教授在《作为实践的音乐与音乐教育》一书中阐述了当今美国乃至世界学校音乐教育存在的问题，他指出："根据相关可靠数据和日常的观察，目前的学校音乐已经变成了一个短期的、狭隘的实践，它只能传递给一小部分学生，而且，在这些学生完成了教学生涯后，音乐教育并不能转移到音乐生活中去，或者说音乐教育并不对社会的音乐生活做出很大贡献。"也就是说，学生在学校没能在音乐学习中习得音乐活动的相关能力，不具备将所需知识迁移到生活中的能力。

1. 调查情况

那么，目前学校的音乐教育现状是怎样呢？笔者在北京市隶属的中心小学、城镇学校、农村学校、私立学校四类不同地域和性质的五所小学五年级进行了教师问卷和学生问卷，涉及学生人数400人，教师人数5人。

在丰台区东、中、西部15所学校进行了教师问卷和学生问卷（见图1）。涉及学生人数450人，教师人数15人。教师问卷发放20份，收回20份。学生问卷发放850份，收回850份。

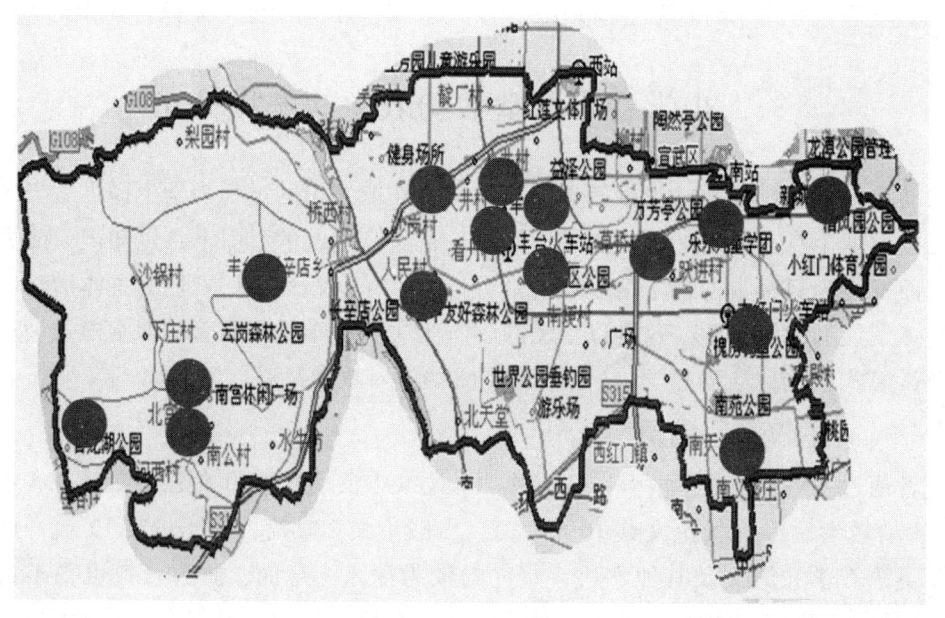

图1

（1）教师问卷的内容及反馈情况。

教师问卷涉及的问题有所在学校、年龄、教龄、学历、职称、音乐特长、常用的教学方法有哪些、关注哪类音乐教学方面的书籍、是否在课堂中尝试过活动教学、在日常教学中"教"与"学"的比例分配是多少、在日常教学中你是如何在课堂上体现学生是课堂的主人、注重学生自主探究和创造能力的培养、谈谈你对活动教学的看法等系类问题。

参与问卷调查的20位教师中，25~45岁的人居多，教龄在3~25年。大专以上学历的占10%，本科以上学历的占75%，硕士学历占15%，博士学历为0。40%的教师擅长键盘，30%的教师擅长声乐，20%的教师擅长民族或西洋乐器，10%的教师擅长特色乐器。

从关注的书籍上来看，60%的教师阅读比较广泛，20%的教师经常阅读音乐学习专业方面的书籍，只有10%的教师会阅读教学理念方面的书籍，还有10%的教师阅读比较少。

在课堂教学方式转变方面，60%的教师关注对学生自主探究和创造能力的培养，但是基于各方面因素，在平时教学中不知如何落实与开展；20%的教师比较关注，在课堂上尝试过活动教学；20%的教师认为只要学生双基学好了，至于用什么方法不重要（见图2）。

[图表：柱状图]
- 60% 关注对学生自主探究和创造能力的培养 —— 不知如何进行落实与开展
- 20% 比较关注 —— 尝试过活动教学
- 20% 不关注 —— 没有太大必要

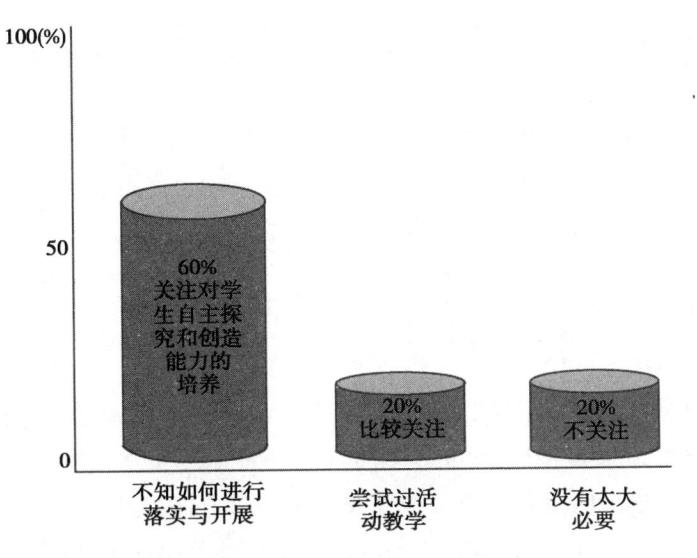

图2　20位教师对课堂活动教学的看法

（2）学生问卷的内容及反馈情况。

学生问卷涉及的问题主要有：你在学校音乐课堂学习中喜欢老师多"讲"还是你们"做"？你们的学习方式总是老师讲你们做，还是由你们自主完成一些学习内容？课堂上学习的音乐知识和技能，在学校或回家后你会与同学、老师、家人和朋友分享吗？形式是什么？你开过校级、班级和家庭音乐会吗？

从反馈上来的850份问卷来看，85.6%的学生喜欢自己多做，5.2%的学生喜欢老师讲，9.2%的学生则认为无所谓。

从反馈上看，就目前的学习方式，68.9%的学生反映老师讲得多，自主学习少；13.5%的学生反映老师会带领他们做些探究音乐活动；17.6%的学生反映不太关注。

图3是对学生所学知识运用的反馈，3.6%的学生在教师帮助下或者自己组织开过班级和家庭音乐会；50.3%的学生没有组织过任何音乐会与展示，没有想过；46.1%的学生不愿意组织也没有能力组织。

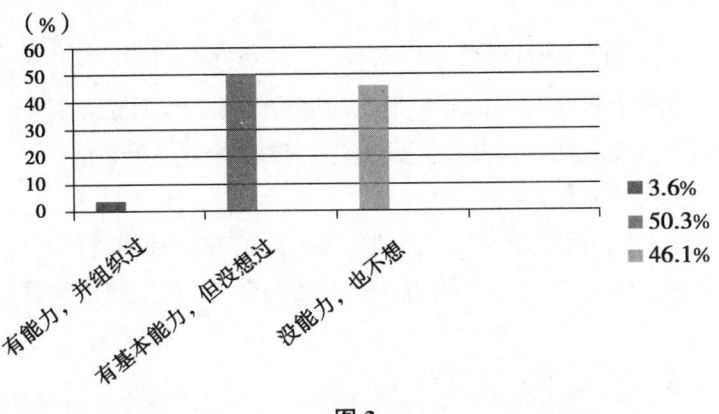

[图表：柱状图]
- 有能力，并组织过：3.6%
- 有基本能力，但没想过：50.3%
- 没能力，也不想：46.1%

图3

2. 调查结果分析

基于以上调查分析，可以看出目前在我们学校的音乐教育中，接受学习仍然占据学生学习的主导地位。虽然对于音乐文化的传承、音乐人才的培养功不可没，但是，传统的教学方法和教学理念与大教育背景下的音乐教育价值观相悖。学生只是在教师指导下被动地学习与接受，并没有形成影响终身的音乐学习能力。虽然有的教师观念有了，理念学了，但是如何转变，如何应用，如何把教育的"法"（方法与法则）有效运用到自己的课堂教学，却是很大的难题。教学中总显得有些盲目性、盲从性，教学方法缺乏系统性，无据可依……

学生在小学阶段的音乐学习中，没有学会使用音乐的能力。他们虽然具备了一些基本音乐技能，但是，没能在自主探究和参与音乐活动中掌握音乐学习的法则。可以看出，学校的音乐教育与学生生活实际有些脱节，不能服务于学生的实际生活；大多数学生没有能力，同时也不愿意在日常音乐生活中使用他们在学校中所学的东西。可以推断，学校中所教授的内容可能是对学生毫无意义的，是他们不感兴趣的，同时也是没有任何实际价值的。

二、小学音乐课堂活动教学的原则

笔者根据多年的实践研究，总结出小学音乐活动教学法：一般是指教师根据音乐教学要求和学生获取知识的过程，为学生提供适当的教学情境，根据学生身心发展的程度和特点设置，让学生凭自己的能力主动参与欣赏、演唱、演奏、创编、游戏等音乐实践活动中学习知识的课堂教学方法或过程。这种教学方法的特点是学生参与、探究活动，在做中学，通过听觉、视觉、空间知觉、触觉等在大脑指挥下协同活动而获取知识和形成技能。

（一）"从做中学"，体现学生是学习主体的原则

活动学习是以学生为中心的学习，学生是活动的主人、活动的主体。通过各种音乐活动，开发学生的内在潜能，尝试不断增长力量；让学生向往学习，在音乐活动中，实现自己的价值。

活动学习的"活动"主要是学生的主体活动。教师只是学生活动的促进者，引导和帮助学生开展各种音乐活动，指导学生如何确定主题，设计活动计划，收集整理音乐相关信息，组织学生展示活动，鼓励人人参与，鼓励学生大胆尝试，让学生做学习活动的主人，发挥学生的主体作用。

我们可以说："社会即学校。""教、学、做合一"是生活教育的方法论，也是教的方法根据学的方法，学的方法根据做的方法。教与学都以"做"为中心。在"做"上教的是教师，在"做"上学的是学生。基本特征是以"做"为教与学的中心，因为"行是知之始""重知必先重行"（陶行知）。

（二）"从做中学"，体现"参与、探究、合作"的原则

《音乐课程标准（2011）》指出：音乐音响不具有语义的确定性和事物形态的具象

性。音乐课程各领域的教学只有通过聆听、演唱、探究、综合性艺术表演和音乐编创等多种实践形式才能得以实施。学生在亲身参与这些实践活动的过程中，获得对音乐的直接经验和丰富的情感体验，为掌握音乐相关知识和技能、领悟音乐内涵、提高音乐素养打下良好的基础。设计丰富的音乐实践活动，引导学生主动参与。

音乐课堂教学活动学习是学生、教师为了有效地学习、教学和发展而采取的各种行动和步骤。例如，完整地聆听作品时，教师引导学生在音乐体验与感受中享受音乐审美过程的愉悦，体验与理解音乐的感性特征与精神内涵；学生通过亲身参与演唱、演奏、创编等艺术实践活动，并适当地运用观察、比较和练习等方法进行模仿，积累感性经验，为音乐表现和创造能力的进一步发展奠定基础；培养学生对音乐的好奇心和探究愿望，重视自主学习的探究过程，使学生能够积极参与以即兴形式自由发挥为主要特点的探究与创作活动；通过以音乐为主线的艺术实践，培养学生在集体表演和实践过程中与他人充分交流、密切合作，不断增强集体意识和协调能力，使学生在玩中学、动中学、乐中学、做中学、模仿中学、体现中学、兴趣中学，在自由、宽松的环境中不受拘束地学习，得到真实的情感体验。

三、小学音乐课堂活动教学的实施策略

小学音乐课堂活动学习策略应是灵活多样的，策略的使用因人、因时、因事而异。帮助学生有效地使用学习策略，不仅有利于他们把握学习的方向、采用科学的途径、提高学习效率，而且还有助于他们形成自主学习的能力，为终身学习奠定基础。对于教师而言，使用和掌握音乐的策略，可以优化教学过程，对教学活动中某些环节有所侧重，对教学思想中的某些观念有所加强，使教学结构依据素质教育的要求和原则逐步改善，提高学生学习能力，形成稳定兼有灵活性的教学策略，使适当的教学投入产出较高的教学效益。

（一）分析教学目标，选择教学内容

由于长期以来受传统教学思想的影响，教师考虑得比较多的是如何"教"，往往以"教"代"学"，忽视了学生自己去钻研、领悟和感受的过程。

探究式音乐教学是指在教师启发引导下，以学生的学为本，以生活实际和周围世界为参照对象，自主确认和发现问题，并在此基础上搜集数据、信息、寻求解决方法，最终以个人、小组、集体等形式进行有效交流、形成客观评价的一种教学模式，具有自主开放性、问题探索性、情感体验性的特点。鼓励学生参与活动，在做中学。

（二）确定教学的起点，分析学生的知识、能力

在传统教学的"备学生"中，教师往往对学生的分析不够，甚至是主观臆想，没有分析。

音乐活动教学中，教学过程是根据教师的经验预先设计的，而在教学过程中由于学生的学习情况是不确定的，因此，与预先的设计有时是相符的，有时是不相符的。如果不顾学生的情况生搬硬套地按照预设的教学过程进行，势必会影响学生的学习效果。因

此，必须根据学生学的情况随时调整教学过程，使之更有利于学生的学习。从这个意义上来说，教学过程是教师教与学生学的开放过程，是师生交往、对话、合作与沟通的过程，是教学相长的过程。

（三）从"学"出发，积极引导学生掌握学习的主动权

音乐活动学习的内容设计要着重研究解决问题的过程和方法。它必须通过学习者的自行探究，自我解决学习问题，才能最终完成学习过程，即学习是学习者自己的事情，学习者必须发挥主观能动性，通过自己的独立钻研，解决学习过程中的问题。

设计的音乐活动要以学生为中心，帮助学生对知识的主动探索、主动发现和对所学知识意义的主动建构。学生对知识的接收，只能由他自己来建构完成，以他自己的经验为背景，来分析知识的合理性。教学方式必须为学习方式服务，学生的音乐学习方式是制订教学方式的基础。音乐活动学习要让每一个学生都能参与，让学生在音乐活动中学有所获。同时，教学内容必须与学生的生活密切联系，时刻关注学生成长环境与周边世界中的音乐。活动中，以鼓励为主，放大学生的优点就能发现人人都有音乐潜能。

因此，音乐活动过程需要激活，只有生成、开放、发展的活动过程才是真正意义上音乐教学。除此以外，教师还应把"教会学生学"作为己任，通过学法指导，使学生学会学习。依据学生的不同学习风格特点，设计教法和学习形式，让他们掌握一把开启知识宝库的金钥匙，即教学中体现以生为本、以学为本，从"因材施教"走向"因材导学"。

四、小学音乐课堂活动教学的评价设计

评价是音乐教学工作中不可缺少的重要环节。活动学习的评价是指按照活动学习评价的理念，运用适当的评价方法和手段，对活动学习的设计与实施进行价值判断的过程。活动学习的评价从根本上讲是为了促进学生的发展，真正体现发展的评价、促进性的评价。这种发展是学生通过活动学习的实施在能力、知识、态度等方面能够获得实质性的进步，能够做到有所知、有所想、有所悟。

（一）活动学习的观察评价

观察评价法是指评价者根据学生活动学习中的行为表现，进行观察和记录，并对观察到的现象进行比较分析，用准备的标准进行评价的方法。运用观察评价法，可以看到学生的全貌及活动的全过程，体验到活动时的情况和气氛，简便易行，灵活性大。

在音乐活动教学过程中，教师要通过观察、记录，分析学生在音乐学习中的行为，考察学习过程与方法的有效性；对学生的音乐体验、探究的态度、合作愿望、协调能力、交流表达能力等及时给予公正的评价，关注学生成长的历程；不以最好的结果作为最终的评定标准，让学生在音乐审美过程中获得愉悦的感受与体验，在评价的激励作用下学习、成长、发展。

（二）活动学习的记录

活动学习记录是教师和学生在活动学习过程中的记录，包括教师的记录与学生的记

录，是对学生的技能、习惯、态度、兴趣、自我概念、适应性等方面进行评价，是一种表现性评价。

音乐活动记录评价，可通过建立学生成长小档案的形式，可以录音、录像、音乐知识小报、图片、证书、音乐展示小舞台、音乐联谊会等多种形式对学生的音乐活动进行评价。

（三）活动学习的成果展示

成果展示是指学生将自己通过活动学习所得的各种成果展示出来，根据成果来评价学生所取得的进步的一种评价方法。

（1）充分利用教室，让学生自己组织小演出和展示。可以指导学生进行音乐主题活动的展示，如与季节的主题相关的音乐及音乐文化、与动物的主题相关的音乐及音乐文化等。

（2）充分利用节假日，为学生搭建活动的舞台。如教师节、儿童节、国庆节、中秋节、春节等，指导学生自己组织联欢晚会、音乐展示秀等音乐实践活动，让所有学生在成果展示中体验活动学习的快乐。

总之，音乐活动教学"以做为学"的教学主张，能够丰富学生的音乐生活，使学生建立起一种音乐实践习惯，成为爱参与音乐实践的人。小学音乐活动教学意义重大，很有研究价值。以实践为内容和目的音乐教学活动，将成为学校音乐课堂教学的主流。

【参考文献】

[1] 樊祖荫．中国现代音乐研究文集［M］．上海：上海音乐学院出版社，2003．

[2] 项阳．当传统遭遇现代［M］．上海：上海音乐学院出版社，2004．

[3] 冯光钰．民族音乐文化传承与学校音乐教育［J］．中国音乐，2003（1）．

[4] 邹丽霞．学校音乐教学与民族音乐文化传承［J］．杭州商学院学报，2004（1）．

[5] 范立志．学校音乐教育与民族文化的传承［J］．西北大学学报：哲学社会科学版，2005（6）．

[6] 美国式的音乐教育模式［EB/OL］.http：//www.cfedu.cn/Article/showArtcle.asp？ArticleID=2734，2005-11．

[7] 李志刚．先进音乐教育思想与科学音乐教育模式［EB/OL］.http：//www./wloo.com/Article_Print.asp？ArticleID=1076，2004-7．

[8] 杨立梅．以素质教育观概述国外音乐教育［EB/OL］.http：//www.baidu.com/s？tn=baidusite&word，2004-12．

[9] 陶行知．陶行知文集［M］.南京：江苏教育出版社，2001．

[10] 皮亚杰．发生认识论原理［M］.王宪钿，译．北京：商务印书馆，1981．

[11] 杜威．杜威教育论著选［M］.赵祥麟，等译．上海：华东师范大学出版社，1981．

中学数学教学中运用信息技术提高学生发现、提出问题能力的研究
——《利用导数研究不等式恒成立问题》的课例分析

董 武[*]

【摘 要】 在当代信息化的大背景和计算机的广泛使用的情况下，数学教育中传统的演绎方式正在发生着改变。数学既是演绎科学也是实验科学，中学数学实验教学正是基于演绎和实验的特点，促使数学教学体系、内容和方法朝着合理化方向改变。我国《高中数学课程标准》在高中数学课程总目标中明确地提出："提高数学地提出、分析和解决问题（包括简单的实际问题）的能力，数学表达和交流的能力，发展独立获取数学知识的能力。"

如何在数学学习中通过数学实验提高学生"发现问题，提出问题"的能力，独立获取数学知识，学会数学学习呢？导数是研究函数和几何问题的一种重要的工具，也是我们进一步学习的重要基础。利用导数，我们可以研究函数的切线问题、单调性问题、极值及最值问题。因此，在本单元教学中我尝试利用数学实验，提高学生"发现问题，提出问题"的能力：利用信息（TI手持）技术，把发现、提出问题作为明确的课程目标、教学目标；利用信息（TI手持）技术，展示图形特征，激活经验与情感支持数学思考，发现、提出问题；利用信息（TI手持）技术，梳理知识，优化认知结构，发现、提出问题；利用信息（TI手持）技术相互交流，问题解决，及时反馈评价。

【关键词】 发现问题；提出问题；信息技术；导数；不等式恒成立

一、问题的提出

《高中数学课程标准》在高中数学课程总目标中明确地提出："提高数学地提出、分析和解决问题（包括简单的实际问题）的能力，数学表达和交流的能力，发展独立获取数学知识的能力。"同时，在课程基本理念中强调"注重信息技术与数学课程的整合"。整合的基本原则是有利于学生认识数学的本质。提倡实现信息技术与课程内容的有机整合，提倡利用信息技术来呈现以往教学中难以呈现的课程内容。加强数学教学与

---

[*] 董武（1972~），男，北京市昌平区第一中学，中学高级教师，教育硕士，北京市特级教师，研究方向为中学数学教育。

信息技术的结合，把现代信息技术作为学生学习数学和解决问题的强有力工具。鼓励学生运用计算机、计算器等进行探索和发现，改变学生的学习方式。

二、理论依据

（一）"发现问题，提出问题"的理论

1. "发现问题，提出问题"的含义

"发现问题，提出问题"是指提问者通过对情境的探索产生新问题，或在解决问题过程中对问题的再阐述。具体到学生的数学活动中，"发现问题，提出问题"主要表现为两种活动形式：一是主体基于已有的知识经验，对情境中存在的数量关系及其变化规律的"再发现"；二是对已经发现的"问题"进行文字的或言语的表达。

2. "发现问题，提出问题"的研究进展

（1）以"问题解决"为视角的研究。在这种视角下，"提出问题"是"问题解决"的有机组成部分。"提出问题"多作为"问题解决"教学的一种手段，相应的教学研究主要探讨"提出问题"与"问题解决"之间的关系。

（2）以培养"创新意识"为视角的教学研究。"提出问题"不仅是作为数学问题解决的一种手段，更多的是作为一种相对独立的数学活动。这使得研究问题转向了对学生问题意识（发现问题）与提出问题能力的培养。

（3）以"会学数学"为视角的研究。"发现、提出问题"不仅是"会学数学"的一种体现，一种方式，更重要的是一种学习本领。要帮助学生学会学习数学，会"听讲、积极思考、动手实践、自主探索、合作交流"，以及用数学语言"观察、实验、猜测、计算、推理、验证"等，强调发现和提出问题。

（二）信息技术与数学课程整合的发展阶段

（1）计算机辅助教学阶段（CAIJ 阶段）。

（2）以几何画板为代表的数学软件阶段。

（3）信息交流平台技术阶段。

如何利用 TI 手持技术，引导学生发现、提出问题呢？如何在导数的学习中提高学生"发现问题，提出问题"的能力，独立获取数学知识，学会数学学习呢？在本单元教学中，我尝试进行了基于 TI 手持技术提高学生"发现问题，提出问题"能力的教学实践——《利用导数研究不等式恒成立问题》的探究。

三、《利用导数研究不等式恒成立问题》案例分析

导数是研究函数和几何问题的一种重要的工具，也是进一步学习的重要基础。利用导数，可以研究函数的切线问题、单调性问题、极值及最值问题。同时，从函数的视角运用导数这一工具可以深入研究一类不等式问题——不等式恒成立问题。

（一）利用 TI 手持技术，将发现、提出问题作为明确的课程目标、教学目标

如何利用 TI 手持技术，使提出问题成为教师的日常行为，实现由课程理念向教学现实的转移？一种重要的方法就是将提出问题有机地融入数学活动中，使之成为教师激发学生数学思维的教学手段和学生进行面向真实的数学探究活动的重要工具。

1. 教学目标

理解导数的几何意义，掌握导数的运算，能够利用导数研究函数的单调性、最值，能够运用 TI 图形计算器做出基本初等函数的图象。从函数视角，利用导数研究不等式恒成立问题，体会函数、方程、不等式的思想，提高抽象概括能力、推理论证能力，培养思维灵活性、深刻性。同时，运用 TI 图形计算器，提高学生发现问题、提出问题的能力，增强问题意识，养成锲而不舍的求实精神。

2. 教学重点、难点

通过函数视角，利用导数深入研究不等式恒成立问题，培养学生运用 TI 图形计算器探究函数间的不等关系，体会函数、导数思想，加深对导数的理解，提高发现、提出问题的能力。

（二）利用 TI 手持技术，展示图形特征，激活经验与情感，支持数学思考，发现、提出问题

数学的研究对象是形式化的思维材料，用抽象的符号表示。TI 手持计算器技术形象直观、细致入微的表现力，可以创设良好的数学情境，有效支持学生思考，让学生从直观感知中领悟、抽象、概括。

1. 教师提出问题一：请解决下面的问题

问题 1   当 $x\in[0,+\infty)$，下列不等式恒成立的是：（写出下列不等式的序号）

①$x^2\geq 1$；   ②$e^x\geq 1$；   ③$3x^2\geq 6x-2$；

④$e^x\geq x+1$；   ⑤$e^x\leq 1+x+x^2$；   ⑥$\dfrac{1}{\sqrt{1+x}}\leq 1+\dfrac{1}{2}x+\dfrac{1}{4}x^2$。

2. 学生活动：利用不等式的性质或函数知识进行证明，或运用 TI 图形计算器发现问题，验证猜测

由图 1 指数函数图象，可以知道命题②正确；由图 2~图 4，可以知道命题⑤⑥不正确。其中，指数函数的图象与性质，我们是非常熟悉的；函数 $y=e^x$ 与 $1+x+x^2$ 及 $y=\dfrac{1}{\sqrt{1+x}}$ 与 $y=1-\dfrac{1}{2}x+\dfrac{1}{4}x^2$ 的图象的交点，则不易直观得出。利用 TI 图形计算器的作图及计算功能，则可以较为容易地得出直观图象及交点情况，从而做出判断。

同时，通过作图，我们可以直观发现 $y=x+1$ 是 $y=e^x$ 在 （0，1） 的切线，如图 5 所示；利用这种观点，我们可以看到 $y=6x-2$ 是 $y=3x^2+1$ 在 （1，4） 的切线，如图 6 所示，所以"切线"是我们识别图象的又一个重要切入点。进一步考虑，我们还可以通过变化率比较两个函数在公共点附近的邻域内的大小。

图 1　　　　　　　　图 2

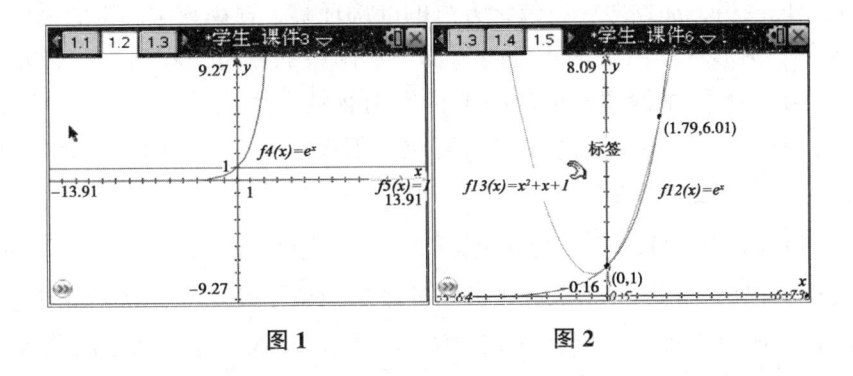

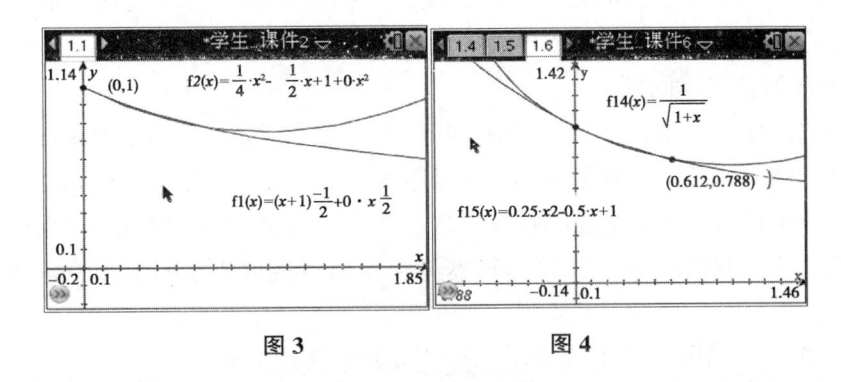

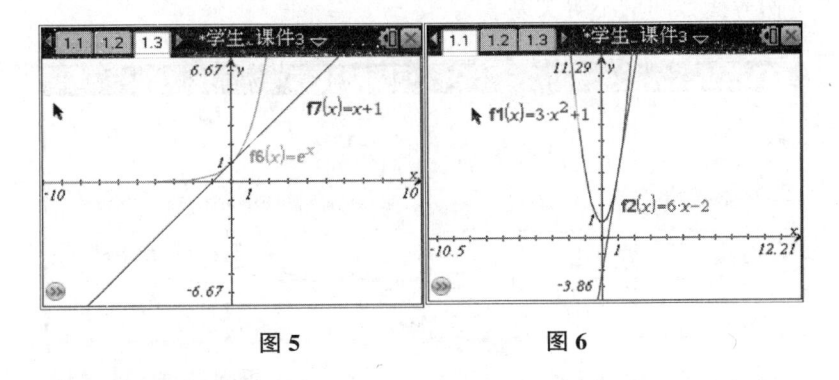

图 3　　　　　　　　图 4

图 5　　　　　　　　图 6

3. 相互交流，质疑提高

教师提出问题二：通过以上试题的处理，谈谈你的感受？（如何判定不等式——限定区间——的恒成立问题）

学生发现、提出问题。

（1）函数之间的不等关系，其几何直观是两个函数图象间的高低位置关系；其中，直线可以是相应曲线在某点处的切线。

（2）图形可以帮助我们，图形也可以误导我们。实际解决问题时，要合理应用图形、图象的直观，分析问题，并运用知识进行严谨的推理证明。

教学设计意图：

通过对解题过程的反思，引导学生发现、提出问题，拓宽认知空间及思维结构，增强问题意识，提高发现、提出问题的能力。通过选取不同数学方法（比较法，配方法，特殊值法，图象法）判定不等式（限定区间）的恒成立问题；沟通初高中知识的内在

· 109 ·

联系，形成知识网络，加深对相应数学方法的准确理解，提高数学思维的灵活性。

深刻体会"图形（图象）的直观性"及"从函数的视角，利用导数研究不等式恒成立问题"的必要性，加深理解导数的工具作用及数学的严谨性。同时，注意提高数学阅读能力，关注三种数学语言的意义和互化，创设学生发现、提出问题的数学情境，提高学生的几何直观能力及数学素养。

（三）利用TI手持技术，梳理知识，优化认知结构，发现、提出问题

学生发现、提出问题的能力依赖于扎实的基础知识，以及所学数学知识与方法的系统化、条理化，所以优化学生已有的数学认知结构是发现、提出问题的前提。而利用TI手持技术，以其形象直观的特点，显示模式的抽象过程、特写过程的细节，对数学对象进行多重表征，便于学生深入理解知识。

1. 发现问题，提出问题

教师提出问题三：在必修的学习中，我们先后学习了多种基本初等函数，如常数函数、幂函数、指数函数、对数函数、三角函数等，由这几类函数通过四则运算、分段组合、复合运算可以生成许多重要的初等函数，并研究了它们的奇偶性、周期性、对称性等诸多性质。今天我们运用TI图形计算器能否写出一些恒成立的不等关系呢？请大家尝试一下。

2. 自主探究，利用TI图形计算器，学生发现、提出问题

（1）基本初等函数间的不等关系。

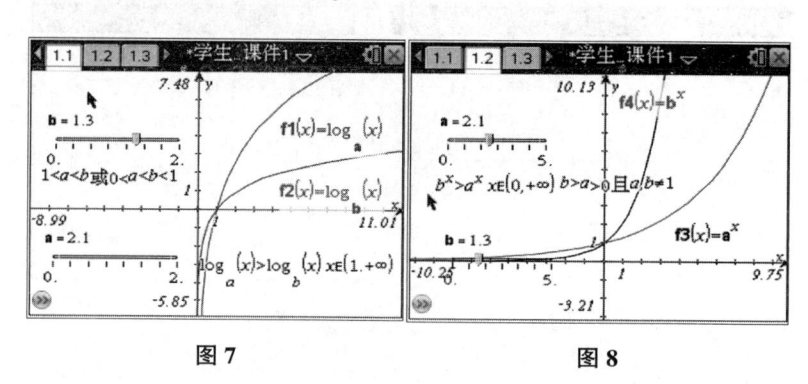

图7

图8

由图7：当 $1 < a < b$，$x > 1$ 时，$\log_a x > \log_b x$；

由图8：当 $1<a<b$，$x>0$ 时，$a^x < b^x$.

由图9：当 $0<a<b$，$0<x<1$ 时，$x^a > x^b$.

（2）基本初等函数中，超越函数间的不等关系。

由图10~图11：当 $0<x<\dfrac{\pi}{2}$ 时，$\sin x < x$；$\tan x > x$.

由图12：$e^x \geq x+1$；$e^x \geq ex$；$\ln x \leq x-1$；$\ln x \leq \dfrac{1}{e}x$.

由图13：$a^x \geq a\ln a \times x - a\ln a + a$.

（3）超越函数与多项式函数间的不等关系。

由图14：当 $-\dfrac{\pi}{2}<x<\dfrac{\pi}{2}$ 时，$1-\dfrac{x^2}{2} \leq \cos x \leq 1-\dfrac{x^2}{4}$.

由图 15：当 $x>0$ 时，$e^x > x^2$.

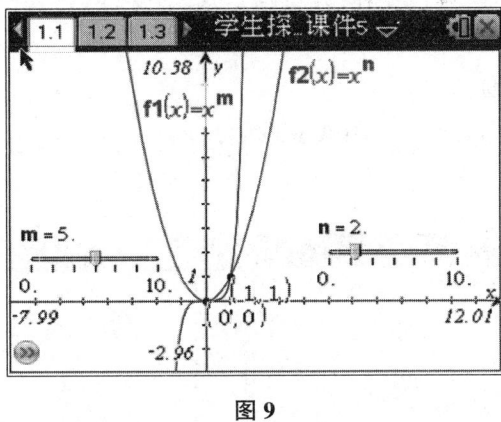

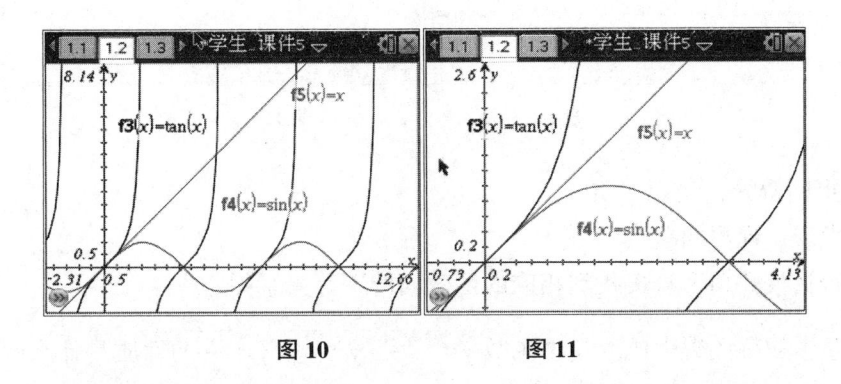

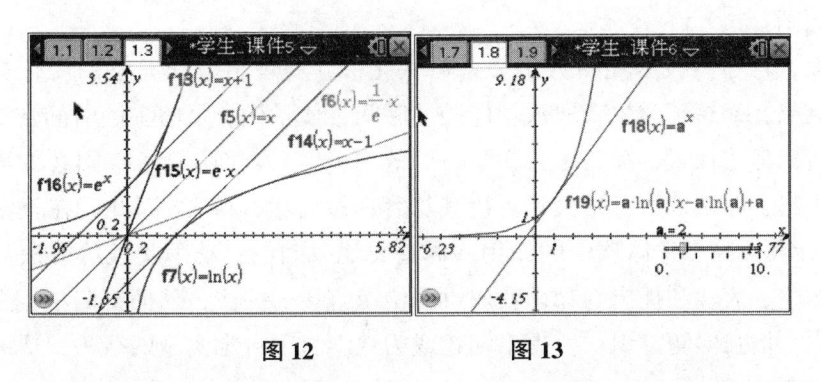

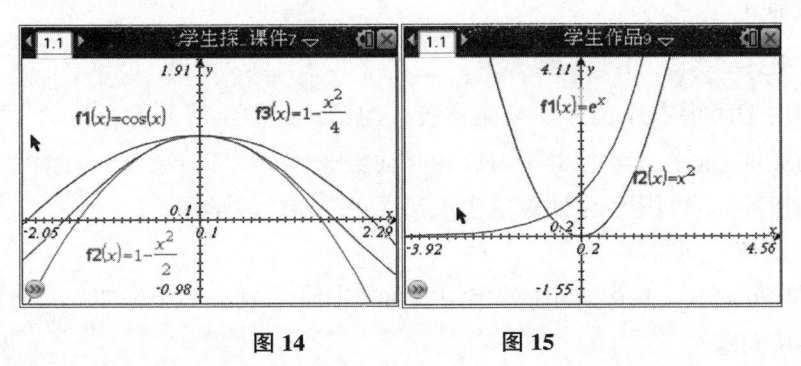

图 9

图 10 图 11

图 12 图 13

图 14 图 15

(4) 利用 TI 信息技术，动态探究。

教师提出问题四：对于上面的研究过程，我们还有何想法呢？能否进一步提出一些问题呢？更一般的是什么呢？特殊的呢？

学生发现、提出问题：

如图16~图17，设 $n \in N*$，函数 $\ln x < x^n$，且 $e^x > x^n$，$x \in (0, +\infty)$，求 n 的所有可能取值。

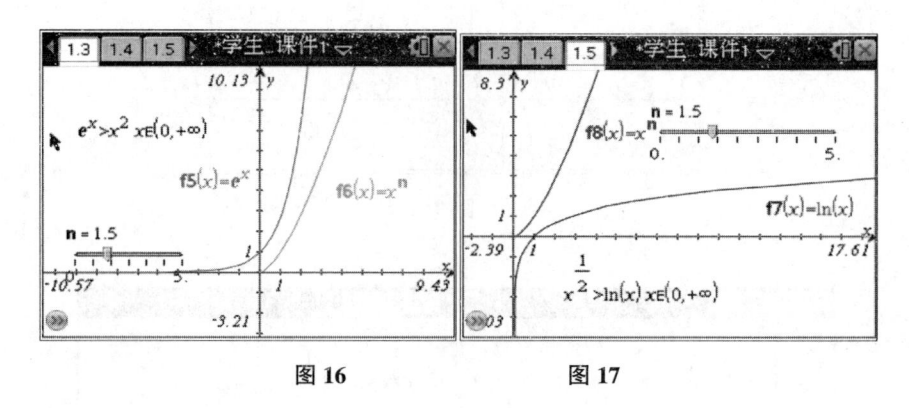

图16　　图17

(5) 审同辨异，突现本质。

学生发现、提出问题：

①能否从代数角度直接找到相应的函数间的不等关系呢？

②由基本初等函数生成的超越函数 $y = \dfrac{\sin x}{x}$，$y = \dfrac{e^x}{x}$，$y = \dfrac{\ln x}{x}$ 的性质是什么呢？

设计意图：

一方面，TI 手持技术能使数学关系可视化，并展现出数学关系的变化过程，快速反馈验证结果，缩短了学生获取数学体验的时间，使学生有足够多的时间在高层次思维水平上进行思考、探索，提高了数学学习的效率；另一方面，"善待问者如撞钟，叩之以小者则小鸣，叩之以大者则大鸣。待其从容，然后尽其声"。因此，在教学中充分考虑 TI 图形计算器等多媒体软件的作用，通过类比、归纳、动手实验等方法，对有关数学问题的产生、表达和提出的知识获取过程给予直接的关注，从而提高学生发现、提出问题的能力，增强问题意识；使提出问题成为数学教师自觉实施的行为，成为学生数学活动的组成部分。

(四) 相互交流，问题解决

充分利用 TI 手持技术的无线导航系统，构建良好的学习环境，为学生之间、师生之间的互动提供空间，使学生的学习成为互动实践，并可即时调查，对学生的学习进行评价或个别指导，或利用学生的课堂生成形成进一步的教学资源。

1. 相互交流，问题解决

教师提出问题五：从你所构造的恒成立不等式中，选取一个证明。

学生解决问题。

问题：当 $x \in (0, +\infty)$ 时，$e^x > x^2$.

分析：本题是证明一个恒成立问题，构造函数研究最值。

方案1：可转化为 $e^x-x^2>0$，设 $F(x)=e^x-x^2$，如图18。

方案2：可转化为 $\dfrac{e^x}{x}-x>0$，设 $F(x)=\dfrac{e^x}{x}-x$，如图19。

方案3：可转化为 $x-2\ln x>0$，设 $F(x)=x-2\ln x$，如图20。

方案4：可转化为 $\dfrac{e^x}{x^2}>1$，设 $F(x)=\dfrac{e^x}{x^2}$，如图21。

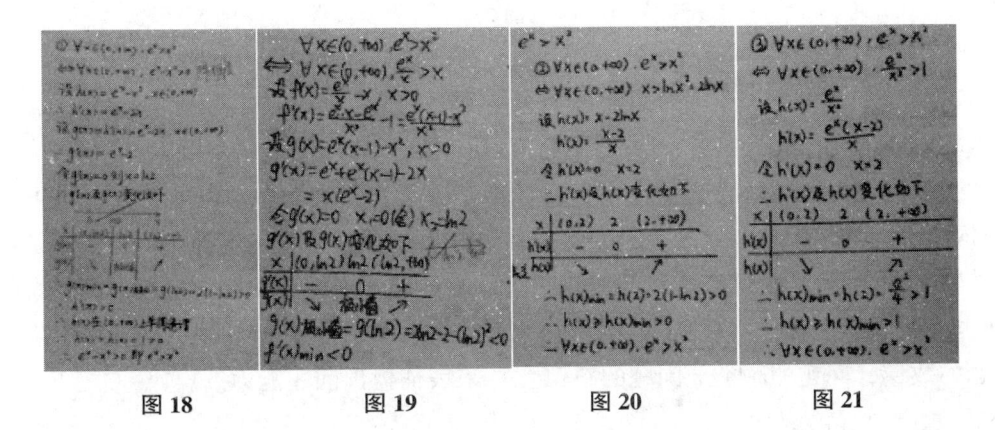

图18　图19　图20　图21

分析：通过研究学生自己发现、提出的问题，使同学尝试利用导数思想进行研究，在解决问题过程中重点体会构造函数的方法，培养转化与化归的能力，及如何构造一个利用导数进行研究的函数，体会切线的作用。

2. 反思回顾，正本清源，形成策略

教师提出问题六：在运用导数研究函数间的不等关系的过程中，如何理解上述几种证明？你认为最重要的是什么？

学生发现、提出问题。

转化方向之一：是否存在最值。转化方向之二：是否存在参数。转化方向之三：是否为基本初等函数。转化方向之四：所研究函数的导函数是否仍是超越函数，这也是利用导数研究问题的核心。

3. 利用 TI 信息技术，及时反馈评价

请尝试解决下面问题。

问题：若 $a<\dfrac{\sin x}{x}<b$ 在 $\left(0,\dfrac{\pi}{2}\right)$ 上恒成立，则 a 的最大值为？b 的最小值为？

设计意图：综观这些试题，以初等函数中简单"超越函数"为载体，考查对于函数、导数概念的理解，考查基本初等函数的图象、性质及研究函数的方法，如考查运用函数概念建立模型的过程和方法，应用导数探索函数图象的切线、函数单调性、极值（最值，如图22所示）、零点等问题，解决简单的实际生活中的问题。考查相关的诸多数学思想和方法，如分类整合、函数与方程、数形结合、模式识别等，加深理解函数视角下不等式恒成立的判定，进一步体会导数的作用。同时，特别要关注"不等式恒成立求参数值"问题中求解的充要性，提高推理论证能力。

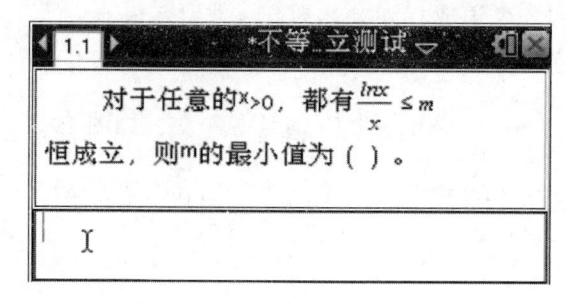

图22

对于任意的 x>0，都有 $\frac{lnx}{x} \leq m$ 恒成立，则 m 的最小值为（ ）。

（五）学习效果评价设计及分析

1. 评价方式：基于学生"发现问题，提出问题"的评价

"提出问题"作为一个重要的课程目标，是创造性活动的一个基本特征，也可用来作为探测不同学生理解差异的工具。学生通过提出问题表达数学观念，不仅展示了他们对数学概念的理解，也反映了他们对数学本质的理解。这既有助于学生数学洞察力的培养，也有利于学生对一些重要的数学概念和数学活动本质的理解。因此，常用学生提出"问题的数量，问题的种类，问题的新颖性"来表征提出问题能力。

2. 教学过程评价

本节教学实现了以"利用TI手持技术，学生自己发现、提出问题"作为课堂教学重要而相对独立的环节，把"培养学生的问题意识，发现、提出问题的能力"作为课堂教学目标。利用TI手持技术，展示图形特征，激活经验与情感，支持数学思考，发现、提出问题；利用TI手持技术，梳理知识，优化认知结构，发现、提出问题。先后发现、提出并生成了12个新颖的原创问题，如"能否从代数角度直接找到相应的函数间的不等关系呢"等，充分体现了学生对于"恒成立不等式""超越函数图象""导数"等内容的理解达到了一定的深度。

四、反思与展望

通过本节《利用导数研究不等式恒成立问题》的教学实践，可以看到，基于"发现、提出问题"的教学，并不是常规教学之中的变式教学。学生充分利用TI手持技术，自己提问、提取数学信息，充分表现出自身思维的已有水平和潜在水平，拓宽了解决问题的选择空间，形成了良好的知识结构。同时，有助于教师相关教学观念和行为的改变，提高了教师有关提出问题的教学知识和技能。

在实际教学中，一方面，学生拥有大量与解题有关的数学体验，却缺少必要的利用现代信息技术的能力，及提出数学问题的活动经历，导致"我们的学生很少提问"；另一方面，教师对利用现代教育技术，以及提出问题的教学本质及其基本问题的认识还缺乏一定的深度和广度，对于发现问题和提出问题还缺乏有效的策略，因此"很少对有关数学问题的产生、表达和提出的知识获取过程给予直接的关注"。

在教学实践中，教师要尝试引导和鼓励学生，利用现代信息技术，在问题意识的驱

使下去发现问题和提出问题，归纳有效的策略，将提出问题有机地融入数学活动中，使之成为教师激发学生数学思维的教学手段和学生进行面向真实的数学探究活动的重要工具，实现由课程理念向教学现实的转移。

【参考文献】

［1］刘晓玫，刘志菡．论信息技术与中学数学课程整合的意义和存在的问题［J］.课程·教材·教法，2006（2）．

［2］G.波利亚．怎样解题［M］．阎育苏，译．北京：科学出版社，1982．

［3］张奠宙，宋乃庆．数学教育心理学［M］.二版．北京：高等教育出版社，2009．

［4］张维忠，汪晓勤．文化传统与数学教育现代化［M］．北京：北京大学出版社，2006．

中学古诗教学中对语文核心素养的培养

董雪娇*

【摘　要】论文以中学古诗教学为研究对象，从"语文核心素养"构成的四个层面（"语言建构与运用""思维发展与提升""审美鉴赏与创造""文化传承与理解"）分别探讨如何挖掘古诗中蕴含的丰富资源，在教学实践中培养学生的语文核心素养。

【关键词】古诗教学；语文核心素养；培养

众所周知，中华民族是诗歌的国度。从先民浅吟低唱的《诗经》开始，古诗就如同一条从远古而来的河流，生生不息，滋养了中华民族的审美和灵魂。古诗的学习能提高学生的语文鉴赏和表达能力，古诗所展现的审美世界也可以丰富学生的情感，滋润学生的心灵，帮助学生构建美好的精神世界。所以，古诗教学对培养学生的核心素养，使之成为适应未来社会需要的全面发展的人，有非常重要的意义。

在教育部最近制定的《中国学生发展核心素养（意见征求稿）》中，把"核心素养"综合表述为"9大素养25项"。"9大素养"具体为：社会责任、国家认同、国际理解；人文底蕴，科学精神，审美情趣；身心健康，学会学习，实践创新。对"语文核心素养"则具体表述为：语言建构与运用、思维发展与提升、审美鉴赏与创造和文化传承与理解。下面，笔者就针对这四个构成要素，分别探讨中学古诗教学对培养语文核心素养所发挥的关键作用。

一、语言建构与运用

古诗的语言堪称是最美的语言。它们往往以极简练形象的表述，为我们生动地描绘出一幅幅色彩和谐、动静相宜的画面，并创设出优美的意境，表达作者深挚的感情。因此，教师引导学生品味古诗词的语言艺术，深刻领悟诗歌的语言美，将有助于为学生建构良好的语文习惯与行为，培养学生对语文的情感，发掘汉语言的表现力与魅力。

（一）学习汉语精练准确的表达

古诗是用最精粹的语言写成的。要在短小的篇幅内表现丰富的内容，语言必须凝练

---

* 董雪娇（1970~），女，首都师范大学附属育新学校中学高级教师，语文组教研组长，主要研究方向为高中教育、高中语文教学。

生动；要创造出含蓄隽永的艺术境界，语言必须富于形象性和表现力。古诗常常通过"炼字"，即通过反复琢磨，挑选出最妥帖、最精确的词语来描摹事物或表情达意，从而创造出最优美、最生动的诗句，达到语言"精炼美"的艺术效果。比如"大漠孤烟直，长河落日圆"的"直""圆"二字很好地表达出了大漠雄壮浩瀚、苍茫阔大的特点；又如"细雨鱼儿出，微风燕子斜"，"出"字写出了鱼的欢快自如，"斜"字写出了燕子的姿态轻盈。在古诗教学中引导学生对这些富有表现力的语言仔细揣摩，不仅有利于引发学生的思索或联想，也有助于培养学生字斟句酌、锤炼语言的表达习惯，从而建构良好规范的汉语表达及运用的模式。

（二）体会汉语的工整美和音韵美

古诗词语言形式整饬，平仄、押韵都有严格的要求，音节响亮，韵律流畅，因而形成了古诗语言独具特色的工整美和音韵美。特别是律诗出现后，其颔联、颈联的对仗更是诗人刻意求工的地方。比如杜甫的"星垂平野阔，月涌大江流""老妻画纸为棋局，稚子敲针做钓钩""无边落木萧萧下，不尽长江滚滚来"等诗句，都是用极其工整的语言来准确表达诗人的人生体验，规范有度、朗朗上口的外在形式里涌动着内在的丰富情感。古诗教学中指导学生在反复吟咏品味中诵读这些诗句，可以使学生深入领会汉语文质兼美的特点，从而形成良好的语感，增强语言表达的外在美感。

（三）感受汉语表达的丰富性和含蓄性

古诗的语言因其精炼，常常有"言外之意""话外之音"。比如古诗常常通过"意象叠加法"，即将一个意象叠加在另一个意象上，读者必须摆脱常规的思维进行跳跃式联想、想象，才能找到意象间的微妙联系，达成简约、充满隐喻的表达效果，形成丰富的语义体验，给读者留下再创造的艺术空间。"鸡声茅店月，人迹板桥霜""枯藤老树昏鸦，小桥流水人家"都是最生动的范例。又如古诗常用"用典"的手法，丰富而含蓄地表达有关的内容和思想。比如大家熟悉的辛弃疾的《永遇乐·京口北固亭怀古》、曹操的《短歌行》，都通过大量用典使诗歌表意婉转含蓄，言有尽意无穷。在古诗教学中引导学生细心揣摩这些含义丰富、表达巧妙的地方，必然能帮助学生领略汉语内蕴丰厚的美感，培养学生自觉运用各种表达技巧锤炼语言的习惯，使表达更为鲜活生动。

二、思维发展与提升

温儒敏教授曾提到："语文课堂承担着教会学生理解世界、表达自我的使命，更是与逻辑密不可分。"很多人认为诗言志，"志"即情感，与思维发展的逻辑性有距离，这是古诗教学的一个误区。其实，古诗从内容、主题到写作形式，都为学生的思维发展和提升提供了极广阔的空间。

（一）就古诗的内容而言，适合培养逻辑思维的"理趣"是极为丰富的

诗的理趣就是通过诗的形象来表现哲理的艺术趣味。钱学森说，在艺术里，最高的层次是哲理。古诗教学中，唐诗以情胜，宋诗则以理胜。宋代是理学形成期，宋诗着重捕捉心与物相遇时刹那间的感受，并将其升华为一种哲理思考。比如苏轼的《琴诗》：

"若言琴上有琴声，放在匣中何不鸣？若言声在指头上，何不于君指上听？"没有琴就无法听到美妙的琴声，没有手也听不到动听琴声，就像水和石头都是静物，碰到一起却可以发出声响。可见任何一件事都是由几个因素构成的，不能割裂开来。

古诗的"理趣"建立在作者对生活现象的高度抽象和概括之中，而这些"理趣"又反过来借助鲜活具体的诗歌意象表达出来，这是对生活具象创造性的运用。语文教师在古诗教学中若能发掘出那些有助于思维能力训练的闪光点，有目的、有计划、有系统地对学生加以训练，以有限的诗歌"境界"培养学生无限的想象力和创造力，以丰富的诗歌"理趣"培养学生的逻辑思维能力，定能让古诗教学在提升学生思维品质方面焕发出无限的生命力。

（二）从古诗创作形式上看，近体诗在写作形式上有严格的限制

比如近体诗最常用的结构布局方法为"起、承、转、合"法。绝句的首句为起，二句为承，三句为转，四句为合。律诗首联为起，颔联为承，颈联为转，尾联为合。"起"为起句，开篇，也为破题，贵"意在笔先"，求先声夺人的气势；"承"为承接首句，把开篇描绘的情、景加以渲染、引申；"转"是关键，是作者的思维转向另一个与情、景相关联的层面，从而把读者带到一个全新的意境；"合"为回应全文、扣题，或抒发情感或引发意志。要想读懂一首近体诗，与作者在思想上达到共鸣，就必须有清晰的逻辑思维做保障。在古诗教学中，老师若能充分利用古诗这种严谨的写作程式对学生的逻辑思维加以训练，必将在学生思维提升上收到显著效果。

三、审美鉴赏与创造

人的审美追求在于提高人的精神境界，促进与实现人的发展，促进和谐发展，而古诗教学无疑是一种审美鉴赏活动。感悟生命，热爱生命，滋养性灵，省悟人生，提升生命品位，这既是文学艺术的终极关怀所在，也是古诗教学的终极目标。我们不妨从以下几个方面来审视古诗教学对审美鉴赏和创造力的培养作用。

（一）古诗中浓郁的生命意识有利于学生深入理解生命的意义

古诗中的"生命意识"大致可以分为两类。

一类是生命意识的悲剧体现。如《孔雀东南飞》的两位主人公，一个"举身赴清池"，一个"自挂东南枝"，都以自杀的方式结束了生命。品读这样的古诗，在震撼之余，可以启发学生反思生命的意义、如何捍卫生命的价值。杜甫的"万里悲秋常作客，百年多病独登台"，曹操的"对酒当歌，人生几何。譬如朝露，去日苦多"，看似都在悲叹生命的短暂、年华的易逝，但表面的悲叹之下激荡的却是诗人对生命的极度珍视之情。这些看似"悲剧"的生命慨叹更有利于警醒学生思考人生的价值，感悟生命的意义。

另一类是生命意识的正面讴歌。比如"少壮不努力，老大徒伤悲""莫等闲，白了少年头，空悲切"，诵读这些诗作，有利于帮助学生感悟生命的有限、青春的易逝，从而激发起对青春年华的热爱，用有限的生命去实现最大的价值。

（二）古诗提供的丰富审美对象有利于增加学生的审美体验

古典诗歌作为艺术美的浓缩，其审美对象可谓无所不在，在此仅举两例加以说明。

其一，情景交融是古诗的一大特色。"诗中有画，画中有诗"，古诗教学中如果能引导学生运用"画面还原法"或是"古诗素描法"展开想象，从而产生身临其境之感，学生就可以透过诗歌外在的语言美去领会内在的画面美和情感美，从而感受生活之美。比如王维的《山居秋暝》中"明月松间照，清泉石上流"：雨后的松林，在明月的辉映下一尘不染，青翠欲滴；皎洁的月光使山石晶莹剔透，反射着月的光华；山雨汇成的清泉汩汩地从山石上流淌而过，又顺着山涧蜿蜒而下，发出淙淙的欢唱。"照"与"流"，一上一下，一静一动，动静相宜，仿佛让我们感受到大自然跳动的脉搏。诗歌用最简明清新的语言，创造出一个物我交融、似真似幻的纯美诗境，走入此境，我们会感觉自己也好似被月光和流水洗净了一般，抛却了所有尘世的机心。艺术家将主体的自然情感经过形式化的过滤和普遍性的提升，形成了具有符号性质的审美情感，而阅读欣赏古诗的过程，就是把符号性的审美情感还原为生活中真实情感的过程，在这个过程中，学生的审美体验必将得到大幅度的提升。

其二，古诗的创作大量使用通感。通感本身就是一种审美现象，这种手法的运用大大增强了诗歌语言的表现能力，使得我们的审美感受得到多维的享受。钱钟书讲通感："通感是在日常经验里，视觉、听觉、触觉、嗅觉、味觉往往可以彼此打通或交通，眼、耳、舌、鼻、身各个官能的领域可以不分界线，颜色似乎会有温度，声音似乎会有形象，冷暖似乎会有重量，气味似乎会有体质，诸如此类。"（钱钟书《通感》）比如李贺《李凭箜篌引》："芙蓉泣露香兰笑"，想象奇特，构思绝妙。诗人用"芙蓉在露水中饮泣"的形态描绘出乐声的悲戚、哀婉；用露水滚动、滑落的视觉感受来比喻乐声悲切，形象直观，新颖别致；"香兰笑"则用"香兰盛放"的形态表现乐声的欢快、流畅，"笑"字，听觉与视觉兼具，具体可感，美不胜收。在诗歌的创作中，那些描写通感的词句都直接采用了日常生活里表达这种经验的习惯语言，经常对这些语句进行揣摩，无疑可以丰富学生的生活体验和审美体验。

（三）古诗是抒情主人公美好道德情操的载体，品读古诗有利于学生塑造完美人格

最高的美乃是德与善相结合相统一的美。道德高尚必须伴有美好的情感，美好的情感也不能缺少道德的高尚。从《诗经》的"思无邪"到屈原的爱国主义理想，从陶渊明的特立独行到李白的疏狂不羁，从苏轼的豁达超然到李清照的坚强独立，古诗中理性、道德、情感的共存，为古今人们的思想交流提供了更多的共通感。仁爱、善良、悲悯、崇高……诸如此类的道德情感，在古诗中以各种具体可感的形式呈现出来，使得古诗有了千古不灭的感染力。如岳飞的《满江红》，以其低沉、雄壮的长歌，感染了世代中华儿女。作者的人格之美、人性尊严具有撼人心魄的艺术魅力，那种气贯长虹的道德情感能充分激发读者对崇高道德品质的追求，从而激发中华民族的爱国心。

文学的审美教育有助于促进人的知、情、意的全面发展，而古诗的审美教育更是充分体现了现代教育的本质，即对人完整性与全面性的培养。孔子说，诗"可以兴，可

以观,可以群,可以怨",即诗有感染、启迪、观察并认识社会,相互砥砺,凝聚人心,批判腐败政治的作用。鲁迅说:"诗人为之语,则握拨一弹,心弦立应。其声澈于灵府,令有情皆举其首,如睹晓日,益为之美伟强力高尚发扬,而污浊之平和,以之将破。平和之破,人道蒸焉。"(《摩罗诗力说》)诗能打破人心之"平和",进而提升"人道";诗是"美伟强力"之"发扬",是"污浊之平和"之打破。文学教育的基本任务就是唤起人对未知世界的一种向往、一种想象力,一种浪漫主义精神,给人以精神的底子。古诗具有深刻的思想性与人文性,能陶冶情操,帮助学生树立正确的人生观与价值观。在古诗教学中,由品诗而悟道,把审美与育人结合起来,就实现了"文学使人变得更加美好"的教育目的。

四、文化传承与理解

"文化认同"是人们在一个民族共同体中长期共同生活所形成的对本民族最有意义的事物的肯定性体认。其核心是对一个民族的基本价值的认同,是凝聚这个民族共同体的精神纽带,是这个民族共同体生命延续的精神基础。文化认同是民族认同、国家认同的重要基础,而且是最深层的基础。中国作为诗的国度,自古就有作诗的传统,纯文学的源头几乎全部是诗。特别是在经历了唐诗宋词这样的高峰后,诗歌对中国人的特殊意义不言而喻。因而通过古诗教学来传承中国文化,是增强学生国家认同、文化认同的有效途径。古诗教学对文化的理解和传承,应该说是多方面的,无论从语言的建构还是思维发展,从审美体验还是道德形成,无处不在传承中华文化的精髓。那么,在古诗教学中,抛开具体的知识层面,从民族文化的基本价值层面看,我们还应该重点理解、传承些什么呢?

(一)理解、传承中华文化的基本追求

中华文化的基本追求是建设一个有道德的社会,过一种有道德的生活。虽然对传统道德观的解读见仁见智,但不外乎"孝、悌、忠、信、礼、义、廉、耻"等核心思想,其核心概念就是孔子倡导的"礼",孟子倡导的"义"。中华民族以"礼义之邦"著称。所谓"礼",是讲尊卑长幼的秩序,强调社会是有秩序的社会;所谓"义",是指"天下合宜之理",强调行事要符合公正合宜的道理。

古诗中对道德的宣扬可以追溯到《诗经》。"无念尔祖,聿修厥德,永言配命,自求多福"。(《诗经·大雅·文王》)就是强调只有自修其德,常常自省,使其所作所为都合乎天命,才能获得盛大之福。"温温恭人,维德之基。其维哲人,告之话言,顺德之行。"(《诗经·大雅·荡之什》)温柔敦厚是君主推行德教的基本素养,聪明的君主要能听取善言的劝告,并顺其道德之行,实行德治。从先民的谆谆教诲开始,中华文化沿着追求"德行""礼义"的方向一路走来。"谁言寸草心,报得三春晖",告诉我们要"孝";"出师未捷身先死,长使英雄泪满襟",教育我们要"忠";"平生信义满乾坤,曾吊诸侯未返魂",告诉我们要"信";"洛阳亲友如相问,一片冰心在玉壶",教给我们"廉";"人生自古谁无死,留取丹心照汗青",教给我们"义"……古诗教学常常在琅琅的读书声中,把这些中华民族追求了几千年的道德情、修养传递给学生,融

入民族文化的血脉中，成为中国人的行事准则。

（二）理解、传承中国人的基本思想方法

王蒙认为，一般来说，中国人的思想，求"大"、求"一"、求"变"。

"大"是指中国人相信，世界上所有的道理都能归结成至高无上的道理，即老子所说的"道"。中国人常常把道看作是比生命还要终极、还要重要的东西。"一"是从万物的共同性上考虑问题。表面上看来矛盾的东西，中国人看是统一的。比如苏轼的《饮湖上初晴后雨》："水光潋滟晴方好，山色空蒙雨亦奇。欲把西湖比西子，淡妆浓抹总相宜。"诗人跳出西湖四季变化的表象，看到了表象之下蕴含的"美"的同一性。又如苏轼的另一首诗《题西林壁》："横看成岭侧成峰，远近高低各不同。不识庐山真面目，只缘身在此山中。"游人所处的位置不同，看到的景物也不同，于是就有了千姿万态的庐山风景。但不同的表象下共同的却是"对客观事物的认识难免有一定的片面性"的道理。

求"变"，实质上就是我们通常说的"中庸之道"。简单地说，就是要自我管理，顺应自然规律，时刻保持克制和正气。俗话说，物极必反，盛极必衰，水满则溢。凡事都不要做得太过、太盛，也就是老子所说的"物壮则老"。中国人的思维方式是一种强调谦恭、强调后发制人、强调含蓄的方式。"蜗牛角上争何事，石火光中寄此身。随富随贫且欢乐，不开口笑是痴人。"白居易的这首《对酒》就是告诫我们：人生不论穷富，不必太过于斤斤计较，应该尽量放宽胸怀，随时保持心情的愉快，这才是处世之道。"人有悲欢离合，月有阴晴圆缺，此事古难全。"这句大家耳熟能详的诗从人到月、从古到今做了高度的概括：自古以来世上就难有十全十美的事，既然如此，又何必为暂时的离别而感到忧伤呢？所以人应该顺应规律，凡事不强求。

总之，在当今经济全球化的时代，作为民族认同和国家认同的重要基础的文化认同、价值认同不仅没有失去意义，而且成为综合国力竞争中最重要的"软实力"。文化认同是一种个体被群体的文化影响的感觉。本国人民对自身文化的强烈认同，既是该国自立于世界民族之林的伟大精神力量，又是该民族在激烈的国际竞争中立于不败之地的有效保障。从这个角度看，古诗教学对传承中华文化有着不可替代的重要意义。

综上所述，古诗是一座发掘不尽的宝库，为我们实现"培养学生语文核心素养"提供了取之不尽、用之不竭的资源。当前，在国际组织和经济发达国家都十分重视以"核心素养"为中心的课程改革的大背景下，我们也应该充分发掘传统文化的优势，将"语文核心素养"的培养作为古诗教学课程设计的依据和出发点，使教学更科学、更合理，为培养具有综合素养的合格国民服务。

【参考文献】

[1] 钱钟书. 通感 [J]. 文学评论，1962（1）.

[2] 王蒙. 中国传统文化的理解与传承 [R]. 滕州：在首届鲁班文化节传统文化高端讲座，2014.

[3] 柳夕浪. 从"素质"到"核心素养"——关于"培养什么样的人"的进一步追问 [J]. 教育

科学研究，2014（3）．

［4］顾之川．论语文学科核心素养［J］.中学语文教学，2016（3）．

［5］吴功正．文学美学的形成要素［J］.七彩语文．中学语文论坛，2016（6）．

［6］周玉龙．文学教育与审美教育［R］//名家名师名校名社团校园文学论萃．杭州：第四届"全国校园文学研究高峰论坛"，2014．

［7］李珊珊．高中语文诗歌教学实践研究［D］．扬州：扬州大学，2014．

基于核心素养发展的"持续默读"高中英语阅读教学

杜秀平[*]

【摘 要】 基于核心素养的课程体系理念，针对高中生英语阅读方面阅读量小、阅读习惯差、持续阅读能力不高的现状，设计了在高中英语课堂教学中引入持续默读的方法，采取定期阅读策略指导与日常阅读教学中依据阅读文本的特点策略渗透与训练相结合的做法，对学生的自主持续阅读能力进行系统性的培养。

【关键词】 核心素养；持续默读；阅读能力

一、引 言

阅读是人类成长程过程中逐步形成的重要能力，是人们"获取信息、认识世界、发展思维、获得审美体验的重要途径"（中华人民共和国教育部，2012）。作为语言输入的主要途径，阅读成为学生语言学习中需要掌握的四大基本技能之一。《普通高中英语课程标准（实验）》（教育部，2003）要求除教材外，高中学生的课外阅读量应累计达到23万到30万词。然而，我国高中生阅读时间严重短缺，阅读量小，阅读习惯和方法有待改进（鄢家利、韩宝成，2007）。刘润清（2007）认为，学习外语的主要手段和途径就是读书，读适合自己语言水平的书。只有通过读书，才能深刻认识一种语言。

随着时代发展，国际竞争日趋激烈，社会对人的综合素养和创新能力提出了更高要求，教育面临着更大挑战。《教育部关于全面深化课程改革落实立德树人根本任务的意见》（以下简称《意见》）提出核心素养体系，明确学生应具备的适应终身发展和社会发展需要的必备品格和关键能力，突出强调个人修养、社会关爱、家国情怀，更加注重自主发展、合作参与、创新实践。核心素养是最关键、最必要的共同素养。核心素养也是知识、技能和态度等的综合表现。它是知识、能力、态度或价值观等方面的融合，既包括问题解决、探究能力、批判性思维等"认知性素养"，又包括自我管理、组织能力、人际交往等"非认知性素养"。核心素养的获得是后天的、可教可学的，具有发展的连续性，也存在发展阶段的敏感性。

由此可见，通过扩展学生的阅读量以达到课程标准的要求，并提升学生的阅读能

---

[*] 杜秀平，北京市平谷区第五中学教师。

力,就变得尤其重要。那么,在素质教育的时代背景下,如何真正地吸引他们坚持阅读以达到课程标准的要求?如何在课堂教学中贯穿核心素养的培养以达到有效地提高他们的阅读能力?教师将利用何种方式点燃学生的阅读热情,培养他们持续阅读的习惯?

二、文献综述

持续默读(Sustained Silent Reading,以下简称SSR)指持续的、无声的阅读,简言之,就是通过每天安排一定的时间或者每周安排几次让学生独立进行阅读的活动。这一概念是由佛蒙特大学的小莱曼·C.亨特(Lyman C. Hunt, Jr.)在20世纪60年代最先提出的。之后,获得了研究阅读的专家罗伯特与玛琳·麦克瑞肯(Robert and Marlene McCracken)的重要支持。SSR这个概念有许多内涵,包括DEAR(Drop Everything and Read,抛开一切,专心阅读),DIRT(Daily Individual Reading Time,每天个人阅读时间),SQUIRT(Sustained Quiet Uninterrupted Independent Reading Time,持续不受干扰的独立阅读时间),以及FVR(Free Voluntary Reading,自发性自由阅读)(转引自郑辉等,2009)。崔利斯(2009)在他的《朗读手册》里具体阐述了这一概念,"随手拿起一本书,一张报纸,一本杂志,然后好好享受阅读之乐吧,不必受提问、作评估或写报告的干扰,纯粹是为了兴趣而阅读",这就是持续默读。Gardiner(2005)则认为持续默读是指在教学安排下学生群体的无声地阅读。学生可以自主选择材料,并独立阅读。持续默读虽有不同的名称,但都有一个共同的特征:让学生自由、持续默读并且不被打断。SSR最主要的目的是激发学生以自行阅读为乐的动机,影响学生的阅读量以及阅读流畅性(崔利斯,2009)。学生读得越多,越喜欢阅读,就会变成更好的读者。他们每天阅读的时候,会遇到新的词汇、句式和不同的观点。他们接触的文字越多,阅读就会变得越容易,他们也越容易享受阅读的过程(Gardiner,2005)。

国外学者开展了一些持续默读的实验研究(Gardiner,2001;Birmingham,2006;Chua,2008;Lee,2011)。这些研究结果表明,实施持续默读的学生比未实施持续默读的学生有更好的阅读理解能力(Krashen,2004),持续默读对学生的阅读成绩、阅读习惯、阅读态度、阅读为乐产生积极的影响。中国的一些研究者(李兴勇,2012;周春艳,2013;邱宏,2015)也做了一些关于持续默读的研究,结果证明大量阅读对阅读速度与阅读能力均产生了积极的影响;学生在学习英语时更加投入,语言能力有所提高,不仅提高了学生的阅读成绩,还改变了他们的阅读兴趣与态度。

三、"持续默读"高中英语阅读教学

(一)"持续默读"高中英语阅读教学的设计

持续默读的时间在5~15分钟为宜。根据高中生心理和生理特点,每天持续默读时间为10分钟。高中生高考科目六科,每天八节课,课下开展持续默读的时效性不高,不利于阅读过程的监控和调节。鉴于此,将持续默读引入日常英语课堂教学,每天课上让学生进行10分钟持续默读,之后随即开展5分钟的读后分享活动,余下的25分钟进行正常的教学活动。

(二)"持续默读"高中英语阅读教学的实施

持续默读实施的原则之一是学生自由选择适合自己阅读水平的英语读物，体裁题材不限；第二个原则就是不评分、不写读书报告。在持续默读实验过程中，不同层次的学生读的书是不一样的，那么，如何监控学生阅读过程、检查阅读效果成为实施过程中的最大难题。针对这个问题，笔者采用了持续默读与阅读策略指导相结合的做法，把阅读策略指导作为一条主线，将持续默读与课堂阅读教学串联起来，突破了传统阅读教学以知识讲解为主、忽略阅读技能的渗透和训练的固有模式，既能让学生提高阅读理解能力，又能自我监控持续默读的过程，改善教学效果。具体操作步骤如下。

1. 进行阅读策略指导教学整体设计

SSR 中，学生读的书都是个人自主选择，内容和难度都不一样，但是定期用统一的材料来指导学生的阅读策略，真正帮助学生读懂文章，能够促进学生阅读能力的提高。定期指导时使用的巩固练习的材料是教师精心取材于平时日常教学中学过的单元阅读文本、新授的单元阅读文本、最近课外阅读中的文章、考试时使用的阅读文章、学生的 SSR 阅读书籍。每一周或两周，教师用一节课定期对学生进行阅读策略指导，从词、句、段、章等各个层面系统介绍有效的阅读策略，如略读、寻读、猜词、逻辑关系、篇章结构等，进行范例讲解，并通过大量练习帮助学生运用所学策略独立解决问题。让学生在阅读中关注这些阅读技能，利用统一的阅读材料进行策略训练，使得学生把默读时的思维用一种外显的方式说出来，既提高了学生阅读理解能力，也达到检测 SSR 阅读效果的目的。这样，学生每天的持续默读不再是放任自流，而是在阅读策略意识培养的引领下，系统提升阅读理解水平。一旦学生能读进去并且读懂了，就能形成持久的阅读兴趣和课外阅读的习惯。

通过紧密结合日常教学内容帮助学生积累词汇，指导学生的阅读策略，针对不同层次的学生，解决不同问题，使学生在今后的 SSR 阅读中关注句际和段际的内在逻辑关系，真正读懂文章，最终达到提高阅读能力的目的，使持续默读能更好地促进日常教学。

2. 进行日常阅读教学整体设计

教师在日常课堂教学中，将词汇积累与阅读策略指导、训练同步进行，每节课用 2~3 分钟快速进行词汇前测。教师从学过的课文、新授课文、考试阅读文章和课外阅读读本里有选择性地挑出词汇，帮助学生把该会没会的词汇捡拾回来，接着进行正常的教学。教师在教材阅读课文的教学设计和学案上凸显对学生进行阅读策略的渗透，帮助学生运用所学过的阅读策略在阅读中独立解决问题，既可以强化阅读策略自觉使用意识，又能提高对教材阅读材料的理解程度；反过来，也能促进 SSR 阅读效果。

阅读策略的指导不同于知识的传授，不可能通过一两次的讲解完成，因此，在日常阅读教学新授课中，回归教材，对学生加以反复引导，有计划地复现，鼓励学生用指导过的策略处理阅读障碍，使学生对阅读策略的使用从无意识上升到有意识。只要长期坚持应用科学的阅读策略，逐步提高阅读速度和理解程度，学生就会体会到英语阅读带来的巨大快乐（李丽娟，2010）。

3. 持续默读阅读教学实施

（1）持续默读。

持续默读实施前教师要做好学生动员，向学生解释持续默读的目的和功效，成立阅读分享小组。同时，指导学生采取"五指原则"（Five-finger Test），根据自己阅读水平自主选择适合的阅读材料。持续默读进行一段时间后，教师可以鼓励学生互换书籍。每天英语课上，学生在教室内进行10分钟持续默读。这段时间应是纯粹的持续默读，即没有其他附加任务，仅仅是为了阅读而阅读。每个学生准备一个阅读记录本，要求他们每天阅读后记录自己的阅读情况，如阅读材料的题目、阅读的日期、每天阅读的页码，鼓励他们记下一两个在阅读中经常出现的新词汇。教师要定期收集学生读书记录，观察学生是否认真填写。在持续默读初始阶段，每次阅读前教师要求学生手中握笔，边读边用不同符号标记生词、好词、好句和好段。教师在班内进行巡视，特别注意观察学生阅读的情况，耐心地纠正学生的不良阅读习惯，如指读、唇读、译读、回读、摆头、注意力不集中等。持续默读进行一段时间后，当学生完全进入持续默读状态时，教师开始陪同学生阅读，以身作则。

（2）持续默读读后分享。

罗少茜等（2014）认为，丰富多彩的读后活动不仅能够增强学生的兴趣，也可以从中观测到学生持续默读的有效性。读后活动的形式多种多样，如推荐阅读材料，讨论、写作等。教师可在每次持续默读后利用5分钟左右的时间，采用"默读+朗读"的方式，鼓励学生大声朗读刚才默读的内容，在读书小组内分享自己最喜欢的一个词、一句话或一段话。教师鼓励1~2名学生进行全班展示，以激发学生保持持续阅读的热情和英语学习自信心。当持续默读进行到比较成熟的阶段时，教师可以鼓励并指导学生在每次持续默读后摘抄生词、好词、好句、好段，定期组织学生撰写简要书评，小组合作改编读本，进行角色表演等读后活动，开展"英语朗读比赛""优秀读书记录展览"和"英语戏剧表演比赛"等活动。

（3）日常教学。

除去持续默读和读后分享的15分钟，在每天的英语课余下的25~30分钟的时间进行日常英语教学。如何在有限的时间内完成教学进度和教学内容，毋庸置疑，这对每个教师都是一个新的挑战。这就要求教师更加深入地研究课程标准、分析教材，提高对教学内容的系统梳理能力，做到精讲、精练、有序、有效，在帮助学生拓展阅读量的同时，丰富词汇、句法、语法等基础知识和听说读写的综合能力的培养。

四、结 语

持续默读能够提高学生的阅读能力，即持续默读可以提高学生的阅读速度，使他们成为流畅的阅读者；持续默读对学生的阅读兴趣、阅读态度和习惯产生了积极的影响，提高了学生的语言感知能力，阅读和理解过程不再费力。阅读后的分享活动激励学生进一步阅读，提高了他们的英语学习自信心，促进了他们语言的习得，发展了他们的综合语言技能（李兴勇，2012）。在高中阶段，教师既要帮助学生实现语言积累，又要提高人文素养。这也是《意见》提出的学生核心素养的外在体现。学会阅读、热爱阅读对于学生来说尤为重要（邱宏，2015）。对于高中学生来说，阅读能力是一种至关重要的能力，会影响他们在大学时期的学习，甚至终身学习的效果。持续默读能够激励学生，尤其是不成功的阅读者，爱上阅读，坚持阅读，提高阅读能力。

【参考文献】

[1] 崔利斯．朗读手册［M］.沙永玲，麦奇美，麦倩宜，译．海口：南海出版公司，2009.

[2] 李兴勇．持续默读对高中生英语阅读能力的影响［J］.山东师范大学外国语学院学报：基础英语教育，2012，14（3）．

[3] 李丽娟．英语阅读策略［M］.北京：外语教学与研究出版社，2010.

[4] 刘润清．刘润清英语教育自选集［M］.北京：外语教学与研究出版社，2007.

[5] 罗少茜，李知醒．持续默读在中小学英语教学中的应用［J］.中小学外语教学：中学篇，2014（11）．

[6] 邱宏．持续默读对培养高中生英语习惯的影响［J］.山东师范大学外国语学院学报：基础英语教育，2015，17（1）．

[7] 鄢家利，韩宝成．中学生英语课外阅读现状调查与分析［J］.教育导刊，2007（12）．

[8] 郑辉，弥沙，刘艳春．二语习得中的应用研究［J］.东北农业大学学报，2009，7（5）．

[9] 周春艳．英语教学中SSR的应用研究［J］.吉林省教育学院学报，2013（29）．

[10] Birmingham, K. S. The Effect of Sustained Silent Reading on High School Students'Lexile Scores and Attitudes towards Reading（Unpulished master's thesis）［D］. Kansas. Wichita State University, 2006.

[11] Chua, S. P. The Effects of the Sustained Silent Reading Program on Cultivating Students'Habits and Attitudes in Reading Books for Leisure［J］.The Clearing House, 2008, 81（4）．

[12] Gardiner, S. Ten minutes a day for silent reading［J］.Association for Supervision and Curriculum Development, 2001, 59（2）．

[13] Krashen, S. D. The Power of Reading：Insights From the Research［M］.2nd. Portsmouth, NH：Heinemann, 2004.

[14] Lee, V. Becoming the Reading Mentors Our Adolescents Deserve：Developing a Successful Sustained Silent Reading Program［J］.Adolescent & Adult Literacy, 2011, 55（3）．

课外阅读促进学生核心素养的形成和发展

冯建平[*]

【摘　要】 在小学阶段认真开展课外阅读实践能有效促进农村小学生核心素养的形成和发展。虽然"开展课外阅读"已成为大家的共识，但怀柔区实际情况却不容乐观。通过采用"推荐适合学生阅读的书目，加强学生阅读方法的指导，加大学生课内阅读量，恰当评价促进学生阅读"等策略让学生热爱读书并懂得怎样读书。

【关键词】 课外阅读；促进；核心素养

现在，整个教育界关注的焦点之一就是"学生核心素养"。什么叫核心素养？林崇德先生是这样定义的：核心素养是学生在接受相应学段的教育过程中，逐步形成的适应个人终身发展和社会发展需要的必备品格和关键能力。它包含六个方面。针对其中的两个方面——核心素养是知识、能力和态度等的综合表现，核心素养可以通过接受教育来形成和发展。我认为在小学阶段踏踏实实开展课外阅读实践能有效促进农村小学生核心素养的形成和发展。

书是自然、历史、人类灵魂的记载。读书，不仅能开阔视野，增长知识，了解和认识世界，还能满足儿童的好奇心和求知欲。学生大量阅读富有人文精神的经典书籍，内心世界很容易产生震荡。生动有趣的情节，栩栩如生的形象，能让学生感悟善良、忠诚、勇敢、正直乃至爱国主义等永恒的人类精神，从而产生品味人生、升华人格的内在欲望，达到陶冶情操的目的。这对于学生核心素养的形成和发展起着至关重要的作用。

虽然"开展课外阅读"已成为大家的共识，但怀柔区实际情况却不容乐观。我区是北京市的一个远郊区，最远的喇叭沟门小学距怀柔城区有 200 里之遥。受地域及经济限制，通过问卷调查及日常观察及访谈发现，我区学生课外阅读存在的主要问题是：学生的图书来源受限，范围比较狭窄；阅读兴趣不浓，阅读量不足，阅读习惯不佳；班级没有形成良好的阅读氛围，教师不注重课外阅读的指导，课外阅读的深度不够；课外阅读的开展存在严重的地域差距等。针对种种问题，作为区级教研员的我，近年来开展了系列研究活动，以期推动我区课外阅读的深入、持续开展，促进学生核心素养的形成与发展。

---

[*] 冯建平，女，（1968~），北京市怀柔区教科研中心，中学高级教师。

一、推荐适合学生阅读的书目

《语文课程标准》对课外阅读提出了量的要求：第一学段（1~2年级）不少于5万字，背诵优秀诗文50篇（段）；第二学段（3~4年级）不少于40万字，背诵优秀诗文50篇（段）；第三学段（5~6年级）不少于100万字，背诵优秀诗文60篇（段）。课标提出了小学阶段阅读量上的保底要求。俗话说得好，"巧妇难为无米之炊"。有了适合学生阅读的书目，阅读活动才能顺利开展。《语文读本》是和京版教材配套的课外阅读材料，我们区每个学生都有。以前，多数教师漠视它的存在，总是精雕细琢教材，把它束之高阁。为了推动课外阅读的开展，在质量监控时我们加入相关内容，以便引起教师的重视，慢慢地这本小册子才被利用起来。后来在此基础上，结合课标的推荐书目，参考知名教育专家为学生荐读的书目，我重新梳理了适合相应年段学生阅读的童书，利用教材培训时间推荐给教师，倡导教师鼓励本班学生阅读。同时，建立教师微信群，鼓励教师之间发现好的书目相互推荐，丰富我们的资源。除了教研员、教师推荐图书，还让学生推荐好书，学生的相互带动其实更有感召力。

选择读物时，首先，关注内容的广泛性。小学生喜欢阅读故事性强的书，教师除了帮助学生选择这类书外，还有计划、有目的地介绍和鼓励学生阅读科普、历史、地理、科幻等方面的读物，扩展学生的阅读范围，培养他们的广泛阅读兴趣。推荐读物时，我们注意对学生优良品格的形成产生不同影响的书籍进行搭配，促使学生能从中获得品格发展的健康与完善。其次，关注学生的层次性。低年级的学生着重看绘本，初步培养起喜爱书、爱读书的习惯；中年级的学生着重以文为主、辅之以图的经典童书；对高年级的学生，则开始指导其阅读纯文字图书，如中外名著缩写本、优美散文集等，并引导其进行阅读积累。这样有层次的指导，能促使学生的阅读能力逐步提高。最后，关注阅读的相关性。结合课文学习，以课内带动课外，适时推荐主题相关的作品、写法相关的作品、同一作家的不同作品。

经过几年的努力，我们区部分学校为学生购置了适合阅读的书籍，解决了课外阅读中"米"的问题。走进我们的教室，多数班级都设立了图书角。有的学校楼道里、走廊里也有图书。有了书的陪伴，学校也显得文化味十足。

如果课外阅读的结果不能内化为"自主"的积淀，它的意义和价值也无法从本质上得到体现。因此，在我们把学生领进课外阅读的大门后，还必须在方法上进行具体的指导，并采取相应的必要措施，以保证学生的课外阅读落到实处，从而使阅读结果如血液般渗入体内，滋养心灵。

二、加强学生阅读方法的指导

对于不同的书应采取不同的读法，不可千篇一律。为了提高学生的阅读效率，必须指导学生掌握科学的读书方法，切实解决"怎么读"的问题。我们认为可着重帮助学生掌握下面几种读书方法。

1. 精读

对于重要的、自己喜欢的文章，要通过初读、细读、反复读、一字一句地读，直到熟读成诵，烂熟于心。指导学生精读，要求学生全身心投入：口到、眼到、心到、手到，边读边思边注，逐步养成认真读书的习惯。

2. 泛读

浏览，大略地读，一目十行，走马观花；扫读、跳读是泛读。大略了解文本内容、情感及写作思路，从整体上把握文本。

3. 速读

从文字符号中迅速吸收有用信息的一种读书方法。采用"扫视法"培养以词句为单位的整体性阅读习惯；也可用提问法，让学生速读后解答，培养速读的习惯和能力；还可用竞赛法，激发学生速读兴趣。

4. 读书笔记

形式和方法多样，圈点批注、摘录摘要、列提纲、写心得等。高年级学生以写心得体会为重点，兼用其他方式。

5. 不同文体阅读方法各异

阅读童话寓言，应抓住情节悟道理；阅读写事文章应把握前因后果，认识事情所反映的意义；阅读写人文章，应理解人物形象；阅读说明文，应抓住说明特点，领悟说明方法；阅读古诗，应抓住关键词语，明白诗意，把握意境。教师可结合教材的编排特点，对学生加以指导，从而逐步由"学会"转化为"会学"，养成主动阅读的习惯。

阅读的书籍不同，阅读的方法不一样；阅读的目的不同，阅读的方法也不同。因此，应注重教会学生根据不同的阅读目的、性质选择合适的阅读方法。

三、加大学生课内阅读量

只囿于课本里的文章，是不可能提高学生语文能力的。只有在长期的课外阅读过程中日积月累，才能吸收文化，感悟、积累、运用语言，形成文化的积淀。

我们的语文教学不能总在课文上绕来绕去，应该使其起到"举一反三"的作用，带动大量读写活动。

（一）拓展与课文内容相关联的阅读材料

引进与课文相关的资料，有助于学生理解课文、形成迁移。例如，京版教材第5册《新加坡街头见闻》一课是一篇新闻报道，写的是作者在新加坡街头亲眼见到的一件小事。一天清晨，下起了倾盆大雨，街头既没有交通警察，也没有汽车行驶。一个小女孩任凭大雨把衣衫打湿打透，也一动不动地站在路口斑马线的红灯前等待，直到绿灯亮了，才穿过路口。由此，作者深受感动。教学这一课时，我们可以先让学生查找有关新加坡的资料，简单了解新加坡虽是个弹丸小国，却是个能吸引成千山万游客的花园城市，初步感受新加坡的美。课中，当学生对文中吴小姐的话——"我们从小接受的教育，就让我们这样做"难以理解时，适时补充一段新加坡法律法规的相关内容，帮助学生理解小女孩为什么能如此自觉遵守交通法规。之后让学生借助画面，运用书中的语言或自己的语言说说小女孩自觉遵守交通法规的情景。当学完这则见闻后，再出示另外的两则新加坡见闻，供学生阅读。这样做不仅扩大了学生的阅读量，还深化了学生对新加坡是一个文明国度的理解。课后再让学生写一写自己身边的见闻，以实现读得扎实、写得有效，促进学习迁移的目的。

（二）缩短教材学习时间，腾出时间读课外书

把教师的条分缕析、烦琐讲解从课堂上大大减下来，真正让学生多读书多思考多议论，就可以提高学习效率，省出时间开展课外阅读。

1. 每堂课20分钟学习课文，剩余时间读课外书

教学不精雕细刻，不过度抠词抠句，省出时间开展课外阅读。方法是以读为主，读熟了就背。对略读课文，学生自己默读一两遍，能解答书后的习题、背背精彩段落就行了。对于精读的文章也不去过度深挖，抓住本质问题进行讨论，然后有感情朗读。每节课大约用20分钟完成课本内容的教学，剩余时间读课外书。

2. 采用单元整组学习的方法，节省课时读课外书

一个单元的课文，用三到四节课完成，其余时间组织学生课外阅读。基本模式为：第一个环节学生自主识写整个单元中要求掌握的生字词，生生互助达到当堂巩固；第二个环节是学生自主读课文，把课文读通、读顺、读流利，小组内过关，教师抽查，达到全班学生都能把课文读熟的目的；第三个环节是师生共同梳理疑难问题、重点内容。各个环节的具体教学内容、方法会因课文不同而有所调整。

四、恰当评价促进学生阅读

学生是发展中的人，对他们的教育是由量变到质变的渐进过程，是一个循环往复、螺旋上升的过程。学生课外阅读也是如此。它需要适当的点拨引导，需要不懈的努力，才能形成习惯，实现内化，提高能力，促进核心素养的形成和发展。所以，及时的检查督促，灵活的评比，是推进课外阅读、确保课外阅读有效开展的重要手段。我们采用了如下的方法。

1. 精彩讲述

全班学生采取循环接力的方式，每天正课开始前，给学生3~5分钟的时间，让他们讲一讲在课外书中读到的童话故事、寓言故事、神话故事、儿童故事、经典作品、科普文章等。讲完之后，教师、学生参与评价，给讲述者打分。每天对课外读书效果及时检查，再加上老师、同学的评点，有助于提高学生课外阅读的效率。

2. 检查背诵

课程标准中要求背诵古今优秀诗文160篇，并且附录了《古诗词背诵推荐篇目》。我们采用分年段、抽签的方式，开展背诵对抗赛，这样有助于学生有效积累。

3. 活动督促

活动能给学生搭建成长的平台。举办"读书笔记展评会"、"阅读小报"展示会，开"故事会"，评选故事大王；进行演讲比赛，评选"小小演说家"；开展读书交流会、读书知识竞赛、速读竞赛、藏书交流会等；比一比谁在习作中运用的课外知识多，赛一

赛谁在口头表达中引用的课外知识丰富。这些活动都能有效促进课外阅读的深入开展。此外，区级质量监控也涉及对学生课外阅读的考查。再结合学生日常表现，教师最终评出不同星级的课外阅读积极分子。

通过近年的不断实践探索，我们的研究取得了初步成效。校园的书香味浓了，学生养成了爱读书的习惯，不仅语文能力有了一定提高，更可喜的是精神也在不断成长。可见，课外阅读实践能有效促进农村小学生核心素养的形成和发展。

如果我们的语文老师能够让学生热爱读书并能懂得怎样读书，那将是我们最大的乐事。

【参考文献】

[1] 魏庆春，李树军，张玉华．活动是完成小学教育目标的积极手段［J］．天津师范大学学报：基础教育版，2002（9）．

[2] 毛爱华，张兴文．关于小学语文阅读教学的探究［J］．教育探索，2004（159）．

[3] 沈怀军．激趣诱读·持趣乐读·延趣创读：以激发兴趣为宗旨的课外阅读教学模式浅探［J］．科学大众：科学教育，2010（609）．

[4] 李亮．语文教学应以读书为要［J］．教育理论与实践，2008（35）．

[5] 王本华．多读书，好读书，读好书——谈中小学生课外阅读［J］．课程·教材·教法，2012（1）．

[6] 李有森．小学生课外阅读的研究与思考［J］．吉林省教育学院学报，2007（4）．

在实验探究活动中提升学生的化学核心素养

冯清华[*]

【摘　要】 在高中三年有体系的以"基于问题—提出假设—设计实验—实验验证—得出结论—反思评价"六个环节为基本的思维模型开展化学实验探究活动,逐步培养起学生对实验探究形成明确的认识思路和认识方式,并通过系统性地培养学生实验能力、多平台开展实验探究活动,提升学生的化学核心素养。

【关键词】 化学实验；探究活动；化学核心素养；思维模型；认识思路

实验是识别和创造物质的重要方法,实验探究是认识物质及其变化的重要活动,通过实验探究能帮助学生形成自主学习、合作探究的意识,提高依据目标设计实验、基于证据分析推理和解决实际化学问题的能力。化学实验有助于激发学生学习化学的兴趣,创设生动活泼的教学情景,帮助学生理解和掌握化学知识和技能,启迪学生的科学思维,训练学生的科学方法,培养学生的科学态度和价值观。实验探究教学能促进学生学习方式的转变,培养学生的创新精神和实践能力。因此,笔者在近年来全面开展学生实验探究活动,不仅促进了学生化学核心素养的发展和教学效果的提升,也促进了教师能力的提高。

一、有计划、有系统地培养学生的化学实验能力,提升学生的化学核心素养

实验能力包括解读实验的能力、操作能力、实验现象描述能力、设计能力、分析和评价能力等多个能力指标,对学生的要求层次也不同,所以培养学生的实验能力从而提升学生的化学核心能力一定是一个长期的系统工程。笔者对高中学生三年的化学实验能力有计划、有体系地进行培养。

（1）高一学年重点培养学生的基本实验能力。高一第一学期培养学生的基本实验操作能力和实验现象的描述表达能力,这学期的实验报告基本由教师提供,让学生形成规范的实验报告模板。到了高一第二学期,则要求学生在课前设计简单体系的实验方

---

[*] 冯清华（1973~），女，北京人，清华附中朝阳学校，中学高级教师,研究方向为中学化学教学。

案，上课时只能依据自己的实验报告做实验，做完实验后当天完善实验报告的内容。经过一年的训练，学生基本上能基于实验目的（问题）设计出合理的实验报告并实施。

（2）高二学年重点培养学生对稍复杂体系的实验进行分析和实验方案的设计。高二第一学期针对有机化学实验，强调化学反应现象（或结果）与反应条件的关系，学会从繁杂的现象中寻找出合理的反应原理及物质分离方法的理解和应用。第二学期训练对比实验（严格控制变量）的实验方案的设计，并由现象寻找化学反应原理的能力，培养学生逐步理解高考探究实验中的对比实验和定量实验问题。

（3）高三学年主要是引导学生准确解读实验题中的信息，学会拆分实验题及评价实验的能力的培养，体验完整的实验探究过程，学会分析复杂的陌生的体系中的实验问题。

二、创设三维实验平台，让实验探究成为学生常见的化学学习方式

为了用化学实验促进学生对化学知识的理解和应用，更好地培养和提升学生的化学核心素养，笔者在近几年逐步搭建起高中化学实验教学三维体系。

（1）在课堂教学中全面开展教材中的实验探究活动，通过落实每一个实验的知识与技能、学科思想与方法来培养学生的基本化学实验能力，促进学生对化学知识的理解和应用，提升学生的化学核心素养。为此，笔者对教材中所有的实验都提前进行研究，对于可能导致失败的因素做到心中有数，指导学生成功完成实验探究。对于实验时间过长或可视性不好的实验，选择部分学生课前或选修课做实验，教师录成实验视频在课堂上播放，确保学生体验真实的实验过程。

（2）通过选修课开展系列的校本课程《化学实验魅力之旅》的实验探究活动。该实验课程针对的是一些对化学实验有极高的兴趣，希望在化学方面得到更多发展和提升的学生，以此来拓展他们的化学学习能力，从而促进他们化学核心素养的提升。

（3）开发系列的《家庭实验手册》，让学生用化学知识解释、解决生活中与化学相关的问题，提升学生的化学核心素养。我们鼓励学生用生活中常见的物质和用品设计、开展家庭小实验，通过了解这些物质的化学性质和用途，真切感受到化学就在我们的身边，从而增强学习化学的兴趣和提升对化学知识的认识、理解和应用。

三、发挥课堂教学的主渠道，让化学实验探究的基本思维模型根植于学生的心中

实验探究活动是所有自然科学研究的基本形式。在化学教学中开展实验探究活动，以实验探究活动培养学生形成自主探究的能力和用实验探究解决化学问题的思维习惯。为此，笔者长期以化学实验探究的六个环节为基本的思维模型（见图1），引导学生形成明确的认识思路，通过实验探究教学，逐步将该思维模型根植于学生的心中。

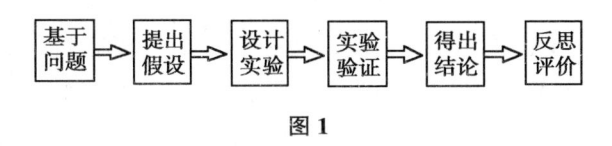

在实验探究活动中提升学生的化学核心素养

基于问题→提出假设→设计实验→实验验证→得出结论→反思评价

图 1

在不同的教学阶段，针对不同的教学内容，在进行实验教学时，实验探究活动承载的功能和价值不同，所以重点关注实验探究的基本模式中的环节会有所不同，但"提出假设"和"设计实验"始终是中学化学实验探究活动中的两个重要的环节。

1. 在元素化合物教学中，重点落实"提出假设""设计实验"和"实验验证"三个环节

在元素化合物的教学中，主要任务是认识物质的性质，实验探究承载的功能是帮助和促进学生认识物质的性质。所以进行实验探究活动时重点要落实基本思维模型中的"提出假设""设计实验"和"实验验证"三个环节，淡化"反思评价"环节。在学习的最初阶段，预测物质的性质是学生们的难点；其次，选择什么样的试剂进行反应也会在一段时间内对他们来说有障碍；最后，实验操作技能这一阶段也应该得到重点关注。所以，在学习每一种物质的性质时，笔者都让学生按照"元素化合物中实验的思维模型"（见图 2）进行，在不断的应用中将该思维模型内化于学生的头脑中。

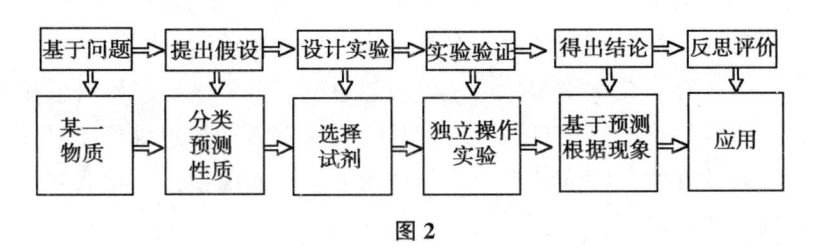

基于问题→提出假设→设计实验→实验验证→得出结论→反思评价
↓　　　　↓　　　　↓　　　　↓　　　　↓　　　　↓
某一物质→分类预测性质→选择试剂→独立操作实验→基于预测根据现象→应用

图 2

2. 在化学反应原理的教学中，将控制变量的思想和对比实验的方法根植于学生的脑中

此阶段实验探究教学承载着促进学生对化学反应原理的理解和应用，教师在教学过程中要用实验引导学生思辨、建立"控制变量"基本观念和对比实验的科学方法、借助宏观现象理解微观反应的本质。所以，进行实验探究活动时重点要落实基本思维模型中的"提出假设"与"设计实验"间的逻辑关系以及"反思评价"环节，将控制变量的思想及对比实验的方法根植于学生的脑中。其实验探究活动的思维模型见图 3。

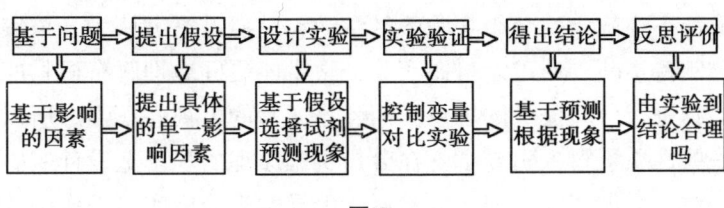

基于问题→提出假设→设计实验→实验验证→得出结论→反思评价
↓　　　　↓　　　　↓　　　　↓　　　　↓　　　　↓
基于影响的因素→提出具体的单一影响因素→基于假设选择试剂预测现象→控制变量对比实验→基于预测根据现象→由实验到结论合理吗

图 3

例如，在学习化学反应速率的影响因素的教学中，为了培养学生形成"控制变量的思想"，笔者在必修 2 阶段学习化学反应速率的影响因素时，就采取了课前提供以下

· 135 ·

试剂：过氧化氢溶液（5%），盐酸（0.5mol/L、3mol/L），块状碳酸钙，碳酸钙粉末，二氧化锰粉末，$FeCl_3$溶液（1mol/L）。实验1和2给出实验目的，让学生设计方案；实验3和4以对比的形式给出实验试剂，让学生写出实验目的和实验操作，再亲自验证。由于学生经过了"思考—实践—总结反思"的过程，所以在以后的学习过程中对"控制变量"这件事变得敏感了。当学生学习《化学反应原理》中研究外界条件对反应速率的影响时，为了检验和培养学生对"控制变量"的掌握情况，笔者将教材中实验2-2和科学探究［3］栏目中实验2放在一起，让学生先做科学探究栏目中实验2，证实了$MnSO_4$固体对酸性高锰酸钾溶液和草酸溶液反应有催化作用后，再引导学生讨论实验2-2有什么不严谨的地方？经过讨论、交流和充分思辨后，学生们认识到该实验实际上有两个变量，不能得出浓度对化学反应速率的影响！经过这样两个层次的实践和反思，学生很好地理解和掌握了"控制变量"的思想，再碰到相关的实际问题时，基本上能自觉地运用"控制变量"的思想进行解决。

3. 在有机化学教学中，重点落实"设计实验""实验验证"和"反思与评价"三个环节

有机化学中的实验，总是在一个实验现象后面需要用几个化学反应原理或者物质的物理性质进行解释。如果学生没有经过深思熟虑地思考、设计出实验方案就进行实验操作，很可能得不到相应的现象，甚至会出现"异常"的现象，这样可能无法得出结论或者得出错误的结论。所以笔者认为，在有机化学实验教学活动中，教师一定要不断引导学生去思考、去探究，让学生想了再做、边想边做，做了还要进行反思和评价自己的实验方案是否合理、结论的得出是否合理。其实验探究活动的思维模型见图4。在实验探究过程中，有可能在实验验证环节产生与预测不一样的现象，这时就要回去重新提出假设，再设计实验进行验证。

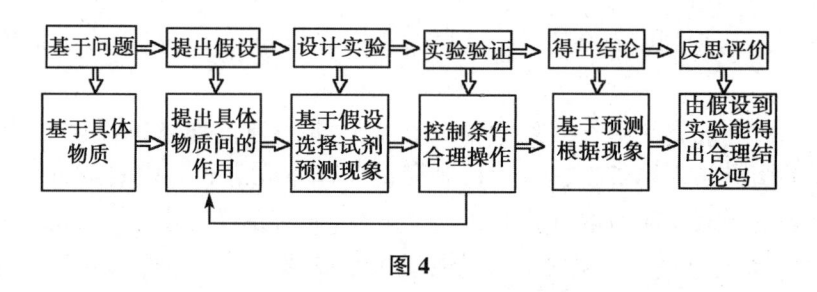

图4

例如，学习乙酸的酯化反应时教材中安排了制备乙酸乙酯的实验，由于有一定的危险性，教师一般都不实施学生分组实验的教学活动。但是笔者认为，该实验是学生学习的第一个有机物制备实验，通过亲自做实验，学生能更好地理解有机物的性质、有机反应的特点和对产物进行分离提纯的思想，而且该实验的可视性不强。所以，笔者给学生提供了物质的一些性质资料，引导学生在分析实验原理的基础上设计实验方案、选择实验装置，交流、讨论后做实验。完成实验后，引导学生分析实验操作中的细节及过程中为了加快反应速率采取了哪些措施？为了得到更多的产物采取了哪些措施？为了实验安全采取了哪些措施？实践证明，因为学生在亲自做实验的基础上进行了反思，所以深刻理解了为什么实验装置中右边的导管末端不能伸入液面、为什么要缓慢加热、为什么要

后加浓硫酸等原来需要教师不断絮叨的注意事项。在有机化学的教学过程中，笔者非常重视利用实验素材引发学生思考。如学习溴乙烷的水解反应时，检验溴原子的存在实验是必须让学生想了再做、边想边做、做了出现合理的现象后，还要由此实验体会定量实验的思想、体会溴乙烷有哪些物理性质；学习溴乙烷的消去反应时，要设计检验有机产物乙烯的实验方案，在实验前要多想想方案是否严谨？学习乙醛的银镜反应、乙醛与新制的氢氧化铜反应、乙酸乙酯的制备、蔗糖的水解、淀粉水解产物及水解程度的检验，等等，每个实验都要三思而后行，行后再反思，从而培养学生严谨的科学态度、掌握定量实验的科学方法，最终提升学生的化学核心素养。

4. 在高三实验复习中，重点要关注"提出假设"和"实验探究"环节，从而对高考中的实验探究题形成正确的认识方式

细数历年来的北京高考化学实验探究题，都是考查学生一个完整的实验探究过程，且都是从学生熟悉的实验素材中发现（提出）新问题，然后开启实验探究的旅程。由于学生在前两年的学习中已经熟悉了化学实验探究的思维模型，也就形成了明确的认识思路。所以在高三的实验复习教学中，主要是引导学生熟练应用解决化学高考试题中的实验探究模型（见图5），形成正确的认识方式，然后进行系统的分析，就能有效解答高考中的实验探究题。

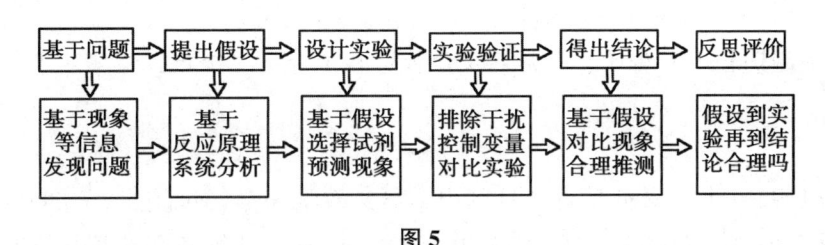

基于问题 → 提出假设 → 设计实验 → 实验验证 → 得出结论 → 反思评价

基于现象等信息发现问题 | 基于反应原理系统分析 | 基于假设选择试剂预测现象 | 排除干扰控制变量对比实验 | 基于假设对比现象合理推测 | 假设到实验再到结论合理吗

图 5

由于北京化学高考中实验探究题的素材是比较熟悉的，一般是在熟悉的素材中直接提出新的问题，且对实验的评价要求不高，所以在高三复习中，对思维模型的应用应重点关注两个环节：（1）理解试题中基于新的学习或异常现象提出的实验假设；（2）要理解对比实验中排除的干扰因素是什么？如何排除的？并在平常的教学中多引导学生反思：如何针对实验探究中的新信息，提出假设、设计实验、排除干扰，然后得出合理的解释。

通过多年的教学实践，笔者坚持认为：实验探究活动是高中化学最生动、最有吸引力的教学手段和最有效的教学策略，而实验探究能力是学生化学核心素养的重要组成部分。学生们热爱实验探究活动。如果教师通过有系统、多平台地开展实验探究活动，真正将实验探究活动的思维模型根植于学生的心中，那么在实验探究活动中学生获得的将不仅是丰富的感性认识，还能极大地提高对化学知识的理解和应用，真正实现实验探究教学的三维目标，从而达到培养和提升学生化学核心素养的目的。

于"矛盾"中觅光亮 提升教材解读品质
——以小学人教版教材中林海音的作品为例

高雅跃[*]

【摘 要】 面对《语文课程标准（2011版）》对文学性作品的教学要求，手捧教材中文质兼美的优秀作品，每一位语文教师都面临着巨大的挑战。教师解读教材的品质直接影响着教学的质量。然而，教师面对教材的无策、无法，导致很多语文教师感到教学中遇到的最大难题，不是如何设计教学活动，而是如何解读教材。本研究力图通过理论与实践的结合，为教师的教材解读提供一个有效的支架，以"矛盾"为突破口，提出一个可迁移可操作的解读路径，从而帮助教师提高教学的有效性，最终促进学生的发展。

【关键词】 教材解读；矛盾；文学性；林海音；窃读记；冬阳·童年·骆驼队

对比《1992年九年义务教育全日制小学语文教学大纲（试用）》《2000年九年义务教育全日制小学语文教学大纲（试用修订版）》与《全日制义务教育语文课程标准（实验稿）》和当前使用的《义务教育语文课程标准（2011年版）》，有两点值得关注：其一，在《大纲》中，对选文的称呼均为"课文"，没有具体的划分，而从2001年的《课程标准（实验稿）》起，就出现了"文学性作品"的字眼。其二，在课程标准颁布之前，教学大纲以"双基"为核心，五六年级强调理解课文内容，概括中心思想，给课文分段，归纳段落大意，欣赏文章中的优美语句。而在2011版课程标准中，提出的阅读要求更加贴近学生的真实阅读，强调整体的把握和内心的体验。如：

在阅读中了解文章的表达顺序，体会作者的思想感情，初步领悟文章的基本表达方法。在交流和讨论中，敢于提出看法，做出自己的判断。（第三学段）

阅读叙事性作品，了解事件梗概，能简单描述自己印象最深的场景、人物、细节，说出自己的喜爱、憎恶、崇敬、向往、同情等感受。（第三学段）

阅读教学应注重培养学生感受、理解、欣赏和评价的能力。

在理解课文的基础上，提倡多角度、有创意的阅读，利用阅读期待、阅读反思和批判等环节，拓展思维空间，提高阅读质量。

精读的评价，重点评价学生对阅读材料的综合理解能力，要重视评价学生的情

---

[*] 高雅跃，北京市西城区康乐里小学教师。

感体验和创造性的理解。

从这些表述中，我们可以清晰地感受到，阅读不只是获得某些信息、知道某种道理，更重要的是要获得审美体验，发展阅读能力，拓展思维空间，提升人文素养。文学作品不但走入教材，而且成为感悟"文学性"提高鉴赏水平的重要载体。

《语文课程标准》强调："教材选文要文质兼美，具有典范性"。在现行的多版本教材中，我们可以看到，教材选文中不乏优秀的文学作品，其中不少是国内外的名家名篇，其文学魅力堪称典范。

然而，与教材选文文学性增强相对应的，是教师面对教材的无策、无法。有调查显示，很多语文教师遇到的最大难题，不是如何设计教学活动，而是如何解读教材。笔者在理论学习与教学实践中发现，抓住"矛盾"，可以成为教师解读教材的重要支架。本文以人教版教材中选入的林海音女士的作品《窃读记》和《冬阳·童年·骆驼队》为例，详细阐述教材解读的路径。

一、追求矛盾性：文学作品解读的基本取向

文学作品的解读是一门系统庞杂的科学，也是一门灵动审美的艺术。面对作品，如何从一般读者的阅读走向专业的赏析，是每位语文教师的必修课。

其实，"赏析"的"析"字，就已经给了我们重要的启示。左边一个木字旁，右边的"斤"表示斧头。"用斧头把一块完整的木头剖开，分而析之，把一个东西分成两个东西，在相同的东西里找出不同的东西来，也就是在统一的事物中找出内在的矛盾"，[1]就是"分析"本来的意义。

诚如孙绍振教授指出的那样，拘泥于统一性，还是追求矛盾性，这是艺术欣赏的根本问题。他以《咏柳》的解读为例加以说明。有人曾认为该诗之艺术魅力在于"真实反映了柳树的特征"，殊不知柳树的特征是客观的、相对固定的。倘若诗歌均以真实反映事物特征为标准，那岂不千篇一律了？解读文学作品，不能像读科学论著那样。于是，孙教授从诗中的形象与客观柳树的不同，到诗中比喻与同题材其他诗作比喻的优劣，再到贺知章抒情与其他诗人抒情的差异，将对诗歌的鉴赏引向深处。整个剖析的过程虽然洋洋洒洒上千言，但是其解读的基本思路，简单说来，就是努力发现矛盾。其实这个道理很简单，优秀作品都是作家呕心沥血的创造，独特性自然是作家自觉的艺术追求。作者"这样写"却"不那样写"之间的矛盾，就是解读的抓手。因此，循着这条思路由文本逆推，就会更容易发现作者的匠心所在。

二、审视矛盾：探寻课文的原生价值

面对精心选入教材的文学作品，教师首先应该静下心来细细品读，探寻作品的原生价值，感受作品的艺术魅力。

---

[1] 孙绍振. 审美阅读十五讲. [M].北京：北京大学出版社. 2013：5.

（一）解读形象中的矛盾性

1. 形象自身的矛盾

曾经，我们习惯于看到的人物形象都是相对简单的。詹天佑，就是杰出的爱国工程师，其言其行无不体现着"杰出""爱国"。但其实，人是复杂的，文学即人学。优秀的文学作品必然会在形象的塑造过程中表现出人的矛盾性。

《窃读记》是林海音女士创作的一篇叙事散文。这篇"课文以'窃读'为线索，以放学后急匆匆地赶到书店，到晚上依依不舍离开的时间顺序和藏身于众多顾客、借雨天读书两个场景的插入，细腻生动地描绘了'窃读'的独特感受与复杂滋味"。因为是独特而复杂的感受，所以文中的很多描写充满了矛盾，如：

> 我有时还要装着皱起眉头，不时望着街心，好像说："这雨，害得我回不去了。"其实，我的心里却高兴地喊着："大些！再大些！"

很显然，作者的言行与内心是不一致的，这与我们常说的"言为心声"相矛盾。然而正是这种矛盾，恰恰生动地展示出"我"明忧实喜的小心思，"我"一方面装出着极无奈的样子给老板看，一方面为下雨天可以有充足的理由在书店读书而欢欣。爱读书的人很多，写读书的文很多，但是林海音的高明之处就在于她从一个独特的角度——"窃读"入手，将一个没钱买书又渴望读书，既低头读书又不得不察言观色、体察环境的小女孩形象刻画得鲜活传神，呼之欲出。

2. 形象与生活常情的矛盾

艺术形象常常是我们"熟悉的陌生人"。在这熟悉与陌生的矛盾间，"这一个"形象的独特魅力便彰显出来。

《窃读记》中的"我""合上书，咽了一口唾沫，好像把所有的智慧都吞下去了"。读到这里，我们是不是会产生疑问：生活中，智慧哪里可以咽口唾沫吞下去？通常情况下，我们要么以咽唾沫暂时缓解口渴的需求，要么在吃饱喝足后咽唾沫以示满足与回味。这里将"咽唾沫"和汲取书中的智慧联系在一起，何意？我们熟悉的动作在作者的笔下出现了陌生的组合，于是，句子也就有了味道。

要咀嚼其中的滋味，就要从熟悉的动作入手。当我们把"咽唾沫"与文章的语境联系一起时，便可以感受到，站得腰酸腿疼、早已饥肠辘辘的"我"，在饱读了两个多钟头后，如同享受了一顿精神的盛宴。作者正是借"咽唾沫"这一形象化的动作，来表达那种阅读带来的满足感与充实感。简单的一句话，却使人物形象更加立体鲜活。

（二）解读表达上的矛盾性

1. 意象的选择

意象，即客观物象经过创作主体独特的情感活动而创造出来的一种艺术形象。意象的选择，体现着作者的情感动机和价值取向。

林海音的代表作《城南旧事》包括五篇描写童年生活的故事，之后作家写下了出版后记——《冬阳·童年·骆驼队》。这篇诗一样的散文被选入人教版小语教材，应该说，题目就很值得品读一番。

《冬阳·童年·骆驼队》，同样是太阳，为什么不是春之暖阳、夏之骄阳，而偏偏是"冬阳"？尤其是和本是充满梦幻、多姿多彩的"童年"相联系时，似乎阳光明媚的春、烈日炎炎的夏更合适，为什么作者偏偏选择了"冬"呢？这样的意象选择，岂不和常理相矛盾？

带着这样的疑问走进文本，我们从不同的角度找寻答案：首先，文中为我们呈现的主画面是以冬季为背景的。购买烧煤、观察骆驼、讨论骆驼的铃铛，都是冬季里的事。因为骆驼是卖煤人牵来的，它们只在冬季才来，春天便回去了，因而这"冬"自然成了必然的选择。

然而，仅仅是从客观生活的角度看还远远不够，我们还需要用一双饱含深情的眼睛再读文本。北国的冬天是灰白的色调，"天气又干又冷"。"作者选取北京的冬天作为自己第一部自传小说后记的主色调，是对北京童年记忆的总体印象，赋予那个灰色生活世界一缕温情和祝福。"❶《冬阳·童年·骆驼队》便是作家林海音为童年唱起的一首心灵之歌，她所谓的"童年住在北京城南的那些景色和人物"与她的童年早已融合于一处，打上了寒冷中有丝丝温暖、寂寥中有些些情趣的底色。那份"淡淡的"感伤，便如冬阳般，构成了全文的情感基调。因而，与充满诗意的春之暖阳不同，与热情似火的夏之骄阳不同，作者选取的"冬阳"正是以冬天为底色的一抹温暖，象征着灰色童年中的一线光亮。

2. 描写的方式

文章的写法，是为表达效果服务的。也就是说，作者怎样描写并非随意而为，而是别具匠心。

《窃读记》中大量使用了心理描写。然而作者的心理描写别具特色。如：

哟，把短发弄乱了，没关系，我总算挤到里边来了……从头来，再找一遍。
啊！它在这里，原来不在昨天的地方了。

乍读起来，并不觉得有什么特别。我们不妨看看文中的另一处心理描写：

我边走边想："昨天读到什么地方了？那本书放在哪里？左边第三排，不错……"

同样写人物的心理活动，写法一样吗？我们更常见的是哪一种？相对来讲，"某某想……"似乎更加熟悉。那作者为什么不都采用这种方式？也许有人说，都采用一种方式未免重复。是的，这个因素是有的，但是不仅仅如此。鲁迅先生在其《不应该那么写》中指出："凡是已有定评的大作家，他的作品，全部就说明着'应该怎样写'。"他说："在不难推想而知的种种答案中，大概总该有一个是'多看大作家的作品'"；再有就是要多看别人作品的"极要紧、极精彩处"。此外，鲁迅结合惠列塞耶夫提出的——从大作家的未定稿与定稿的对比中看出"痕迹"——进一步阐释："在这里，简直好像艺术家在对我们用实物教授。恰如他指着每一行，直接对我们这样说——'你看——哪，这是应该删去的。这要缩短，这要改作，因为不自然了。在这里，还得加些渲染，使形象更加显豁些。'"❷

---

❶ 陈琳. 童年悲欢记忆的生命吟唱——林海音《冬阳·童年·骆驼队》文本解读与教学建议 [J].北京教育学院学报：社会科学版，2012（5）.

❷ 鲁迅. 不应该那么写 [M] //鲁迅全集. 第6卷. 北京：人民文学出版社，2005：321.

这里，我们无法找到作者的初稿加以比较，但是鲁迅先生提出的这个思路却值得借鉴，即尝试还原，发现矛盾。于是，我们不妨将文中直接独白的心理描写改为"某某想"的模式，再来对比着读一读。不读不知道，这样一读，我们会一下子感觉到：那一个个"某某想"，不断地打断文章意脉的连贯性，不断地扰乱"窃读"的秘密氛围。于是，作者通过多处自语式的独白描绘心境的用意也就不言而喻了。

三、关注矛盾：考察选文的教学价值

碍于篇幅、单元主题等各方面的限制，很多优秀的文学作品选入教材时，都经过了编者的改动。这些改动，其实在某种意义上，就是在提示教师，文本固然有其自身的原生价值，但在进入教材后，教师还需要进行重新审视，把握选文的教学价值。

有些选文在进入教材后，一经删减改动，不但作品的内容有改变，就连主题也发生了偏移。

《窃读记》被安排在人教版五年级上册第一单元，该单元的主题是"我爱读书"。于是，基于这一主题的需要，编者将原文中一些情节删掉了，特别是删掉了"我"被老板训斥，以及一位店员特意为我留书阅读的情节。原著的结尾是：

我低着头走出去，黑色多皱的布裙被风吹开来，像一把支不开的破伞，可是我浑身都松快了。忽然想起有一次国文先生鼓励我们用功的话：

"记住，你是吃饭长大，也是读书长大的！"

但是今天我发现这句话不够用，它应当这么说：

"记住，你是吃饭长大，读书长大，也是在爱里长大的！"

然而，到了教材里，作品的结尾变成：

我低着头走出书店，脚站得有些麻木，我却浑身轻松。这时，我总会想起国文老师鼓励我们的话："记住，你们是吃饭长大的，也是读书长大的！"

这样的改动，其实在很大程度上削弱了文章原有的感染力，也在很大程度上弱化了作者原本的写作意图。于是，选文与原作之间就产生了矛盾。这种矛盾，几乎是必然的，不可调和的。这就好像原本一件完整抑或堪称完美的雕塑，被人从中挖掉一些材料，改动一些设计后，作品自然会走样。用一篇写"在爱里长大"的作品去迎合人为设计的外在的其他的主题，真是难为了作品，难为了编者，难为了教师，也难为了学生！

因此，教师在解读这样的作品时，不妨找来原作进行对照阅读，一方面，根据教材的提示揣摩编者的意图，从而明确借助改动后的选文究竟要教给学生什么；另一方面，对原作的阅读可以在很大程度上帮助教师了解这一课"从哪里来"，从而更好地处理"往哪里去"。

如《冬阳·童年·骆驼队》，因为在"多彩的童年生活"单元，有教师浅显地将选文当作一般的"童年趣事"来教，或者将主题定为童年的天真，显然都有盲人摸象、只见树木不见森林之嫌。要想知道这一篇选文的文化主题究竟是什么，就需要与《城南旧事》一起阅读。非如此，不能走进作者的内心世界；非如此，不能领悟作者"童年"之独特的艺术世界；非如此，不能看到作者心中追求真善美的理想世界。有了对《城南旧事》的整体把握，再来看单元主题中的"多彩"时，便会明白，这里的"多彩"不能简单地理解为童年生活的绚丽，而应看到童年生活是有不同底色、不同基调的。

　　解读教材是每一位语文教师必备的基本功。如何从一般读者的普通阅读上升到专业解读，从一般的文本解读转化为教学解读，是教师专业化发展中的重要课题。本研究提出的以"矛盾"为切入走进教材的解读路径，经实践证实是可操作的，可迁移的。当然，研究还只是刚刚起步，落实课标要求，提高师生文学素养，任重道远。笔者也将继续前行，与学生共同成长。

【参考文献】

[1] 丁骥良. 语文学习方法博览 [M]. 上海：上海辞书出版社，2004.

[2] 柳斌，朱小曼. 中国教师新百科（小学教育卷）[M]. 北京：中国大百科全书出版社，2002.

合理分析文本，确定英语学科核心素养的培养重点

关 媛*

【摘 要】 当前的高中课程改革关注课程的育人价值，关注学生的思维发展以及学科核心素养。阅读教学是英语学科核心素养培养的重要途径。本文通过几个典型案例，介绍深入分析阅读文本的特点，确定学科素养培养重点的方法。

【关键词】 英语学科核心素养；阅读教学；阅读文本分析

当前的高中课程改革关注课程的育人价值，关注学生的思维发展以及学科核心素养。核心素养指学生应具备的、能够适应终身发展和社会发展需要的必备品格和关键能力（2016，王蔷）。

一、阅读教学是英语学科核心素养培养的重要途径

阅读是高中阶段学生语言能力提升和思维发展的重要载体。一直以来，阅读教学是高中英语教学的主阵地，占据着非常重要的地位。根据当前的改革趋势，教师要重新认识英语学习方式，要引导学生"以探究主题意义为目的，以语篇为载体，在理解与表达的语言实践中，融合知识学习与技能发展，通过感知、预测、获取、分析、概括、比较、评价、创新等思维活动，形成结构化知识。在分析问题和解决问题的过程中，发展思维品质，塑造文化品格，学会学习，形成正确的价值观，促进英语学科核心素养的形成与发展。"（2016，王蔷）因此，阅读是培养高中生英语学科核心素养的重要途径。

从近十年的阅读教学来看，其目标主要从"知识与技能""过程与方法"以及"情感、态度与价值观"入手，旨在引导学生通过活动获取阅读文本的信息，接触并增加语言积累，提升阅读技能并对文本有一定的思考。阅读是核心素养培养的语篇载体，因此，教师要逐渐改进阅读教学的目标，将重点放在培养核心素养上，即语言能力、学习能力、思维品质和文化品格上。

然而，如果每节阅读课要求每个学生在以上四项目标上都获得相同程度的提升是不

---

* 关媛（1974~），女，北京人，北京市东城区教师研修中心教研员，中学高级教师，北京市骨干教师，研究方向为阅读教学。

现实的。因此笔者认为要深入分析阅读文本的特点，分析出学科素养培养点，把它和学生的阅读需求分析相结合，合理确定核心素养培养的重点。

二、根据文本分析确定核心素养培养目标的具体做法

当前的英语教学改革强调"主题、语篇、语言知识、语言技能、文化知识、学习策略六要素通过一些体现实践性、综合性、探究性和开放性特点的英语学习活动有机整合在一起，组成一个个连贯的学习单元……"（2016，王蔷）这样的教学变革趋势要求教师的课前设计和规划也要从整体入手。在连贯的学习单元中，阅读仍然处于主导地位。

在目前的阅读教学中，教师的文本分析主要包括教学内容分析和教学对象（即学情）分析。对教学内容的分析一般会谈到教材的出处、学段、模块主题以及文本的主要内容等。教学对象一般会谈到学生所处年级，学生的整体水平和特点等。分析泛泛而谈，使用的语言放之四海而皆准。分析的内容浮于表层，不够深入；分析的角度全面但缺乏重点。因此笔者建议文本分析从以下几个角度逐层进行，从而确定利用某个文本进行核心素养培养的重点。

首先，分析阅读文本和单元话题之间的内在逻辑关系，初步确定单元整体学习目标。其次，针对阅读文本，围绕作者的写作目的和手法，分析文本内容的各组成部分之间的内在逻辑关系。最后，确定学科素养培养点，结合学情分析，锁定重点。

三、案例分析

以下以人教版英语教材模块四第一单元"Women of Achievement"为例进行说明。

（一）分析阅读文本和单元话题之间的内在逻辑关系，初步确定单元整体学习目标

这个单元的标题是"Women of Achievement"，介绍的是一些中外伟大女性及其成就。主课文的阅读文本"A Student of African Wildlife"谈论的人物是野生动物研究者简·古道尔。单元就这一话题提供了其他角度的素材，如以阅读文本的形式介绍了我国著名的妇科疾病专家林巧稚，以听力文本的形式列举了女性在通往成功道路上所面临的困难等。"A Student of African Wildlife"详细地描述了简·古道尔这样一个有成就的女性，是单元主题下的一个真实例子。这两者之间的支撑关系，就如同说明文中使用的例证法一样。因此，本单元的整体学习目标就可能预设为"通过成功女性的典型形象，了解女性在通往成功道路上所面临的困难以及伟大女性所具有的品质和特点，探讨女性在社会生活中的价值和贡献"。为了达成这样一个整体目标，阅读文本"A Student of African Wildlife"对于整个单元的学习价值就体现在"通过简·古道尔这一典型形象，了解女性在通往成功道路上到底克服了哪些具体的困难。简·古道尔具有什么样的品质和特点，她为社会做出了什么贡献"。这样一来，阅读文本是达成单元整体学习目标不可或缺的重要部分，在学习主线上完全吻合。而另外一个有关林巧稚的阅读文本和有关

女性面临的困难的听力文本都为单元整体学习目标提供了学习材料。这些学习活动有机整合在一起，组成了一个个连贯的学习单元，达成一个个小目标，从不同的角度为单元整体目标的达成做出各自的贡献。

（二）进入文本，围绕作者的写作目的和手法，分析文本内容的各组成部分之间的内在逻辑关系

笔者认为文本分析不仅要关注"文章说的是什么"，还应该多思考"为何这样写？为何写这些内容，而不是其他的内容"，即深入思考作者的写作目的，继而思考作者为了达到这样的写作目的如何组织文本各部分之间的内容、使用了什么样的语言或语法结构、表现出了什么样的措辞和语气，等等。这样的分析能依托语篇的特定目的和表现手法，把相关话题的词汇知识、语篇表达使用的语法结构等连接成一个网络，有利于实施以主题意义为主导的整体学习。

那么，通过简·古道尔这一典型形象，作者传递了哪些信息？通过这个例子，作者到底想要说明什么问题？作者是如何表现这一形象的呢？下面我们来分析文章各部分内容之间的内在逻辑关系。

（1）分析标题：文本题目"A Student of African Wildlife"显示有两条行文线索，主线是 student，暗线是 wildlife。标题统领全文，揭示了全文的核心。

（2）分析各段落主旨，获得文本的脉络：通过每段主旨句的提示，我们很容易获得这个文本的框架，即 How our group studied chimps in the forest→What Jane discovered about chimps→What Jane is doing now to help chimps→Jane's achievement. 从行文可以看出，作者从细节入手，逐步扩大描写范畴，推进到主人公对社会的贡献。这是从微观到宏观以点带面的写法，有理有据地表现出一位克服困难、不断奉献、走向成功的伟大女性。

（3）分析文本内容的表现手法：这个文本在刻画人物方面有其特殊之处——细节刻画凸显人物的特征。作者首先以参与者的身份描写了简·古道尔与她的同事们在非洲原始森林观察黑猩猩的片段，生动地展示了研究的细节。而这些身临其境的细节既让读者了解了野外研究法，又直接体验到野外研究工作的脏和累，表现了简·古道尔所克服的种种困难；同时，为下文谈论简·古道尔从事这项工作的重要性以及她所取得的成就打好了伏笔，让读者由衷地对简·古道尔产生敬佩之情。

（三）确定学科素养培养点，结合学情分析，锁定重点

基于以上分析，我们来重新审视某教师在之前的教学中确定的学习目标：

（1）从文章中寻找简·古道尔研究的细节。
（2）辨别简·古道尔与其他研究者的不同之处。
（3）发现简·古道尔所做出的牺牲。
（4）通过研究细节推断简·古道尔的优秀品质。
（5）为英语演讲比赛准备一篇有关简·古道尔的演讲。

对于以上学习目标，如果从英语学科核心素养的四个维度（语言能力、学习能力、思维品质和文化品格）进行审视，就能发现教师计划从一个或多个角度培养学生的核心素养（见表1）。

表1

具体学习目标	所涉及的学科素养	学生的具体学习行为表现
从文章中寻找简·古道尔研究的细节	语言能力	学习语言知识（如有关研究行为的词汇、主谓一致的语法现象）；理解语篇所传递的意义
辨别简·古道尔与其他研究者的不同之处	语言能力，思维品质，学习能力	分类概括信息；分析、推断信息的逻辑关系；选择策略与方法
发现简·古道尔所做出的牺牲	思维能力，学习能力，文化品格	分类概括信息；分析、推断信息的逻辑关系；形成正确的价值观；选择策略与方法
通过研究细节推断简·古道尔的优秀品质		
为英语演讲比赛准备一篇有关简·古道尔的演讲	语言能力，思维品质，学习能力，文化品格	在语境中整合性运用所学知识；有效使用口笔语传递意义；进行人际交流；传递正确的价值观；理性表达；明确目标，选择策略与方法

从表1可以看出，每一个具体目标旨在培养某项学科素养，多个目标之间层层递进，所要求的学科素养不断增加，融合了主题、语篇、语言知识、语言技能、文化知识、学习策略六要素。

那么，到底重点培养哪一项学科素养呢？这主要是根据学生的整体水平和学习需求而定。比如，如果学生对于完成第一个目标——"理解语篇所传递的意义"都有困难，那么教师应先想办法引导学生理解语篇、内化语言，这样才能为后续几个目标的达成奠定基础。如果第一个目标能顺利达成，教师应该重点培养学生的思维能力和学习能力，如在后续的第四个环节中，要求学生提供细节证明自己的推断。这种引导培养了学生分析、推断信息的逻辑关系的能力。同时，在此过程中，教师引导学生将支撑的信息用关键词的方式进行记录，进行小组分享，如以什么形式记录关键词、记录什么样的关键词等，这也是学生学习能力潜移默化的形成过程。如果学生的语言能力较强，那么教师就可以把重点放在第五个环节上，进行思维拓展训练，由有关简·古道尔的演讲延伸到其他伟大女性的演讲，或者要求学生就女性对社会的贡献展开讨论，甚至就男性和女性从事科学研究的优劣展开辩论，等等。这些具有思辨意识和开放意义的活动能提升学生的思维能力和品质。

四、分析文本，确定学科素养培养的重点需要注意的问题

（一）文本分析要关注文本与学生实际生活的联系，通过活动帮助学生解决实际

这也就是说，要关注文本的现实意义。以人教版英语教材模块一第一单元"Friendship"为例，这个单元的阅读文本"Anne's Best Friend"讲述了犹太女孩安妮把日记当作自己最好的朋友的故事。单元还以其他形式提供了学习材料，比如以阅读文本

和听力文本的方式提供了如何解决有关友谊方面遇到的问题，以及在陌生环境表示友好、建立友谊的方式等。

友谊的话题和每一个学生息息相关。这个话题是初中毕业生刚刚进入高中时的第一个模块。由于刚升入高中，很多同学还未适应高中生活，也没有结交新的朋友。根据笔者曾经做过的问卷调查可以看出，学生在交友方面存在一些典型的问题。综合分析单元的话题材料，联系学生的实际，教师就可以将单元整体的学习目标就确定为：单元学习结束时，学生能增加对友谊的理解，即为什么交朋友、如何交朋友、怎样处理与朋友的关系。单元学习结束后，希望部分学生能够就自己在友谊方面存在的问题得到实用的建议，以更妥善的方式处理自己在交友方面遇到的问题。这些目标能引导学生形成正确的价值观和处事原则，丰富学生的文化品格。

那么文本"Anne's Best Friend"对于这一整体的目标有哪些方面的意义呢？如果深入探究作者的写作目的和手法，可以发现有一部分文字在描述日记作为朋友的特殊背景，这部分内容能帮助学生理解特殊的朋友对于主人公的意义，即为什么交朋友的问题。教师在理解文本的基础上，可以引导学生继续思考"Why do we need friends? Does a friend always have to be a person"等问题。这些问题符合高中学生的身心发展特征，能提升学生的思辨能力。

（二）学生陌生的话题以及语言稍难的文本，要重视对学生"语言能力"的培养

语言能力是指以读的方式理解和表达意义的能力。一般来讲，文本话题与学生的熟悉程度以及话题词汇的难度与学生的语言能力有着直接的关系。因此，对这类文章进行文本分析时，要将关注点放在如何通过理解不断强化语言知识，如何通过口笔头的活动不断内化语言、提升语言能力。比如人教版英语教材中模块二第一单元的琥珀屋的流转历史、第五单元门基乐队形成的过程等对学生来讲都比较陌生，要加大力度促进语言能力提升。

（三）学生熟悉的话题以及语言通俗易懂的文本，可重点培养学生的学习能力和思维品质

例如，人教版教材模块二第二单元的话题是"奥运会"，学生在小学、初中和日常生活中都接触过该话题，非常熟悉。本单元的主课文"An Interview"是一篇对话形式的采访稿，一个现代记者"穿越"采访一个古希腊人，借以引出古代和现代奥运会的不同，并引发对即将举办的 2008 年北京奥运会的展望（教材编写日期早于 2008 年）。很显然，这样的一篇对话形式的采访稿无论是在形式上、内容上还是在时效性上都很难引起学生的兴趣。

通过文本分析，笔者发现该采访对话中的生词很有特点，几乎每一个生词都能用不同的方式猜测出来。因此，可以先给学生介绍一些猜测生词的方法，让学生用这些方法猜测文本中的每一个生词，通过小组和全班分享巩固猜词策略。这样的文本利用方式可以促使学生积极运用和主动选择词汇学习的策略与方法。

（四）与东西方文化、风俗习惯相关话题的语篇，可重点培养学生的文化品格

例如，人教版英语教材模块五第二单元"The United Kingdom"的编写意图是让学生了解英语国家的地理、历史、政治、文化和社会习俗等。阅读文本"Puzzles in Geography"，从英联邦的地理版图入手，呈现了英国的历史。文本逐段介绍了英联邦的形成过程、英联邦的四个组成国家的异同、英格兰的组成、伦敦以及历史上四批入侵者给英国留下的历史印记等。任何国家、任何文化都是历史积淀的结果。因此，可以引导学生从梳理历史上的哪些因素造就了"今日之英联邦"，继而完成题为"How British history brought about the UK"的短文。学生要完成该短文，就需要知道英国的历史对于现在的影响具体体现在哪些方面。但是这些基本信息分布在各个段落中，比较零散。因此，学生需要在理解语篇所传递的意义之后，对文本的信息进行再处理。对零散信息的梳理、重组、归纳和推理，能促进学生的思维能力。

总之，阅读教学文本的分析是培养学科核心素养的基础。合理的分析和定位，能帮助确定合理的学习目标，有助于整合、体现实践性、综合性、探究性和开放性特点的英语学习活动，引导学生在分析问题和解决问题的过程中，促进英语学科核心素养的形成与发展。

学生核心素养培养"校本化"实施的实践与思考

管 杰[*]

【摘　要】 学校是连接学生个体与社会群体之间的重要桥梁，是把社会需求导入教育之中引导青少年发展的主要力量，是教育青少年适应社会发展、推动社会进步的主阵地。作为教育的重要实施主体，学校既要考虑到受教育者个体成长的诉求，也要考虑到自身的发展诉求，更要考虑到社会对于人才的诉求。因此，学校需要统筹个人、学校、社会三个维度，"校本化"培养学生的核心素养。

【关键词】 核心素养；校本化；学生；管理

要实现对学生核心素养的"校本化"培养，必须对学校文化、教育理念、课程建设、教学模式等方面进行全方位的升华。

一、要对学生核心素养进行"校本化"理解、转化与表达

对学生的核心素养进行校本化培养，首先要对核心素养进行校本化的理解、转化，形成校本化的表达。校本化理解，重在领会核心素养的价值、意义，以及具体的规定要求；校本化转化，重在将"国家标准"转化为学校落实的行动计划或方案，落实在课程、教学、评价、管理的各个方面；校本化表达，重在从学校的实际出发，在全面理解、执行的基础上，明确更加强调哪些、需要拓展什么，以彰显校本特色。

我们认为，无论是个人的成功还是社会的成功，都依靠个体的核心素养应用于实现集体的目标。因此，将个体的核心素养整合成为组织的核心素养，是使个体核心素养成为促进社会成功的关键环节。《中国学生发展核心素养（征求意见稿）》提出了9个方面26项核心素养。9个方面的核心素养都强调从"个体"视角出发，落脚于社会，如个体处理与他人（家庭）、集体、社会、自然关系等方面的情感态度和行为表现，个体对国家政治制度、核心价值理念、民族文化传统等方面的理解、认同和遵从，个体对国际动态、多元文化、人类共同命运等方面的认知和关切，等等。

从个人的角度看，教育要促进公民基本素质与个人特长的协同发展，既要培养青少

---

[*] 管杰，男，辽宁瓦房店人，北京市第十八中学校长，主要研究方向为学校管理。

年具备公民基本素质，也要满足青少年特长发展的诉求。教育要回归到"以人为本"的轨道上来，回归到教育的原点。在公民的基本素养中，良好的道德，包括社会公德及法律素质，应该是作为公民的核心素养。在职业人的基本素养中，崇高的职业理想应该是作为从业者的核心素养。

无论是作为公民还是从业者，都应该具备良好的沟通能力、基本的计算能力，这既是基本素养也是核心素养。沟通能力包括沟通的语言能力、沟通的心理素质、沟通的方法和技巧等，既包括国内沟通能力也包括国际沟通能力。

从学校的角度看，教育要促进办学水平与特色办学的协同发展，以推进教育主体与客体的协调进步；既要紧密围绕公民基本素质全面提升促进学校办学水平的整体提升，也要紧密围绕从业者核心素质的培养发展学校的办学特色，深入持久地推进特色办学，形成能够满足学生多样化特长发展需求的特色教育体系，形成一种公民基本素质、特长发展与学校整体办学水平、特色教育之间良性的互动机制。

从社会的角度看，教育要促进群体的长远利益与近期利益的协同发展，以推进整个社会的可持续发展。社会的可持续发展，基于人类社会与自然环境的关系协调。因此，全社会的生态文明既是人类应有的基本素养，也是每个人应该具备的核心素养。社会的和谐发展，基于全人类对于文化多样性的认识、平等对待人类社会一切文化。因此，全社会的文化包容性既是人类应有的基本素养，也是每个人应该具备的核心素养。

二、要构建培养学生核心素养的校本化课程体系

在北京市第十八中学"聚·宽"文化引领下，聚焦学生核心素养的培养。以方庄教育集群和十八中教育集团为依托，我们将国家、地方和校本三级课程全面整合，形成了基础性、多样性、层次性、综合性的培养学生核心素养的校本化课程体系——"聚·宽"教育课程体系。"聚·宽"教育课程体系以"建设以学生为本的生本课程"为课程理念，以培养具有健康的体、温暖的心、智慧的脑、勇敢的行的优秀青少年为培养目标。

围绕着培养"健康的体"，在完成国家一般体育课程的基础上，我们根据学生的特长发展和国家对体育专业人才的需求，开设了足球、围棋、击剑、乒乓球、篮球、羽毛球、桥牌、毽球、定向越野等课程，形成了学校的特色体育课程体系。作为方庄教育集群的龙头校，充分利用教育集群的发展优势，打破学段限制，形成了贯通学段的"大十二年一贯制"的课程体系，进行十二年一贯制培养。

围绕着培养"温暖的心"，一是通过专门的心育课程、传统文化课程和全员德育，以及社会主义核心价值观的实践，培养学生的自我认同、国家认同、文化认同；二是通过外语课程、国际理解课程和国际游学等，增强学生的国际理解能力；三是通过以艺术课程为基点的所有课程的审美教育，乃至生命美育体验式教育，提升学生的审美情趣，培养个体的内心和谐、亲社会行为和文化包容的品质。

围绕着培养"智慧的脑"，开发课程，帮助学生建构自己的知识体系、方法体系和情感系统。通过课程教育，一是培养学生感知世界的能力，二是培养他们理解世界的能

力，三是培养他们辨别世界的能力，四是培养他们探索世界的能力。学校教育不仅使学生增长了知识，继承了文化，更使他们拥有聪明的大脑。教育不是把学生的脑袋当作篮子装满，而是要点亮他们的智慧。北京市第十八中学"聚·宽"教育，就是以点亮学生的智慧为核心。

围绕着培养"勇敢的行"，通过课程教学和社会实践，一是培养学生的审辨式思维能力，敢于向权威挑战的勇气和胆识；二是培养学生的实践能力，不但具备开展科学实验的能力，而且具备进行科学探险的勇气，不但具有科学探究的本领，而且具有改造社会的雄心。

三、构建培养学生核心素养的校本化教学模式

落实核心素养的基本载体是课程，主渠道是课堂。课堂是学生学习的地方，也是学生品格形成、生命成长的地方，是学生由自然人向社会人发展的重要场所。不同的课堂生态决定着学生生命成长的方向、高度和质量。所以，培养学生的核心素养要教师教的方式和学生学的方式的转变。在构建培养学生核心素养的校本化教学模式方面，我们从以下几个方面进行了探索。

第一，教师要从"学科教学"转向"学科教育"。学科教师要明白自己首先是教师，其次才是教某个学科的教师；首先要清楚作为"人"的"核心素养"有哪些、学科本质是什么，才会明白教学空间要把学生带向何方。这也是从"知识核心时代"走向"核心素养时代"的必然要求。所以，教师要以核心素养指导、引领、辐射学科课程教学，彰显学科教学的育人价值，使之自觉为人的终身发展服务，使"教学"升华为"教育"。

例如，对于新课程课堂上十分流行的小组学习，以前的时候大多数老师认为只不过是帮助学生学习的一种方式或手段，是服务于学习内容与学习目的的。在培养学生核心素养的背景下，我们要充分挖掘我校"走位教学法"小组学习的本体价值，通过实现本体价值培养学生的核心素养。我们认识到，小组学习拥有以下本体价值，其本体价值的实现过程就是一个培养学生核心素养的过程。

（1）小组学习是一个不断丰富学生情感、完善学生人格、拓展学生精神世界、提升学生生命价值的过程。作为课堂重要组成部分的小组学习，对学生而言，更多的是一种日常化、生活化的存在。学生以整个生命体作为单位参与其中，是学生生命成长和精神升华的重要依托。小组学习能够增进学生之间彼此生活化的理解，沟通学生之间的生命世界，使他们实现、完善各自课堂生活，实现生命的共融、共通。

（2）小组学习的过程是一个学生形成良好的合作精神品质和社会责任感的过程。小组学习不仅强调各个成员之间的积极互动，而且也是一个帮助学生自觉地去遵守相应的规范，特别是尊重别人、欣赏别人、帮助别人的过程。小组学习不仅要重视各个学生的认知发展，更要关注他们通过学习形成了什么样的身份。小组学习还要培养学生学会合作、学会与人相处、形成良好的合作精神品质，使学生能够正确处理个体与他人、与集体的关系等方面的情感态度和行为表现，帮助学生形成对自我和他人负责的社会责

任感。

（3）小组学习还是一个使学生体验"观念历险"、审美和享受的过程。小组学习除了是一个培养学生自主、合作、探究学习的过程外，还是一个使学生经历"观念历险"的过程。通过"观念历险"提升学生的思维，使学生从"是什么"的实体思维转向"如何是"的过程思维、关系思维。同时，小组学习的过程要成为一个自由自在的、满足学生生命自由发展需要的过程，是一个享受和愉悦的过程，是一个审美的过程。

第二，重构课堂价值追求和课堂行为准则。为适应培养学生核心素养的要求，根据"聚·宽"教育课程体系的培养目标，我们在专家的引领下，全体教师积极参与，对课堂价值追求进行了升华，提出了新的"聚·宽"课堂的价值追求。

（1）"聚·宽"课堂是师生共同成长的生命场，是立德树人、充分体现核心价值观的课堂。

（2）"聚·宽"课堂是培养学生具有健康的体、温暖的心、智慧的脑、勇敢的行的课堂。

（3）"聚·宽"课堂是突出培养学生质疑精神、创新思维、实践能力的核心素养的课堂。

（4）"聚·宽"课堂是关注学生差异、突出个性、自主生成的课堂。

（5）"聚·宽"课堂是培养学生自主学习、合作学习、探究学习的课堂。

（6）"聚·宽"课堂是教师展示人格魅力、智慧魅力、教学魅力的课堂。

（7）"聚·宽"课堂是体现学科内外综合的课堂，是与信息技术深度融合的课堂。

（8）"聚·宽"课堂是开放的课堂，是活动丰富多彩的课堂，是体现知识生活化的课堂。

（9）"聚·宽"课堂是注重多元评价、过程评价的课堂。

根据"聚·宽"课堂的价值追求，我们重新制定了课堂行为准则：以促进教师的专业发展、学生的自主发展为中心，打造健康的、智慧的、温暖的、勇敢的生命课堂。

健康的课堂，课堂教学环境、教学环节有利于生命的健康（身心的健康）。根据青少年的身心发育特征来设计教学环境和教学环节。

温暖的课堂，环境温馨、气氛和谐，让学生有强烈的归属感。不仅师生间有问题的交流、思维的互动，更有情感的交流和互动。温暖课堂是激发学生的"正能量"的以正面性评价为主的课堂，是理解需求、关注差异、注重激励、以学生为主体的课堂，是播撒幸福的阳光、释放生命的灿烂、洋溢着生命的温暖的课堂。

智慧的课堂，首先要培养学生认知自己、认知他人、认知社会的能力，能够对自己的情感、思想和行为实行有效控制，对学习的目标有合理的规划，对学习时间进行合理安排，把课堂作为实现自己职业规划与人生理想的舞台。其次，要以学生的学习为中心，突出学生的自主、合作、探究学习，突出课堂的"思辨"与"智慧"。学生学习的不是确切的答案，也不仅是知识和技能，而是要点亮智慧，培养学生正确的思维模式，培养学生自由的精神、公民的责任、远大的志向、审辨式的独立思考的能力，使学生能够自由地发挥个人潜质，能够审辨地看待世界，以便在未来将世界改造得更好。

勇敢的课堂，培养学生的人文情怀和科学精神，发展爱的能力，培养爱的责任，养成博爱的胸怀；培养学生强烈的社会责任感，对自然有科学的认识并能够做出积极的反应；培养学生探究未知世界的勇气，鼓励学生大胆质疑权威，培养学生不怕失败的抗挫折能力。

学生核心素养培养的"校本化"实施，还有很长的路要走，我们将一如既往地探索下去，为国家的教育改革贡献自己的力量。

使用形象化记录时应注意的问题

郭建华*

【摘　要】 涂涂画画是儿童的天性。有的同学不喜欢记录是因为他们认为记录太枯燥，干巴巴的几个字对他们没有吸引力。形象化的记录一般是把观察到的与问题相关的各类现象用图画加文字的方式简单记录下来。学生在记录时可以写，写不清楚可以画。这种记录形式符合小学中年级学生的认识水平，容易让学生接受。学生记录的难度降低，趣味性增高，有助于增强学生对科学学习的兴趣。形象化的记录可以使学生思维发展线索部分实现可视化，能真实、生动地展示学生观察、实验的实际情况，还能为教师评价教学提供更为充分的依据。形象化记录的确有很多优点，但在设计和使用时也必须注意以下几个问题：一是坚持人人记录；二是记录要真实；三是记录内容要适当；四是形象化的记录要与常规记录方式结合使用。

【关键词】 形象化；记录；注意；问题

涂涂画画是儿童的天性。有的同学不喜欢记录是因为他们认为记录太枯燥，干巴巴的几个字对他们没有吸引力。形象化的记录一般是把观察到的与问题相关的各类现象用图画加文字的方式简单记录下来。学生在记录时可以写，写不清楚可以画。这种记录形式符合小学中年级学生的认识水平，容易让学生接受。学生记录的难度降低，趣味性增高，有助于增强学生对科学学习的兴趣。形象化的记录可以使学生思维发展线索部分实现可视化，能真实、生动地展示学生观察、实验的实际情况，还能为教师评价教学提供更为充分的依据。

正因为如此，越来越多的老师在自己的课堂教学中开始使用形象化的记录。但与此同时我们也发现，要想让形象化记录在课堂中真正发挥作用，在设计和使用时还应该注意以下几个问题。

一、坚持人人记录，还是小组一张记录单

有的科学课上，小组一张记录单，同学们分工合作，实验记录完成得很快。表面上看，大家的实验过程很顺畅，实际上呢？现在大部分的科学课，人人都有一张记录单，看起来很浪费时间，但是学生的思维过程通过这张记录单外化出来。学生在学习中很多

---

* 郭建华（1977~），男，北京市密云区冯家峪镇中心小学副校长，小学高级教师。

真实的想法留在了记录单上,这些问题、成长中的"错误"极具价值。所以在日常教学中,我们要力争做到人人记录,有意识地将形象化科学记录的重要作用推广给每个学生。要尽量避免每组一张记录单,组内一名同学长期担任记录员的现象。

充分发挥形象化记录的作用,促进每个学生良好记录习惯的养成。要尊重学生之间的差异,对那些暂时记录不好的同学要给予充分的理解。站在学生发展的角度思考问题,通过教师的适当指导和同学的帮助来解决问题。只要这部分学生能持续地进行记录,那么他们的科学记录水平就一定会有不同程度的提高。

在认识果实的结构时,密云县第六小学的吴秋月老师为学生设计了一张形象化的记录单(见图1),请学生利用这张记录单将自己在横切、纵切果实时观察到的果实内部结构记录下来。为了让这张记录单发挥最大的作用,吴老师为每个同学都准备了一张。在讲清了记录单的用法后,请同学们记录下自己观察的真实情况。看到一部分同学记录有困难时,她就请本组已经记录好的学生帮助他们一起来完成。这样一来,虽然多花了2分钟的时间,但是组内的4名学生都有了成功记录的体验,而且他们收集到的事实和反映出的思考也比一个人记录要丰富得多。在这个过程中,吴老师发现,学生对于苹果、青椒等果实的结构有自己的认识。他们认为,果实除了有果皮和种子之外,还有果肉(见图2)。这一想法在很多学生的前科学概念中都存在。依据这种实际情况,吴老师在后面就可以有针对性地设计教学活动,帮助学生认识到果肉原来是果皮的一部分。

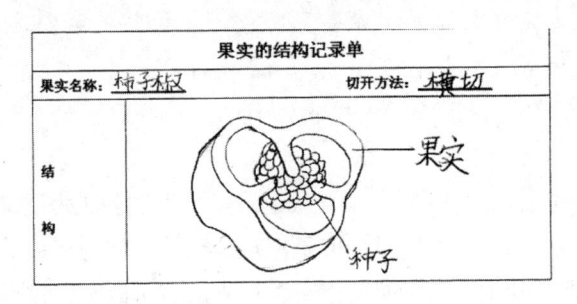

图 1

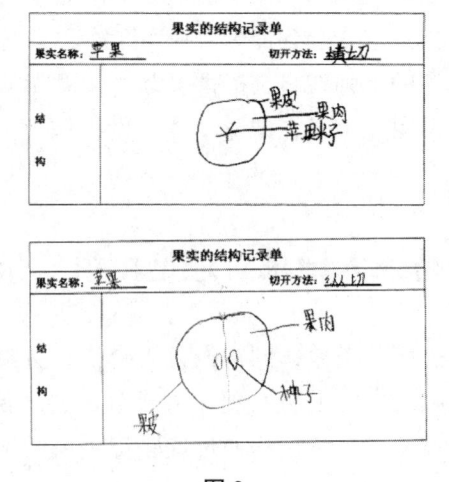

图 2

二、记录单的内容是越详细越好吗

记录如此重要,是不是要让学生多记一些,为我们评价学生的学习过程留下更多的证据?不一定,不要让记录成为学生的负担。记录单上的内容应该怎样确定?

首师大版《科学》教材第六册《透镜》一课中,涉及凸透镜成像规律的研究。与初中物理课中研究的成像规律不同,本课中只需要让学生了解凸透镜能成像,而且成像时蜡烛、凸透镜、纸屏三者的距离会影响成像的大小即可(见图3)。

图3

为了便于学生探究上述的凸透镜成像的规律,我在上这节课时,为学生准备了实验记录条。用了6年的时间先后对记录条进行了8次修改。每一次修改我都会详细地记录下改动情况、使用方法以及使用这个记录单的优点与不足。每一次的修改都只有一个目的,就是让学生能够真实、简单地记录下实验的数据,为动脑思考留有足够的时间。

(1)记录条一(见图4)。

图4

记录简介:这个记录条是根据"教具大王"张国成老师的凸透镜成像仪制作的。其中蜡烛、纸屏是打印在纸条上的。中间代表凸透镜的椭圆是打在一张小纸圈上的,这张小纸圈可以在记录条上像游标一样左右滑动,根据凸透镜距离蜡烛、纸屏的距离调整它在记录条上的相对位置。

效果分析:总体来讲难度太大。其一,学生使用软米尺测量三者距离时难度大,数据误差大。其二,学生为求得准确的"放大"和"缩小",自己用纸屏贴近蜡烛的火焰测量其高度,造成安全隐患。

（2）记录条二（见图5）。

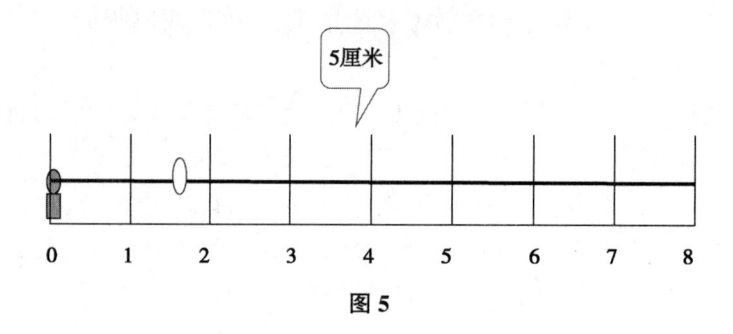

图5

记录改动简介：用米尺测量，在上一次试讲中被否定。为了能帮助学生记录三者之间的长度，本次试讲中学生的实验桌上出现了与记录条二相对应的"实验平台"。这张画有八个等长格的大纸条可以使学生方便地记录三者相应的位置，其中一个格的长度与学生所用凸透镜的一倍焦距基本相等。

效果分析：难度与记录条一比较降低了许多，学生能够自己画蜡烛。但确定凸透镜、纸屏的准确位置不太容易。近30%的学生没有注意到纸屏下的小尖指向的是纸屏所在的准确位置，椭圆也很难说明凸透镜的准确位置。记录条排列在一起后，学生只关注记录条上凸透镜与纸屏的距离，而忽视蜡烛与凸透镜的距离。

（3）记录条三（见图6）。

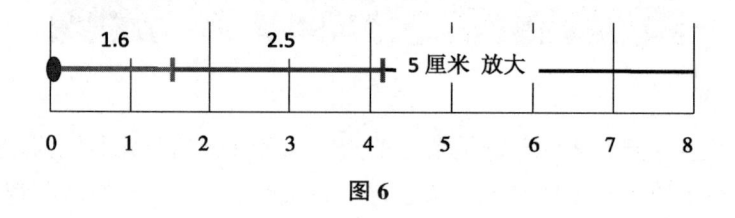

图6

记录改动简介：为让学生关注蜡烛等三者之间的距离，这次记录给了每组两只彩笔：一种颜色描出蜡烛到凸透镜之间的距离，一种描出凸透镜至纸屏之间的距离，而且要求学生计算出之间的格数。为使纵向对比的效果明显，这次的记录固定了蜡烛的位置，用一个红（深）色的椭圆代替火焰。

效果分析：8项填写任务过于繁杂。其中，确定格数的计算涉及小数，难度很大，记录所用时间明显高于实验时间。记录的任务过重，造成了实验次数的减少。用竖线表明凸透镜、纸屏的位置的方法比原来的标注更准确。但用竖线代替凸透镜的方法过于抽象，学生在汇报时经常忘记中间的竖线代表的是什么。

（4）记录条四（见图7）。

记录改动简介：一个红（深）色的椭圆代替火焰学生认不出来，改用红（深）色燃烧的蜡烛。用竖线代替凸透镜的方法虽然能准确地表明凸透镜所处的位置，但过于抽象。改为用凸透镜的侧面图，以镜柄作为确定位置的标志。

效果分析：3项填写任务解决了填写繁杂的问题。但简单的格数在数据对比时显得过于单薄，使数据的整理看起来过于简单，学生在汇报时内容单调。

图 7

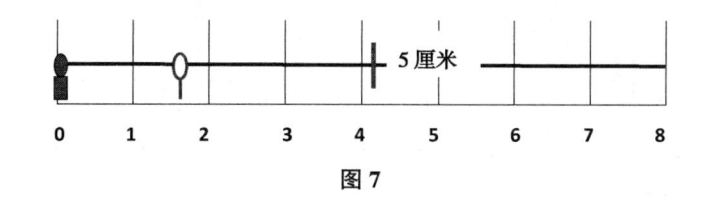

(5) 记录条五（见图 8）。

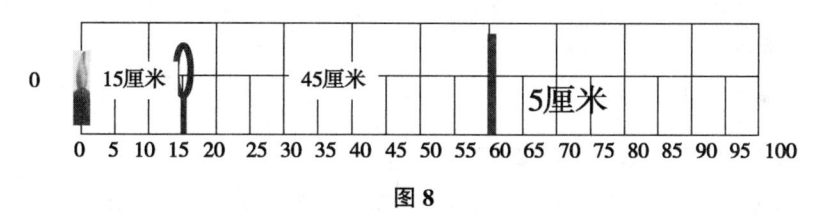

图 8

记录改动简介：真正的蜡烛图片代替了长方形和椭圆拼接的蜡烛。更重要的是，操作平台由 8 个等长的格变成了一张 100 厘米长的大纸条。5 厘米的间距，20 个小格，使凸透镜、纸屏的位置确定和记录起来更方便。三者之间的距离也更容易算出。

效果分析：5 项填写任务，成年人看起来并不多，但对于学生来讲，计算需要时间，测量像的高度需要时间，记录的任务还是显得比较重。操作平台的改变带动了记录条的改变，记录的准确性和科学性有了"质"的提高。但记录条的改进却使另外一个问题显现了出来，几次试讲总觉得学生在复杂的记录过程中很难有高水平的思维活动。像的大小数字化后与火焰的大小比较，总让人感觉不科学。因为整个过程中都没有涉及火焰长度的测量。

(6) 记录条六（见图 9）。

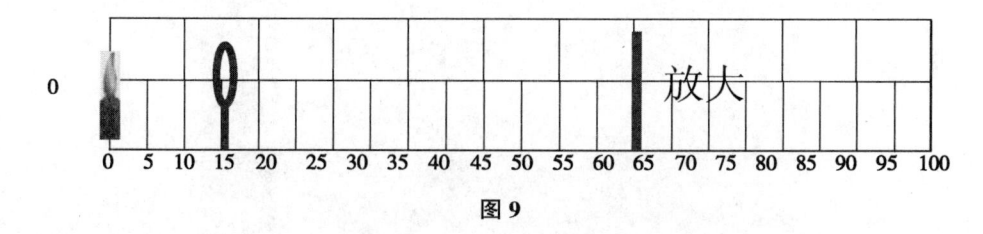

图 9

记录改动简介：一系列无法解决的问题使我们做出了一个最简单的决定，简化填写，变记录像的大小为记录像的"放大"和"缩小"。

效果分析：通过课后对记录条的分析，直接填写"放大"和"缩小"使学生填写的数据中不准确的比例增加了 10%。而且原有的整理数据由按像的大小排序变成了按照"放大"和"缩小"分组。整理后的数据带给学生的刺激明显降低。

(7) 记录条七（见图 10）。

记录改动简介：用像的大小代替了"放大"和"缩小"。保留按像的大小排序的方法，使数据的整理更富有艺术性。

效果分析：3 项简单的内容中还有可挖掘的数据，蜡烛距凸透镜之间的距离、凸透镜距纸屏间的距离都能从中得出。简单的记录为分析、整理、研究数据提供了时间，把

图 10

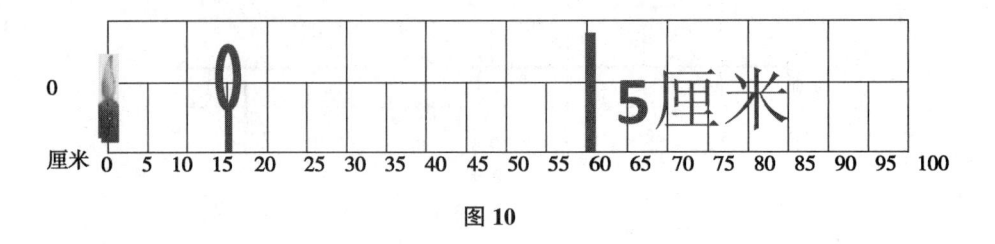

一些多样性的表达留给了学生自己去发现、去探究。多了几分自主，少了几分约束，不同学生的不同发展在这样的条件下正好能表现出来。

（8）记录条八（见图 11）。

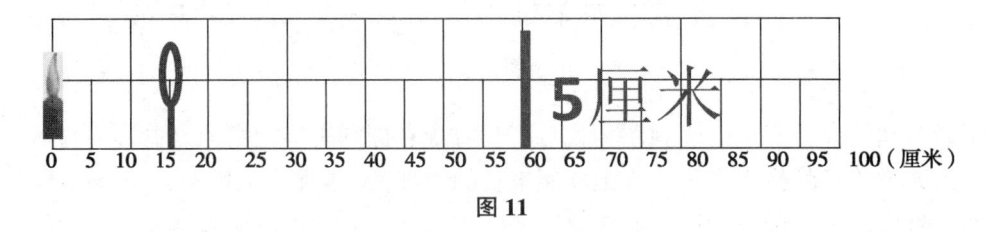

图 11

记录改动简介：单位"厘米"放在记录条中刻度的前面不科学，应放在刻度后面。

最后形成的记录条八不仅记录起来更简单、有效，而且本组几位同学所做的不同实验还可以方便的整理在一起（见图 12），方便学生对于凸透镜成像规律的探究。

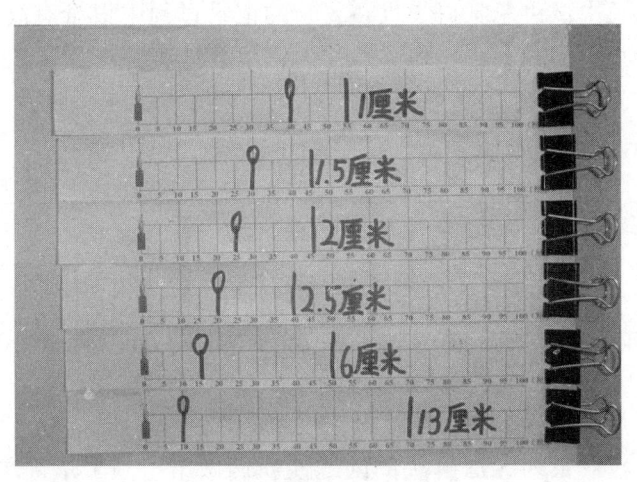

图 12

记录条的不断改进帮助我总结出了两条简单的科学记录使用原则：一是记录的项目不能过多。过多的记录项目看似详尽但容易占用整理、研究记录的时间，占用学生的思考时间，造成事倍功半。二是记录的难度不能过大。不能让记录成为牵扯学生主要精力的"负担"。记录过程中应该让学生有思考的机会，记录后的数据及其格式也应该是容易引发学生思考的。提高记录和记录数据的可操作性为学生的思维发展提供有利的平台。

三、学生想象出来的"虚假"记录有没有意义

真实是形象化科学记录的最基本要求。学生的形象化记录可以不美观,但必须反映出观察实验现象的最基本特征。在讲授《小水珠从哪里来》一课时,我在湿度很高的教室中请学生把冰块放入干燥的密封瓶内,让学生用 5 分钟时间观察瓶子的变化。然而有的学生的记录单中却出现了"1 小时以后""1 小时 20 分钟以后的变化"(见图 13),这实际上是将真实的可观察到的现象与猜想混为一谈了。这是我引导学生思考"你记录的是真实的实验现象吗?"学生马上会意识到,我应该记录我看到的情况,不能将自己的想象写到记录单上代替观察到的实验现象。

图 13

科学课最重"实证"。在观察、实验中求真、求实不仅是一个非常重要的情感、态度、价值观的目标,而且是保证探究活动科学性的必要前提。如果教师在自己的课堂中观察到了"记录与猜想混为一谈"的现象,一定要抓住机会,让学生认识到科学记录真实的重要性。在这样不断强化的过程中,帮助学生养成"实事求是"的科学素养。

四、怎样将形象化记录巧妙组合

在小学科学课堂上,有许多概念是通过不完全归纳法推理出来的,需要大量的科学事实作为依据。但是,我们的课堂只有短短的 40 分钟。如何在较短的时间里,让学生积累更多的科学事实呢?我们可以采用小组间科学记录共享的方法,将同一层次科学事实的收集工作由学生分组完成,然后逐一汇总,再将学生获取的科学事实进行分析、比较,最后在此基础上进行推理。

密云县密云镇中心小学的杨洋老师在引导学生建立"茎中有运输水分的管道式结构"这一概念时,安排学生分组观察经过红颜色水浸泡过的悬铃木的茎、玉米茎、茼蒿茎、倭瓜茎,并且将看到的实验现象以及解剖的实物形象地记录下来(见图 14)。在学生分组汇报的同时,教师将不同小组的记录结果汇聚在一起,一张涵盖学生所有观察结果的汇总表就拼接好了(见图 15)。不同组的学生在观察、记录时做的怎样呢?教师通过记录单一目了然。这时老师再引导学生观察这几种植物在实验中所反映的异同点,学生能很容易地观察到,四种植物经过红水的浸泡后,茎的纵切面上都有红色细线、横

切面上都有红点的事实。学生再总结"茎中有上下贯通的管道式结构"这一概念就顺理成章了。如果发现某一组的记录存在问题,教师也能通过记录单及时诊断出来,可以给他们组时间让他们二次观察,这样的教学就更具针对性了。

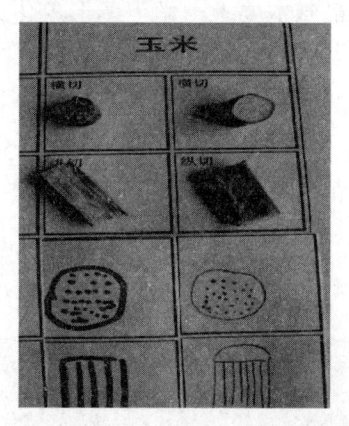

图 14

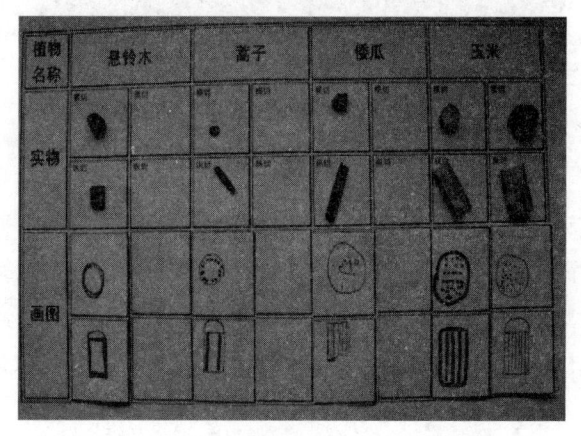

图 15

【参考文献】

[1] 韦钰,等.探究式科学教育——教学指导[M].北京:教育科学出版社,2005.
[2] 曹炳达.科学记录的深思考[EB/OL].http://www.cn-teacher.com.
[3] 郭建华.指导记录的策略[J].教学仪器与实验,2002(1).

敢于"放手"的爱　收获幸福成长
——浅谈幼儿自主学习品质的培养

韩　梅*

【摘　要】 自主学习是新课程改革所倡导的学习方式之一，《指南》中也指出要培养幼儿积极主动的学习品质。为此，教师应当营造宽松氛围，构建新型师幼关系，给予幼儿充分的信任、尊重孩子间的能力差异、尊重幼儿的不同想法；教师有效参与、支持幼儿主动发展，鼓励亲身感受，激发学习欲望；善于问题引导，把探究引向深入；激励自由创作，自信勇敢表现。

【关键词】 幼儿；自主学习；教师

自主学习是新课程改革所倡导的学习方式之一。《3～6岁幼儿学习与发展指南》中指出："要充分尊重和保护幼儿的好奇心和学习兴趣，帮助幼儿逐步养成积极主动、认真专注、不怕困难等良好的学习品质。"自主学习是以发展幼儿个性为宗旨，发挥幼儿在学习过程中的积极性和主动性，让幼儿按自己的意愿主动地学习，让幼儿成为学习的主人。自主学习理论是一种现代教育思想，摒弃了以往"被动学习"和"他主学习"的弊端，以幼儿为中心，着眼于幼儿的主动发展，促进每个幼儿自觉主动地参与学习，为幼儿的终身发展、全面发展打下良好的基础。在传统幼儿教育中，过分地突出和强调的是机械地模仿，强调知识的接受与技能的掌握，幼儿的学习成为"你说我听，你示范、我模仿"的被动接受过程，幼儿学习的积极性、主动性被冷落。教师应当转变观念，充分利用各种资源，有效调动幼儿学习的积极性与主动性，激发幼儿的创造力，"放手"去爱，让幼儿幸福成长。

一、营造宽松氛围，构建新型师幼关系

心理学家罗杰斯认为"有利于创造活动的一般条件是心理的安全和心理的自由"。一些研究也表明，在心情良好的状态下工作时，人的思路更开阔，思维更敏捷。为此，作为教师应当创设宽松的心理环境，让幼儿敢于表达，专注自己所爱。

(一) 给予幼儿充分的信任

教师要始终坚信：每个孩子都是一个天生的发明家。教师不能武断地对幼儿作品给

---

* 韩梅（1968~），女，北京人，昌平区工业幼儿园园长，中学高级。

予否定，要多鼓励，多肯定，因为就他个人发展来说，这是非常可贵、重要和必须的。为此，我们调整了户外大型区域游戏材料，特别是针对大班投放了多种多样的低结构材料，如梯子、轮胎、纸盒等。孩子们打破班级界限、自由结组、自由游戏。正是在宽松、信任的环境中，孩子们有很多的奇思妙想，一会儿搭成迷宫，一会儿做成跷跷板，一会儿又骑上了旋转木马……在这样的游戏氛围中，孩子们的创造力真正被激发。相信孩子，我们就能收获不一样的精彩。

（二）尊重孩子间的能力差异

《纲要》中指出："尊重幼儿在发展水平、能力、经验、学习方式等方面的个体差异，因人施教，努力使每一个幼儿都能获得满足和成功。"由于家庭环境不同，幼儿的能力和水平存在很大差异，他们在各领域的发展速度也是参差不齐的，教师应理解并帮助他们以适合自己的速度向前发展。比如，活动中有能力较强的孩子，很快完成新任务；也有胆小、能力弱的孩子，对于遇到的困难不知从何下手。这是太普遍不过的情况了，为此，老师更需要尊重个体差异，安排不同难度的任务，投放有层次的操作材料，因材施教，让每一个孩子都能自信成长！

（三）尊重幼儿的不同想法

《指南》中指出："了解并倾听幼儿的想法或感受，领会并尊重幼儿的创作意图。"幼儿间的相互影响也是个不容忽视的心理因素，教师要引导幼儿尊重他人，同时也要了解和倾听孩子的想法与感受。孩子们经常会关注同伴的作品，有些新奇的想法可能会让别的幼儿意外，甚至反对和排斥。如在画小汽车的时候，有一个小朋友画了一个圆形的汽车，旁边的小朋友看到了，对他说："不对，汽车怎么会有圆形的呢，太难看了！"这时，一般会出现两种情况。第一种，对于内向的小朋友来说，会立即把画纸藏到桌子下，不愿给别人看。另一种情况，是与旁边的小朋友发生争执。这些情况对于小朋友们来说，造成的负面影响其实是很大的，有可能今后再也不敢大胆地表现自己的意愿。所以当教师遇到这种情况的时候，要走近孩子，倾听他的想法，了解他创作的原因。其实，他设计的是环保汽车，不同的汽车有不同的功能，还可以坐很多小朋友。只有倾听孩子的声音，老师才能够转变观念，不再主观判断孩子的做法，了解孩子行为背后真正的原因，给予他们需要的支持！

二、教师有效参与，支持幼儿主动发展

（一）鼓励亲身感受，激发学习欲望

波利亚曾说过："学习任何知识的最佳途径是自己去发现，因为这种发现，理解最深，也最容易掌握其中的内在规律、性质和联系。"因此，教师在教学活动中要多方创造条件，为幼儿主动学习提供时间与机会，让幼儿通过动手、动脑、动口等多种感官的参与，努力去发现，探索新知，同时也学会学习，真正成为学习的主人。

如在《五彩蔬菜》的主题活动中，教师先带幼儿到菜地去观察，然后让幼儿参与收集日常生活中常见的蔬菜，和幼儿一起布置"蔬菜世界"的主题环境。鼓励孩子们

用各种方式观察蔬菜，用眼观察、用手触摸、用鼻子闻，用剥开豆荚、剥去芋头的皮、切断莲藕等方法"解剖"蔬菜，引导幼儿边观察边与同伴交流讨论，使幼儿充分体验、感知蔬菜的特征。幼儿说："黄瓜摸上去会刺刺的""空心菜的梗中间有个洞""莲藕切开有许多洞洞""芋头爱穿一件衣服""四季豆长得像泥鳅""青椒长得像灯笼，中间是空的，里面有很多籽"……这是多么生动、真实的体验啊！幼儿通过自身的积极探索，获得了有关蔬菜的名称、外形特征以及内部构造等知识，为他们的美术创作积累了经验，更为主题活动的开展打下了基础。在这个系列活动中，孩子们积极主动，探索情绪很高，不仅丰富了他们的生活经验，更重要的是使他们知道了探究就在他们身边，学习充满了乐趣。这才是学习真正的魅力所在，源源不断的好奇心和探索欲激发着幼儿对自己感兴趣的事物不断探索，相信每一个人都能够有所收获。

（二）善于问题引导，把探究引向深入

心理学家布鲁纳认为："对学生学习内因的最好激发，乃是激起学生对所学的内容的兴趣。即来自学习活动本身的内在动机，这是直接推动学生主动学习的动力。"在幼儿对事物兴趣浓厚，探究欲望强烈时，教师需要给予孩子适当的支持，特别是问题的引导，才能够把幼儿的探究引向深入，提升一个层次，激发幼儿自主学习的内动力。

如在故事教学活动中，首先，教师预设的各种问题需要从每个幼儿的实际需要出发，贴近幼儿的生活，为每个幼儿创设合理的发展空间。多设计一些开放的问题，根据幼儿原有的生活经验进行追问，给幼儿留出思考的时间与空间，帮助幼儿梳理已有经验，获得多方面的发展。其次，要明确师幼互动应答中教师提问的层次性，进行有针对性的提问。如对于能力弱的幼儿，提出一些简单的、与幼儿生活经验相关的问题，类似于"是什么""怎么样"，等等，这样幼儿可以直接回答，获得自信。对于能力较强的幼儿，可以先调动幼儿原有经验后进行加工与处理再提问，比如"为什么""怎样才能"，等等，使幼儿语言发展获得提升。如在"蔬菜"的主题活动中，教师会跟随幼儿的发现进行不同层次的提问，层次浅显的如"你在哪里见过它们""它是什么样子的"等，层次深的提问包括"为什么蔬菜的皮的颜色不一样""怎样吃可以让我们的身体更健康"等；不同层次的提问，不仅能调动幼儿的已有经验，更能引导幼儿探索更多的感兴趣的未知空间。教师是幼儿学习活动的鼓励者、支持者、引导者，幼儿应有更多的权力进行独立思考、个性化理解、自由表达、质疑、批判。因此，有效的、适宜的提问能有效地促进师幼互动，引导幼儿更深入地思考问题，激发幼儿探究的自主性和主动性。

（三）激励自由创作，自信勇敢表现

《指南》中指出"幼儿的学习与发展是一个整体，要以促进幼儿身心全面发展为目标"，而多元智能理论更是告诉我们"人类有八大智能，不同的人在不同的方面都会有不同的表现"。为此，教师在关注幼儿自主性培养的同时，应当转变教育观念，做好"园丁"的事业，提供多样化的、层次性的材料，为幼儿个性的表达提供不同的平台。这样，爱运动的孩子可以通过肢体表达，爱语言的孩子可以用言语表达，爱艺术的孩子可以用绘画、音乐表达……孩子们在我们的幼儿园中可以以他们的个性成长为美丽的

花、坚实的树，或者是自强的草，而在"园丁"的悉心照顾下，每一个孩子都能够成长得欣欣向荣。

儿童的世界是儿童自己去探索去发现的，他们自己所探求来的知识才是真知识，他们自己发现的世界才是真世界。因此，在活动中，教师应充分理解和尊重幼儿的兴趣和爱好，更多地给幼儿以自由，让他们有进行创造活动的权利和机会，使他们在自由的天地里，在实践活动中，充分地用眼、用手、用脑去发现、去创造。也只有这样，才能真正使幼儿成为学习的主人，使幼儿的身心都得到健康和谐的发展。

敢于放手的爱，让我们收获孩子的幸福成长！

【参考文献】

［1］李季湄，冯晓霞．《3-6岁儿童学习与发展指南》解读［M］.北京：人民教育出版社，2013.
［2］幼儿园快乐与发展课程［M］.北京：北京师范大学出版社，2009.
［3］万钫．学前教育学［M］.北京：北京师范大学出版社，1994.
［4］陈帼眉．学前心理学［M］.北京：人民教育出版社，1989.

浅谈数学核心素养在教学中的显现

——以"函数的单调性"教学为例

韩 玮[*]

【摘 要】 众所周知,新一轮课程改革正在积极酝酿之中,以人为本,提高学生的核心素养成为教育界的热点问题。就数学学科而言,更关注学生的数学素养的提高,特别是数学核心素养问题引发了同行的广泛关注。提高学生的核心素养远远不是开设几门学科文化素质课、学几种技能、开展几项活动这么简单的事儿,它更应该体现在每一节课堂教学中。笔者以数学核心素养中的直观想象、逻辑推理、数学抽象和运算能力在"函数的单调性"教学中的显现,浅谈在课堂教学中注重以知识结合素养进行的教学设计,以期抛砖引玉。

【关键词】 数学核心素养;直观想象素养;逻辑推理素养;数学抽象素养;运算能力素养

数学核心素养是指具有数学基本特征的、适应个人终身发展和社会发展需要的人的关键能力与必备品质,也就是个体面对复杂的、不确定的情境时,综合运用数学知识、观念、方法解决实际问题所表现出来的关键能力与必备品质。当前,史宁中教授等正着力于数学新一轮课程标准的编制,把中学传统数学教学注重双基三能(基本知识,基本技能;逻辑思维能力,空间想象能力,推理运算能力)进行了更为细致地划分,提出了六大核心素养,即数学抽象、逻辑推理、数学建模、直观想象、数据分析和运算能力。这些素养对于一线教师而言,并不陌生,一句话概括,就是"用数学的眼光观察世界,用数学的思维思考世界,用数学的语言描述世界"。

"函数的单调性"教学备受关注。一方面,函数单调性是函数的重要性质之一,在函数一章中占据重要地位和作用;另一方面,函数单调性因其形式化定义较难"动态激活",往往是以教师讲授为主,缺乏学生的自主建构。下面,结合教学实录谈谈在"函数的单调性"教学中显现出的数学核心素养是如何引发学生"欲达彼岸"的心理需求,激励学生"乐此不疲"的求知欲望,点燃学生"火热思考"的钻研精神,从而推动概念的自然生成的。

---

[*] 韩玮(1970~),女,湖南人,北京市大峪中学,全国模范教师,中学高级,研究方向为生本理念下的教与学。

一、图象铺垫，直观想象，感知函数单调性的意义

教师：下图（见图1）是北京某天24小时的气温变化图。观察图形，你能读出哪些信息？

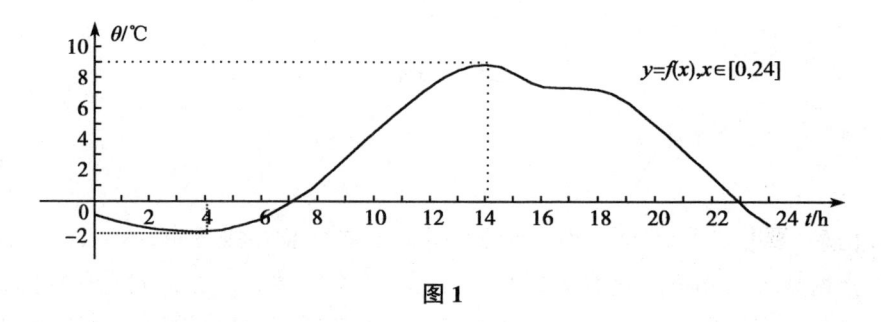

图1

学生：最高气温是9℃。

教师：什么时刻达到最高气温？

学生：14时达到最高气温9℃。

学生（抢答道）：4时达到最低气温-2℃。

教师：不同时间段内气温有怎样的变化趋势呢？

学生：时间从4时到14时气温逐渐升高，由-2°上升到9°。

学生：时间从0时到4时气温逐渐降低，由约-1°降低到-2°。

学生（补充道）：时间从14时到24时气温也逐渐降低，由9°降到了零下。

教师：大家把图的蛛丝马迹都读出来了。在生活中你见到过类似的数据变化曲线图吗？

学生（七嘴八舌道）：股票走势图、心电图、存款利率、血糖值、吉他弦动等（见图2）。（伴随着学生举例，教师播放了课前准备好的相关图片，前三个恰好和学生所举实例吻合。看着多媒体播放，学生发出了惊讶的声音，学习热情瞬间高涨）

教师：看来，咱们师生默契度超高啊！咱们还回到北京，截取上述图象中的一部分，大家琢磨琢磨我们如何用数学语言刻画"在区间［4，14］图象呈上升趋势"？（见图3）

对于区间［0，4］上的图象，我们如何用数学语言刻画"图象呈下降趋势"（见图4）？

学生：在区间［4，14］上y随x的增大而增大；在区间［0，4］上随的增大反而减小。

教师：你说得太好了！函数值随着自变量的变化而增大或减小的性质，叫作函数的单调性。这节课我们来学习函数的这一性质。

设计意图：直观想象素养是指借助几何直观和空间想象感知事物的形态与变化，利用图形理解和解决数学问题的过程。教学中，教师提供图象引导学生观察、识图，根据图形描述捕捉信息，发现函数图象上升或下降时函数值的变化规律，并能用自然语言进

行表述，从而借助图象直观感知函数单调性，完成对函数单调性的第一次认识。

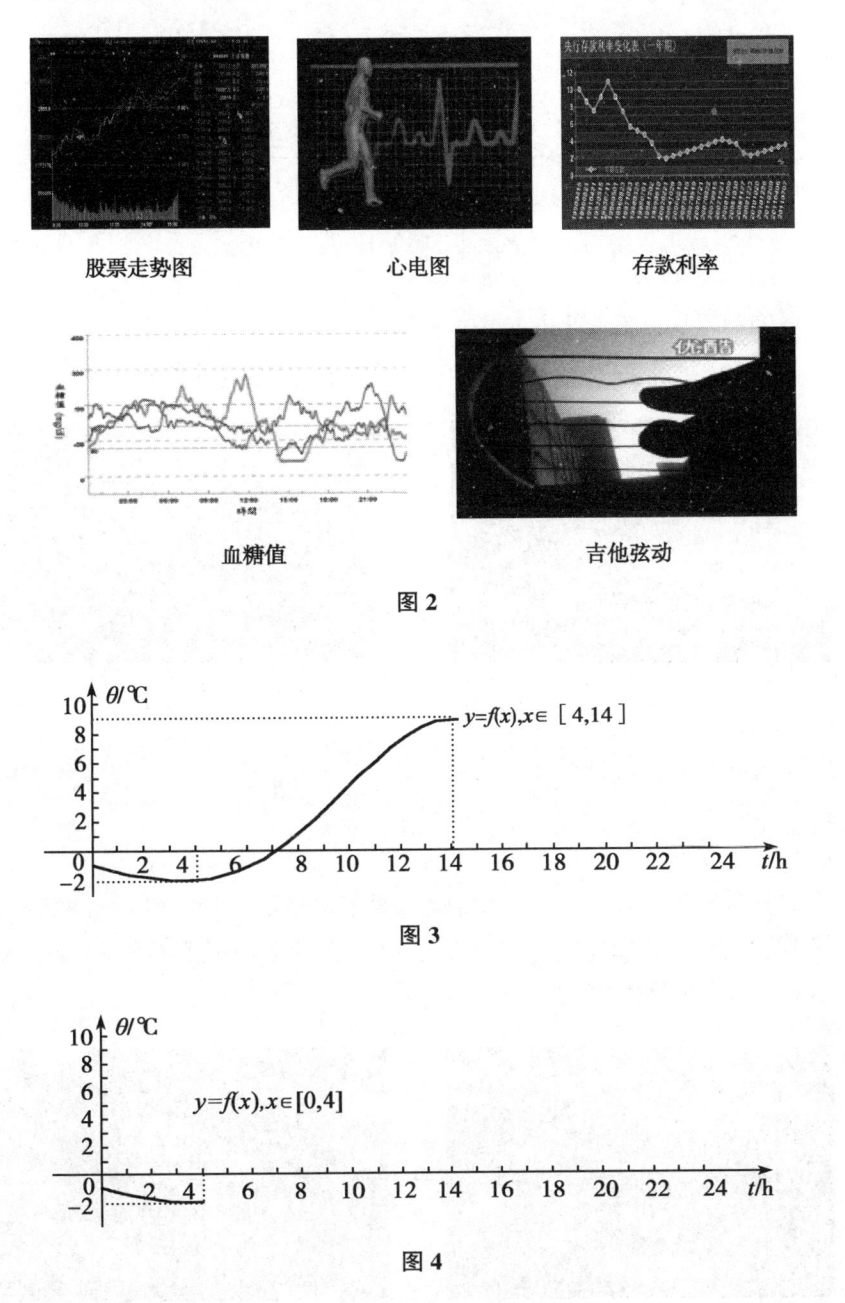

股票走势图　　　　心电图　　　　存款利率

血糖值　　　　吉他弦动

图 2

图 3

图 4

二、寻根问底，逻辑推理，突破常量到变量的转换

教师：对于区间 [4，14] 上的图象，咱们如何用数学语言刻画"y 随 x 的增大而增大"呢？

学生：如图 5 所示，当 $x=4$ 时，$y=-2$；$x=14$ 时，$y=9$，显然自变量 x 由 4 增大到 14 时，函数值 y 由 -2 增大到了 9，这说明 y 随 x 的增大而增大啊！

教师：请大家思考：对于一个函数，如果当 $x=4$ 时，$y=-2$；$x=14$ 时，$y=9$，就一

·169·

图 5

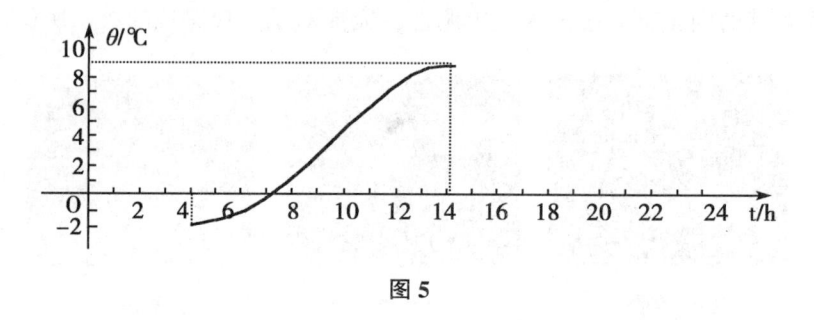

定能够说明这个函数在 [4, 14] 上 y 随 x 的增大而增大吗（见图6）？

学生（思考片刻后，否定了这一说法）：不一定，我可以画图（见图7）来说明。

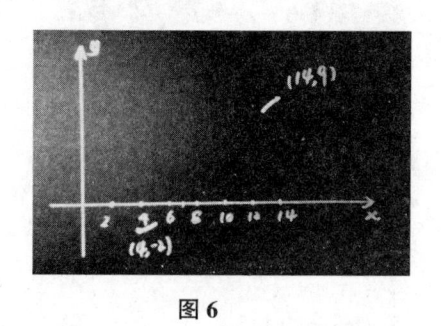

图 6　　　　　　　　　图 7

有学生提议多取一些自变量 x。

教师：多取取多少呢？

学生：取无数多个自变量 x。

教师：如下图8在 [4, 14] 上取 n 个自变量，满足，$4<x_1<x_2<x_3<L<x_n<14$，与自变量对应的函数值也满足 $-2<y_1<y_2<y_3<L<y_n<9$。这时就一定能够说明这个函数在 [4, 14] 上 y 随 x 的增大而增大吗？

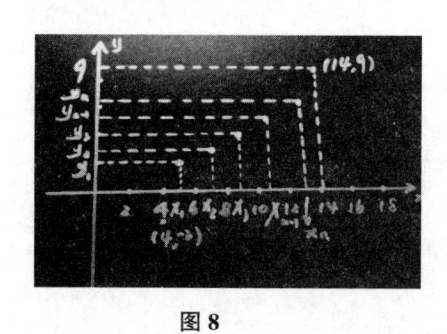

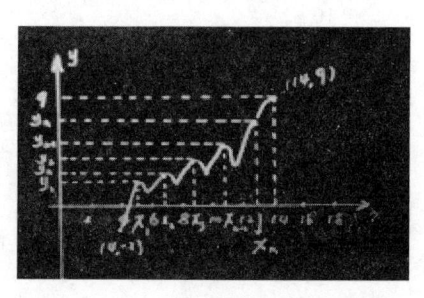

图 8　　　　　　　　　图 9

学生：不一定！我也可以画图（见图9）说明。

教师：咱们怎么取值才能说明函数在 [4, 14] 上 y 随 x 的增大而增大呢？

学生：干脆取遍 [4, 14] 上所有的自变量 x，这样每个自变量 x 都有唯一确定的函数值 y 与之对应，可以看到随着 x 的增大 y 也在增大。

教师：咱们取遍了 [4, 14] 上所有的自变量 x，这也意味着要取遍 [-2, 9] 上所有与自变量 x 相对应的函数值 y，这样 [4, 14] 上的自变量有无数多个，而 [-2, 9] 上的函数值也是无数多个，咱们都无法穷尽，要说明 y 随 x 的增大而增大，仍然是大家观察图象进行的直观描述，同学们思考一下能不能用简洁的数学表达式来刻画 y 随 x 的增大而增大呢？

学生（思考片刻）：用"任意"来刻画。在区间 [4, 14] 上任意取两个值，x_1，x_2，当 $x_1 < x_2$ 时，与之对应的函数值也有 $f(x_1) < f(x_2)$。由于 x_1，x_2 取值的任意性，就能说明函数值 y 随 x 的增大而增大。

教师：嗯，大家讨论讨论咱们用任意两个自变量的变化趋势，来刻画函数值的变化趋势，这能说明函数在区间 [4, 14] 上 y 随 x 的增大而增大吗？

学生：当然能，这个"任意"太霸气了。

教师：在区间 [4, 14] 上任取两个值 x_1，x_2，当 $x_1 < x_2$ 时，都有 $f(x_1) < f(x_2)$。这说明函数在 [4, 14] 上 y 随 x 的增大而增大。用这样的数学表达式来刻画简洁吗？

学生：确实简洁！

设计意图：逻辑推理素养是指从一些事实和命题出发，依据逻辑规则推出一个命题的思维过程。教学中，通过如何用数学语言刻画函数的单调性，引发学生从数量角度进行思考，由两个数、无数多个数、取遍给定区间上的所有数，直到"任意两个数"，不断地寻根问底，使学生由感性体验出发，逐步找规律、想办法，借助字母代替数字，实现了常量到变量的转化，把对单调性的认识由感性上升到理性认识的高度，形成有论据、有条理、合乎逻辑的思维品质。完成对函数单调性的第二次认识，为给出函数单调性定义做好了铺垫。

三、自然过渡，数学抽象，理性归纳催生概念形成

一般地，设函数 $y = f(x)$ 的定义域为 D，区间。$M \subseteq D$。

如果取区间 M 中的任意两个值 x_1，x_2，$x_2 > x_1$，（$\Leftrightarrow$ 改变量 $\Delta x = x_2 - x_1 > 0$），（一）当 $f(x_2) > f(x_1)$，（$\Leftrightarrow$ 改变量 $\Delta y = f(x_2) - f(x_1) > 0$）就称函数 $y = f(x)$ 在区间 M 上是增函数，此时 M 叫作这个函数的一个增区间（如图 9 所示）。

（二）当 $f(x_2) < f(x_1)$，（$\Leftrightarrow$ 改变量 $\Delta y = f(x_2) - f(x_1) < 0$），就称函数 $y = f(x)$ 在区间 M 上是减函数，此时 M 叫作这个函数的一个减区间（如图 10 所示）。

如果一个函数在某个区间 M 上是增函数或是减函数，就说这个函数在这个区间上具有单调性。（区间 M 称为单调区间）

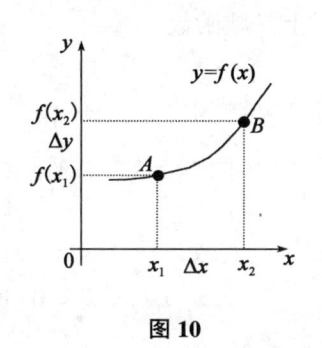

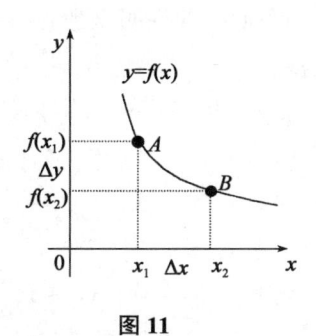

图 10

图 11

设计意图：数学抽象素养是指舍去事物的一切物理属性，得到数学研究对象的思维过程。数学抽象是数学的基本思想，是形成理性思维的重要基础，反映了数学的本质特征，贯穿在数学的产生、发展、应用的过程中。数学抽象使得数学成为高度概括、表达准确、结论一般、有序多级的系统。教学中，从图形与图形关系、数量与数量关系中抽象出函数的单调性概念以及增、减函数概念之间的关系，并且用数学符号结合数学术语予以表征，使学生从自变量和函数值的变化情况认识到增、减函数的实质：自变量的变化趋势与函数值的变化趋势一致时是增函数；自变量的变化趋势与函数值的变化趋势相反时则是减函数。

四、巩固练习，运算能力，领会单调性定义的使用

例1：根据图象（见图12）说出函数的单调区间，以及在每一个区间上，函数是增函数还是减函数？

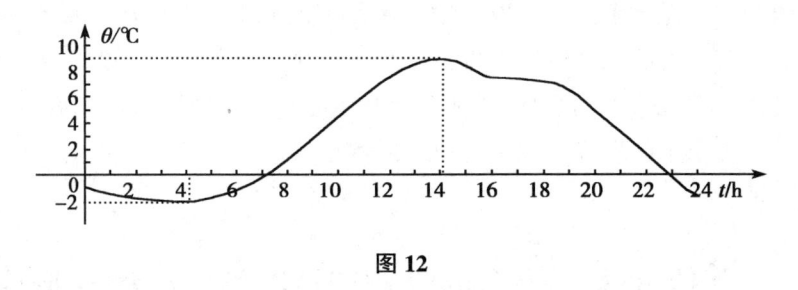

图12

学生：函数在区间［0，4］上是减函数；区间［0，4］是减区间；在区间［4，14］上是增函数；区间［4，14］是增区间；在区间［14，24］上是减函数，区间［14，24］也是减区间。

例2：确定函数$f(x)=x^2-2x+3$的单调区间，并用定义证明该函数在相应区间上的单调性。

分析：

学生：画出函数$f(x)=x^2-2x+3$的图象，可确定该函数的单调区间。

由$f(x)=x^2-2x+3=(x-1)^2+2$易知$f(x)$的减区间是$(-\infty，1]$；增区间是$[1，+\infty)$。

教师：现在我们一起证明函数在$(-\infty，1]$上是减函数。

教师（板演）：

证明：设x_1，x_2是$(-\infty，1]$内的任意两个不相等的实数，且$x_1<x_2$，则$\Delta x=x_2-x_1>0$，$\Delta y=f(x_2)-f(x_1)=x_2^2-2x_2+3-(x_1^2-2x_1+3)=(x_2^2-x_1^2)-2(x_2-x_1)=(x_2-x_1)\cdot(x_2+x_1-2)=\Delta x\cdot(x_2+x_1-2)$。

因为x_1，x_2是$(-\infty，1]$内的任意两个不相等的实数，且$x_1<1$，$x_2\leq 1$，$x_1<x_2$则$\Delta x=x_2-x_1>0$，$\because x_1<1$，$x_2\leq 1$，$\therefore x_1+x_2<2$，$\therefore x_1+x_2-2<0$。所以$\Delta y<0$。因此函数$f(x)=x^2-2x+3$在区间$(-\infty，1]$上是减函数。

课堂练习：证明函数$f(x)=x^2-2x+3$在$[1，+\infty)$上是增函数。

解答：略。

思考：如何判断函数 $f(x)=x+\dfrac{1}{x}$ 的单调性？

学生：画出函数 $f(x)=x+\dfrac{1}{x}$ 的图象，就可以判断该函数的单调区间，但函数的图象并不好画啊！

教师：在函数图象画不出的情况下，我们如何判断函数的单调性呢？

学生：可以用刚刚学习过的定义来判断。

教师：很好。下面请同学们具体做一做，体会如何正确使用单调性定义进行证明。

学生（板演，教师纠误）：

证明：设 x_1，x_2 是 $[1,+\infty)$ 内的任意两个不相等的实数，且 $x_1<x_2$，则 $\Delta x = x_2-x_1>0$，$\Delta y = f(x_2)-f(x_1)=x_2+\dfrac{1}{x_2}-\left(x_1+\dfrac{1}{x_1}\right)=(x_2-x_1)+\left(\dfrac{1}{x_2}-\dfrac{1}{x_1}\right)=(x_2-x_1)+\dfrac{x_1-x_2}{x_2\cdot x_1}=(x_2-x_1)\left(1-\dfrac{1}{x_2\cdot x_1}\right)=(x_2-x_1)\left(\dfrac{x_2\cdot x_1-1}{x_2\cdot x_1}\right)=\Delta x\cdot\left(\dfrac{x_2\cdot x_1-1}{x_2\cdot x_1}\right)$。

①当 x_1，x_2 是 $[1,+\infty)$ 内的任意两个不相等的实数，且 $x_1<x_2$ 则 $\Delta x=x_2-x_1>0$，$\because x_2\cdot x_1>1$，$\therefore x_2\cdot x_1-1>0$，$\therefore \dfrac{x_2\cdot x_1-1}{x_2\cdot x_1}>0$。所以 $\Delta y>0$。

所以函数 $f(x)=x+\dfrac{1}{x}$ 在区间 $[1,+\infty)$ 上是增函数。

②当 x_1，x_2 是 $(0,1]$ 内的任意两个不相等的实数时，函数则是减函数。

教师：用定义证明函数单调性步骤可以概括为几步？

教师归纳（学生总结）：设元、作差（变形、断号）、定论。

设计意图：运算素养是指在明晰运算对象的基础上，依据运算法则解决数学问题的过程。数学运算是数学活动的基本形式，也是演绎推理的一种形式，是得到数学结果的重要手段。教学中，学生的困难是：对于难以画出图象的函数如何判断其增减性？通过讨论，使学生体会到利用函数单调性定义证明的必要性。配合例题示范，学生能够归纳出证明函数单调性的一般步骤：设元、作差（变形、断号）、定论。这一环节能够进一步发展学生的数学运算能力，有效借助运算方法解决问题，从而促进学生的数学思维发展，养成程序化思考问题的习惯，形成一丝不苟、严谨求实的科学精神。

五、反思回顾，整体把握，提高综合性知识的运用

通过师生互动交流，本节课的体会、收获如下：

（1）如果能画出函数图象，可以利用图象直观判定函数的单调性，说出单调区间；如果不会画函数图象，就得用函数单调性定义进行判定。

（2）利用定义证明函数单调性的一般步骤为：设元、作差、定论。

（3）用到的数学思想方法有：数形结合、等价转化等。

当然，学生对这些内容的掌握还要在定义的具体使用中慢慢用心感悟。

设计意图：通过对本节课提纲挈领的总结，使学生站在学科知识体系的角度整体化地审视核心知识。

至此，"函数的单调性"在教师的巧妙铺垫、学生的热情回应下自然生成，数学六大核心素养中的直观想象、逻辑推理、数学抽象和运算能力一一呈现。要适应当前新的课程教学改革，教师首先要转变观念，在教学中积极尝试多种方法、渠道，激励学生在基本数学活动、数学思想方法体验和学习过程提炼中渗透数学核心素养；在"玩数学"的过程中，注重以知识结合素养进行教学设计，逐步归纳、抽象、提取出变化过程中的不变性、规律性和特殊性，从而借助学科规律层层揭开隐藏其中的数学本质。

【参考文献】

［1］孙宏安．数学素养探讨［J］．中学数学教学参考（上旬），2016（4）．

［2］从数学学科看"核心素养"如何落地［EB/OL］．http：//www.zjjyb.cn/jszk/guanzhu/12364.html．

［3］中国学生数学学习应培养好六大核心素养［EB/OL］．http：//blog.sina.com.cn/s/blog_4e8669650102vx73.html．

初中物理复习课对培养学生能力的教学价值

郝 臣[*]

【摘 要】 目前（甚至会延续到相当长的一段时间），任何老师都无法逃避考试给我们实际教学所带来的压力。特别是在毕业年级，有大量的复习课。如何利用这一难得的、长时间的、相对集中的初三复习时间培养学生的信息整理能力，初步的抽象概括能力，综合应用物理知识解决简单问题的能力，从物理走向社会的能力？如何深度挖掘初中物理复习课的教学价值，使复习课教学既能赢得中考，又能培养可持续发展的学生？本文正是基于以上的思考，做了一点不成熟的尝试。

【关键词】 物理复习课；学生能力；教学价值

一、引 言

值得庆幸的是，目前，已经有很多教师开始在新课的教学中有了"探究"的意识，已经在很大程度上关注知识生成的过程和方法，特别是对于"科学探究"课型的教学研究，可以说已到了"无微不至"的地步。然而，在物理的实际教学过程中，"探究"并不是唯一的课型。在复习课的教学上，由于时间紧，教学任务重，学校、老师、家长又急于看到学生成绩的提高，从某种程度上，特别是在毕业年级，"认真负责"的教师只能对所有事情都大包大揽——梳理知识点、构建知识网络、归纳典型习题、布置铺天盖地的练习片子……唯恐学生掌握得不够全、不够细。这样做也许短期内会让学生的考试成绩有较明显的提高，表面上提高了教学效率，但可怕的是，这种方式已经在某种程度上成为判断教师是否具有"丰富把关经验"的重要标准。而与此同时，这样做的结果是我们也将丧失重要的培养、提升学生综合素质的大好机会。

二、研究方法

针对初三年级有大量的复习课的实际情况，本小组准备深度挖掘复习课在培养学生

---

[*] 郝臣，北京市第五中学分校教师。

能力方面的教学价值，达到既能收到良好的中考成绩，又能利用这一难得的、长时间的、相对集中的初三复习时间培养学生的信息整理能力、初步的抽象概括能力、综合应用物理知识解决简单问题的能力、从物理走向社会的能力。

为了分析研究的结果，笔者采用了对比（与传统复习方法）的研究方法。笔者研究了北京市第五中学分校的2005级学生，以初三教学班为单位，尝试了不同的复习方式，最后通过问卷调查、水平测试以及对学生能力培养持续性发展的贡献等方式，分析各种复习方式的优劣。

传统的复习方法以教师为绝对主体，无论是知识点的梳理、题型的分类等都由教师包办。在此不再赘述。研究对象：两个初三毕业教学班（共92人）。

新的尝试——复习过程中，以生为本。学生是复习的主体，教师的教是为学生的学服务的，起的是引导作用。研究对象：两个初三毕业教学班（共91人）。

首先，应把复习的主动权交给学生。具体如下。

（一）让学生整理、概括知识，形成自己的知识框架结构

总复习中要指导学生将所学的知识进行梳理，建立完整的知识网络。例如，复习"光学"时，可以从简单的光现象出发，让学生准确理解光源、法线、入射角、反射角、入射光线、反射光线、凸透镜、凹透镜、主光轴、焦点、焦距、实像、虚像等一般概念，准确掌握光的反射规律和折射规律，然后通过光的成像规律实验，使学生明了凸透镜成像规律的应用（包括在日常生活和工农业生产中的广泛应用），最后让学生列表整理；使学生系统地掌握"光学"的相关概念与规律，形成光学初步知识网络。

（二）让学生自己寻找知识点的规律，加强规律的理解和掌握

在总复习中可以经常引导学生对一般规律性的东西进行概括，从而提高他们善于抓住事物的本质的能力。例如，复习"压力和重力"时，在复习了压力、重力等一般概念后，学生容易将两个概念混淆，可以从下面四个方面引导学生分析、总结，使学生准确地把握住这两个概念在本质上的区别。

（1）产生原因不同：压力是由于相互接触的物体互相挤压而产生的；重力是由于地球的吸引而产生。

（2）施力者不同：压力的施力者是与受力表面相互挤压的物体；重力的施力者是地球。

（3）作用点不同：压力作用在受力表面；重力作用在物体的重心。

（4）方向不同：压力的方向垂直于受力表面；重力的方向垂直向下。

另外，压力产生的效果不仅跟压力的大小有关，而且跟受力面积的大小有关。此外，初中物理中还有很多这样的知识可以像上面那样概括总结，像光的反射和光的折射的规律、功率和机械效率之间的区别、发电机和电动机的区别、浮力和重力、液体压强和固体压强的区别与联系等。

（三）让学生自己剖析错误，认清错误根源

无论教师怎样讲解，学生在学习中总会出现这样那样的错误。其原因是多方面的。这时，教师往往不厌其烦地去对学生进行讲解。其实，如果将错误交给学生自己去剖

析，将起到事半功倍的效果。教学实践表明，引导学生自己剖析错误往往比教师正面讲解印象深刻。所以在复习中可以采用"反例"教学，在课堂上引导学生讨论、辨析错误。例如：质量为7.8千克的正方体铁块静止地放置在面积为0.5米^{2}的水平桌面上，对水平桌面产生的压强是多少？（ρ铁=7.8×103千克/米^3）

错解：∵ $F = G = mg$

$= 7.8\text{kg} \times 9.8\text{N/kg}$

$= 76.44$ 牛

∴ $p = F/s = 76.44\text{N}/0.5\text{m}^2 = 15288\text{Pa}$

分析：上述解答貌似有理，其实是错误的。错误的原因是：学生由于受已知的桌面面积因素的干扰，而忽视了铁块底面积这一隐蔽性因素的缘故。

正解：铁块体积 $V = m/\rho = 7.8\text{kg}/7.8 \times 103\text{kg/m}^3$

立方体铁块的边长 $a = 0.1\text{m}$

铁块的底面积 $s = a^2 = 10\text{-}2\text{m}^2 < S_桌 = 0.5\text{m}^2$

∴ 铁块对桌面的压强 $p = F/s = G/s = 76.44\text{N}/10\text{-}2\text{m}^2 = 7.64 \times 102\text{Pa}$

此时我们可以不忙于直接告诉学生答案，而要求学生辨别错误并说明出错的原因（在于没有正确理解 $P = F/S$ 公式中 S 的物理含义）。通过这样的辨析训练，能使学生全面准确地理解掌握物理概念、定律，培养学生思维的广阔性和深刻性。

根据学生平时学习的"病历"和复习中暴露出来的问题，要通过"设陷"来纠错。"设陷"就是要在学生的错误认识上设陷，以消除接受科学知识的障碍；"设陷"就是要在解题思路上设陷，以克服消极呆板的思维定式；"设陷"就是要在物理实验的方法上设陷，以矫正其研究物理的思想方法，提高应用知识解决问题的能力。要把典型错误拿出来让学生分析错误的原因，刨根求底，"自己解放自己"。对于同一类问题，要变换方式，在新情境、新角度中设置练习，进行反复训练，并及时反馈，扎扎实实把基础夯实，让学生思维得到发展。

其次，实施分层复习、分类推进，全面提高复习质量。

（1）分析差异，把握层次。

在综合复习阶段，学生的差异很大。为了使复习更有针对性、更有效，以"面向全体，分类指导"为原则，在综合分析学生的基础水平、物理学习能力、潜能及认知心理的基础上，把学生分成三个层次。这三个层次的界限是模糊的，呈动态变化的，允许根据学生复习情况发生变动，实行民主，以消除学生的心理障碍。同时，把分层的目的、方法、设想向学生公开，定出相应的教学目标、志向目标，使升学复习按着预定的目标和学生的实际进行。

（2）分层次复习教学方法。首先是分层备课，确定不同层次的教学复习目标，确保"物理考标"的基本要求，做到"保底"不"封顶"；同时，设计不同层次的复习方法、课堂提问、练习作业等，使普通生"吃得了"、中等生"吃得饱"、优秀生"吃得好"。

在课堂教学中，处理好同步教学和分层教学的关系，既面向全体，又兼顾各层次学生，使各层次的学生有所为、有所得、有所乐。在作业设置上，对普通生要求完成一定数量的基础题,加强基本功训练;中等生完成一定量的巩固提高题;优秀生加做一些有一定难度、灵活大的综合题。同时,鼓励低层次学生在完成作业后,尝试向高层次作业冲刺,并及时调整各层次学生的作业量和难度。在检测中,要以不同的标准客观评价每个学生,试卷易、中、难的比例一般为6:2:2;同时,可增设一点综合性附加题,这样做的目的旨在通过检测,让普通生获得成功的喜悦,产生成就感,让中等生经受"跳一跳摘桃子"的体验,让优秀生有"英雄用武之地"。在分层辅导中,对作业和试卷讲评,尽量做到每位学生有较多机会的面批、面评。对普通生,及时了解他们的学习态度、学习困难,耐心辅导,"扶着过河";对中等生,主要是释疑解难、分析原因、教会方法、指明方向,让他们能"摸着过河";对优秀生,主要是进行点拨、发展能力,让他们"举着红旗过河"。通过分层引导,充分调动学生学习的积极性,使各层次的学生在相应的"最近发展区"内得到充分发展。

最后,把握命题方向,关注热点问题,调整复习对策。

面对课程改革的新形势,分析近几年来各地中考试卷,在复习中应关注以下几个问题:一是通过观察、实验和计算等让学生来体验一些具体的东西,如中学生站在地面上对地面的压强约为多少,一间普通教室内空气的质量为多少,把物理课本从地面上匀速捡到课桌上做功约多少等;建立基本的事实观念,培养学生观察周围事物的热情和能力,应对基本事实的考查。二是在梳理知识时,要注重对知识的理解,知道结论得出的方法和过程,通过对部分实验的设计或探究,应对物理思想方法和实验方法的考查。三是关注题目的"改装"和"嫁接",关注课本的插图,联系生活实例来深化知识,提高用物理知识解决实际问题的能力,来应对理论联系实际的问题。四是关注相关学科之间的联系和相互渗透,拓宽知识面,来应对学科交叉问题。五是设计适度开放性试题,用好《能力训练》上便于学生发表见解的主观性训练题,拓展学生的思维,培养学生的发散思维能力,来应对开放性试题。六是在复习中渗透课改精神,要重视物理与社会热点事件、科学前沿问题、现代文化的交融,来应对创新的素质型新题。

三、研究结果

研究表明,在复习过程中采取学生更为积极主动的教学方式,不仅提高了学生的物理成绩,激发了学生学习的主动性,在复习阶段继续培养了学生学习物理的兴趣,更为学生的可持续性发展奠定了好的基础。

四、讨 论

当然,在研究的过程中,我们也注意到还有一小部分学生,因为学习习惯较差,物理基础比较薄弱,在新的复习形式中有些无从下手,相对传统复习成绩有一定下滑。关于这一部分学生的复习策略还须进一步研究。

五、结　论

　　教师通过创设理解、鼓励、宽松的环境，把复习的主动权还给学生，特别是利用这一难得的、长时间的、相对集中的初三复习时间，培养学生的信息整理能力、初步的抽象概括能力、综合应用物理知识解决简单问题的能力、从物理走向社会的能力。深度挖掘初中物理复习课的教学价值，使复习课教学既能赢得中考，又能培养可持续发展的学生，达到双丰收是有可能的。

【参考文献】

[1] 朱铁成. 物理教育研究 [M]. 杭州：浙江大学出版社，2002.

[2] 阎金铎. 中学教师物理教育研究方法 [M]. 北京：教育科学出版社，2002.

基于学生心智模型发展的高中物理建模教学初探

何春生*

【摘 要】 模型和建模,被广泛应用于科学研究、社会生产生活的各个领域。模型和建模已经被美国、英国、加拿大等许多国家写入课程文件之中,建模教学在美国已有近40年的历史。基于学生心智模型发展的建模教学,关注建模过程中学生认知状态的动态变化,提倡学生自主建构,致力于提高学生建模意识和建模能力,有助于提高学生的核心素养,对将来从事物理专业和非物理专业的学生都有非常重要的意义和价值。

【关键词】 心智模型;建模教学;自主建构

一、心智模型及建模教学的理论简介

(一)模型和心智模型

模型是理论和实验的中介,是发展物理概念、推理和问题解决的基础。❶ 在科学领域,模型被视为对真实世界的一种表征。

美国2012年颁布的《K-12科学教育的框架:实践、跨学科概念与核心概念》十分强调模型和建模在科学概念中的作用和地位,认为它们是一种可以在各学科之间进行迁移的知识和能力,并明确将模型分为"心智模型"和"概念模型"。有学者认为,心智模型是指长时记忆中的要素与外在情境或刺激物相互作用所产生的内在表征,是对事物(情境或过程)的结构化类比,是个体根据特定目的所形成的动态认知结构。心智模型起源于个体对于自身经验与观点的操作,可以当作是一种解释与预测的外界世界的工具。❷

(二)建模和建模教学

建模是建构或修改模型的动态过程,即从复杂的现象中抽取出能描绘该现象的元素

---

* 何春生,北京市第八十中学,物理教师,高级教师,北京市骨干教师,北京市名师工程首师大基地三期学员。

❶ 张静,郭玉英. 物理建模教学的理论和实践简介 [J]. 大学物理,2013 (2):25-30.

❷ 张静. 基于学生心智模型发展进阶的建模教学研究——以大学物理中的静电学为例 [D]. 北京:北京师范大学,2014.

或参数，并找出这些元素或参数之间的正确关系，建构足以正确描述、解释该现象的模型的过程。❶

建模教学理论的核心观点认为，物理学家是基于模型开展推理的，通过应用如图形、图表、数学方程等来表征具体的物理情境，从而开始模型建构过程。建模教学在美国已经有了近40年的历史，已经形成了一定的建模理论和建模教学模式。关于建模教学的环节，不同的学者提出了不同的观点。如Hestenes认为可以分成模型建构、模型分析、模型验证和模型应用四个环节。Hallou认为，在问题解决过程中模型建构可以分为五个阶段。❷ 张静博士结合美国密歇根州立大学建模教学顺序、美国佛罗里达国际大学模型发展环、美国罗格斯大学ISLE、MIT电磁学教程等提出了建模教学流程可以有现象引入、定性表征、多重表征相互协调与讨论、初始模型检验与修正、模型分析、模型的应用和拓展六个环节。❸

二、建模过程中学生心智模型的发展

学生刚接触某一物理现象时，对于这种物理现象中涉及或隐含的概念或规律是陌生的，学生也没有处理相关现象的经验。学生可能会茫然无措，也可能会采取日常经验和惯性思维进行解释和预测，此时学生的心智模型属于无模型或非科学性模型。当没有相关经验，或原有心智模型不能解释相关现象，或者预测的现象与观测结果不一致时，学生就有了主动修正和建构心智模型的愿望。同学间通过深入的交流和广泛的合作，各自的心智模型得到充分展示，他们原有的经验和所使用的不同表征方式就会发生碰撞。他们不断思考，不断对各种信息和观念进行加工和转换，通过新、旧知识经验的相互作用，在同学和老师的帮助下，学生的心智模型会不断发展。这时学生心智模型中的科学要素会明显增加，从而形成有一定科学成分和要素的模型，即科学模型。学生与目标系统或外部环境进一步互动，学生的心智模型会发生持续修正。学生心智模型中不合理的部分会被不断剔除，科学要素会不断补充，逐渐形成科学模型。再通过解决设定的实际问题，实现已经建构的模型和已有知识体系的整合。

三、基于学生心智模型发展的建模教学中教师的作用

基于学生心智模型发展的建模教学是以学生为中心的教学。教师基于学生已有的心智模型，适时补充相应的经验事实和理论基础，鼓励学生使用文字、图形、图像、数学表达式等多种表征来描述、解释和预测相关物理现象。组织学生小组间深入交流，充分暴露学生已有的心智模型。创造学习者与学习者、学习者与目标系统交互作用的环境，

---

❶ 张静，郭玉英，姚建欣.论模型与建模在高中物理课程中的重要价值[J].物理教师.2014（6）：4-5,10.
❷ 何春生，翟小铭.万有引力的应用物理建模教学的课堂实践[J].中学物理教学参考.2016（1—2）：13-16.
❸ 张静.基于学生心智模型发展进阶的建模教学研究——以大学物理中的静电学为例[D].北京：北京师范大学，2014.

让学生在与环境的交互作用中自行建构。并通过不同的实验和评价方法，引导学生比较预测结果和实际结果之间的差异，组织学生评估自己已有的心智模型，协助学生发现和完善已有心智模型中不科学的要素和结构，逐步完善学生已有的心智模型。实际教学中教师要做很多预案，对学生自行建构过程中可能出现的问题要有充分的准备。教师的作用是组织、引导、补充和完善。

四、基于学生心智模型发展的建模教学的课堂实践

笔者认为，针对不同的学生、不同的内容，建模教学会经历不尽相同的流程，使用不同的要素。笔者经过高中一线教学的多年实践提出了一般建模教学可以分为创设（模拟）物理情景、表征物理情景、研究表征化物理情景、检验和修正心智模型、整合与应用物理模型等过程。

笔者根据建模教学的相关理论，对基于心智模型的建模教学不断进行课堂实践，下表是笔者对圆轨道卫星模型开展建模教学的课堂实践。

教学流程	教师活动	学生活动	学生心智模型的发展
创设（模拟）物理情景	创设情境，提出问题：视频资料，卫星是一些自然的或人工的在太空中绕行星运动的物体。神舟五号，变轨前近地点200千米、远地点350千米。地球的半径约为6400千米。神舟五号轨道有什么特点呢？能否看成圆呢	对神舟五号的轨道来说这近日点和远日点相差150千米，这远小于神舟五号到地球球心的距离。所以类似于这样的轨道，我们都可以近似将其看成圆轨道	人造地球卫星绕地球运动，部分卫星的轨道可以简化为圆
表征物理情景	要求学生用文字和图形表征物理情景。人造地球卫星运行轨道大多是椭圆，但有些卫星，像神舟五号一样运行轨道的近地点和远地点距离差距不大，可以将这样的卫星轨道简化成圆	用文字和图形描述圆轨道地球卫星	神舟五号可以近似看作以地球的球心为圆心，绕地球做匀速圆周运动
研究表征化物理情景	（1）组织同学小组合作探究：已知地球的质量为 M，万有引力常量为 G，探究轨道半径为 r 的地球圆轨道卫星的向心加速度、线速度、角速度和周期	小组合作探究：结合圆轨道卫星的图形表征，根据万有引力和圆周运动知识，由 $F_万 = F_向$，可以求出	万有引力提供卫星绕地球做圆周运动的向心力。圆轨道卫星可以用圆周运动相关知识求解
	（2）补充直观感知情景，提出问题：在天空运行的卫星轨道半径不一定相同，如下图示，哪颗卫星运行的快呢	合作交流：将以上各式看作自变量为 r 的函数，同学们容易得出，圆轨道卫星的半径越大，向心加速度、线速度、角速度越小，周期越大	地球圆轨道卫星模型的运动参量随轨道半径的变化而变化。运行的线速度、角速度、向心加速度随轨道半径的增大而减小，周期随轨道半径的增大而增大

（续表）

教学流程	教师活动	学生活动	学生心智模型的发展
检验和修正心智模型	（1）为学生验证的需求提供数据。近地卫星的轨道半径约为6400千米，周期约为90分钟，月球绕地球做圆周运动的半径约为300000千米，周期约为27天	合作交流：（1）提出验证需求。（2）利用老师给的数据资料，验证周期和轨道半径的定量关系	确信卫星的运动参量与轨道半径的定量关系
	（2）提出问题，组织同学探究：正常运行的地球圆轨道卫星在空中是否会相撞	合作交流：不少同学认为轨道半径相同的卫星线速度相等，撞不上；轨道半径不同的圆轨道卫星轨道没有交点，也不会相撞。合作交流后，意识到卫星的轨道是立体化分布的。下图为学生展示相撞的可能性	卫星的轨道分布由平面向立体化过渡
	（3）提出问题，组织同学探究：有没有可能发射一颗始终在北京正上方运行的卫星	合作交流：不少同学认为可以，卫星在北京正上方轨道半径大小合适，卫星和北京同步转，这颗卫星就可以始终在北京的正上方。讨论后发现，这样的卫星不可能正常运行	地球圆轨道卫星，轨道平面必须过地球的球心，而且轨道圆的圆心必须和地球的球心重合
整合与应用物理模型	以问题促应用和整合。提出问题：为了通信方便，人类需要一个信使，最好相对地球静止在空中，作为无线电通信的中继站。有没有可能发射这样一颗卫星？如果有，它的轨道有什么特点？如果没有，请说明理由	合作探究：运用已经建构的圆轨道卫星模型，结合万有引力、向心力相关物理知识，可以得出结论，地球同步卫星只有一条轨道，在赤道的正上方，其轨道半径为一定值。轨道高度约为36000km。以应用促整合	地球圆轨道卫星，绕地球做匀速圆周运动，万有引力充当其绕地球做匀速圆周运动的向心力；其运动参量与卫星自身质量无关，随轨道半径的变化而变化；其轨道平面过地球的球心，并且轨道圆的圆心与地球的球心重合

五、对基于学生心智模型发展的建模教学的思考

与传统教学相比，基于学生心智模型发展的建模教学有以下优势。

（1）基于学生心智模型发展的建模教学是在教师引导下学生自主建构的过程，而传统教学大多是教师引导下学生接受式学习过程。基于学生心智模型发展的建模教学关注学生心智模型的发展，真正体现以学生为中心，教师在教学过程中要为学生提供充分展示与交流各自心智模型的平台。注重学生迷思概念的自我转变，教师和学生之间要注重学生缺失经验和思维方式的补充。

（2）基于学生心智模型发展的建模教学注重在真实世界中建构模型，而传统教学大多直接学习已经抽象过的物理模型，重点关注在模型的应用上。而基于学生心智模型发展的建模教学让学生从真实的物理情境中抽象物理模型，通过建构物理模型研究真实的物理问题。

（3）心智模型具有内隐性，教学中应充分组织学习参与活动，让学生充分暴露自己的心智模型，及时发现学生心智模型中的缺陷，发现学生心智模型与概念模型之间的差异，建模教学才更有针对性。

从数学核心素养与育人价值看运算主线

贾光辉*

【摘 要】 运算是构成数学抽象结构的基本要素。运算的本质是集合之间的映射。运算是一种行为，通过已知量的可能的组合，获得新的量。运算可以产生新的数学对象，可以解释数学对象，可以进行推理和证明。统摄各级各类运算之间的相互联系并对解决不同学段数学问题具有思维指向作用的观念形成了贯通数学学科、包容数学主体内容的运算主线。运算主线承载了独特、鲜明的育人价值，体现在思维性、贯通性、发展性、数量化、创新性、变通性、时代性等方面。

【关键词】 运算；运算主线；核心素养与育人价值

数学教育"立德树人"的核心是适应数学教育内涵发展的要求，挖掘学科深层意义，提高整体育人水平。数学教育的基点便是寻找实现这一任务的有效途径。运算是构成数学抽象结构的基本要素。运算对象在不断扩展，运算律也发生了变化。运算的作用日趋强大，运算可以产生新的数学对象，运算可以解释数学对象，运算可以进行推理和证明。如何构建各级各类运算的相互联系并发挥运算对解决数学问题的思维指向作用呢？揭示运算主线的内涵并彰显其在本学科的育人价值值得研究。

一、确立运算主线的依据

系统思维是把认识对象作为系统，从系统和要素、要素和要素、系统和环境的相互联系、相互作用中综合地考察认识对象的一种思维方法。系统只有通过相互联系形成整体结构才能发挥整体功能。整体功能不仅仅等于各部分功能的总和，而且要加上各部分相互联系形成结构所产生的新功能。由数学史运算发展可知，数的概念的每一次扩展，也是解决数学运算中所出现种种矛盾的必然结果。运算反映了数之间的内在规律。数的发展促进了数学的发展，数学的发展又加深了对数的认识；同时，运算概念也在辩证发展，从四则运算到代数运算，再到一般运算。运算间也存在辩证关系，如正运算和逆运算，高一级运算与低一级运算间的相互转换等。因此，构建运算系统将具有比运算更为强大的功能。

---

* 贾光辉（1968~），女，北京人，北京教育学院石景山分院，中学高级教师，研究方向为数学教育。

学科基本结构是指该学科的基本概念、基本原理及其相互间的关联，是指知识的整体性和事物的普遍联系，而非孤立的事实本身和零碎的知识结论。布鲁纳认为，学科基本结构是学生必须掌握的科学因素，应该成为教学过程的核心，这样学生就可以独立面对新知识领域，认识新问题，增长新知识。数学中运算和运算律联系了诸多内容，数、字母、多项式的运算，指数、对数、三角、函数、导数、积分的运算，向量、集合、逻辑的运算等，因此，运算沟通了数学知识间的相互联系，在构建学科基本结构中有重要作用。

二、揭示运算主线的内涵

运算是数学学习的一个基本内容，包括运算对象和运算规律。数和数的运算是最基本的内容。字母代替数，代数式的运算是一次重大飞跃，它奠定了表示各种数学规律的基础；引入向量和有关向量的各种运算是又一次飞跃，形成了一个新的运算体系，运算比在实数集中更丰富。数学问题解决常需连续的恒等变形，恒等变形的依据是各种运算法则，仍离不开运算。

运算主线概念界定：统摄各级各类运算之间的相互联系并对解决不同学段数学问题具有思维指向作用的观念形成了贯通数学学科、包容数学主体内容的运算主线。

运算主线内涵揭示：运算的本质是集合之间的映射。形式各异的数量关系通过各种运算建立了一种联系，运算反映了数量之间的内在规律。运算是一种行为，通过已知量的可能组合，获得新的量。运算可以产生新的数学对象，运算可以解释数学对象，运用运算和运算规律解决代数系统、几何系统、概率统计系统中的问题。综合运用多种运算，达到灵活变换的程度，分析运算条件、探究运算方向、选择运算公式、确定运算程序，最终凸显思维能力。把这种观念融入数学学习中，这就是本文对运算主线内涵的揭示。

三、运算主线与核心素养、育人价值

核心素养体系作为国家对教育的顶层设计，凸显其整体性、综合性和系统连贯性，强调跨学科的综合素养，同时，核心素养体系的层级化必然要求各学科在落实核心素养时彰显本学科独特的育人价值。数学学科提出六大核心素养：数学抽象、逻辑推理、数学建模、数学运算、直观想象、数据分析。这是学生在数学学习中要逐步形成的适应个人终身发展和社会发展需要的必备品格和关键能力。

数学是人类文化的重要组成部分，数学课程反映数学的历史、应用和发展趋势及数学科学的思想体系、创新精神和在人类文明发展中的作用。数学在培养思维能力、个性品质和世界观方面，与人文科学和自然科学起着相辅相成的作用。而运算作为数学最主要内容之一，沟通了整个数学，在学生发展数学核心素养方面具有独特的、不可替代的育人价值。分述如下。

（一）思维性

数学运算的核心是思维能力，突出算理和逻辑推理。运算中要经历分析运算条件、探究运算方向、选择运算公式、确定运算程序等一系列思维过程，能根据问题的条件，寻找设计合理、简捷的运算途径及在运算中遇到障碍而调整运算的能力。数学运算是由一般到特殊的演绎推理，每一步都要依据运算法则或运算律，其作用类似于几何证明中的公理或定理，是代数推理的依据。运算可以推理和证明。

数学运算包括数的计算、估值和近似计算，式的恒等变形（组合变形与分解变形），方程与不等式的求解，函数的初等运算、超越运算、微分、积分运算，几何图形各几何量的计算求解，概率统计的计算等。与其他学科相比，数学之所以更令人信服，是由于数学与逻辑结合得更多更好。凭推理辨别真伪、证明结论，是数学的精髓，体现了数学有别于其他学科的育人价值。从明显的事实出发，推导出不够明显的事实，再由此推导出更不明显的事实，如此继续下去，得到不可能通过感觉经验掌握的新认识、新结论，使思想具有无可辩驳的说服力；不是主观的自信，而是有根据、经过证实的信念。运算也是一种推理，有助于提高学生的逻辑推理能力，形成言之有据、合乎逻辑的思维习惯。

（二）贯通性

运算内容分散在不同学段，以不同数学知识为载体呈现，具有一定的跳跃性和分散性。梳理数学课程运算线索为：（1）代数领域：数的运算，式的运算，函数、数列、方程、不等式内容中式的恒等变形，向量的和、差、数乘、数量积的运算，导数、积分运算等。集合中交、并、补的运算，常用逻辑用语中或、且、非等逻辑运算。（2）几何领域：平面几何中几何变换（反射、平移、绕定点旋转相似变换）的合成，立体几何利用空间向量的运算解决线面平行、垂直位置关系的证明和角、距离的计算，解析几何根据曲线方程研究这些方程所表达的曲线的几何性质时，设参数、用参数、消参数等运算途径的设计、实施和调整。（3）概率统计领域：一些概率的计算和一些统计量的计算。

尽管运算对象不断发展，运算律也有变化，但各种运算之间存在着联系，概括为算术四则运算到代数运算，再到一般运算的发展过程。（1）代数运算：设非空集合 A 和一个规则 "o"，如果对于任意 $Q \in A$, $b \in A$，通过规则 "o" 对应着唯一确定的 $C \in A$，则此规则 "o" 就叫做集合的一个代数运算（二元运算）。如在自然数集中减法不是代数运算，在三维空间中向量的加法、减法都是代数运算，而向量与数的乘法不是代数运算。（2）一般运算：设非空集合 A，B，C，和一个规则 "o"，如果对于任意 $a \in A$，$b \in B$，通过 "o" 对应唯一确定的 $c \in C$，则称此规则 "o" 是由 A，B 到 C 的一个运算。通过梳理和概括各级各类运算，易见其贯通性。运算当之无愧是数学课程的一条主线。

（三）发展性

历史上数的发展主要经历了三次扩张；两个正整数相除不一定是正整数，反映正整数不够用，人们引进了正分数，分数的出现是数的第一次扩张；几何学中，边长为有理数 1 的正方形，其对角线长度并不是有理数，从而又要引进新数，无理数的发现是数的第二次扩张；历史上讨论负数开平方问题是在研究三次方程解的时候，许多数学家认为 $\sqrt{-1}$ 是"虚幻之数"，笛卡尔于 1633 年为其取名为"虚数"，复数的确立是数的第三次扩张。数的概念的每一次扩展，也是解决数学运算中所出现种种矛盾的必然结果。运算的需求直接构造了运算对象，推动了数和运算的发展。

在高中数学教材选修 2-2 数系的扩充与复数一节中梳理了数系的扩充过程。学生以前接触的数集中，最简单的是自然数集，最基本的运算是加法。由于在自然数集中乘法、乘方都可以看作是加法的简便运算，所以自然数集对加法、乘法、乘方运算满足封闭性，但对加法的逆运算——减法是不封闭的。为解决这个矛盾，引入了负整数，使自然数集扩充到了整数集。整数集对加、乘、乘方、减运算是封闭的，但对乘法的逆运算——除法不封闭。由此引入了分数，整数集扩充到有理数集。有理数集对乘方的逆运算——开方不封闭，进而引入了无理数，有理数集扩充到了实数集。实数集对负数开偶次方不封闭，进而引入了虚数，实数集扩充到了复数集。

运算对象是运算的实体。代数学已不再就个别的数的运算来研究，而是用字母代替数，舍去运算对象的个性，把运算对象抽象化，用运算符号表示运算对象间的关系结构，揭示普遍意义的运算律。初等数学运算分为初等代数运算和初等超越运算。初等代数运算包括加、减、乘、除、正整数次乘方、开方、有理数次乘方；初等超越运算包括无理数次乘方、指数、对数、三角、反三角等运算。再后来，向量、一些几何图形、变量、函数、对应、集合、命题也都成了运算对象。运算对象的发展促进了运算的发展，未来还将继续发展。

（四）数量化

数量化是数学显著特点之一。数学中的数量化包括寻求一个可序化、可运算、可测度和可运筹的相对封闭的系统，且运算结果具有存在性、确定性、最简性。笛卡尔创立的解析几何是用代数的方法研究几何问题，实现了几何图形的数量化。代数取代了几何，思想取代了眼睛，是数字化时代的先声。

在数学发展长河中，当数量的意义不足以研究这个世界时，数量化了能够表示方向的量——向量。向量具有丰富的实际生活背景，力、位移、速度、加速度都可以用向量刻画和描述。向量既是代数的对象，又是几何的对象，向量有方向，可以刻画直线、平面等几何对象及它们的位置关系；向量有长度，可以刻画长度、面积、体积等几何度量问题。

向量几何在本质上是解析几何的返璞归真，其优势在于向量运算的正交不变性。向量作为有向线段，可用来确定位置，但要用向量刻画几何图形的性质，解决几何中的长度、角度等度量问题只有有向线段是不够的，必须通过向量的代数运算才能实现，正因为向量的数量化，它可以进行加、减、数乘、数量积、向量积等多种运算。利用向量的数乘运算可以刻画平行，利用向量的数量积运算可以刻画垂直、角度等，这些运算及其规律赋予向量集合特定的结构，使得向量具有丰富的性质。

（五）创新性

运算是人类创造性活动的结果，是不断运用归纳、类比、推广、限定、对称、逆向思维等方法发现的产物。以运算为线索看数学发展处处体现了人类勇于探索的创新精神。

研究问题一般先从正面入手，同时也有必要从反面入手，使研究得以深化和不断创新发展。运算 $(a, b) \to c$ 并且 $(b, a) \to c$，即运算具有可交换性时，则该运算的逆运算只有一个，如加法的逆运算是减法，乘法的逆运算是除法。而一个二元代数运算不满足交换律时，即运算 $(a, b) \to c$ 并且 $(b, a) \to c'$ ($c \neq c'$)，这时的逆运算就有两个。如 $a^b = c$ 是乘方运算，乘方运算不满足交换律，即 a^b 与 b^a 一般是不相等的，它的逆运算就会有两个：开方运算 $a = \sqrt[b]{c}$ 是熟悉的运算，而另一个运算——对数运算 $b = \log_a c$ 则是新的运算，这个新运算的发现源于研究逆运算。

运算学习充满了类比，如通过类比把自然数的加法法则、运算律推广到整数、有理数、实数、复数；再如通过类比把等差数列的知识体系迁移到等比数列，对等差数列所涉及的运算等级进行降级，得到等比数列的定义和性质。

	等差数列	等比数列	运算	运算升级
定 义	$a_n - a_{n-1} = d$ ($n \geq 2$, $n \in N^*$)	$\dfrac{a_n}{a_{n-1}} = q$, ($n \geq 2$, $n \in N^*$, $q \neq 0$)	减→除	一级运算→二级运算
通项公式	$a_n = a_1 + (n-1)d$ ($n \in N^*$) $a_n = a_m + (n-m)d$ ($n \in N^*$)	$a_n = a_1 q^{n-1}$ ($n \in N^*$) $a_n = a_m q^{n-m}$ ($n \in N^*$)	加→乘	一级运算→二级运算
			乘→乘方	二级运算→三级运算
前项和公式	$S_n = na_1 + \dfrac{n(n-1)d}{2}$ ($n \in N^*$)	$S_n = \dfrac{a_1(1-q^n)}{1-q}$ ($q \neq 1$)	加→乘	一级运算→二级运算
			乘→乘方	二级运算→三级运算
等差（比）中项	如果 A 是 x, y 的等差中项，则 $A\dfrac{x+y}{2}$	如果 G 是 x, y 的等比中项，则 $G^2 = xy$	除→开方	二级运算→三级运算

（六）变通性

运算的级别分为三级：加法、减法统称为一级运算；乘法、除法统称为二级运算；乘方、开方统称为三级运算。同级运算在一定条件下相互转化，在发展中又可统一起来。如在引入负数的条件下，由于任何实数都存在唯一的相反数，因此，减法可以转化为加法，加法也可以转化为减法，最终以代数和的形式统一起来。类似地，在引入倒数（分数）的条件下，乘法与除法的差异也在发展中消失了。在指数概念扩充后，乘方转化为开方、开方转化为乘方，方根与乘幂运算的界限也消失了。可见，运算在一定条件下是可以相互转化的，两个互逆的运算既对立又统一，在更高层次上达到统一。

数学史上引入对数极大地简化了运算，把二级运算转化为一级运算（将乘法、除法运算归结为加法、减法运算），简化了当时世界贸易和天文学中大量繁难的计算。同样，解题中也可化繁为简，如数列 $\{a_n\}$ 满足 $a_1 = 10$，$a_{n+1} = a_n^2$，求其通项公式。所给数列是平方递推数列，次数高不便于探究通项公式，而 $a_{n+1} = a_n^2$ 两边取对数后得 $\lg a_{n+1} =$

$2\lg a_n$，转化为数列 $\{\lg a_n\}$ 是首项为 1 公比为 2 的等比数列，于是 $\lg a_n = 2^{n-1}$，求得通项公式 $a_n = 10^{2^{n-1}}$。

数学运算有层次性。第一层次是数的运算，整数、分数运算统整为有理数运算，有理数运算、无理数运算统整为实数运算，再到复数运算；第二层次是式的运算，整式运算、分式运算统整为有理式运算，有理式运算、超越式运算统整为代数运算；第三层次是求导数，求不定积分。运算的首要任务是实现从较高层次到较低层次的转化，从而简化运算。如有理函数的积分可转化为多项式函数的积分及真分式函数的积分，而多项式函数的积分较容易，真分式函数的积分可转化为以下四种类型的分式积分：

$$\int \frac{M}{x-m}dx \quad \int \frac{M}{(x-m)^n}dx \quad \int \frac{Mx+N}{x^2+bx+c}dx \quad \int \frac{Mx+N}{(x^2+bx+c)^n}dx$$

可见，有理函数的积分在实际操作时的任务是运算的层级转化及向模型转化，结构决定恒等变形的方向。

（七）时代性

信息时代，计算机成为人们生活和工作不可缺少的工具。计算机工作离不开机器语言，它是由 0 和 1 组成的数串，机器的一切操作都是在它的通用语言——数串指导下进行的。因此，把信息翻译成数码，即数字化是自动化的关键。算法是连接人和机器的纽带，是一般意义上解决问题策略的具体化。这些步骤明确有效的，在有限步内完成。

每一个算法都是一个证明——构造性的证明或论证，即有限递归构造和有限非递归构造。"运算"是实施这种证明的手段，一步一步程序化步骤即"算则"固然重要，但实施这些步骤的依据即"算理"更基础。通过算法程序把定理证明中的创造性工作转化为非创造性工作，才有可能把定理证明交给计算机完成。吴文俊先生提出机器证明分为三步：第一步（几何的代数化与坐标化）从几何的公理系统出发，引进坐标系统，使任意几何定理的证明问题化为纯代数问题；第二步（几何机械化）整理几何定理假设部分的代数关系式，依确定步骤，验证定理终结部分的代数关系式是否可以从假设部分的代数关系式推出；第三步，依据第二步确定的步骤编程，在计算机上实施，得出定理是否成立的结论。机器证明的一个出发点就是"寓理于算"，把质的困难转化为量的复杂。质的困难依托于"算理"，而量的复杂则是当今信息时代容易处理的事情。

总之，运算主线反映了数学更为本质、更为丰富、更易于理解的对事物的认识、看法和意识，彰显了其贯通性、包容力和统摄力。运算主线所蕴含的价值引领、思维启迪、品格塑造等育人要素必将对发展学生数学核心素养起到积极作用。

【参考文献】

[1] 数学课程标准研制组. 普通高中数学课程标准（实验）解读 [M]. 南京：江苏教育出版社，2004.

[2] 王尚志. 数学教学研究与案例 [M]. 北京：高等教育出版社，2006.

[3] 周春荔. 数学观与方法论 [M]. 北京：首都师范大学出版社，2001.

［4］易南轩，王芝平．多元视角下的数学文化［M］．北京：科学出版社，2007．

［5］刘锋．系统思维方式论纲［J］．上海交通大学学报：哲学社会科学版，2001（4）．

［6］朱立峰．化学系统思维能力：内涵与范例［J］．教育研究与评论·中学教育教学，2011（8）．

［7］靳瑞宏．学习学科基本结构理论推进基础教育课改进程［J］．文理导航，2010（6）．

［8］贾光辉．北京市教育科学"十一五"规划重点课题"整体把握高中数学课程的基本脉络，提高学生数学素养的实践研究"结题报告［R］．北京：2013．

运用时间轴进行技术史教学的研究

江卫园[*]

【摘 要】 小学科学课中大多数技术史的内容，都包含有大量的时间和重要事件的信息，通过检测发现教学效果、阅读效果都比较差。把时间轴引入技术史的学习后，学生通过设计技术史时间轴，对重要的时间节点和历史事件都有了更深入的认识，提高了教学实效，同时对技术的发展特征有了深入的理解。

【关键词】 小学科学；时间轴；技术史

一、概念界定

时间轴：依据时间顺序，把一方面或多方面的事件串联起来，形成相对完整的记录体系，再运用图文的形式呈现给用户。时间轴可以运用于不同领域，最大的作用就是把过去的事件系统化、完整化、精确化。

技术史：人类历史表明，技术不是从来就有的，也不是永远如此的，而是经历了一个从无到有、由简单到复杂、从低级到高级的漫长发展历程。如果说劳动发展史是理解全部社会发展史的钥匙，那么技术及其进化发展过程则是理解人类文明发展史的一把钥匙。

运用时间轴进行技术史的研究，就是要"以时间轴为载体，帮助学生把技术史中某一特定问题的重要时间节点、重要事件进行梳理，从而帮助学生把技术的发展过程系统化、完整化、精确化，提高技术史教学的实效性，促进学生对技术史的发展规律的理解"。

二、在小学科学教材中涉及的技术史的知识整理

小学科学教材中涉及的技术史知识具体见表1。

表1 小学科学教材中涉及的技术史知识

册 数	课 题	技术史主要内容
8	显微镜的发明与发展	了解显微镜发明与发展的过程，感受显微镜的发明与发展对人类认识世界的重要作用

---

[*] 江卫园（1970~），女，北京人，北京市通州区永顺镇中心小学，高级教师。

(续表)

册 数	课 题	技术史主要内容
8	微生物	制作泡菜、面包或者馒头
8	自行车的发明与发展	了解自行车的发展历程，以及自行车结构与功能的变化
8	人造天体	了解人造天体发明与发展的过程，以及我国人造天体的发展过程及其特点

注：教材版本：首师大版小学科学。

三、时间轴的使用对学生研究技术史的意义

技术史学习中的时间轴能够将科学发展的不同阶段串联起来，并直观地展现各个阶段的特征，能够帮助学生系统地了解技术史。因此，时间轴在技术史的教学中具有重要的意义。

（一）运用时间轴学习技术史，能帮助学生更好地理解技术的目的

技术是制造产品的手段，是对有效性的追求。研究表明，技术的发展经历了一个从无到有、由简单到复杂、从低级到高级的漫长发展历程。而孩子们却没有这方面的感受。教学首师大版科学第8册微生物一课时，当问道：如果给你们准备了烤面包的所有材料和烤箱，你们打算怎么完成这个任务呢？孩子们毫不犹豫地说：百度查烤面包的方法，照着做就行了。在孩子们的眼里，只要打开百度，发面（发酵）的技术、烤面包的技术就会了。这是现代人学习技术的方法，简单而且快捷。却不能让孩子理解编者的本意：体会技术的发明与发展的过程，感受技术是在不断满足人的需求的基础上发展的。

下面以首师大版科学第8册"飞机"一课中飞机的发展史时间轴为例进行说明（见图1）。

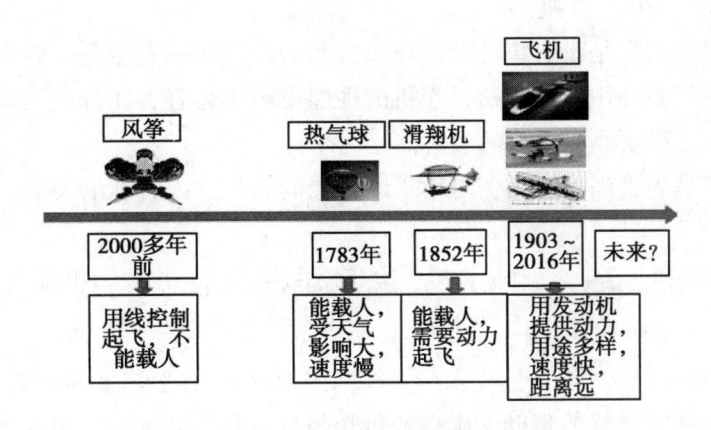

图1 飞机的发明与发展时间轴

对"飞机的发明与发展时间轴"的解读。

（1）人类自古以来就梦想着能像鸟一样在太空中飞翔。2000多年前中国人发明的风筝，虽然不能把人带上天空，但确实可以称为飞机的鼻祖，只是还不能称之为飞行器。

分析：古代的人向往像鸟儿一样在空中自由的飞行。为了实现愿望，他们开始了各种各样的尝试，于是发明了风筝，能够在人的牵引下像鸟儿一样飞翔。需要使人产生了发明的想法，风筝就是技术的产品。

（2）1782年，法国的蒙特哥菲尔兄弟看到浓烟能滚滚升空，炉火烤的衣物能被热气掀起上飘，产生了做热气球的念头。1783年11月21日，蒙特哥菲尔兄弟将他们精心制作的2200立方米的热气球放到巴黎市中心，请两名法国青年乘上气球。热气球升空1000米，飞行时间25分钟，飞行距离10公里，创造了人类首次升空的历史。

分析：热气球是人类最早的飞行器，实现了人在天空中飞行的梦想。但是人的需求是没有止境的，人们希望能够在天空中飞行的时间更长、更自由、更舒适，飞得更高、更快，等等。

（3）1903年，美国的莱特兄弟制造出第一架依靠自身动力进行载人飞行的飞机——"飞行者1号"，并且获得试飞成功。这是人类在飞机发展的历史上取得的巨大成功。1903年12月17日，莱特兄弟驾驶他们制造的飞行器进行了首次持续的、有动力的、可操纵的飞行。

分析：在人的不断努力下，离自己的目标原来越近了。现在，已经能够实现持续的、有动力的、可操纵的飞行了。

（4）1939年8月27日，德国的设计师奥安发明了喷气式飞机。1947年10月14日，美国贝尔公司的超音速飞机第一次试飞成功，尽管没有被记入纪录，但仍然是飞行器发展史上的巨大进步。

分析：人类飞行的理想实现了，但是又产生了新的需求：飞机起飞、降落过程中需要很长的跑道、大型的机场等，能不能制造出不用跑道的飞机呢？

（5）1939年9月14日，世界上第一架实用型直升机诞生，它是美国工程师西科斯基研制成功的VS-300直升机。

分析：人类的需求是没有止境的，所以技术的发展也没有尽头。后来人们又发明了运输机、战斗机等多种用途的飞机，飞机的性能也越来越好，实现了飞行时间更长、更自由、更舒适，飞得更高、更快等目标。

总之，技术是为了满足人类需求而不断发展的。只要人有新的需求，技术就会不停地发展下去。

（二）运用时间轴学习技术史，能够更好地帮助学生理解科学与技术之间的关系

技术是科学的延伸，科学是技术的升华。首师大版科学第8册《显微镜的发明与发展》一课，能够非常好的帮助学生理解科学与技术之间的关系（见图2）。

（1）人类可能早在上千年前就发现了，使用透明水晶或宝石磨制成的透镜具有放大影像的功能。在13世纪时，放大镜已经非常普及。

分析：把水晶或者宝石磨制成透镜，即放大镜，属于技术；人们发现透镜具有放大影像的功能，属于科学。透镜的发明使人发现透镜具有放大效果，技术促进了科学的发展。

（2）1604年，荷兰人詹森把两块磨好的透镜同轴间隔一定距离装在铜管子里，用它来看书本上的字，字被放得很大。受此启发，詹森制成了有史以来第一架被称为显微镜的复式放大镜，它仅能放大约20倍。詹森因此成为显微镜的奠基人。

显微镜的发明与发展时间轴

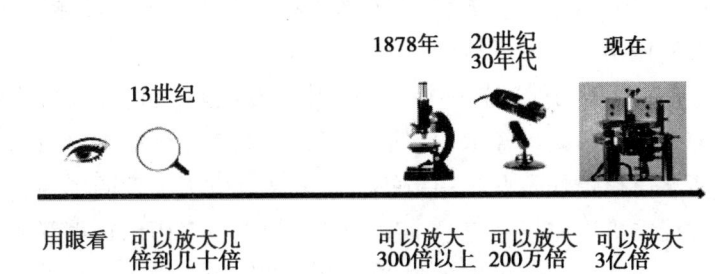

13世纪		1878年	20世纪30年代	现在
用眼看	可以放大几倍到几十倍	可以放大300倍以上	可以放大200万倍	可以放大3亿倍

图2

分析：当两块透镜被按一定的距离组成一个能把字放得更大的装置时，显微镜发明了，这是技术史上的伟大创造。但这时的显微镜效果并不理想，还不能看清细小的物体。

（3）后来，英国科学家胡克改进了显微镜，并用自制的显微镜对许多细小的物体进行观察。1665年，他出版了《显微图谱》一书，使人类对微观世界的认识前进了一大步。

分析：通过科学家的不断改进，这时的显微镜已经能观察到诸如软木细胞这样微小的结构。技术的改进使人们能够观察到细胞，也才有了更多的科学发现。

（4）直到300多年后的1878年，人们根据德国物理学家阿贝的光学研究成果，提出了改进显微镜的方法，制造出了现代光学显微镜，能够将物体放大2000倍左右。

分析：可以看出，显微镜在很长的一段时间内发展都非常缓慢，仅靠技术的改进显然已经不能再次提高显微镜的放大效果，直到阿贝的光学研究成果问世。因此，光学显微镜的发明依赖于光学原理的研究成果，科学促进了技术的发展，而显微镜的进步又能促进人们有更多的科学发现。

（5）20世纪20年代，人们根据物理学研究成果，提出设计电子显微镜。20世纪30年代，制造出第一架电子显微镜，可以放大200万倍左右，能够清晰地看到病毒。

分析：不仅是光学成果影响了显微镜的发展，物理学研究成果同样促进了显微镜的发展。而清晰地看到病毒，研究病毒，同样促进了科学研究的深入进行。

（6）到目前为止，科学家发明了各种不同的能够将物体放大上亿倍的显微镜，还发明了许多专业显微镜，如扫描电子显微镜、偏光显微镜等。

分析：随着科学的发展，显微镜放大的倍数越来越大，同时，用途也越来越多，各种不同的显微镜广泛运用于各种科研领域，为科学研究提供了有力的支撑。

通过"显微镜的发明与发展历程"的分析，我们会发现：随着科学技术的发展，科学和技术已经变得密不可分。技术为科学研究提供物质保障，科学是技术发展的理论基础，即技术是科学的延伸，科学是技术的升华。

（三）运用时间轴学习技术史，更有利于学生预测技术的发展方向

制作技术史时间轴的目的是"以时间轴为载体，帮助学生把技术史中某一特定问题的重要时间节点、重要事件进行梳理，从而帮助学生把技术发展历程系统化、完整化，提高技术史教学的实效性"。因此，每一个技术史时间轴上都会展现出"时间、关键事件、关键特征"等重要信息。教师引导学生对这些信息进行分析，有利于帮助学生对未来技术的发展做出合理的预测。

例1：在飞行器的发展史时间轴的梳理过程中，学生认识到飞行器的发展动力来自于人们永无止境的、越来越高的需求。人们希望自己能够在天空中自由的飞翔，发明了飞机；希望飞机能够飞得更快一些，用最快的速度到远方去，发明了超音速飞机；希望飞机起飞、降落过程中少一些场地需求，发明了直升机；希望出行更舒适、更快，发明了空中客车，等等。由此，我们可以预测将来的飞机是什么样子，这就看人类还有哪些需求，比如想要节省能源，可以发明太阳能飞机等。

例2：机器人一课中，学生了解了机器人技术的发展史，了解了各种用途的机器人。教师可以引导学生推测将来机器人的发展方向，比如有学生提出机器人玩伴等。

在引导学生推测将来技术可能的发展方向的同时，更重要的是激发学生对技术的兴趣。预测中的未来技术就像是一粒技术的种子，会在孩子的心里慢慢地生根发芽，直到有一天成为他们为之努力的目标。

综上所述，把时间轴引入科学课进行技术史的研究，能够帮助学生掌握一种梳理技术史的方法，能够帮助他们理解技术的目的，了解科学与技术之间的关系，学习根据技术的特点预测某种技术发展前景的方法，同时，更能激发学生学习技术的兴趣，对科学课中技术史的教学起到事半功倍的作用。❶

---

❶ 王伯鲁. 技术究竟是什么——广义技术世界的理论阐释［M］.北京：科学出版社，2006.

基于学生核心素养发展的文本解读与教学实施

——以《唯一的听众》为例

蒋秀云[*]

【摘 要】 核心素养指学生应具备的适应终身发展和社会发展需要的必备品格和关键能力,语文学科核心素养包含"语言建构与运用""思维发展与提升""审美鉴赏与创造""文化理解与传承"。语文是学习语言的学科,"语言的建构与运用"无疑是语文学科学习的核心内容和关键领域。语言与思维相伴相生,语言与审美、文化你中有我、我中有你,语言这一物质外壳的背后承载着思维的发展与提升、审美的鉴赏与创造、文化的理解与传承的任务目标。作为语文教师如何在语言学习材料——文本中寻觅到具有思维培养价值的内容、挖掘出具有审美意义与文化传承价值的言语,并在教学实施中始终站在学生立场,以学生的视角,设计出立体多维、以少胜多的教学实施策略,探索出实现这些任务目标的最佳路径,就显得尤为重要。

【关键词】 核心素养;文本解读;教学实施

《教育部关于全面深化课程改革落实立德树人根本任务的意见》(2014年3月)指出:核心素养指学生应具备的适应终身发展和社会发展需要的必备品格和关键能力,突出强调个人修养、社会关爱、家国情怀,更加注重自主发展、合作参与、创新实践。从这里不难看出,核心素养包括两个层面的内容,即必备品格和关键能力;核心素养培养的过程应始终以学生为主体,是自主、合作、实践的过程;核心素养培养的目标是人的整体协调有序发展,最终培养的是有修养、有智慧的创新型人才,既满足发展主体的需要,也满足社会发展的需要。素养是超越知识和能力层面的、具有更高形态特征的概念,重在内在品质的刻画。因此,其形成的过程必然是一个长期的、系统而复杂的过程,不可能一蹴而就。核心则重在以"必备"和"关键"为特征的少而精特质,因此必须聚焦、深入。核心素养的培养必然要具体化到学校教育的每一门学科中,它是以学科核心素养的形成发展为基础和前提的。

语文学科核心素养包含"语言建构与运用""思维发展与提升""审美鉴赏与创造""文化理解与传承"。语文是学习语言的学科,"语言的建构与运用"无疑是语文学科学习的核心内容和关键领域。语言与思维相伴相生,语言与审美、文化你中有我、我中有

---

[*] 蒋秀云(1970~),女,北京人,北京教育学院朝阳分院,中学高级教师,研究方向为小学语文教学。

中有你，语言这一物质外壳的背后承载着思维的发展与提升、审美的鉴赏与创造、文化的理解与传承的任务目标。作为语文教师如何在语言学习材料——文本中寻觅到具有思维培养价值的内容、挖掘出具有审美意义与文化传承价值的言语，并在教学实施中始终站在学生立场，以学生的视角，设计出立体多维、以少胜多的教学实施策略，探索出实现这些任务目标的最佳路径，就显得尤为重要。以下以人教版教材六年级上册《唯一的听众》一文为例，以学生为中心，从文本解读和教学实施两个维度加以具体阐述。

一、以学生为中心的文本解读

语文教材是由文本系统、知识系统、助学系统、练习系统构成的有机整体，其中文本系统是教材的主体，文本内容是知识与能力、过程与方法、情感价值观三维目标得以实现的重要载体。对文本教育价值的分析、归纳、提炼是文本解读的重要内容。而语文教材最重要的特征就是每一篇文本都是由字、词、句、段、篇构成的完整的、封闭的知识系统，具有相对独立性。这无疑为文本解读提供了宽广的空间和多元的视角。而基于学生核心素养发展的文本解读必须以学生的视角理解学习什么、怎样学习、学习的过程等核心内容。对语文核心素养的培育在微观的字词句段篇层面，中观的内容、主题、结构、语言层面以及宏观的文章体裁（文体）层面的具体表现形态做深入分析，找到语文核心素养与文本内容之间的内在关联，对文本中蕴含的语言教育价值、思维教育价值以及审美与文化的教育价值进行揭示，进而为教学目标的制定、教学策略的选择提供依据和参照。基于以上分析，我们认为文本解读的视角必须以学生为中心来构建，切实寻觅到语文核心素养各个要素对应的教学内容，再聚焦少而精的内容，深入进行思维培养、审美和文化的熏陶；分析教学内容的多层面教学价值，形成立体多维的教学设计思路、一举多得的教学策略。具体来说，以学生为中心的文本解读视角就是要分析出学生理解文本内容的认知困难，发展学生的思维。

学生是阅读的主体。小学生知识经验欠丰富、生活经验欠丰厚，这一现状往往是制约他们走进文本深处，与作者同呼吸共命运的障碍。因此，教师要从学生视角解读文本，从了解他们阅读中真实的困惑、切实的疑问出发，发现他们思维走向深入的困难之处、障碍所在，进而有针对性地提供具体可操作的策略支撑，这是实现思维培养的前提。从学生视角解读文本，会让我们跳出业已固化的职业阅读的惯性思维，产生独特的发现，进而拓宽学生的思维空间，延伸学生的思维深度。

（一）质疑问难，了解思维走向深入的障碍

《唯一的听众》一文以第一人称的口吻，用诗意的语言讲述了一个动人的故事："我"在音乐方面被家人喻为"白痴"，因而对拉小提琴曾一度失去信心。在一个美丽的清晨，第一次走出家门的"我"在一个铺满落叶的小树林练琴时，邂逅了一位满头银发的老妇人——音乐学院最有声望的教授，曾是乐团的首席小提琴手。但是老人隐瞒了自己的真实身份，用装作耳聋的独特方式挽留并鼓励"我"，使"我"树立了信心。"我能做你的听众吗，每天早晨？""我被老人诗一般的语言深深打动了。"为了这个美丽的约定，"我"坚持刻苦练琴，琴艺逐渐提高，最终能面对成百上千的观众演奏小提琴曲。

学生在第一课时初读课文后，产生了如下的疑问：

（1）老教授为什么要帮助我？又为什么要装作聋子？

（2）为什么"我"第一次来到小树林"心里充满了神圣感，仿佛要去干一件伟大的事情"？

（3）为什么说"我被老人诗一般的语言打动了"？

（4）为什么谜底揭示之后省略号要占一个自然段？

（5）为什么老人听不见，文章在谜底揭示之前还写我看见老人"手指悄悄打着节奏"？

（6）题目"唯一的听众"有什么深刻内涵？

（二）分析归因，找到内在关联

分析这些问题产生背后学生的思维逻辑，找到这些问题之间的内在关联，是了解阻碍学生思维走向深入的关键所在，也是有针对性地进行思维培养的基础。

通过分析，我们知道前两个问题的提出说明学生并没有读懂文中对"我"的行为和心理描写背后蕴含的意味，即"我"对于音乐的挚爱之情以及怀揣着的对于音乐的梦想——有一天能面对成百上千的观众演奏。而这种挚爱及梦想就隐藏在来到小树林"庄重地架起小提琴……"这个描写"我"行为的句子中。正是这种对音乐的情怀、梦想深深打动了这位资深音乐家，也是她装作耳聋帮助"我"的主要原因。第3个问题则反映出学生对老人语言中所蕴含的深刻内涵的理解出现了障碍，这是因为他们还没有体验到那时激荡在作者内心世界中的是一种怎样美好的情感。"我能做你的听众吗，每天早晨？"对于缺乏与作者有着相同或相似情感体验的学生来说，这样的语言确实是缺乏诗意的。第4、5两个问题都与文章省略的内容相关。"手指悄悄打着节奏"在原文中是在谜底揭开后出现的，这是本文改写的"瑕疵"，被敏锐的学生发现了。这个问题连同省略号一节的处理可以通过"续写"后出示原文的方式来解决，既弥补了文章的疏漏，又进行了语言文字运用的训练。在有感情的朗读中，学生受到了优美、经典的语言文字营造的人与人之间特有的和谐美好的意境的熏陶感染，人性之美在想象、联想与体验中获得了升华。第6个问题是对文章题目内涵的深意产生的理解困难。

（三）筛选整合——确定教学目标内容

教学目标的确定过程也是基于文本特点和学生思维困难，筛选、整合教学内容的过程。教学目标的准确制定是设计可操作的教学思路、环节的基础，是实现有效教学的前提。

将上述学生的认知障碍、困难与文本内容建立联系，确定如下教学内容：

（1）通过理解"我"第一次来到小树林的行为，体会"我"对音乐无比热爱之情以及怀揣的音乐梦想。（这是老人帮助我的原因，也是为什么"充满神圣感""仿佛要去干一件非常伟大的事"的原因）

（2）揭示老人三次语言中蕴含的鼓励、挽留、要求等内涵，进而理解"诗一般的语言"所蕴含的深意，体会人与人之间和谐美好的关系带给人的审美享受。

（3）叙写省略号省略的内容，并与删掉的原文对比，弥补文章不符合情理删改所带来的瑕疵，同时对学生的语言运用加以规范。

（4）理解题目的深刻含义。

以上教学内容中，（1）是针对文本重点句段内容的理解，指向的是思维深刻性、广阔性的培养目标；（2）是对文本中蕴含的人文精神的审美体验；（3）是对语言文字的运用、鉴赏。基于学生的文本解读，直指语文核心素养的培养目标，层次清晰，指向明确，内容与目标之间有着内在的关联。

二、以学生为中心的教学实施

语言的学习是一个在实践中不断地感知理解、积累内化到创造运用的持续过程，思维的发展又是一个从形象到抽象最终发展成辩证、批判、反思性思维的持久过程，而审美的形成以及文化的积淀更是一个润物无声、熏陶感染的缓慢教化过程。探讨学生在语言学习中究竟是如何循序渐进地形成思维能力并逐渐获得审美领悟、文化认同的，更是摆在语文教师面前的一项艰巨的历史使命。以学生为中心的教学实施应关注学生学习过程中对语言文字的体验、内化、迁移和创造。通过角色转换、情境再现、合理推测、想象补白等手段实现语文核心素养的培养。

（一）转换角色，想象还原，感受人性之美

众所周知，呈现在读者面前的每一篇文本无不是经过作者立意、构思、选材、组材、剪裁等一系列加工后的主观"产品"，是观念化、价值化了的。面对同一事件，由于视角不同，不同的作家可能会写出完全不同的作品。而实实在在发生的事情不一定都能在作品中找到痕迹，因此需要借助想象在作者呈现的内容中寻找"蛛丝马迹"，把事情发展过程的"原生态"还原出来。这既是揣摩、推测作者没有写出来，又是真实发生的符合生活逻辑的内容，是教师带领学生走进文本深处，实现深度阅读，进而获得思维发展的前提。

《唯一的听众》采用第一人称的叙述方式，描写的着力点都在自身，对老人的描写多是通过"我"的心理活动来衬托的。因此，学生才会产生"老人为什么要帮助我"的疑问。可以让学生转化角色，从老人的视角观察"我"、审视"我"的一举一动。如果你是这位老人，此时此刻，看见"我在一棵树下站好，庄重地架起小提琴，像举行一个隆重的仪式，拉响了第一支曲子"，你会对"我"产生怎样的印象呢？这样的"我"，你觉得是在练习拉琴吗？这一系列问题的提出，促使学生进行合理的推测，以老教授的视角观察"我"、分析"我"，而帮助"我"的原因以及装作耳聋帮助"我"的独特方式、良苦用心也就得到了合理的解释。

文章三次描写老人"平静地望着我"这始终如一的神态，背后的内涵却大不一样。第一次是在"我"拉琴声音像锯床腿的时候，第二次是经过一段较长时间每天听"我"练琴时，最后一次是"我"的琴艺明显提高时。由此想象开来，对于一个音乐家来说，每天听着像锯床腿一样难听的声音是一件多么折磨人的事啊！可是老人却能忍受这样的噪音如此长的时间，背后的内涵不言而喻。接着，"我"的琴艺提高了，那如"深深的潭水"一般的平静就包含着深深的期待了……看来，这平静之中蕴含的深意还真是值得品味一番呢！老人一如既往的不变的平静背后却是"我"的巨大变化：心理由自卑变得自信了；练琴的态度由随便变得刻苦、认真、努力了；琴艺由锯床腿一样难听到奏出了真正的音乐。这些变化，文章中都有较具体的描写，这些外在的看得见的变化无不有力地证明了老人不变的平静中蕴含的崇高的精神品质。这样的写法表面上波澜不惊，却让我们的内心泛起阵阵涟漪，老人平静的神态带给我们的是无法平静的心湖的荡漾。这一静一动、不变之中的巨变的对比就是作者写作的高明之处。同时，这位满头银丝、有着极高造诣的资深音乐家独一无二的教育艺术、独特的人格魅力、高尚的道德情操也就悄然走进了学生的内心深处。学生看着这位始终如一"平静地望"着"我"的老人，内心与作者一起激荡着感激与怀念之情，这情是对老人光芒四射的人性美光辉的深深的敬意、震撼与折服。一切尽在不言中，声情并茂的朗读就是最好的诠释与表达……

在教学设计中，将老人神态的变化与"我"的变化联系起来揭示出内在的关联，教学流程自然、流畅，符合学生的认知规律。三次"平静"背后的深意，用一段诗意的语言来表达，也暗合了本文的语言表达特点，对规范学生的语言起到一定的效果。

（二）辨析语言表达形式，获得审美体验，感受文化魅力

为什么是诗一般的语言？这是学生的问题。在这里，老人一共讲了三次话，话语中包含的鼓励是显而易见的，还有没有其他的含义呢？通过删减比较、调换位置比较，一切不言自明："我能做你的听众吗，每天早晨？"去掉"每天早晨"可以吗？或者把"每天早晨"放在句子中间，表达上又有什么区别呢？这样一来，看似不经意说出的"每天早晨"，含义就没那么简单了：状语置后的强调作用凸显了；强调背后的约定、督促与要求浮出水面；放在最后，句子缩短了，增强了语言的节奏感，诗意盎然。比较是深入理解语言内涵的绝好方法。对诗一般语言的体味使得文本深藏的内涵显现出来。这种比较、联系生活实际的合理想象都是深度解读文本的方法。与此同时，语言文字是民族文化的集中体现，因此学生在感受汉语言文字悠远的意味、丰富的意蕴、音乐般的韵律中感受到汉语言的博大精深与独特魅力，在学习语言文字的同时潜移默化地受到民族文化的熏陶感染与精神洗礼。

（三）想象补白，内化迁移，运用创造语言

文章优美隽永的语言恐怕只有通过朗读才能够体会，而对省略部分的补白则意在深入体会作者精妙的语言表达风格。通过想象画面，对照原文，体会语言表达的精妙，深化了对文章语言风格的理解和体味。同时，语言文字营造的优美意境和着悠扬的小提琴曲，让学生走进了语言的丛林，内心被优美和谐的画面感动着，心灵被人性美的光辉照耀着，走进了一幅和谐美好的真善美的诗画乐的美好境界中。这就是语言的魅力，这就是音乐的魅力，这更是人性美的一曲悠扬的颂歌……

美好的情感、积极的态度、正确的价值观就在这学习祖国优美深邃的语言文字中春风化雨般地滋养着稚子们无邪的心灵，潜移默化地塑造着他们的灵魂，也影响着他们未来的人生……

【参考文献】

[1] 柳夕浪. 从"素质"到"核心素养"——关于"培养什么样的人"的进一步追问[J]. 教育科学研究,2014(3).

[2] 李艺,钟柏昌. 谈"核心素养"[J]. 教育研究,2015(9).

[3] 辛涛,姜宇. 全球视阈下学生核心素养模型的构建[J]. 人民教育,2015(9).

[4] 秦燕. 基于学生核心素养发展的语文"助学课堂"[J]. 语文教学通讯·小学,2015(11).

[5] 林崃春,刘仁增. 基于学科核心素养的语文教学能力素养建构[J]. 福建基础教育研究,2015(12).

[6] 孙绍振. 孙绍振如是解读作品[M]. 福州:福建教育出版社,2007.

利用社会资源在小学美术教学中的研究

金 姬*

【摘　要】 "美术教育社会资源利用研究"课题组的教师们根据《美术课程标准》实施建议,以学习活动方式划分学习领域,重视以学生为主体的美术学习;加强学习活动的综合性和探索性,注重美术课程与学生生活经验紧密联系,引导学生把美术学习与其他学科的学习以及生活经验、周围环境相联系,美术学习的范畴扩展至地方乃至更大的区域。努力开发当地的美术课程资源,并补充一些学生愿意学习的、教师所擅长或有特殊兴趣的内容。在研究的过程中,积累一些经验:整理可利用的社会资源,明确社会资源种类;分析实施过程,提炼社会资源使用形式;提炼出美术教育中开发社会资源的实施流程;创新授课形式;美术教育中开发社会资源的策略。

【关键词】 小学;美术教育;社会资源

2008年1月,中宣部等部门联合下发《关于全国博物馆、纪念馆免费开放的通知》。随着博物馆对未成年人免费开放政策的实施与完善,社会为学校教育提供了丰富的资源和便利的条件。如何在教育中有效充分地利用这些社会资源,是摆在教育者面前的全新课题。

2014年8月29日,《北京市中小学培育和践行社会主义核心价值观实施意见》正式发布。《实施意见》指出,从9月新学年起,本市中小学各学科平均应有不低于10%的课时在社会大课堂进行,相当于中小学生每周有半天时间在校外上课。市区教育部门将在图书馆、博物馆等千余个社会资源单位培养和聘用千名课外辅导教师,邀请千名传统文化名家、非物质文化遗产传承人等进课堂。对于美术课程而言,如果有条件让学生去美术馆看画展,去博物馆看展览,要比在课堂上真实生动很多。平时学生们只是在书本上才可以看到的名画毕竟规模太小,而美术馆是艺术的殿堂,那些画那么展示出来,那种身临其境的感受,是课堂给不了的。所以,在上好每一堂课的同时,可以带学生们出去,因为这是最好的美学教育,对提高学生们的审美能力有巨大帮助。

《美术课程标准(2011版)》在"课程资源开发与利用建议"中指出:"美术课程资源的开发有利于丰富美术教学的内容,提高美术教学的效益,突出地方美术教育的特色。"要求教师"拓展校外美术教学的资源,开展多种形式的美术教育活动;充分利用

---

* 金姬(1976~),女,北京人,北京市朝阳区实验小学,中学高级,研究方向为小学美术教育。

自然和社会文化资源进行美术教学、积极开发地方美术课程资源开展有特色的美术教学活动"等。

虽然《美术课程标准》中明确引导教师进行美术课程资源的开发，但是广大小学美术教师，无论是职前培养还是在职培训，由于各方面的原因，都很少去涉及社会资源，或者有意无意地回避社会资源，更谈不上资源的利用了。即使在教育理论界，对于社会资源的研究也仅仅是刚刚起步，成熟的成果并不多见。因此，美术教育社会资源的利用问题是我国基础教育改革面临的一个崭新课题。由此，我们申请了朝阳区教育科学"十二五"规划课题"美术教育社会资源利用研究"（批准号为DHG1251170）。多所实验校参与，开展课题的研究活动。

课题组的教师们根据《美术课程标准》实施建议，以学习活动方式划分学习领域，重视以学生为主体的美术学习；加强学习活动的综合性和探索性，注重美术课程与学生生活经验紧密联系，引导学生把美术学习与其他学科的学习以及生活经验、周围环境相联系，美术学习的范畴扩展至地方乃至更大的区域。努力开发当地的美术课程资源，并补充一些学生愿意学习的教师所擅长或有特殊兴趣的内容。在研究过程中，积累的一些经验如下。

一、整理可利用的社会资源，明确社会资源种类

课题研究过程中，将大量的社会资源进行筛选、尝试、研究后，对可利用的社会资源进行分类整理（见表1）。

表1　美术教育中可利用的社会资源

序号	分类	内容
1	人力资源	教师、艺术家、美术专长的家长、民间艺人等
2	社会艺术机构	美术馆、图书馆、博物馆、艺术家工作室、艺术作坊、教育研究机构等
3	社会文化资源	文体活动、节日、建设成就、重大历史事件、传说、故事以及人类文化的遗产、遗迹等
4	地方特色美术课程资源	荣宝斋的木版水印工艺、沙燕风筝画、面塑工艺、糖人工艺、毛猴工艺、剪纸工艺、北京宫灯、北京四合院等

二、分析实施过程，提炼社会资源使用形式

经过三年的实践研究，我们将大量的活动过程进行总结、分析后，将其提炼为四种比较适合教师操作的社会资源使用形式。

（一）参观访问

教师提前做好调研后，有计划、有组织地组织学生到博物馆、艺术馆等对艺术作品做实地的考察和了解。例如，学生走进博物馆，身临其境，面对绘画、雕塑、书法等真

实作品，进行观察、感悟。学生们参观过的博物馆有故宫博物院、中国美术馆、韩美林艺术馆、798艺术园区等（见图1）。

图1

（二）调查研究

在"北京的胡同"这一研究中，教师利用学校周边民宅资源，组织学生们走进东城区的胡同，边走边观察、记录、分析、研究。回到学校后，填写研究记录单，与更多的同学分享调查研究的结果，了解北方具有代表性的民居特色。

（三）临摹创作

学生们走进博物馆、艺术场馆等，在老师的指导下，面对大师作品，边观察边分析创作的方法、思路，运用手中的画笔进行尝试，在临摹中体会大师创作作品的构思、构图、线条、色彩、艺术处理以及感悟等（见图2）。

图2

（四）合作交流

北京拥有各种与美术教育相关的优质社会资源，除了组织学生到美术场馆参观访问、调查研究、临摹创作外，还可以与这些场馆进行深入的合作交流。例如，教师带领学生走进"西班牙塞万提斯学院"，首先由学院的西班牙籍老师向学生们介绍西班牙文化、毕加索的生活背景以及艺术特点，再由课题组的美术教师和学生现场介绍齐白石的生平及艺术特点，并进行了国画创作，让外国友人了解博大精深的东方艺术。这样的合作方式能促进学生多元艺术观的形成。

三、提炼出美术教育中开发社会资源的实施流程

实施流程的整理与归纳是本课题组一个重要的研究内容，也是其是否具有推广价值的体现。由于在利用社会资源的过程中，教师的角色定位、思考方式、操作方式等都会

发生很大变化,所以课题组从大量实践中提炼出这一流程,为其他教师利用社会资源提供比较科学合理的方法与思路(见图3)。

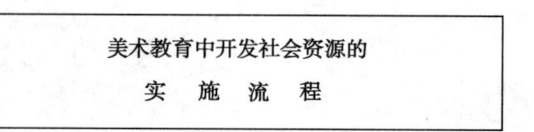

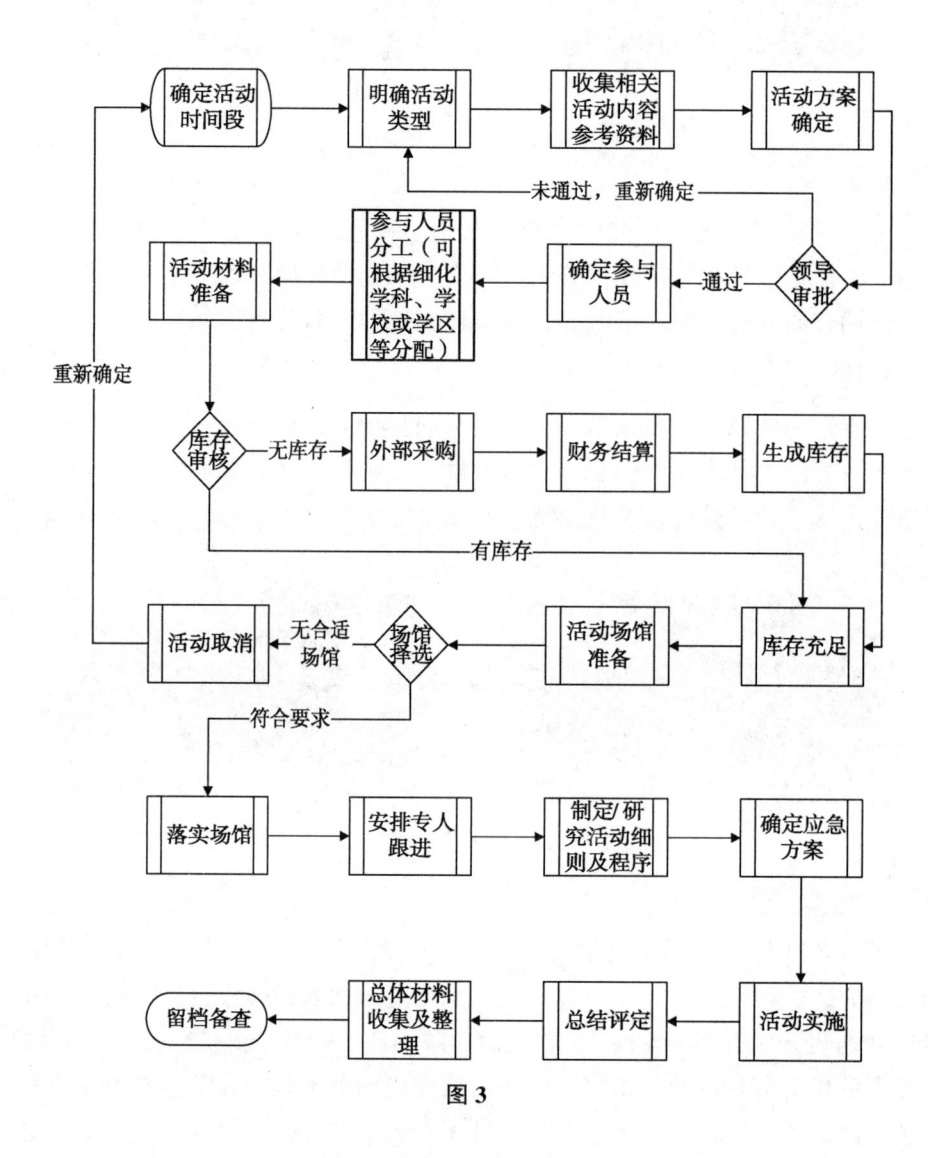

美术教育中开发社会资源的实施流程

图 3

四、创新授课形式

在研究过程中,课题组发现有几种不同于以往常规教室内授课的形式,这些形式互动性强,更受学生欢迎。

（一）借用社会资源进行美术教学

常态的美术教学活动是在教室完成的，长此以往，授课形式单一，教学效果也受到影响。如何打破教室、学校的空间局限，走进真实的艺术世界，并在这种环境下实施美术教学，也是课题组力图突破的。老师们成功组织了798艺术园区的课程整合活动。学生们事前参观了画廊的展览，师生共同确定方案，要求完成不同形式的美术创作。在教学实施过程中，首先由一名教师主讲，多名教师对不同表现形式的小组进行辅导，关注小组学生的绘画状态，用不同形式进行绘画创作，进行绘画作品点评。由于每位教师主要关注一个小组的学生，学生与教师之间的交流更多，绘画兴趣更加浓厚，绘画方式更丰富，作品的质量更高（见图4）。

图4

（二）带着具体问题进行美术学习

一般来说，带着问题进行思考的学习，其效率是比较高的。课题组成员也进行了教学尝试。学生带着教师提前做好的调查表，走进博物馆，通过现场调查、分析、归类、整理等，填写问题调查结果，最后根据分析的结果（如艺术大师的生平、作品的特点，民间艺术的表现形式、用色特点，等等）临摹作品。在这样的活动中，学生真正成为课堂的主人、积极的学习参与者，他们获取的知识不是从教师的讲授中得到，而是依靠自己的观察、思考而来。教师只是起到引导、辅助的作用。

五、美术教育中开发社会资源的策略

课题组成员经过2年的实践研究，摸索出开发社会资源的若干策略。

（一）积极引进各方人力资源，服务美术教育

在与教学相关的各种资源中，人是最关键的，也是最重要的。一般而言，与美术教

育相关的人力资源可以包括教师、艺术家、美术专长的家长、民间艺人等。利用好人的资源，让其参与到各种美术活动中，将使学习内容丰富多彩，形式活泼多样。同时，也使学生感受到美术的魅力。

（1）家长资源的引入。实验校聘请六年级五班家长、著名书法家王汉光先生成为实验校"雅韵轩"书法工作室专家。作为书画院院长的王老师多次来到实验学校给学生们讲授书法艺术和欣赏课，使孩子们收益颇丰。

（2）老艺人的引入。在组织非物质文化遗产手艺的学习活动中，风筝手艺传承人郝德立老师、面人儿传承人张俊显老师、剪纸大师孙二林老师等都受到实验校的邀请，介绍非遗文化，展示"硬拔"技术。在众多艺人的传承与指导下，实验校的孩子们掌握了多种非遗项目的手工制作品，传承了古老文化与技艺（见图5）。

图 5

（二）充分利用社会艺术机构，拓宽学生视野

首都北京作为全国的文化中心，有着得天独厚的文化资源优势。应该创造各种有利条件，组织学生走进美术馆、图书馆、博物馆、艺术家工作室、艺术作坊、教育研究机构等，开阔学生眼界、增长见识。课题组也开展了一系列的实践活动。

（1）西班牙塞万提斯学院举办毕加索陶瓷艺术展。

（2）学生走进位于通州的韩美林艺术馆。

（3）学生参观"蓝地服装厂"。

（4）朝阳区798艺术园区的鼎峰空间展厅举办美术课程展示以及学生美术作品展览活动。

（5）学生参与北京教育学会组织的绘画比赛，获得优异成绩。

（三）借助社会文化资源，促进学生正确价值观的形成

社会文化资源是指蕴含在生活世界中各种形式的文化资源，包括民间美术资源、文物遗产资源、非物质文化遗产以及能对美术教学活动产生影响的文体活动、节庆、建设成就、重大历史事件、传说、故事等。这些资源可以作为表现对象直接进入课堂，也可以作为美术文化主题进行开发，增强学生对美术文化的理解和感悟。

在"十八大"召开之际，实验校组织38名学生共同描绘11.8米的长卷绘画作品，在描绘孩子们校园生活的同时，也为党的十八大胜利召开献上一份厚礼（见图6）。

实验校学生受邀参加中央电视台书画频道"大森林里的艺术家"节目。学生在开

图 6

阔的环境中积极创作，表现自己的美好生活；与不同国籍、不同学校的孩子们共同创作，提高了他们的合作能力，同时形成了尊重世界多元文化的价值观。

（四）挖掘地方特色美术课程资源，传承优秀地方文化

作为六朝古都的北京，历史悠久。北京的文化传统、风俗习惯以及自然环境形成了独具特色的地方资源，如荣宝斋的木版水印画工艺、沙燕风筝画、面塑工艺、糖人工艺、北京四合院等。合理开发和利用地方美术课程资源，能满足本地、本校学生学习美术的需求，培养学生对本民族、本地区美术文化的认同感，引导学生认同本土文化。

"北京的胡同"是"综合·探索"学习领域的课程。实验校老师把这一美术教学内容与社会生活联系起来，以北京的胡同文化为题，组织学生进行综合性的探索活动，培养学生灵活运用多学科知识综合解决实际问题的能力。北京的胡同是北京人祖祖辈辈生活的地方，也是孩子们熟悉的地方。它是北京悠久历史的象征，是北京地方文化重要内容，每一条胡同里都蕴藏着丰富美好的人文教育资源。引导学生关注和发现其中的内涵，对于提高学生的综合素质是十分有意义的。

胡同在东、西城区比较常见，是我国北方比较典型的民居。由于政府规划、改造、拆迁，胡同已经很少见到了。实验校的师生走进胡同，了解胡同的特点、形式以及历史，感受胡同文化，增强了民族自豪感和责任意识。

通过课题的实验研究，实验校的学生积极参加各种活动，保持对美术学习的持久兴趣。学生们在各级各类的绘画比赛中取得优异的成绩。不仅是学生们，课题组的教师成长也很快，多名教师获得朝阳区优秀青年教师或骨干教师称号，两人获得北京市骨干教师称号。

【参考文献】

[1] 郭敏译. 儿童与艺术 [M]. 长沙：湖南美术出版社. 2008.
[2] 陈雅玲. 怎样开发利用美术课程资源 [M]. 重庆：西南师范大学出版社，2006.
[3] 洪琪，唐杰. 美术教育资源 [M]. 长沙：湖南美术出版社，2010.

培养儿童的科学精神,科学教师至关重要

孔晓燕[*]

【摘 要】 小学科学教育是以培养学生的科学素养为宗旨的,而科学态度、科学精神和科学理想是科学素养的核心要素。培养儿童的科学精神,科学教师至关重要。作为科学教师,要认识到培养儿童科学精神的重要意义,在科学课堂教学中对目前存在的不足和问题加以转变,不能使儿童科学精神的培养停留在理论上、文字上、目标上,而是真正在教学实践中使科学精神在每个儿童心里扎根。

【关键词】 科学精神;培养;科学教师

中国相关机构对1977~2006年的1000多位高考状元进行跟踪调查,结果显示,这么多曾经让人惊羡的高考状元却没有一位成为顶尖的人才,他们如今都过着平凡的日子,职业成就远低于社会预期。科学家钱学森曾多次与中央领导谈及我国科技人才培养问题,也曾多次发问:为什么培养不出世界一流的科学家?在这深沉的发问背后,我们不得不去反思,我国的教育重知识学习、重方法培养,为什么我们难以培养出优秀人才?我们的教育忽视了什么?缺失了什么?我们忽视和缺失科学精神的培养。与科学知识相比,科学精神处于更高的层面。科学精神是促进科学活动的精神动力,是科学活动永不枯竭的精神源泉。然而,应试教育和现在教育中的诸多问题不利于科学精神的培养。

小学科学教育是以培养学生的科学素养为宗旨的,而科学态度、科学精神和科学理想是科学素养的核心要素。小学生的科学精神包括:从不同角度思考问题,勇于质疑,不迷信书本、老师、权威;尊重证据,实事求是;具有强烈的好奇心、求知欲,有探究热情,善于提出问题,积极寻求答案,不怕困难,坚持不懈;相信科学,接受科学结论,勇于修正、完善自己的观点;主动与他人合作,乐于倾听、交流;热爱自然,珍惜生命;具有创造、创新意识。科学精神所包含的哲学思想有助于儿童扩大视野,开阔心智,启迪创新思维,潜移默化地帮助儿童提高认识世界和改造世界的能力,形成严密的逻辑思维与判断能力,形成超越前人及超越自我的创新能力。科学精神为儿童提供观察和分析问题的基点和视角,使他们能够以创新的思维和视野看待科学研究中所遇到的问题与困惑,对他们精神生活中诸如价值观念、行为准则、伦理道德等的形成具有潜移默

---

[*] 孔晓燕,北京市丰台区丰台第一小学教师。

化的作用。培养学生的科学精神有助于树立科学理想，有助于形成正确的人生观。科学精神贯穿人的一生，支持人的一生。

培养儿童的科学精神，科学教师至关重要。作为科学教师，要认识到培养儿童科学精神的重要意义，在科学课堂教学中对目前存在的不足和问题加以转变，不能使儿童科学精神的培养停留在理论上、文字上、目标上，而是真正在教学实践中使科学精神在每个儿童心里扎根。

一、科学教师要认识到忽视儿童的科学精神培养带来的危害

应试教育是科学精神培养薄弱的体制原因。我国的科学教育，强调知识、能力和情感态度价值观，但在第三个维度上仍然是淡化的。作为科学教师，要认识到长期以来忽视对儿童科学精神的培养会导致很多问题和危害。

我国基础教育把传授知识作为主要目标，以学生听话与否以及学习成绩高低作为衡量学生好坏的标准，导致了以教材为中心、以教师为中心的教育观，以讲授、灌输为主的教学方法体系；注重智力因素的开发，重视既有知识的占有，忽视非智力因素的激发和创新意识的培养；答案的标准化与书本内容的教条化，容易误导学生把书本知识奉为天经地义的真理，压制学生怀疑和批判精神的养成。在这种环境之下，儿童变得功利、浮躁、现实，而精益求精、理性精神、求实精神、怀疑精神、创新精神被淡化，甚至被淹没了。应试教育虽然可以产生一流的技术人才，却无法培养出真正的科学精神，无法造就未来的天才。知识不如能力，能力不如品质。当学生离开学校时，带走的不仅是知识，更重要的是对理想的追求。忽视科学精神的教育就是机械训练，忽视科学精神的培养终究会影响推动我国科技发展与社会进步的根本动力。

二、树立科学精神、正确面对教学中的各种问题

作为科学教师，自己要具有科学精神。如果教师都缺少科学精神，就更谈不上有效地培养学生的科学精神了。科学教师不论是对科学本身还是对科学学习者，都应该具有正确的科学态度和科学精神，避免出现弄虚作假、抄袭伪造、对事态不经研究妄下结论、以势压人等缺乏科学精神的言行，在工作和生活中从自己做起，树立正确的科学态度和科学精神。

教师具备科学精神，能思辨、理性地面对考试、面对教学中的各种问题；采用科学的教育方法，使学生获得科学思想、科学精神的熏陶和培养。保护儿童的好奇心、探究兴趣，让大自然中绚丽多彩、千变万化的种种现象激发儿童的好奇心和求知欲，将童年的兴趣作为人一生的情趣和财富；激励儿童敢于质疑、勇于创新，让他们学会独立思考，善于发现和提出问题、解决问题，不迷信、不盲从，形成超越前人、超越自我的创新能力；引导儿童不断求知、实事求是，让儿童渴望和崇尚学习科学知识，严谨认真，刻苦钻研，耐心细致，不怕困难，勇于实践，锲而不舍；激发儿童的科学理想，让学生离开学校时带走的不仅是知识，更重要的是对理想的追求；让更多的儿童胸怀科学理

想，成为我国科学事业的中坚力量。

三、认识到培养儿童科学精神的意义，带来课堂教学的转变

（一）从科学精神目标形同虚设到把科学精神真正作为课堂教学目标

在很多教师的课堂中，科学精神方面的目标只落实在教案的字面上，没有成为教师心中追求的实质性目标，也没有恰当地评价机制衡量这一目标是否达成。科学精神的目标形同虚设，把科学精神渗透在每一节课中、潜移默化地影响学生的教师实在太少。

作为科学教师，要把科学精神作为必须实施且必须实现的课堂教学目标，把课堂教学作为培养学生科学精神的主要渠道，良好的科学精神的形成不是一蹴而就也不能立竿见影，教师在每一天、每一节的课堂教学中都要渗透和培养科学精神，持之以恒。

（二）从漠视甚至扼杀儿童的好奇心、求知欲到细心保护和精心呵护

当儿童接受学校教育后，他们"听话、顺从"的表现会受到老师喜欢。满足于分数，死记硬背，迫于家长或社会的压力，为升学和就业而学习，孩子们对学习慢慢失去兴趣，对周围事物失去好奇心。这种急功近利的教育，不注重对人的终极关怀，扼杀了儿童与生俱来的好奇心、求知欲，也扼杀了儿童的科学精神、科学理想，更是影响到整个民族和国家的未来！

作为科学教师，尤其是在小学阶段，要把保护学生与生俱来的好奇心作为首要目标，带领他们经历一次又一次探究，感受、体验探究的快乐和满足，使学生敢于提问、善于提问、乐于探究。

（三）从树立教师权威到师生平等协商，不迷信书本、权威

"一日为师、终身为父""师道尊严"理念渗透在我们的教学中，影响着学生。道尊而介疑，师严而生威，尊严之下的学习只能服从、接受，不敢怀疑，不能挑战。在这种环境下，学生唯师、唯书至上，缺乏怀疑精神、求真精神、创新精神，科学精神受到了压制。此外，科学发展初始阶段人类具有崇拜性。对于现代社会的儿童来说，在他们眼中，科学教师就是科学权威的代表，很容易产生类似人类早期崇拜即成人崇拜、教师崇拜。

作为科学教师，要教育学生"吾爱吾师，吾更爱真理"，要鼓励学生提出反对意见。教师勇于在学生面前承认自己和书本的错误，并欣赏学生新的或与众不同的观点。通过老师对科学的态度来影响、感染学生，培养学生的怀疑精神和创新精神。

（四）从选择事实和数据得到正确结论到尊重一切证据做到实事求是

在儿童科学教育实践中存在很多违反实事求是的教育行为。科学教师对很多科学认识是知道结论的，而儿童科学探究和体验的结果是有差异的。经常看到科学教师对学生小组的实验数据，采纳的是与科学结论相统一的，相反的则以误差的理由或根本没有理由而被舍弃。学生依据自然观察或实验观察，对自然现象或自然规律的新异性认识往往被漠视。学生认识的真实结果不被重视，则妨碍学生对科学过程和科学知识的理解，更为严重的是遵从于已确立的科学结论，完全抛弃了尊重事实、尊重数据的科学态度，对

学生独立精神和批判性思维发展的负面影响很大。

作为科学教师，在收集数据的过程中，要求学生做到所获得的数据尽可能准确，要让学生明白实验数据需要经过多次测试得出，要求学生尊重事实，不人为更改数据。发生认知冲突，鼓励和促进学生进一步思考和探究，不要急于给出答案，更不要简单地给予肯定或否定，而是给学生足够的时间思考，充分展开讨论和交流。

（五）从教学的预设到教学的生成

现在科学教育改革之所以强调科学探究，是要让学生经历类似科学家探索自然世界的过程，理解科学过程的探索性和依客观现实获得科学知识的主观性。科学探究过程是面对自然世界的问题解决过程，其出发点是科学问题，其过程是数据的采集和收集，其结果是对问题的解释或说明。在数据的采集和收集过程中，会用到归纳法、演绎法、归纳演绎结合的方法、假说演绎法，还有更具体的科学方法。科学方法是严谨的，但探究过程对于方法的选择和运用具有灵动性。儿童的问题缘于其周围的自然世界和人工世界，其获得数据的过程类似人类早期科学认识活动，是直观观察和尝试性实验，其科学解释是依据数据的思维加工和主观建构。当我们把科学探究过程划分成若干个阶段，按阶段依次展开的时候，科学探究体验就变成条块化的和模式化的，这使得科学体验教条化。

作为科学教师，要善于抓住学生的直觉、灵感和异想天开的想法，让教学内容随学生的需求生成，让课堂教学真正开放起来。

（六）从忽视儿童差异到尊重每个儿童片面甚至错误的认识

科学结论是依据对客观世界的观察与实验，经过人的思维加工而形成的，具有主观建构的特点，且随着科学认识的深入不断得到修正。人类的科学认识如此，儿童科学认识的差异性和片面性就是自然和必然的。获得科学知识的过程，本身就是不断尝试的动态过程，即不断提出假设、验证假设、证明或否定假设的循环过程。因此，儿童经历的科学过程非常具有尝试性，儿童在尝试的过程中不断加深其科学认识。

作为科学教师，要深刻理解科学知识建构性和科学过程的探索性，形成尊重儿童个体差异性的科学认识和尊重儿童片面甚至是错误认识的科学态度。要提供给学生尽量多的机会使其与自然世界和人工世界充分接触，以极大的耐心对待学生的科学探究过程，非常宽容地对待学生具有个体或小组差异的体验结果。这样，最大限度地鼓励学生乐于体验、积极体验，在体验中不断加深对科学的认识。

再好的课程计划也需要高素质的科学教师的参与才能取得成功。培养儿童的科学精神，激发儿童的科学理想，科学教师是榜样和引路人。科学教师唯有努力学习科学教学方面的理论和实践知识，德业兼修，不计名利得失，在教学实践中实实在在、不遗余力、持之以恒，才能培养出具有科学精神的青少年，培养出有较高科学素养的接班人。

【参考文献】

[1] 张颖春. 科学精神的概念及其内涵 [J]. 天津商学院学报，2004（5）.

［2］杨丽．现代课程改革的重要任务——科学精神的培养［J］．教育理论与实践，2009（8）．

［3］贺承业．呼唤科学精神［J］．川北教育学院学报，2000（3）．

［4］汪堂家．科学·科学精神·人文精神——杜威眼中的科学对精神生活之意义［J］．学术月刊，2009（11）．

［5］郭慧志，徐婕．科学精神的界定与传导［J］．科学技术与辩证法，2007（5）．

［6］王小燕．科学精神与科学方法［J］．江西行政学院学报，2007（1）．

［7］巨乃岐．论科学精神［J］．科学技术与辩证，1998（10）．

［8］张妍．论科学精神的价值理性［J］．学术交流，2011（3）．

［9］顾宸，吴健．论科学精神的理论意义和实践意义［J］．扬州大学学报：人文社会科学版，1998（4）．

［10］陈刚，程林．基于态度学习理论的科学精神的培养［J］．教育探索，2010（4）．

［11］曹维平．论21世纪中学生科学精神的培养——美国2061计划对中国教育的启示［J］．江西师范大学学报，2002（1）．

［12］P. Rowell．探究式科学教育教学指导［M］．韦钰，译，北京：教育科学出版社，2005．

基于核心素养的数学实践活动的设计与实施

黎 宁[*]

【摘 要】 高中数学教育的目标是培养学生的基础知识、基本技能、基本思想、基本活动经验，让学生学会理性的、数学的思考问题。教师要树立以发展学生数学核心素养为根本的课程与教学意识。作为一线教师和学校教研组长，近年来笔者带领学校教研组数学教师，以培养学生的核心素养为导向，设计并实施数学实践课程。本文即作者结合实际经验，从课堂教学、校本课程、数学社团、社会大课堂、创新培养、益智趣味活动等方面阐述具体思考与做法，涉及数学建模、数学探究、信息技术、拓展视野、实际应用等。

【关键词】 核心素养；数学建模；探究活动；应用；创新；信息技术

数学是研究数量关系和空间形式的科学，不仅是自然科学的重要基础，而且在社会科学中也发挥着越来越大的作用。数学的应用已渗透到现代社会生产与人们日常生活的各个方面。

高中数学教育的目标是让学生获得进一步学习以及未来发展所必需的数学基础知识、基本技能、基本思想、基本活动经验；发展数学抽象、逻辑推理、数学建模、直观想象、数学运算和数据分析等数学核心素养，学会用理性的数学思维分析问题和解决问题，培养应用与创新意识；树立敢质疑、善思考、严谨求实的科学精神；认识数学的科学价值、应用价值和文化价值。

都说数学是"思维的体操"。高中学生学习数学主要通过做题，在分析问题和解决数学问题的过程中掌握知识，提高能力。那么，"实践活动"在高中数学的学习中充当什么样的角色？在高中阶段如何开展数学实践活动？数学实践活动会不会成为华而不实的"花架子"？要回答这些问题，就来看一看我们的思考与实践。

一、陈经纶中学数学课程框架

（一）国家课程

必修1，2，3，4，5。文科：选修1-1，1-2；理科：选修2-1，2-2，2-3；选修4-1，4-4。

---

[*] 黎宁，女，北京市陈经纶中学教师。

（二）国家课程校本化

数学思维培养：自主招生教学；高中数学"分层教学"；信息技术与数学教学的整合；几何画板在数学教学中的应用；手持计算机走进数学课堂。

数学学科素养的培养：数学史漫谈；大数学家的故事。

深化数学之美的探究：圆的几何性质推广于圆锥曲线；数独。

优化问题意识，生活中的数学：空气阻力对物体斜抛运动的影响；流程图解决就医问题；三角函数在生活中的应用，数列在经济中的作用（储蓄、房贷），微积分在生活中的应用。

（三）数学活动

学生"说题"，"数学·应用"，多米诺骨牌，数学益智游戏，魔方，中国象棋（见图1）。

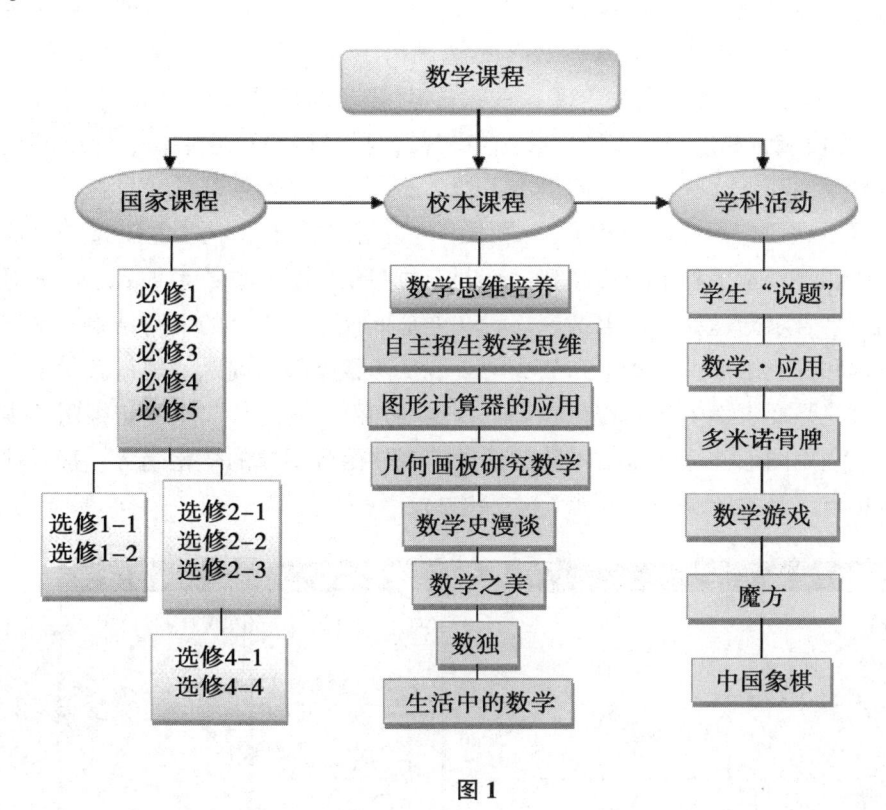

图1

二、在课堂教学中开展实践活动

周明芝老师的课例《定积分在几何中的简单应用》通过创设情境、问题探究、应用提升等探究性活动，培养学生的数学创新精神和实践能力，体会数学学科研究的基本过程与方法。教师设计了"问题诱导——启发讨论——探索结果""直观观察——抽象归纳——总结规律"的研究性教与学的方法，过程中注重"诱、思、探、练"的结合，引导学生转变学习方式；采用激发兴趣、主动参与、积极体验、自主探究学习，形成师生互动的教学氛围。

张辉老师的《等比数列前 n 项和公式》创设情境，提出问题，引发认知冲突，把学生引领到认知发展的边缘；基于几何画板建构数学模拟实验，创设动态探究环境，引领学生体验、猜想、表征、探究、对比矫正，完成新知构建，经历辨析、应用与深化，提炼应用模式，建构精致图示，促进学生对新知同化顺应，形成积淀。这些都是课堂教学中进行实践活动的有益尝试。

长期以来，学生用纸和笔计算、解答数学问题是"天经地义"的，如果课堂上学生拿出计算器计算题目八成是要被老师制止的，老师会说："因为高考不能用计算器，运算能力要靠平时培养！"然而随着信息技术与网络的快速发展，已经对数学教学及学习产生了深远的影响：课堂上经常有老师用几何画板课件演示动画；教材中有不少内容需要学生利用计算机来完成；课下写作业时，学生用上"学霸君"之类的手机 APP，拍照即可通过网络搜到题目的解答过程及答案。老师希望学生利用导数研究一个复杂函数的单调性，学生用手中的"超级画板"迅速画出函数的图象"解决了"问题。在这个网络时代，一切变得轻而易举。现在的高中生可以说是网络数字化时代的"原住民"，他们从小便接触和使用这些数字化信息产品，早已体验到数字化、网络环境所带来的丰富信息及便利。这些，为我们提出了新要求，要主动拥抱新的信息技术！

我在《导数在研究函数的应用》一课中，创设情境，让学生自主探究三次函数的图形形状、单调性。学生利用图形计算器绘制函数图象，研究参数系数 a，b，c 对图象变化的影响，结合求导运算，得出结论。我在屏幕上投影出学生的书写结果，呈现出学生的思考过程和探究结果。在例 1 和例 2 中，涉及函数极限的问题，现行教材未曾给出极限的概念，只是要求学生能从变化趋势上直观感知图形的趋势，来界定极限。本节课教师引导学生利用图形计算器做出函数的图象，观察函数图象的变化趋势，很好地突破了这一教学难点，是本节课的"亮点"（见图 2）。

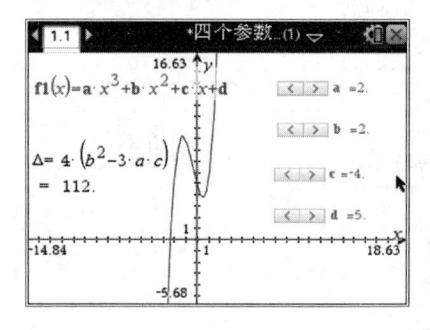

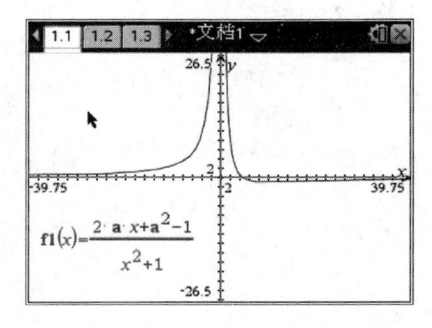

图 2

课上，通过图形计算器导航软件的统计功能，及时掌握每个学生的学习情况，并加以应对。这使得教师能及时抓住问题的实质，指出学生的错误，加以分析，引导学生自主探究、作图、分析问题和解决问题，有效调动学生的学习兴趣，具有很好的教学效果。

课后作业以开放性问题的形式给出，是课上研究方法和研究思路的直接应用，用以检测学习效果。图形计算器的使用拓展了解决问题的途径，给教师提供了调控、检测的手段，丰富了学生的学习方式。在运用导数研究函数问题的过程中，让学生经历直观感知、观察发现、抽象概括、运算求解等思维过程，感受数形结合、分类讨论的数学思想，提高了推理论证和运算求解能力。

随着现代科学技术和计算机科学的迅猛发展，人们获取数据和处理数据的能力都得到大幅度增强。特别是伴随着大数据时代的到来，人们常常需要对网络、文本、声音、图像等反映的信息进行数字化处理，高中数学课堂不应回避这一变化，而应积极变革与应对，借助信息技术，让学生在实践活动中，增长才干。

三、校本课程与数学社团

（一）校本课程

潘欣桐老师的校本课《美术与数学》向学生介绍了艺术中的数学——埃舍尔作品欣赏。M. C. 埃舍尔（M. C. Escher，1898~1972），荷兰科学思维版画大师，20世纪画坛中独树一帜的艺术家，出生于荷兰吕伐登市，作品多以平面镶嵌、不可能的结构、悖论、循环等为特点，从中可以看到对分形、对称、双曲几何、多面体、拓扑学等数学概念的形象表达，兼具艺术性与科学性。其作品《纪念碑谷》是一款游戏，也是一件精雕细琢的艺术品。著名建筑控导演克里斯托弗·诺兰的代表作《盗梦空间》，也利用电影特效展现了这种阶梯的现实版效果。

周明芝老师的校本课《生活中的数学》系列之《椭圆在生活中的应用》，在学生学习过椭圆方程、范围、对称性、顶点和离心率的基础上，将阿波罗尼奥斯与圆锥曲线论引入课程，帮助学生认识卫星轨道问题。同时，还介绍了"杰尼西亚的耳朵"以及"回音壁"——探究椭圆的光学性质。

校本课《拓展视野的数学课程》之《多面体欧拉公式的发现》是一例"研究性学习"。教师布置课题，简要介绍科学的研究方法，将全班分成8个小组（各选一名组长，各确定一名主讲人）。课题中有4个问题，各小组可以从中任选一个或多个进行研究：（1）欧拉生平及欧拉主要研究成果（数学方面）；（2）五种正多面体的模型制作；（3）自主证明欧拉公式或查找关于欧拉公式的证明；（4）欧拉公式的应用。参考问题：（1）欧拉定理在研究化学分子结构中的应用（一个 C_{60} 分子中，正五边形和正六边形各有多少个；（2）什么只有五种正多面体；（3）有没有棱数为7的简单多面体。制定评价标准。

可以利用视频、音频、图片等多媒体信息来呈现问题。比如，在柔和的背景音乐下，学生将欧拉（见图3）的生平娓娓道来："他是世界上最多产的数学家，一生中写下了886种书籍和论文。他创设了许多的数学符号，有许多以他名字命名的定理。欧拉完全失明以后，仍然以惊人的毅力与黑暗搏斗，凭着记忆和心算进行研究……"深深地打动了在场的每一个人，使学生对数学史有了进一步的了解，激发了学生学习数学大师献身科学、勇于探索的科学研究精神的决心。

利用课件演示并提问："足球需要多少块正五边形和多少块正六边形的牛皮拼成？假如有60个碳原子，如何才能将他们组成一个完美的分子 C_{60}？足球又为什么叫作'足球烯'？"（见图4）

图 3

在对多种多面体的顶点、棱、面的研究中,通过人机对话,让学生去观察、发现有些多面体的顶点数(V)、棱数(E)、面数(F)之间的关系:V+F-E=2.并通过电脑动画对抽象概念"简单多面体"以及抽象的拓扑变换的形象展示,使学生正确理解多面体欧拉公式的使用条件和证明(见图4)。运用多媒体动画和"多边形内角和""去棱法""拓扑学方法"等方法对简单多面体欧拉公式进行证明。这样,通过对多面体欧拉公式的多种证法的形象展现,促进学生去创造与创新,使学生深刻领会研究问题的完整过程,强调任何研究都来源于生活、来源于大脑不竭的思考。

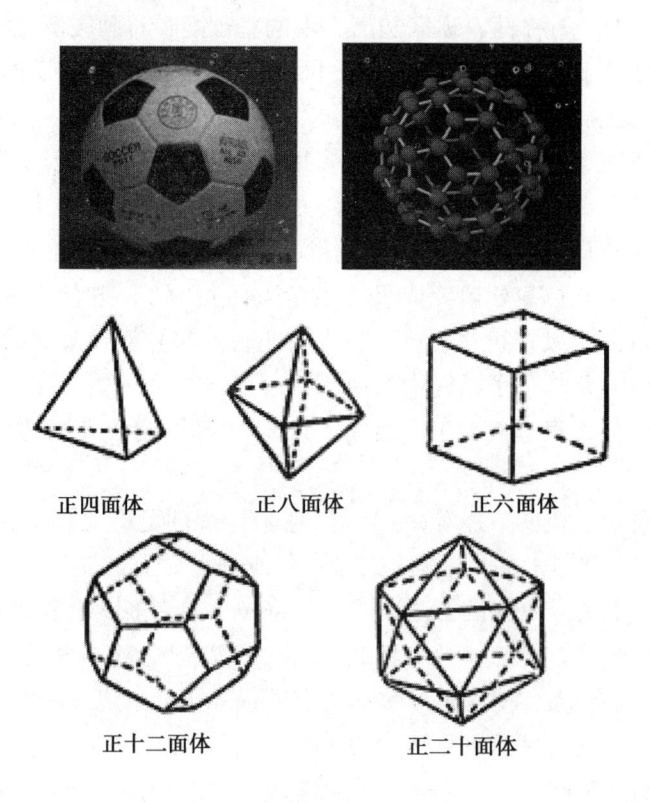

正四面体　　正八面体　　正六面体

正十二面体　　正二十面体

图 4

（二）数学社团

数学社团的目的是将数学知识应用于实践当中，从而让学生能够在生活中应用数学，在数学中体验收获，激发和维持学生对于数学的兴趣。

上学期，我们进行了日坛公园人工湖面积的实际测量，目的是让同学们亲自动手进行数学丈量，体会几何学的发生发展过程。同时，让学生了解现实生活中的实际问题与书本中问题的不同，促使学生主动思考解决问题的策略并动手操作，提高学生的思维水平和实践能力。

数学社团成员在接到任务后，首先利用一次活动时间根据卫星地图等辅助工具进行方案设计，确定自己的大致方案以及需要测量的长度。最终形成了三组方案：平面分割组；实物模型组；3D打印组。

在确定了大致方案后，数学社团成员利用合计两次活动的时间到达实地对人工湖进行了测量。在测量中同学们发现了许多在设计中没有考虑到的问题，如尺子长度不足、周围景物对测量的影响、卫星图不准确等。这些问题导致同学们无法进行他们设计中的测量。因此，在实地测量的过程中，同学们"摸着石头过河"，对之前的方案进行了一定程度的调整，使之最终符合现实的要求，并成功得到了需要的数据。

其中，平面分割组的同学想到了到高处俯瞰整片人工湖，从而重新绘制平面图，解决卫星图不准确的问题。在此基础上，他们对重新绘制的平面图进行了切割，将不规则图形切分为若干个规则图形，并利用"化曲为直"的思想对周边曲线位置进行了处理，最终测得了湖面面积。

实物模型组同学采取物理中排水测体积的方法，先用橡皮泥按照平面图做出高度已知的湖面立体模型，再用排水法测出其体积，最后用体积除以高度，得到了湖面面积。

3D打印组的同学则凭借自己找到的更加精确的卫星图，利用3D绘图软件做出了湖的3D图，再写出一段程序，借助3D打印机将所绘制的图形进行了打印，最后利用事先设计好的比例尺就可以很轻松地在计算机中解决面积测量的问题了。

潘欣桐老师回顾整个活动，兴奋地说："我认为总体上学生完成得十分出色，甚至超出了我的预想！很多时候我们可能低估了学生们的潜力。他们的体内有着无限的可能性，我们对于他们的一些束缚和控制可能反而抑制了他们创新意识和创新能力的发展。所以，给学生足够的发展空间与发展机会，适度放手，将创造力和控制权还给学生。在活动中我也收获颇丰，我想这才应该是我们一直提倡的'与学生一起成长'！"

在上学期的基础上，高一年级数学社团准备继续按照上学期的活动方案，开展更加具有挑战性的实践活动。本次活动中，学生们将继续进行实际测量，但任务目标由平面面积上升为立体体积。任务将选取"陈经纶中学教学楼的体积"，继续依照"测量过程自主设计，测量数据自主处理"的原则完成。

四、社会大课堂

义务教育阶段，数学综合实践活动涉及学生生活、实践的许多方面，如七年级上册的关注人口老龄化、探寻神奇的幻方、制作一个尽可能大的无盖长方体盒子，七年级下册的设计自己的运算程序、七巧板，八年级下册的计算器运用与功能探索、哪一款手机资费套餐更合适、哪个城市夏天更热等。这里既有学生从小喜欢玩的七巧板、魔方，又有学生时时都想依赖的计算器，等等，可谓丰富多彩。这些内容能够激发学生学习与探究的欲望，提高学习的兴趣。

从实践活动的形式上看，有议一议、想一想、做一做等形式。如关注人口老龄化实践活动中的"议一议"的三个问题：你了解自己所在社区老人所占的比例吗？你想关注老年人的哪些问题？你想通过什么方式获得相关信息？学生在完成这三个问题的过程中就掌握了"做一做"活动中的数据，在走访调查中培养了关爱老人的情感，学会了关爱与感恩，真是一举多得。再比如，"哪一款手机资费套餐更合适"的"做一做"，小组合作分析手机资费调查，分析每月的资费受哪些因素的影响、影响资费的通话时间有哪些。固定其他通话时间，分别要确定所在套餐下资费和通话时间的函数表达式。学生在解决这些问题时培养了合作、创新、推理思维，体会到数学的应用价值。

由于应试的原因，有些老师、学生更加钟情于做数学题，对于这样的数学实践课程不够重视，无论是教学还是学习都一一略过。殊不知这样的"做中学"在我们的数学学习中是不可或缺的，它能极大地调动学生学习数学的积极性，使学生感悟到数学"是有用的"！

我们参与北京市"社会大课堂"活动，前期组织学生成立学习兴趣小组，带领学生参观活动基地——中国科技馆"探索与发现·数学之魅"；结合科技馆展览项目，分小组对其感兴趣的项目进行研究，写出相应的研究报告或数学小论文。

中国科技馆"探索与发现"场馆的展览项目和互动栏目不以知识的传授为主要目的，而是紧扣"探索"的主题展开，设置"探索中的数学""生活中的数学""思维中的数学"三个分主题，着重体现数学诞生与发展过程中人类的探索活动和取得的成果，以及人类在探索其他科学领域的过程中数学所起到的重要作用。在轻松愉悦的氛围中，通过生动有趣的互动展项，使学生感受到数学并非枯燥难懂、高不可攀，它无处不在，帮我们解决生活中的实际问题，帮助我们以严谨的、逻辑化的方法论去分析、解决问题。

许多同学都对场馆内的互动栏目"制作自己的分形"产生了强烈的兴趣。有些同学进行了相关知识的查阅与研究。现在我们来重现美丽而神奇的"分形"（见图5）。

图5

问题1（人教版必修·数学5第30页，例2）：图6中的三角形为谢宾斯基（Sierpinski）三角形。在这四个三角形中，着色三角形的个数依次构成一个数列的前4项，请写出这个数列的一个通项公式。

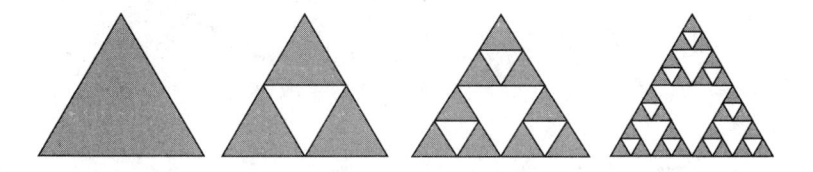

图6

参与科技馆互动游戏"制作自己的分形"。（见图7）

图7

问题2（人教版必修·数学5第34页，习题2.1，B组，第1题）：下图（见图8）中的三个正方形块中，着色正方形的个数依次构成一个数列的前3项，请写出这个数列的前5项和数列的一个通项公式。

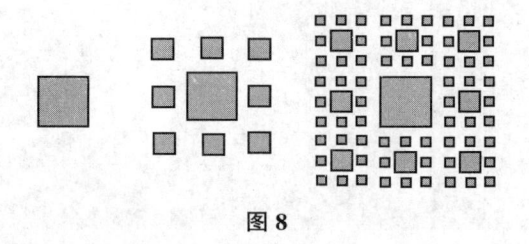

图8

继续参与科技馆互动游戏"制作自己的分形"。（见图9）

图9

问题3：如图10所示，将一个边长为1的正三角形每条边三等分，以中间一段为边向形外作正三角形，并擦去中间一段，得图（2），如此继续下去，得图（3）……记第几个图形的边长为a_n，周长为b_n，求数列$\{a_n\}$、$\{b_n\}$的通项公式。

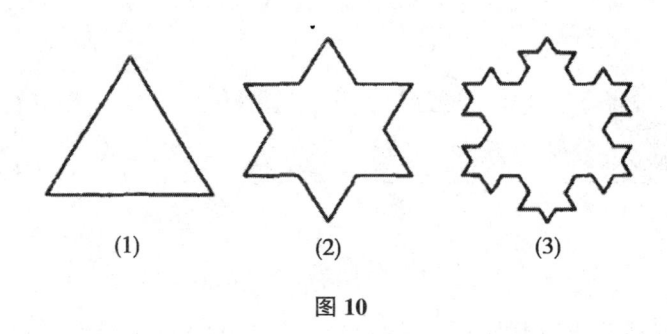

(1)　　　　(2)　　　　(3)

图10

若n→∞，Koch曲线总长度趋于无穷，它成为一条无限长的边界围绕着一个有限的面积的几何对象。

这节课，以教材为工具，充分利用社会资源——社会大课堂教育基地中国科技馆的"数学之魅"展览，学生独立自主地开展数学学习和研究。一方面，可以进一步体会数列是一种特殊函数，加深对函数概念和性质的理解，对数列的本质有清晰的认识和把握；另一方面，通过数列概念引入以及数列应用的过程，体会数列问题的实际应用价值，体现"现实问题情境——数学模型——应用于现实问题"的特点。研究问题过程中，体会特殊到一般、函数的思想，提高推理论证能力。在学习过程中，认识到数学在实际生活中的应用价值，了解到数学的文化与历史。

同时，欣赏自然界、艺术和生活中神奇而美丽的分形，体会数形结合的奇异美、问题拓展的变化美、逻辑思维的严谨美（见图11）。

罗马花椰菜　　　分形艺术　　　海马尾巴

图11

这节课，教师充分利用"社会大课堂"为中小学基础教育提供的有利条件，将数学课程与社会资源进行有机整合，拓展学习资源，丰富学生的学习方式，培养学生提出问题、解决问题的能力，感受数学的应用价值，激发学生研究、探索科学的欲望，引导学生认识到数学在实际生活中的应用价值，帮助学生了解数学的文化与历史。

五、创新培养

高中数学教学活动的关键是启发学生学会数学思考，引导学生会学数学、会用数学。通过综合实践活动，特别是数学建模和数学探究活动，促进学生应用能力和创新意识的发展。

学生围绕某个数学问题自主探究、学习的过程包括：观察、分析数学事实，提出有意义的数学问题，猜测、探求适当的结论或规律，给出解释或证明。让学生初步尝试数学研究，体验创造的激情，建立严谨的科学态度和不怕困难的科学精神，有助于培养学生勇于质疑和善于反思的习惯，培养学生发现、提出、解决数学问题的能力，发展学生的创新意识和实践能力。

数学探究课题应该多样化，可以是某些数学结果的推广和深入、不同数学内容之间的联系和类比，也可以去发现和探索对自己来说是新的数学结果。鼓励学生在学习数学知识、技能、方法、思想的过程中发现和提出问题并加以研究。

作为北京市青少年创新学院主办的"翱翔计划"数学基地校，在近十年的数学拔尖创新人才培养中完成了一系列学生数学探究作品（见图12）：

杨翰驰：《如何熏球延长羽毛球寿命效果显著》。
董海天：《我校高中生近视产生原因的调查研究》。
刘润涵：《基于数学模型的智能小车轨迹跟踪控制》。
胡冬磊：《关于台球中的三角关系模型与误差分析》。
李金钊：《关于北京市出租车定价方案的研究》。
田子伯：《对大型超市各时段安排收银台的最优方案的探究》。
许桂臣：《黑白棋速胜的一种数学模型研究》。
杨奕、杨宇：《对北京市地铁最佳坐法的研究》。
刁旭昊：《N维单形组成元素数量的研究》。
刘明洋：《小区停车位的最优规划与利用研究》。
朱庭仪：《对炒制蔬菜亚硝酸盐含量随时间变化的研究》。
张明、鲍伟齐：《对广渠门中学学生部课堂检查路线的研究》。
杨天翼：《对于智能手机外形设计与用户体验的研究》。
刘昊鹏：《空气阻力对斜抛运动的影响》。
张霖：《电影院观影的最佳位置》。
柴宇璠、徐天皓：《投篮出手角度与速度对于罚球命中率的影响》。
杨子璇：《预测一定条件下由给定TNT炸药产生的炸坑的容积》。

2013年1月，我们参与编写《我们在科学家身边成长》（北京出版社）一书。陈经纶中学的《长笛指法按键排列的合理性分析》、北京市广渠门中学王斌的《魔方总变化数的研究》被收录在本书中。前几届的不少学员都由此培养出了科研兴趣，学习更加努力，考入了理想的大学。

北京市"翱翔计划"培养的学生中，很多已经升入高一级学府。表1是2009级部分数学基地学员的去向列表。

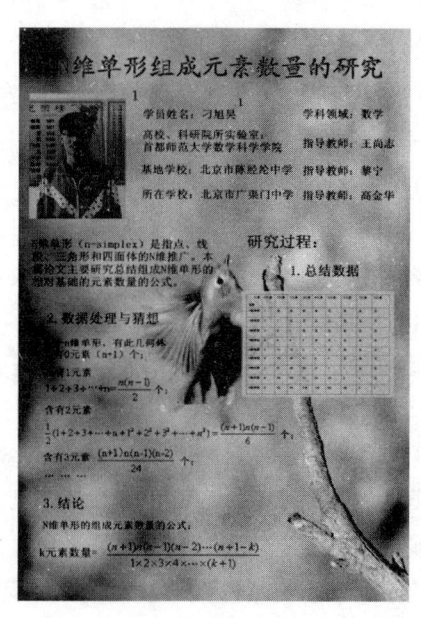

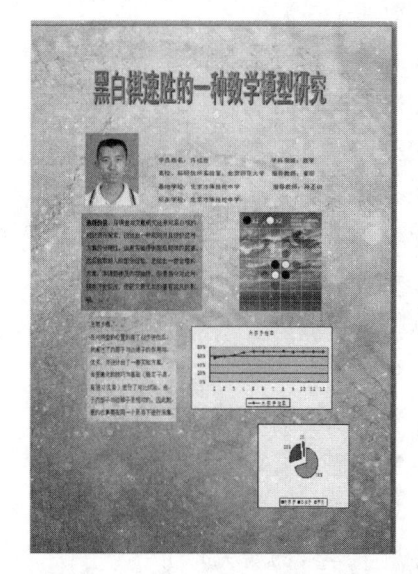

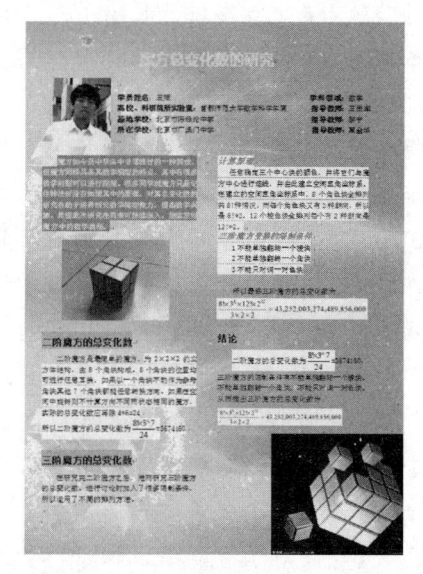

图 12

表 1　北京青少年科技创新学院"翱翔计划"2009 级学员毕业去向一览表

学科领域：数学　　　　　基地学校：北京陈经纶中学

学员基本信息			高考成绩		参加自主招生		
学员姓名	所在学校	高校、科研院所实验室	总分（含加分）	加分	获得了哪所高校的自主招生优惠条件	学校	院系	专业
柳 帅	牛栏山一中	首都师范大学	678	20	北京大学哲学院哲学系自主招生20分	北京大学	哲学院	哲学

（续表）

学员基本信息			高考成绩		参加自主招生			
学员姓名	所在学校	高校、科研院所实验室	总分（含加分）	加分	获得了哪所高校的自主招生优惠条件	学　校	院　系	专　业
刘顺华	广渠门中学	首都师范大学	575	/	/	北京工业大学	软件学院	嵌入式系统
容博文	石油附中	首都师范大学	603	10	四川大学	四川大学	物理科技与技术学院	物理学
张梦浓	清华附中	首都师范大学	/	/	/	清华大学（保送）	生物系	生　物
吕思萌	和平街一中	首都师范大学	559	/	/	北京第二外国语学院	翻译系	翻　译
陈景琦	顺义杨镇一中	首都师范大学	578	/	/	中国政法大学	公共管理学院	公共管理

数学家华罗庚提出了数学研究的4种境界：（1）依葫芦画瓢地模仿；（2）利用现成的方法解决新的问题；（3）提出新的思路，创造新的方法；（4）开辟新的研究领域。这对我们今天的数学教育也很有启示。

中学生在学习数学时，基本不太可能产生原创性的、发明性的研究成果，但也不是简单机械地模仿照搬。要使得我们的数学学习有更高更广的发展，提升到一种新的境界，能力水平得到更进一步的提升，数学研究是必要的。

模仿性学习是夯实基础的必要环节。在接受教师传授知识的过程中，要坚持质疑、反思、归纳、总结。用学到的方法解决新问题是判断学习效果的一个标志，也是研究工作的开始，实质上也反映并体现了知识的迁移能力。在课堂上与教师、同学共同探讨、研究问题，经历、体验知识形成的过程（甚至可以是失败的），"一题多解""变式研究""纵横联系"都是很好的数学研究策略。

对于前人已有的结论和既成的研究成果提出新的思路，或者对于结论的"再发现"，即是一种创新。尽管有时显得幼稚，或是前人已经做过的，但对于中学生来讲，就是数学的研究，是中学生的数学"微科研"。

这样的数学研究，拓宽了我们的数学视野，提高了我们的综合数学素养。

六、益智趣味活动

数学实验室是开展数学活动的最佳场所。高二学生学习了立体几何模型和TI图形计算器的使用，结合教学内容做了"椭圆有多少种画法"的探究。他们利用"几何画板"软件动态地绘制出椭圆图形，并通过定义、轨迹方程的结果等进行了证明（见图13）。该作法参与午间论坛，获得了老师和学生的好评。

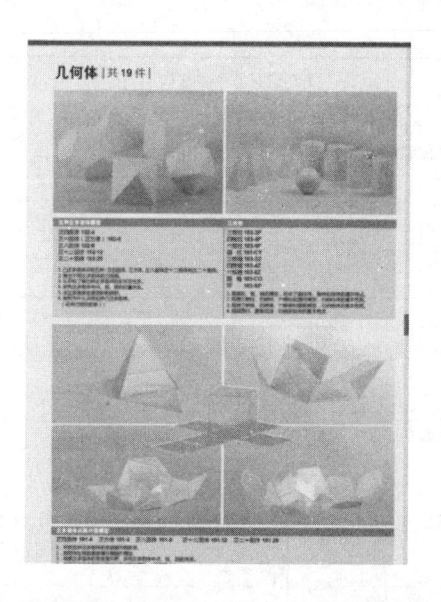

图13

多米诺骨牌、鲁班锁、九连环、神龙摆尾、中国象棋、魔方大赛，都曾走进"科技节""夏令营"，极大地激发了学生的参与兴趣，培养了学生的合作交流能力。

且行且思在纪录研究之路上

李爱华*

【摘　要】 在郊区缺少专家引领、信息不对称的环境中成长的教师，需要一个立足于实际的、切实能将实践和理念紧密联系的研究平台。而纪录正是这样一个根植于具体时间和当地情境的平台，供教师经常地返回到自己的教学情境中去进行多视角的对话与反思，提出更多的新问题，改进自己的教育、教学策略，发展新的观念与方法。因此，纪录引发教师自主反思，成为提升其专业能力、支撑幼儿健康成长的有效途径。

【关键词】 纪录；自主；反思

一、研究的缘起

（一）一次偶然的照片纪录"打开来尝一尝"引发的行动

引发这样一场纪录的研究，可以追溯到2008年。当时，幼儿园为每个班都配备了数码相机，这成为教师的掌中宝，因为它可以随时随地为孩子拍照，留下记忆。在一次教研观摩课"打开来尝一尝"活动中，出于给教研活动留下点资料的目的，刘老师拍下来一组照片，并配以说明，发到教师研修网上，竟然在教师中引发了强烈的反响。

教师们发现，原来照片配说明能够这么清晰地呈现出当时的现场，比单纯的文字纪录效果好多了。

（二）通过查阅文献逐渐明晰纪录的价值

当教师对照片纪录这种方式充满兴趣时，我们开始顺着"纪录"这个关键词查阅相关资料，寻找理论支撑，明晰概念界定。

教学纪录的理念和实践有很长的历史，它不仅是教育实践工作者关注的焦点，而且是不少学者致力研究的课题。美国著名的幼儿教育专家乔治·福门教授提出："对儿童寻常时刻的纪录是理解儿童学习的一个不可多得的窗口，对寻常时刻加以纪录，就可以使儿童的学习经历变得可见，便于教师对儿童的学习进行重温、分析和解释。"在瑞吉欧，教师一直注意收集和保存儿童在学习过程中的具体实例。他们认为：纪录有一个最直接的作用，就是使儿童的学习过程、他们所经过的路径、他们所付出的努力和最终的

---

* 李爱华，北京市延庆区第四幼儿园园长。

学习成果都"变得清晰可见",可以成为理解儿童学习的宝贵研究资料。

陈鹤琴先生从1920年开始以自己的孩子陈一鸣为研究对象,有目的、有系统地对儿童身心发展规律进行个案研究,进行了808天的跟踪观察实验,做了大量的文字及摄影纪录,总结成《儿童心理之研究》一书。

我们发现,纪录根植于教育实践,能够在具体的实践情境中让教师努力去看、去理解在幼儿的学习过程中发生了什么,幼儿是怎样表现的。纪录是引导教师将实践与理念紧密对接的有效平台。同时,通过纪录,教师会变得以研究的眼光看待问题,去研究儿童、研究理论和实践之间的关系,在开放式的讨论中做出积极的反思与调整。

(三)明确我园纪录研究的方向

鉴于纪录对于教师专业发展的价值所在,我园以纪录为手段,以促进教师自主反思能力的提升为重点,以案例纪录、多角度反思的形式在理论与实践的研究过程中发展新的观念与方法,不断改进教育教学策略,实现"让儿童的学习看得见""让教师的教学有意义"的目标。

二、研究的历程

(一)怎么纪录——有关纪录形式的研究

1. 纪录形式的转变

纸与笔的纪录是传统的也是我们一直沿用的一种纪录的方式。在课题的研究中,着重开展以下纪录形式。

(1)照相机纪录:对幼儿在活动过程中的某一场景、幼儿的瞬间举止、幼儿表达表现的作品进行拍摄,以获取、保留直观的图片资料。

(2)录像纪录:用摄像机较完整地摄录某个孩子的一段活动。

(3)录音纪录:用录音笔纪录孩子活动中的语言。

2. 编辑制作的培训

现场所拍摄的片段不是我们最终的纪录,需要经过教师的编辑制作。首先,我们请专业人员对教师进行摄像、视频制作、视频上传、网络研讨四项技术的培训。在掌握了基本技术之后,教师对拍摄的片段进行编辑制作。例如,小班教师编辑制作的《小刺猬背果子》,通过这个纪录,能让我们清楚地看到一名刚刚入园一个月、能力相对较弱的小班幼儿在美工活动中不会、不敢参与活动的无助,在教师的鼓励和帮助下开心、自主完成作品的变化过程。教师以字幕的形式说明了幼儿活动及心理的发展过程。可以说,教师编辑制作纪录的过程就是用专业的理论知识对幼儿的行为表现解读的过程,也是教师进行自主反思的过程。

(二)纪录什么

1. 从偶发的、感兴趣的事件入手

就如同最初无意中纪录的"打开来尝一尝"一样,我们的纪录是从完全放开、自主尝试开始的,老师们用镜头随意地从偶发的、感兴趣的事件入手,纪录幼儿原汁原味的学习过程，真实地反映孩子的行为表现。

当我们回放这些原汁原味的活动纪录时，教师们发现，原来孩子们身上天天都在发生着有趣的事情，只是我们没有看见、没有意识到而已。而这些有趣的事情的发现，就是在透过外在表现去看孩子内在发展的本质，也掀开了理论的"神秘面纱"——原来理论与实践就是这样容易地对接在一起的。带着这份惊奇与欣喜，教师们对纪录研究产生了浓厚兴趣。在随时拍、反复看的过程中，给予教师的是一双会发现的眼睛，随时在发现孩子的特点、发现孩子的内心、发现孩子带来的惊喜、发现职业带来的快乐。

2. 从解决实践中的真实问题上手

研究的目的是解决实践中的问题，而教师实践中的问题基本上是孩子的表现、反应、发展效果与预设的目标不一致。其本质是教师能否基于对幼儿年龄特点、学习特点、发展现状的了解、分析，给予幼儿适时适度适宜的引导与支持。当两者之间存在差异时，教师的困惑与问题随之产生：为什么孩子不喜欢进入区域游戏，为什么这个孩子总爱告状，为什么精心准备的活动孩子参与度不高，等等。这时，我们带着教师进入对实践问题进行有目的的纪录和反思、研讨的进程中，通过个别、小组等形式进行回顾与反思，利用集体的智慧，明晰幼儿表现背后的本质，依据对幼儿学习与发展特点的分析，寻找最适宜的教育策略。

3. 形成行动研究式的纪录模式

发现问题、解决问题。在不断深化的基于实践问题的纪录与反思进程中，帮助教师逐渐形成发现问题——现场纪录——反思分析——寻找策略——回归实践——再次跟踪纪录的思考习惯与行动模式。这一思考习惯与行动模式的形成，成为支撑教师持续深化纪录反思，落实常态化个人行动研究的基础。

三、研究的效果

1. 幼儿发展角度——纪录幼儿的成长看得见

通过孩子自己看自己的情景再现，与他们讨论，倾听他们的心声，这个学习过程体现了高度的自主。同时，通过了解儿童当时的思维轨迹，聆听当事人和其他孩子对此情景的不同想法和解释，思考理论与幼儿实际发展的关系，反思自己当时的教育行为及今后的策略，更好地帮助幼儿成长。

2. 家长成长角度——纪录架起家园心灵彩虹桥

我们建立了"家园教研制度"，与家长一起重温和再现幼儿在家庭中、在幼儿园中的一些寻常时刻，在一种和谐、自然的氛围中习得一些有效的、科学的育儿方法。我们的老师能在这样一种交流的过程中，更深入地知晓幼儿家庭教育的背景、态度、方法和期望，从而为每一个幼儿家庭提供更为合适的、有针对性的、富有实效的家庭教育指导。

3. 教师成长角度——纪录中获得灵感和教育智慧

我园教师，甚至是临近退休的老教师都能够熟练进行摄像、照相、编辑录像、上传视频，这些技术完全是在常态研究的推动下体现出教师们浓厚的研究热情和对幼儿教工作的热爱。

同时,我们还建立了"案例资源库",里面收集的是整理过的二百条的声像案例。我们的老师从幼儿的生活活动、学习活动、游戏活动等不同方面捕捉涵盖幼儿情感、记忆、观察、注意、语言等不同方面发展的案例。对这些案例的研讨与反思,让我们看到了儿童的年龄特点,找到了适合儿童的教育策略。

四、研究的思考

1. 成果最大化推广

在研究中我们积累了大量声像案例、照片案例、文字案例等素材,如何让这些素材最大化地发挥价值,成为引领和支撑教师专业成长的助力器,需要我们积极采取适宜的形式进行推广。

2. 课题研究的持续与深化

结合教育部新颁布的《3~6岁儿童学习与发展指南》,围绕幼儿学习与发展的领域、目标、学习特点以及典型表现,我们将持续通过纪录,对照《指南》去解读幼儿,了解幼儿,与幼儿一起成长。

【参考文献】

[1] 达尔伯格,等. 超越早期教育保育质量——后现代视角 [M]. 朱家雄,等译. 上海:华东师范大学出版社,2006.

[2] 张燕. 幼儿教师专业发展 [M]. 北京:北京师范大学出版社,2006.

[3] 屠美如. 向瑞吉欧学什么——儿童一百种语言解读 [M]. 北京:教育科学出版社,2002.

[4] Scott G. Paris,Linda R. Ayres. 培养反思力 [M]. 袁坤,译. 北京:中国轻工业出版社,2002.

[5] 朱家雄. 在纪录中获取灵感和教育智慧 [J]. 幼儿教育,2005(6).

[6] 乔梁,朱家雄. 做纪录是一个选择的过程 [J]. 幼儿教育,2005(6).

[7] 朱家雄,张捷. 从记录走向纪录 [J]. 幼儿教育,2005(6).

寓对话品性培育于记叙文读写课程

李得武[*]

【摘　要】本研究旨在以读写课程为载体，发展学习者对话力的同时，培育其对话品性。对话品性分为"善其身"和"达天下"两个维度，具体表现为反思、探究、挑战和共情、沟通、明达六个方面。课程设计及实施都体现了这一思想，希望通过学习者个性的养育来践行人文主义教育，实现核心素养的落地生根。

【关键词】人文精神；对话品性；读写课程

一、引　言

对话是平等者之间一种共生的交往关系（王向华，2010）。教育对话的主要主体是教师和学生。教师同学生是人格的平等主体，但教师的角色定位使得教育对话具有特殊性，是一种引导性对话。教育对话是有领导、有主导的对话，这取决于有特定职业身份、社会角色的教师、学生（杨启亮，2010）。教育的特质决定了教育对话的目的是服务学生的发展，也决定了对话的性质、内容、方法及其结果。新出炉的核心素养回答了培养"什么样的人"的问题，包括社会责任，国家认同，国际理解；人文底蕴、科学精神，审美情趣；身心健康，学会学习，实践创新。教育对话是实现这一培养目标的途径，但是，教育目的的实现是一个长期渐进的过程，有阶段侧重，有学科特点。对于人文学科，培养人文精神是重要目的。人文精神的核心是"以人为本"，表现为对人的尊严、价值、命运的维护、追求和关切。教育中的人文精神体现为"对话精神"，即学习者的对话力和对话品性。对话力是能够发起、持续对话并实现对话目的的能力，是实现自我与自我、自我与世界沟通的基本能力。对话品性是对话者通过对话习得的性格品质，具体表现为探究、反思、挑战、共情、沟通、明达。

二、英语读写课程的对话

阅读过程是读者同作者的对话。苏轼认为阅读是"八面受敌"的过程，这说明读者处处要和作者"交锋"，"交锋"即对话。写作过程是作者同潜在读者的对话，是作

---

[*] 李得武（1975~），男，北京人，北京市第二中学通州分校，高级教师，研究方向为英语教学。

者和读者共同构建、交叉循环诠释的社会互动（王俊菊，2005），互动即对话。读写课程中，学习者既是读者，又是作者；既是对话发起者，又是对话的受益者。

阅读过程中，学习者通过发起对话来实现自我的发展。如图1所示，A区表示读者和文本的共享区，即读前读者对话力和对话品性的起点。读后学习者的对话力和对话品性会得到增长，如图2所示，A区会伴随阅读过程增大。阅读中的读者是探究者和反思者，是通过"自我"与"自我"对话"善其身"的过程。阅读过程不仅是读者与作者分享经历的历程，也是两者分享情感的历程。作者用文字叙述经历的同时，情感的变化流露其间。作为读者，入境的同时自然也会共情。每一个经历的背后，还会伴随着深刻的反思和感悟，这是作者自我认识和自我教育的成果，同时，作为读者，这也是其间接经历的自我提高成果。

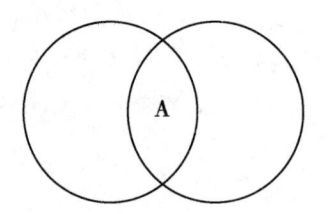

图1 读前共享区 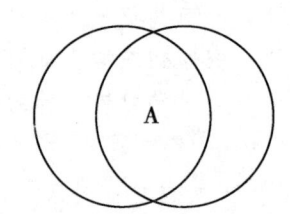　　**图2 读后共享区**

读后写是读后增量的内化过程。对于作者身份的学习者，其增长点始于B区（见图3），代表学习者初始的写作能力、写作自我效能、共情力、沟通力等，而A区代表读后的认知图式、情感图式、性格图式等。写作过程中，会出现从图3向图4的变化，随着图4同心圆外围区的扩大，学习者的写作能力、写作自我效能和对话品性会出现增长。

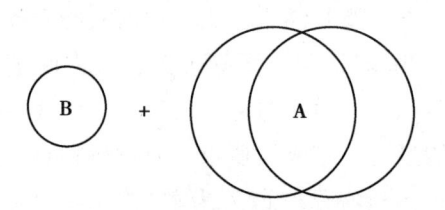

图3 作者的初始水平+读后增量 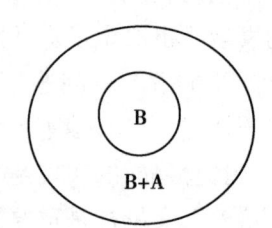　　**图4 综合素养的增长**

读写课程既关注主体的个性，又关注共存性；不仅提高学习者的个人修养，而且致力于其沟通世界能力的提升。读写的内涵强调人们在建构人类社会文化生活过程中所起的作用以及个体在阅读与创造文本过程中所形成的对世界的认识（盛静、韩宝成，2011）。个体通过读写认识世界的过程中，不仅要对话不同的人（间接对话），还要对话世界。对话世界是为了了解和表达世界。读写是间接经历世界的历程，是达天下的历程。

三、对话品性的培育

作为读者和作者，可以和今人对话，可以跨越时空同古人对话，也可以穿越未来同后人对话。这是因为读写课程的介质是人与文本，是人与知识、人与人对话的精神产品。知识是随着对话的继续而被不停地生产出来的东西。要想变得富有知识，就必须在某一确定的时间，在一正在进行的对话关系中占据某一确定的位置（斯特弗，2003）。教育对话是具有引导特征的对话，是对学生认知、情感与精神的养育。读写课程对话中，教师是对话的参与者和引领者，引导对话的发展，实现预设的对话目标，是对话关系中的决策者。作为研究者，对话品性是读写课程的目标，课程内容的设计自然要围绕这一目标建构对话关系。

（一）"我—你—他"的对话关系

记叙文是对社会生活中的人或事物的情态变化和发展进行叙述和描写的一种常见文章样式，它反映作者对某种生活的理解和评价，并以此来启示、教育和感染读者（徐义云，2007）。记叙文的基本单位是事件，事件背后通常透出作者的情感及其心理变化过程，三线合一既是写作策略，又是读者理解的主线。从读者角度来看，理事、共情、悟心是读懂记叙文的重要标准。同样，清楚叙事与准确表达情感和真实心理感受是记叙文写作的基本能力，这样的作品才能达意且达人，实现意义表达和对话的统一。由此可见，记叙文是学习者产生情感共鸣和自我教育的重要载体，记叙文的读写过程也是学生的认知、情感、心理的发展过程。

记叙文体裁是学生"善其身"和"达天下"的重要载体。为此，研究者设计的课程目标为：能够立场换位，读能入境、入情、共享，写能达人、感人、共鸣，达到"人文合一"的境界。课程结构分为3个维度：构筑自身、构筑伙伴、构筑世界（见图5）。课程内容以话题为单元，共计7个单元，一个单元包括3~10篇文章，单元主题分别为：挑战自我，梦想与选择，老师对我的影响，父亲和我，家人（亲戚）对我的影响，朋友与我，我眼中的世界。课程内容都以学习者自我为核心，建构"我—你—他"式的对话关系，培育平等的"对话品性"。

（二）培育"善其身"的对话人格

课程实施中，研究者从认知、情感、性格三个维度中各选取一个点，研究学习者知、情、意的变化。首先，对学习者的写作成绩、写作焦虑和自我效能做前测，然后通过后测来研究学习者的变化。前后测的对比表明，学习者的写作焦虑显著下降，自我效能和写作成绩显著提高。这一结果表明课程实施的干预措施非常有效。

1. 寓探究和反思的对话品性培育于读写

记叙文文本中，反思语言的文字量虽然不大，但都是点睛之笔。读写过程中，研究者采取关注、判断和表达的干预策略。关注指在阅读过程中要关注文本中的反思性语言；判断是指学习者要形成自我的价值判断；表达是指学习者要真实表达自我的感悟。这一过程中，学习者需要通过自我探究和师生对话来形成自己的结论，研究者充分发挥

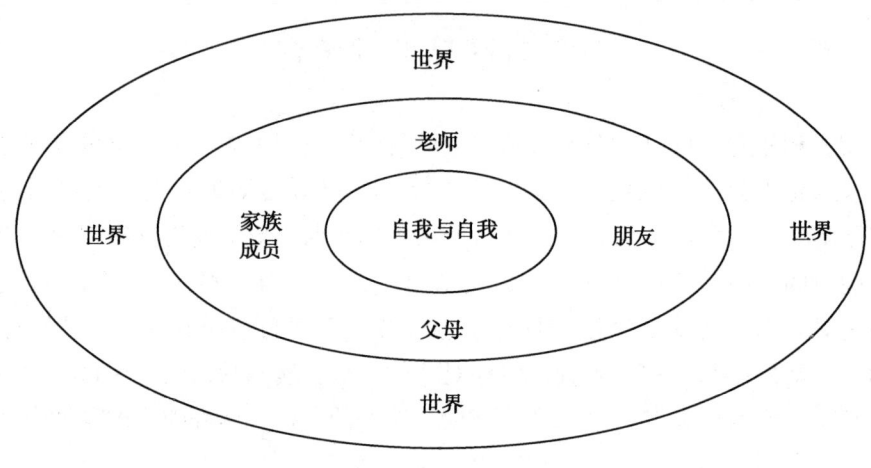

图 5 读写课程结构

"引领"作用的同时,促进学生探究和反思力的发展。探究和反思能促进深度学习的实现,而深度学习能促进元认知能力的发展(吴秀娟,2014)。探究和反思是重要的学习方式,也是重要的对话品性。

2. 寓自信与挑战的对话品性培育于经历表达

阅读是学习者读"他"而认识自己的过程,写是写"我"而自我成长的历程。单元1和单元2的话题读写中,研究者要求学习者写出"挑战自我"和"我的选择与梦想"的真实经历,采用点评、共享的干预措施。学习者完成作品后,研究者从写作能力和主题表达两个角度进行点评,然后利用作品墙进行展示和共享,要求同伴也从两个角度进行点评。这样的作品就成了公众作品,具有引导性。对于学习者,这些措施是其"挑战"和"自信"品性的公众化过程,是被接纳和认可的过程,是个性的生长过程。

(三)培育"达天下"的对话素养

1. 共情而达人

为了促进学习者多维的情感互动,研究者采用知情、动情、共情和抒情的干预措施。知情指在阅读过程要感知作者的情感变化,要求学生在阅读过程中画出体现作者情感变化的词句。动情是指通过设计类似的情景,要求学生猜想该情景下自己可能会产生的情感。共情要求学生站在作者或他人的角度换位思考,达到情感融通。抒情是指学生间接体验作者的情感后,抒发自己亲身经历的情感。为了实现情感的多维互动,研究者也亲自写范文,同学生共同分享自己的经历和情感变化。共情主体对于和自己属于同一群体或拥有较亲密人际关系的他人更容易产生共情(陈武英,2016)。课程内容的设计选取了"我与亲人、朋友、伙伴"等话题,也是基于这一目的。

2. 沟通而达心

鬼谷子说:"口乃心之门户。"开口前要先学开心,阅读也如是。尤其是英语阅读,是求同存异的心路历程。英语作者的认知思维习惯、认知价值观和道德准则都可能同学习者已有的思维习惯、价值观等产生矛盾。对于学习者,首先要正确定位沟通的目的,即双赢共生长的目的。其次,对于生命主体的尊重的世界观。在"你—我"的对话中,可以接纳，也可以反对，这才是沟通的"道"之所在。

3. 明达而达世界

Victoria（2004）等人考察了共情与"大五"人格的关系，结果表明共情与宜人性、尽责性和开放性之间存在显著的正相关。共情可达人，沟通可达心，明达则可达世界。明达本是佛语，明白通达之意。读写课程中的明达指博学博爱的胸怀，这也是对话品性的最高境界。

四、"对话"课程设计

任何课程，最终的目的是服务对话主体的全面发展，这是课程之"品性"。反观课程实施的过程和结果，表现出了两个特征：受众面大且受益面大。静思原因，课程的"对话品性"引导了课程对象对话品性的发展。之所以如是说，读写课程充分考虑了对话中主要主体（学习者）的需求。本课程初始的研究包括三个维度，即情感、自我效能感和写作能力。读写的课程是以满足学生的情感需要（焦虑度）为切入点，而实施过程中逐步转化为互为促进，旨在推进学生的全面发展。读写课程的主体还包括文本和教师，三者的关系是平等的主体——即便处处都有教师引导的影子，却没有话语的霸权。简而言之，读写课程的目标是多赢，关系是平等，这确保了学习者"对话品性"的自然习得。

【参考文献】

[1] 王向华. 对话教育论 [J]. 教育研究，2010（4）.

[2] 杨启亮. 教学对话之"道"的特殊性 [J]. 教育研究，2013（7）.

[3] 王俊菊. 写作过程模式比较研究 [J]. 山东大学学报，2005（5）.

[4] 盛静，韩宝成. 新读写素质研究与英语课堂教学分析 [J]. 外语教学与研究，2011（2）.

[5] 莱斯利·P. 斯特弗，杰里·盖尔. 教育中的建构主义 [M]. 高文，等译. 上海：华东师范大学出版社，2003.

[6] 吴秀娟，等. 基于反思的深度学习：内涵与过程 [J]. 电化教育研究，2014（12）.

[7] 陈武英，刘连启. 情境对共情的影响 [J]. 心理科学进展，2016（1）.

[8] Victoria DB, Aluja A, Garcia, LF. Relationship Between Empathy and The Big Five Personality in A Sample of Spanish Adolescents [J]. Social Behavior and Personality，2004（32）.

尊重差异的教学策略

李洁玲[*]

【摘　要】 尊重差异的教学，其基本理念是尊重有差异的学生。基于学生发展的诉求、教育平等的要求及课堂改革的需要，必须实行尊重差异的教学。在小学低年级语文教学中，尊重差异必须从关注差异做起，对学生进行隐性分层，将差异作为资源加以开发和利用等。

【关键词】 尊重差异；隐性分层；教学策略

一、什么是尊重差异的教学

尊重差异是指在课堂集体教学中，在关注学生共性的同时，照顾学生个体及个体间的差异，满足不同学生的学习需要，使教学与每个学生的学习和发展最大限度地匹配，促进每个学生最大限度的发展。

尊重差异的教学，其基本理念是尊重有差异的学生，实施有差异的教学，最终促进学生在达到基本要求的基础上，实现有差异的发展。

尊重差异的教学与分层教学不同。它不做校际、班际的分层，不分快慢班，不做阶段性编班调试，不打分层牌。它倡导的是隐性分层、动态分层，避免标签效应；强调在呵护学生情感的基础上，尊重差异，善待差异，利用差异，让差异成为促进每个学生发展的教育资源。

尊重差异的教学与个别化教学不同。个别化教学强调要为每个学生制订个别化教育方案。但在班级授课制下，教师很难为全班三四十名学生每人设定一套不同的教学方案，即使设定了也难以实施，教学过程会被分解得支离破碎，教师会身心疲惫，忙乱低效。尊重差异的教学是把立足点放在群体中的个性差异上，既考虑学生的个体差异，也不忽视学生的共性，倡导并实施并列式教学计划，强调将共性与个性有机、辩证地统一起来。

二、实施尊重差异教学的基本策略

（一）调查、观察与分析：从关注差异做起

要尊重差异，必须首先承认差异的客观存在，必须先从关注差异做起。做好了这项

---

[*] 李洁玲（1970~），女，北京人，北京小学，教学副主任，高级职称，特级教师，研究方向为小学语文教学。

工作，才谈得上如何去尊重差异，如何更好地去开展尊重差异的教学。

1. 关注学生的认知、能力

就学科教学而言，我们要主动了解学生的认知状况、学习能力等，了解差异，尊重差异，重视学生已有的学习经验，关注学生再发展的需要。比如，拿到一年级新生名单，我们有许多前期工作要做，其中有一项就是对新生进行语文学科学前情况调查。结果发现，有的学生只认识一个拼音字母，有的学生声母、韵母、整体认读音节及四声全能准确、熟练地认读；有的学生识字不足10个，有的学生已能读书看报了；有的学生思维敏捷，善于表达，但书写能力较弱；有的学生识字不多，但背起古诗、讲起故事来头头是道、神采飞扬；有的学生特别喜欢认字，有的学生在这方面则表现得比较被动……可见，学生之间存在很大差异是一个毋庸置疑的事实。这促使我们必须直面差异。我们要做的不是让每个学生顺应我们的教学，而是我们要去顺应学生的情况，根据学生不同的认知情况和学习能力，尽可能地在学习内容（包括基础学习与拓展学习）、学习方法及时间安排上进行分层设计，应对差异，以满足不同学生的发展需要。

2. 关注学生的情感、态度

在课堂教学中，学生有的对学习的形式感兴趣，有的对知识感兴趣，有的对过程感兴趣，有的对教师感兴趣……由于兴趣不同，或由于感兴趣的程度不同，学生对同一事物的感受、评价往往也会不一样。所以，教师在培养学生学习情感、态度的过程中，关注的对象、程度及所采取的方法决不能是单一的。教师要留心观察、掌握、分析学生在课堂上的种种反应，这样有助于教师不断调整、改进教学方式方法和手段，营造让每个学生都感到能得到关注的学习情境，都能得到激励性的评价，唤起每个学生的学习热情。教师还要充分发挥自身的人格魅力，释放强有力的亲和力，让所有学生都能从老师这里得到关注和挚爱，从而自觉地投身到学习过程中，实现自身的发展。

3. 关注学生的学习体验

在语文教学中，往往是学生提出的问题容易得到关注，而学生在学习过程中出现的一些问题，不同的老师往往会有不同的认识：你认为这是大问题，也许别人觉得并不妨事；别人认为那是很好的教学生长点，你可能认为那没有多少价值。那么，有没有一个衡量的标准呢？有。这就是要看所出现的问题是否有育人价值，解决这个问题是否符合学生的实际需求，是否有利于促进学生语文素养的形成与发展等。课堂教学不是走教案，我们应该关注学生在学习过程中产生的种种体验和问题，并善于及时、恰当地给予引导、指导和解决，使问题的解决成为情境的再创点，知识的增长点，认识的深化点，情感的融通点，新体验的产生点，真正实现"教"为"学"服务。

（二）对学生进行隐性分层

学生的个体差异既包括现有水平的差异，也包括潜在水平的差异。只有从这两种水平的不同层次的差异出发，找到一条由"突然"到"应然"的转化途径与策略，才能不断地建立新的最近发展区，才能使教学成为促进发展的真正手段。因此，哪些学生处于哪个层次水平，可以向哪个层次迈进，教师要心中有数，以便对他（她）提出适当的要求，因材施教。但这个"层次"对外是不公开的，是教师在教学目标、内容、方法、评价等方面的隐性分层；根据这一分层进行动态的分层设计，并在教学过程中有针对性地加以实施。

1. 分层目标

尊重差异的教学就是要关注每个或每类学生的特殊性，即学生的差异性，并在此基础上对统一的教学要求做出相应的调整和变化，既要顾"低"，又要顾"高"。顾"低"是保底，要人人达成基础目标；顾"高"则需要教师进行创造性的劳动，开发和利用各种学习资源，为学生搭建适合的、再发展的舞台。值得注意的是，不能随意拔高，更不能将教师对文本的深入解读和应该掌握的语文知识作为学生的学习目标。不同年段、不同年级，乃至不同学期、不同学期的某个阶段，都应该从学生的实际情况出发，在备课与实施中确定恰当的认知分层目标、能力分层目标、情感态度价值观分层目标等，使每个学生都得到适合其自身的发展。

2. 分层合作

"小组合作学习"是一种以小组互助、合作学习为主的教学方式。教师在了解、熟悉学生的基础上，从各类学生的不同个性特征和心理倾向、不同的知识基础和接受能力出发，将全班学生组合成若干小组。值得一提的是，教师要精心安排组员，把各类学生合理搭配，让差异促进分层合作。小组内要异质，组员男女生搭配，发挥各自的性别优势；组员还应在能力、水平、兴趣、风格、习惯等方面存在一定差异，以便互相激发，扬长避短。组内异质有利于小组内的互相合作，而组与组之间要同质，让各小组成员的构成基本上一致，这样有利于小组间的竞争和评价。

在教学中，会有较多的集体交流、讨论，这仍然需要教师实施"群体分层合作"。提出哪些问题、请哪个层次的学生重点发言等，都要讲究。这需要教师研究每个学生，心里时刻装着每个学生，精心设计，定位实施，扩大参与面、发言面，在群体分层合作中继续互通有无，共同发展。

3. 分层评价

为了有效地达成分层目标，在实行分层合作、分层教学的过程中，还必须实行分层评价。分层评价就是落实尊重差异。教师要改变以往以单一的标准来面对多样化的学生的做法，必须遵循"发展性原则"，对不同类型、不同层次的学生以不同起点为标准做出相应的评价，把评价纳入分层教学的全过程。这样做，可以点燃学生自主发展的热情，使学生的非智力因素得到改善，帮助学生不断地向前发展，让学生在一次又一次的进步与成功中树立起良好的学习心态和自信心，找到适合自己的发展途径与方法，积累自主发展的宝贵经验。

（三）将差异作为资源加以开发和利用

学生存在这样那样的差异，在客观上会给我们的教学带来一定困难，但这只是问题的一个方面。从另一个方面看，差异也是一种教学资源，只要能很好地加以开发和利用，它就会成为我们教学的助力，使我们的教学呈现出多姿多彩的面貌。在尊重差异的教学中发挥互动优势和智能优势，就是颇值得重视的两个方面。

1. 发挥互动优势

教师要相信自己，更要相信学生，要把学生间的差异视为一种亟待开发和可资利用的教学资源。教师从研究学生、转变学习方式做起，认真挖掘、积极利用学生已有的认知资源，改变传统教学中师教生学的静止（相对静止的状态）和单向的人际交往模式，使学生置身于动态（变化发展的情况）和多向交流的环境里；倡导学生以"我会读""我会做""我会用""我知道""我补充""我明白""我发现""我认为""我觉得"等语言和形式彰显各自的潜能，积极地参与到自主、合作、探究的学习情境与氛围中，获得丰富的情感体验，自主地呈现知识、获取知识和建构知识，不断地萌生顿悟与灵感，并逐步掌握解决问题的方法，逐步培养出民主的价值观。把互动优势发挥好，往往能收到事半功倍的效果。

2. 发挥智能优势

每个学生都有自己的智能特点，有自己的智能优势领域，而且不同的智能领域都有自己独特的发展过程，并使用不同的符号系统。因此，学生会有自己的学习习惯和方法。教师要在尊重学生智能的差异性和特殊性的基础上，为学生创造适合的学习环境、学习途径。教学中一定要运用丰富多样的教学形式、教学手段和方法来匹配不同学生的智能优势领域，充分调动不同学生的优势智能参与学习，使学生的智能强项得到进一步加强，弱项得到有效的弥补，获得个人的最优化的发展。这样的课堂学习会很生动、活跃和高效。

大家知道，教育平等是我们追求的一个重要目标。它包含以下两层意思：一是每个人都有相等的机会，接受最基础的教育；二是每个人都有相等的机会，接受符合其能力发展的教育。时至今日，如何对待学习者的个体差异与个性发展，已成为一个关注个体受教育权、关注实际教育效果和质量的重大问题。不管学生相互间存在多大差异，有一点却是共同的，即他们都有发展的权利和需要。因此，我们必须尊重差异，必须从实际情况出发，实施有差异的教学，面向全体，给每个学生最适合的教育。

【参考文献】

[1] 华国栋. 差异教学论 [M]. 北京：教育科学出版社，2001.

[2] Linda Campbell, Bruce Campbell, etc. 多元智能教与学的策略 [M]. 王成全，译. 北京：中国轻工业出版社，2001.

[3] 维果茨基. 维果茨基教育论著选 [M]. 余震球，译. 北京：人民教育出版社，2005.

论语文翻转课堂的操作流程

柴 荣*

【摘 要】翻转课堂是在信息技术支持的环境中,在课前由教师为学生提供针对性的教学视频和学习任务单等资料供学生开展自主学习,完成知识传递;教师根据学生学习任务单的反馈,提出课上解决的问题,即学生内化知识时的难点。课上组织学生探究问题,通过学生自主探究、小组合作探究、小组代表展示、教师点拨等形式,完成知识内化的一种新型教与学的形式。本文以实例呈现翻转课堂的基本操作流程。

【关键词】翻转课堂;课堂外在逻辑;内在逻辑

在"深化教育领域综合改革"的大背景下,以考试推动教育教学改革,以学生为主的广义教育是深化教育领域综合改革的整体原则。每个学生同样重要,每个学生都是不同的。用一句话说,就是把学生放在改革中心。为了达到变革的目的,以考试倒逼教育教学改革。2014年11月13日,北京市教委发布《北京中小学语文学科教学改进意见》,对应的命题原则中明确提出把学生的课堂表现考出来,把能力考出来。

在教学的操作形式上,翻转课堂的核心是用小组交流的形式完成学生知识的内化,在这个过程中,每个学生的课堂表现都能受到关注,学生学习的思考可以呈现。每个学生在翻转课堂上都能有不同层次的收获。

一、翻转课堂

"翻转课堂"是由英语"Flipped Class Model"翻译而来,一般又称作"反转课堂式教学模式"。这里的"反转"是较传统课堂教学模式而言的。国内外对于翻转课堂的概念有不同的解释。

美国最早实践翻转课堂教学模式的化学教师亚伦·萨姆斯认为,翻转课堂最基本的理念是把传统课堂上对课程内容的直接讲授移到课外,充分利用节省下来的时间来满足不同个体的需求❶。江苏省苏州市电化教育馆的金陵认为,所谓翻转课堂是指把"老师白天在教室上课,学生晚上回家做作业"的教学结构翻转过来,构建"学生白天在教

---

* 柴荣(1972~),女,北京人,北京市第二十二中学,语文特级,研究方向为中学语文教学。
❶ 陈晓菲.翻转课堂教学模式的研究[D].武汉:华中师范大学,2014.

室完成知识吸收与掌握的知识内化过程，晚上回家学习新知识"的教学结构。❶清华大学信息化技术中心的钟晓流等认为，所谓翻转课堂就是在信息化环境中，教师提供以教学视频为主要形式的学习资源，学生在上课前完成对教学视频等学习资源观看和学习，师生在课堂上一起完成作业答疑、协作探究和互动交流等活动的一种新型的教学模式。❷

以上三种解释的核心是将学习过程中的知识传授与知识内化两个阶段颠倒过来，教学流程的逆序创新带来了知识传授的提前和知识内化的变化。课前学生通过微课（以教学视频为技术表现形态）等自主学习材料"先学"，课堂上和教师一起完成问题研讨。这解决了传统教学中学生克服重点难点时教师往往不在现场的问题，分解了知识内化的难度，增加了知识内化的次数，有利于学生对知识的掌握。❸

2001年，在《学习、教学和评估的分类学》一书中，安德森和克拉斯沃尔将布卢姆的教育目标分类从认知领域将学习者对知识的领悟程度由低级到高级顺序分成6个层次修订成"识记、理解、应用、分析、评价、创建"。❹该目标分类可以分成两个层级，即浅表学习和深度学习。浅表学习指向分类的识记、理解层，强调知识的简单描述、记忆或复制；目标分类中的其他层次整合成一个问题解决技能类型或者深度学习层级。❺

从布卢姆的教育目标分类学的角度看，传统课堂中教师向学生传授知识的过程偏向学习者在特定情景下对知识的识记与理解，课后由学生自己完成作业的过程则偏向于对知识的应用、分析、评价与创建。

翻转课堂教学流程变革的本质是帮助学生实现深度学习，即从被动学习转变为主动学习，由关注知识点转向解决问题；在学习过程中逐步加深理解，不断反思自己的学习目的和策略，通过活动参与和完成任务达成知识内化。

基于以上分析，笔者认为翻转课堂是在信息技术支持的环境中，教师在课前为学生提供针对性的教学视频和学习任务单等资料供学生开展自主学习，完成知识传递；教师根据学生学习任务单的反馈，提出课上解决的问题，即学生内化知识时的难点。课上组织学生探究问题，通过学生自主探究、小组合作探究、小组代表展示、教师点拨等形式，完成知识内化的一种新型教与学的形式。

二、翻转课堂操作流程

（一）微课与配套学案

1. 微 课

微课是学生在课前观看相关的教学视频。教师备课设计好教学目标，然后根据教学

---

❶ 金陵. "翻转课堂"翻转了什么？[J]. 中国信息技术教育, 2012（9）：18.
❷ 钟晓流, 宋述强, 焦丽珍. 信息化环境中基于翻转课堂理念的教学设计研究[J]. 开放教育研究, 2013（1）：58-64.
❸ 赵兴龙. 翻转教学的先进性与局限性[J]. 中国教育学刊, 2013（4）：65-68.
❹ L.W. 安德森, 等. 学习、教学和评估的分类学[M]. 皮连生, 等译. 上海：华东师范大学出版社, 2008.
❺ 王佑镁. 协同学习系统的构建与应用研究[D]. 上海：华东师范大学, 2009.

目标确定要讲的知识点，再把知识点做成微课。同时，要为微课设计出相应的学案。

高中课文的内容复杂，所要表达的感情复杂，行文的内在逻辑复杂，需要学生具有相应的文化、审美和思维水平。因为汉语是母语，是交际工具，所以语言知识是语文学科本质的知识。文化是以语言为载体表现出来的知识，审美是阅读到鉴赏层面表现出来的素养知识，思维是以文章为载体呈现的逻辑知识，这些都在语文学科知识范畴内，它们必然是交融在一起的。所以微课讲的知识是在语言知识的基础上用思维和审美知识架构的。

2. 学案与微课配套

学案一般包括四部分。第一部分是文学文化常识积累，涉及文体知识、作家知识、作家作品、作品风格。第二部分是语文基础知识。现代文根据不同文本的要求设计，一般分类整理各类语文基本知识，如字音、字形、字义，词语在句中的意思，等等。对于文言文，分类整理常用字在句子中的意思以及虚词、句式。第三部分是对文本的整体感知。整体感知的形式有多种，一般采用写初读感受和提出问题的方式。古典诗词可以翻译诗词的意思。同时，在对文章整体把握后，对文章的某一点提出问题，思想感情、内容理解、写作手法等都可涉及，这是对文章的第一次理解。第四部分，重难点突破。根据所讲课文的特点，设计有关重难点的知识题，这道题要能统领文章内容。同时，最为重要的是这道题的设计要与微课讲的知识点一致。这是学生学完微课后第一次应用知识。这个环节是对课文内容的第二次理解。

有了这两次理解，就可以进入翻转课堂了。

（二）翻转课堂

1. 课堂实施基本环节

翻转课堂有其外在和内在的两条逻辑线。课堂是学生学习知识的地方，就教师教学行为来讲，有具体组织课堂的操作模式，这是课堂的外在逻辑。而对学生来讲，学生是学习的，对不同内容的学习应有符合其规律的学习过程或者叫学习的步骤。这是课堂的内在逻辑。课堂的内在逻辑与外在逻辑要和谐地统一在一起，建构起学生学习的课堂。

（1）课堂外在逻辑。

翻转课堂操作的基本形式包括小组交流、小组展示，其他组质疑，展示小组挑战，这样一个基本的环节。小组合作学习解决的每个问题都是这样的环节。这是课堂的外在逻辑。

学习是学习者建构的他们对于客体的理解的过程。知识的获得是要建构的，而建构知识又是个性化的学习活动。但有时学生个体心智不能完成知识的建构，社群与集体之中的互动、磋商、讨论、形成共识，会帮助学生建构知识。学习者倘若不是积极地参与他们的知识表达，那么，学习是不存在的。

在社会建构主义看来，知识形成的主要活动是语言和基于语言的相互沟通。借助同他人的交互作用，个体拥有的知识才能得到反思、检查的机会。或者，通过同他人的交流，了解新的信息之所在；反过来，也跟自己认识的再验证与再建构联系在一起。❶ 从

---

❶ 钟启泉. 知识建构与教学创新——社会建构主义知识论及其启示 [J]. 全球教育展望, 2006 (8): 12-18.

这个意义上讲，小组合作学习可以促进知识内化。小组相当于一个知识建构共同体，小组合作学习，同学协力完成知识的内化。

翻转课堂以小组讨论、展示、质疑、挑战等形式完成知识的内化。小组内先对整体感知内容做交流，选出小组要展示的整体感知；同时小组要解决小组成员提出的每道问题，再提出一道小组解决不了的问题。在小组展示后，挑战其他组。

（2）课堂内在逻辑。

学生学习的过程根据不同的教学内容有不同的内在逻辑。比如诗词赏析课，"赏"和"析"各有其基本的操作流程。赏析课分两条线，"析"是客观的，意思基本确定的。"赏"是带有个人价值判断的，这是开放的，会有不同的看法。词因为格律、词牌限制有天然断层。把词意的断层表达出来，又能有"维和"的方式，最好用古文。教师可以示范。比如在《永遇乐·京口北固亭怀古》的赏析课中，在"析"的层面，学生质疑老师写的："风流总被雨打风吹去"中"风流"指谁？这个问题问得非常好。因为我在析词这个层面上，把"风流"这个词转成我需要的意思时费尽周折。因为"风流"的意思有8个，能用到词中的有"遗风""英俊、杰出"，但与前面句子接的时候出现一个问题，怎么与"舞榭歌台"连上。最后只能填字把断层补上。根据这句的话意，写的是孙权逝去，再也找不到像孙权这样的英雄了。所以选择的是"英俊、杰出"这个义项。让学生质疑老师所写的，学生能发现"析"时最难处理的词，而且这是学生进入深层思考后得出的。

在"赏"的层面，设计一道题：《辛弃疾词两首》中提到"英雄"，你觉得词中写的谁是"英雄"？"英雄辩"有基本逻辑规范，得出结论，要做一个注解，要有理有据。这里面涉及思维方式。我提供了三个思考的角度：文本要跟作者联系，文本跟这一时期词的基本风格、流派联系，文本与基本史实联系。学生讨论非常热烈。

2. 教师总结

教师高屋建瓴的总结，既是总结知识，也是再次呈现、学习知识的过程。用总结的方式引导学生内化知识。

3. 布置作业要与内化的知识一致

知识只有会用才是内化，教师布置的作业要能把知识应用起来。

三、翻转课堂操作注意事项

（1）微课讲的知识与课堂内化的知识要吻合。

（2）学生挑战问题参差不齐。学生挑战的问题质量参差不齐，而且散、乱、随意，无边际，可能刚解决完难句，下一个问题就是主旨问题，因之对教师掌控课堂的能力要求就高。

（3）交流时呈现思考的过程。学生在交流的过程中，往往是答案就在学生交锋时。学生交流时呈现的是思考的步骤，学习过程清晰地呈现出来，但很多学生听不出同学间的交流说出的是答案，因之对学生的听讲能力要求很高。

（4）搭思考台阶突破重难点。由于学生认知局限，有些重难点学生交流时也无法突破，教师要给学生搭出思考的台阶，用不断追问的教学技巧，用学生适应的思维方式把学生送到答案处。

　　在"深化教育领域综合改革"大背景下，以考试推动教育教学改革。在现今信息技术优势明显的情况下，教与学方式转变是大势所趋，高中语文翻转课堂是语文教学改革研究方向之一。

营造情境唤醒初中生的古诗文积累

陈 沛[*]

【摘 要】 研究者尝试将"情境刺激"全面引入初中诗词教学系统中,帮助学生在"情境"中生成对诗词的长时记忆,并通过"情境刺激",唤醒、调动学生的已有记忆。本文从理性层面和实践层面探讨通过营造情境唤醒初中生的古诗文积累,提升学生语文核心素养的路径。

【关键词】 情境;古诗文积累;语文核心素养

优秀古诗文是我国传统文化的载体,积累中国历代优秀诗文有利于增强初中生的文化意识,传承优秀文化遗产。《义务教育语文课程标准(2011版)》指出7~9年级应"背诵优秀诗文80篇(段)"。"课标"对优秀诗文积累的考察是从积累的量和积累的质两方面去评价的,即不仅要评价初中学生掌握的优秀诗文的量——80篇(段),还要评价初中学生掌握的优秀诗文的质——背诵经典诗文名句的准确程度。通过田野调查发现,初中生在课堂学习和课外学习中背诵了大量的古诗文,远远超过"课标"的基本要求。但是在大规模测试或是古诗文实际运用中,却常常出现古诗文积累记忆"沉睡"的问题。鉴于此,研究者尝试将"情境刺激"全面引入初中诗词教学系统,帮助学生在"情境"中生成对诗词的长时记忆,并通过"情境刺激",唤醒、调动学生的已有记忆;力图通过营造情境唤醒初中生的古诗文积累以及文化的积累与传承,进而提升学生语文核心素养。

本研究的核心问题是:(1)情境刺激是否有助于唤醒学生已有记忆,调动学生优秀诗文的积累?(2)情境刺激促进了优秀诗文的积累,是否有助于学生语文核心素养的提升?研究者将从理论架构和实践验证两个维度进行探索。

一、对诗文情境教学的作用研究——理性层面的探讨

情境,《现代汉语词典》解释为"情景,境地",《辞海》解释为:"一个人在进行某种行动时所处的特定背景,包括机体本身和外界环境有关因素。"两种解释中的"情境""境地""背景""环境",都是具体可感的某种自然环境或社会环境,或者说是激发人内心活动(情思)的外部环境。

---

[*] 陈沛,女,北京教育学院朝阳分院,教师。

情境教学，就是将知识的获得与具体情境结合起来，关注知识的情境性。而优秀诗文的情境教学，就是将诗文的内容理解、情思体验与具体情境相勾连，使学生通过情境编码、情境运用形成牢固的长时记忆，并通过情境（图片、场景、情感）刺激唤醒他们的记忆。与此同时，改变传统的"优秀诗文默写"形式，将某些情境刺激方式转化为测查形式，以更好地调动学生对优秀诗文的积累。

诗词情境教学的作用主要体现在以下三个方面：

（一）符合中学生身心发展特点

1. 由"境"入"情"，诗文情境教学的具体性、形象性符合初中生思维发展特点

初中生的抽象逻辑思维虽然在迅速发展，但抽象思维中具体的、形象的成分依然起着重要作用。心理学实验研究证明，初中学生对感性知识、具体材料的认同感要远高于对抽象知识的识记水平。一旦创设情境，跳跃凝练的诗文语言化为具体生动的形象，能让学生更直接体会诗文情思，并在感性体验中自然生成理性思考。

2. 因"情"记"文"，情境教学的"激情性"符合初中生的情绪特点

心理学研究表明，人与人之间的情绪能够相互感染、产生共鸣。这对初中生尤其适用。他们神经活动的兴奋过程强，抑制过程弱，情境教学中丰富的情感因素能够激发他们的热情，在面对相对晦涩的诗语时，能维持学习的主动性、积极性。

3. "情"刺"境"激，符合初中生的兴趣特点

初中生对新奇事物兴趣浓厚，而一旦成为固定、僵化的模式，激不起他们的好奇心，就会令他们慢慢丧失兴趣。一遍遍的诗词默写会让他们索然无味，毫无兴致。如果提供一种情境刺激，引起他们的好奇和兴趣，会逐渐成为强大的动力。这是由情境刺激的多元特征决定的。运用与诗词内容有关的图片给予视觉刺激，引入多样场景（历史典故、自然景象、社会现象、个人生活）刺激，通过情感刺激激发个人情感同诗人情感的共鸣，都能帮助他们产生和维持兴趣，进而化为学习动力。

（二）符合理论依据，促进有效积累

1. 符合记忆结构，有助于长时记忆的形成及唤醒

记忆是由记忆系统和记忆结构组成的一种复杂的心理结构。记忆结构是信息处理的主要心理结构，各种环境（声音、文字、图像和感觉等）输入首先进入感觉记录器，经过处理后可以转变成短时记忆和长时记忆。短时记忆主要是对句子表层形式的储存，因而保存的时间很短。一旦有表层结构建立其意义后，它就让位给长时记忆。因此，语言技能训练的关键在于能把短时记忆中的信息成功地转移到长时记忆中去。

层次处理框架理论认为，一般只有经过深层处理的信息才有可能留下记忆痕迹而进入长时记忆。深层处理以多种形式对语言信息进行编码，如根据语义、语音和视觉特征，也可以根据言语或图像联系等。在语言处理过程中，口头练习之类的浅层处理不能导致长时记忆，而涉及语义联系的深层处理却能保持长久记忆。就是说，越是深层次的

处理，记忆就越长久。❶

由此而知，学生在优秀诗文默写中各种屡见不鲜的错误，乍一看匪夷所思，但结合记忆理论便知，它根源于学生对诗词中的语言信息欠缺深层处理，大多建立在语音编码上，未能通过多种编码形式建立表层结构，形成长时记忆。

如前所述，诗文的情境教学就是将诗歌的内容理解、情思体验与具体情境相勾连，帮助学生通过情境编码、情境运用形成牢固的长时记忆，并通过情境（图片、场景、情感）刺激唤醒他们的记忆。

2. 注重诗词积累与运用的情境性，促进有效积累

对情境教学的提倡和研究由来已久。夸美纽斯在《大教学论中》提到"一切知识都是从感官开始的"，要求教学应让学生身临其境，激发学生兴趣，实现由形象感知到抽象理性的顿悟。建构主义认为教学中情境的创设往往会唤起学生的相关经验，让他们依靠自己的认知能力尝试解决问题，做出合乎逻辑的假设。实用主义教育家杜威主张："必须有一个实际的经验情境，作为思维的开始阶段。"

产生于20世纪80年代的情境认知与学习理论认为，知识是活动、背景和文化产品的一部分，具有情境性，它是在活动、背景与文化的丰富情境中不断被运用和发展的；强调个体心理常常产生于构成、指导和支持认知过程的环境之中，认知过程的本质是由情境决定的，情境是一切认知活动的基础（威廉姆 J. 克兰西《情境学习指南》）。这也能解释诗词教学在一定程度上的无效性。因为所积累的优秀诗文仅仅是为"诗文默写"的考试做准备，学生不能将诗句与丰富具体的情境相联系，只是一种"惰性知识"。

（三）达到课标对诗词学习的要求，促进核心素养培养

1. 课标对诗词学习的要求，及现状困境

《语文课程标准（2011年版）》对初中学段诗文学习的目标要求是："诵读古代诗词，阅读浅易文言文，能借助注释和工具书理解基本内容。注重积累、感悟和运用，提高自己的欣赏品位。"这是在识记（记忆）、理解和运用的层级上，对该学段诗文学习的评价。建议是："重点考察学生的记诵积累，考察他们能否凭借注释和工具书理解诗文大意"，明确指出考察诗词的记诵积累，并在附录1中推荐61篇背诵篇目。

但"课标"没有明确定义"积累"，达到什么程度才是"积累"的合格水平，用什么方法监测"积累"的实际表现。对师生而言，优秀诗文教学似乎就是读一读，讲一讲，背一背。唯一好抓的就是"背"，反复默写，以达到考试的要求。这真是一个苦不堪言的过程。在反复的遗忘、背诵、出错中曲折前进，让人不禁发问，背诵有这么难吗？问题就在许多学生都是死记硬背，没有"感悟和运用"。

缺乏"感悟和运用"的优秀诗文教学导致的直接结果就是难积累，难有效积累。如前所述，诗词情境教学对"情境"的引用就是意图通过情境拉近学生和文本的距离，使学生获得自己的感悟，形成持久记忆，并在情境运用、情境刺激中巩固、唤醒已有记忆。

2. 课程改革对优秀诗文学习的要求，及改革出路

"课标"中明确指出"全面提高学生的语文素养"是课程的基本理念。近年来人们

---

❶ 阳志清. 关键词记忆法的认知心理研究［J］. 西安外国语学院学报，2006（12）：52-53.

逐渐认同语文的核心素养包括四大方面：语言建构与运用、思维发展与提升、审美鉴赏与创造、文化传承与理解。新一轮的课程改革要求围绕语文核心素养，改进语文教学、评价方式。诗词教学、评价方式也需跟上改革的浪潮，促进学生核心素养的提高。

（1）情境教学有助于提高学生的语言建构与运用能力。通过引入情境教学、评价，学生的诗词积累不再是孤立字句的记忆，而是经过"情境"的编码，将陌生化的语言材料整合为有结构的系统。给学生的记忆打上"情境"的标签，在情境刺激下，呼之欲出，实现灵活运用。

（2）情境教学能促进学生思维发展与提升。语言是思维的工具。古诗词是意象创造、意境体悟的艺术，重在发展初中学生的形象思维。引入具体形象的"情境"，能够搭起和诗人情思勾连的"桥梁"，引发他们的联想和想象，体会作者的感情和作品的内涵，进行创造性思维。

（3）情境教学能陶冶学生的审美情趣。诗词之美不是讲出来的，而是体会出来的，这种体会既有个人经验因素，也和诗词呈现方式有关。如果能在教学中通过多种情境呈现文字背后的情境，带着学生身临其境，能渐渐引发他们对形象美和情感美的想象和感悟。

（4）情境教学能促进文化理解与传承。"一个民族把自己全部精神生活的痕迹都珍藏在民族的语言里。"❶ 诗词是民族语言，也是民族情思、民族文化的重要源泉。"课标"提出："吸收古今中外优秀文化，提高思想文化修养，促进自身精神成长。"情境教学、评价能激发学生的情感活动，和诗人的情感形成共鸣，消融时代隔膜，实现文化理解与传承。

综上，诗词情境教学有坚实的心理、理论基础，同时符合课改需要，有助于诗词积累与调动，同时全面提升初中生的语文核心素养。

二、对优秀诗文情境教学的实施研究——实践层面的设计与流程

针对本研究的研究问题，上文已经从理论层面阐释了引入诗词情境教学、评价的价值，这也是本研究的预设。由此，本研究将通过对诗词情景教学、评价的实施，验证其价值。本研究的实践设计分成两大类别。

（一）情境刺激研究

情境刺激是否有助于唤醒学生已有记忆，调动优秀诗文的积累？

这项研究针对的是正在备战中考的初三学生。他们经过三年的学习，已经达到一定的诗词积累。而他们曾经多次背过的诗句，哪些是真正记住的，哪些是记忆不牢的？记忆不牢，都有哪些具体表现？对那些记忆不牢的诗句，能否通过不同的情境刺激，唤醒他们曾经的记忆？如果这种唤醒是有效的，那究竟哪种情境刺激更为有效，还是有其适用范围？……

---

❶ 乌申斯基. 祖国语言［M］//洛尔德基帕尼泽. 乌申斯基教育学说. 范云门，何塞梅，译. 南京：江苏教育出版社，1987：157-159.

表1是该项研究过程中涉及的各种研究问题，研究者进行了如下设计：

（1）整理出一些学生记忆不牢的诗文，构成题库。

（2）将该题库的诗文设计情境刺激初步分为"图片刺激""场景刺激""情感刺激"三类。根据情况，某些诗文设计多种刺激，某些只设计一种。

（3）按照设计好的题目以单一的情境刺激和多种情境刺激的形式测验学生，比较效果。

表1 情境刺激流程

时间	研究安排	成果
4.18~24	整理初中阶段必背的古诗词名句100句，以给上句填下句、给下句填上句两种形式测试初三年级6个班的学生，其中每3个班选择同一种测试形式。研究者依据经验，对统计、分析测试结果做出初步判断。将100句诗文默写中学生上下句均正确的诗句整理成一个题库，默认其中诗句是学生记忆效果好的；将100句诗句默写中学生默写上下句对比悬殊的诗句（给出上句能写对，给下句写不对的诗句；相反的情况）整理成一个题库，默认其中诗句是学生记忆不牢的	分别建立记忆效果好和记忆不牢的诗文题库。学生记忆效果好和记忆效果不牢诗句的对比分析，从多角度探究原因
4.25~5.2	选择学生记忆效果好的诗文题库，再以上下句的形式出题。特别说明：原来填上句的测试形式改为填下句，反之亦然。统计、分析测试结果，将那些正确率低的诗句筛选出来，汇入学生记忆不牢的诗文题库中，精简记忆效果好的诗文题库。针对壮大后的记忆不牢的诗句题库中的诗句，编写情境刺激题目，分图片刺激、场景刺激、情感刺激三类，并对情境刺激题目的效果进行交流研讨	壮大后的记忆不牢的诗句题库以及纯洁化了的记忆效果好的诗句题库。对那些变动诗句进行分析。部分情境刺激题目
5.3~8	从记忆不牢的题库中选同样的诗句，分别用图片刺激、场景刺激、情感刺激测试各实验班和对比班，统计、分析测试结果，并与之前的测试结果相比对	分析，看情境刺激是否有效，哪种更有效
5.9~15	同样的诗句，用图片刺激、场景刺激、情感刺激相结合的形式测试6个班，统计、分析测试结果，并与之前的测试结果相比对	分析，看全面的情境刺激是否比单一的情境刺激更有效
5.15~22	得出研究结论	总结研究成果

（二）情境教学研究

情境刺激促进了优秀诗文的积累，是否有助于学生语文核心素养的提升？

实验的初步判断，运用情境刺激应该能激发部分学生"沉睡"的诗文积累记忆。研究者关注初中生优秀诗文积累的"量"，更关注诗文积累被唤起的诱因。根据以往的教学观察和教学经验可知，学生的诗文积累常以反复多次的机械记忆为主。这样的积累实效常常比较差，不是遗忘快，就是积累不够扎实。为此，研究者努力从不同角度设置情境刺激，帮助学生唤醒已有的诗文积累记忆。学生记忆、背诵诗文乃至遗忘都独具特色，因而，为满足不同学生的"唤醒"需求，研究者设计了"图片刺激""场景刺激""情感刺激"三类不同的刺激。在实际的教学研究中，这三类刺激既可单独运用，也可根据学情组合使用。

　　文化继承是以文化积累作为基础的。从这一点来看，"唤醒"优秀诗文积累是有意义的。"唤醒"优秀诗文，不仅是调动学生优秀诗文积累的过程，更是在实践中运用优秀诗文将我国传统文化积累和传承的过程。在不断的"唤醒"过程中，学生的优秀诗文积累得到不断建构和强化。在积累、感悟、运用优秀诗文的过程中，学生一定会吸收传统文化的精华，提高自己的欣赏品位和审美情趣。

研究引领需求，效果激发动力
——提升教师培训有效性的方法策略

陈 侠[*]

【摘 要】结合培训实践，阐述提升培训效果、激发教师参训动力的方法策略。基于研究的需求引领可帮助教师提升自己发现问题的能力；任务驱动的理论学习是提升教师教学水平和解决问题能力的重要而有效的途径；梳理问题解决过程，形成丰富的研究成果，是激发教师内在培训动力的有机催化剂。

【关键词】教师培训；引领需求；问题解决；培训有效性

有效性是教育工作者追求的永恒主题。其中，学生学习的有效性是根本，教师教学的有效性是保障，教师培训的有效性是重要途径。教师培训的有效性基于教师参训的内在动力，而参训动力依赖于教师需求的满足程度。教师的需求具有多样性，究竟要满足怎样的需求？怎样才能够真正满足需求，从而激发教师的内在培训动力呢？本文结合培训实践，谈几点做法和体会。

一、基于调研分类需求

在培训工作中，通过访谈、交流等方式获取了教师多方面的需求描述。对教师描述的现象和问题进行梳理，可将其需求大致归为两类，如表1所示。

表1 教师需求分析

需求举例	具体需求分析	需求归类
多开展研究课、展示课	获取可模仿范例（直接经验）	外在需求（表面需求）
提供丰富的课件，教学设计，文本、照片、视频等教学素材或其他新颖的资源	丰富备课资源（间接经验）	
提供丰富的试题、试卷	为考试命题提供素材	

---

[*] 陈侠（1971~），女，北京人，北京教育学院朝阳分院，中学高级教师，北京市骨干教师，研究方向为学科教学和教师培训。

(续表)

需求举例	具体需求分析	需求归类
怎样提升学生的学习能力？怎样指导学生的学习方法	学习心理学理论的应用	内在需求（内涵需求）
怎样通过少量的测试评价学生的学习效果并激励学生的学习？避免"题海"的烦恼	评价方案及依据	
怎样让学生深刻理解生物学概念、原理和规律，解决"会背不会用"的难题	不同类型知识的教学策略	
怎样提升学生综合应用生物学知识解决实际问题的能力	问题解决的重要思想方法训练	

第一类需求的主要目的是获得可模仿的范例以及命题的素材，以丰富自己的教学资源，为教学技能提升提供模仿的范例，因此界定为表面需求。这一类需求量最大。第二类需求的主要目的是寻求解决教育教学问题的一般规律，涉及教育心理学、学习心理学的实用理论，教学实践创新的思路和实践等，指向专业水平提升或专业能力发展的理论和路径，因此归类为内在需求，或者是内涵需求。客观上讲，这些需求都是合理的，毕竟都来自教师的实践，而且与教师所处的成长阶段有关。但如果进行深入的思考和分析，教师在不同阶段、不同情境下产生的外在需求是无限的，而内在需求的形成和满足会很大程度上自主解决外在需求。因此，教师培训的有效性最终要指向内在需求，这是培训有效性的根本，是长久的有效。

二、基于研究引领需求

教师的内在需求需要引领。引领教师的内在需求，基于问题的发现、认同及问题解决的实际效果。

（一）深入研究，发现问题

发现问题不是轻而易举的。如果能够及时发现问题，教学实践中就不会有诸多问题了。很多情况下教师并不清晰自身的问题究竟何在，所以培训者要对教师描述的现象和困惑进行深入研究，发现真问题。

1. 现象不是问题

在教育教学实践中教师会遇到并描述各种各样的困惑或现象，例如，"学生厌学，又不会学习，教八百遍也不会应用""同一道题一错再错，变一点情境就不会，就是不走心""课时太少，内容多，根本讲不完，上课像打仗""知识目标落实得还行，能力目标比较弱，情感态度价值观目标形同虚设""综合应用题学生根本得不了几分，应该把精力投入到考察基础知识的简单题型上"，等等。但是，这些困惑和现象本身只是确认问题的载体素材，并不是真正的问题。

2. 发现问题需要深入研究和分析

问题的分析和提炼基于对学科教学本质的把握以及对学科教学理论的学习和研究。例如，当老师提出"课时太少，内容太多，根本讲不完，怎么办"这样的问题时，作为培训者，我们是否应该立刻想办法帮助老师解决这个问题呢？答案显然是否定的，因为老师并不清楚这个问题的原因何在，何况"内容多，课时少"本来就是一对无法解决的客观矛盾。通过探寻"课时少，内容多，完不成教学进度"这一现象背后的真正原因，才会找到解决问题的突破口。例如，组织教师研讨交流："确定课堂教学内容的依据是什么？教材的地位和作用是什么？教材内容都讲完了就算完成教学任务了吗？全国通用相同的课程标准，而教材却有很多版本，是否要将所有版本的教材内容都讲到？"通过这些问题的交流，结合教学实践的反思，让老师明确确定课堂教学的内容是基于课程标准、基于学情的教学目标而不是教材。教学目标是多维度的，既有知识的获取，也有思维方法的训练、情感态度的体验及观点认同。教材内容只是实现教学目标的案例之一。围绕教学目标的实施，可以增加、删减、替换教材内容，而不是照本宣科地照搬教材内容。在国家规定课时的基础上增加课时仍然完不成教学任务，根本原因在于教学目标的缺失，教材导教替代了目标导教。因此，要解决"课时少，内容多"的矛盾，就要研究"怎样科学地确定每节课的教学目标？怎样围绕教学目标的达成整合教材内容"，这才是现象背后的真问题。这样的问题解决了，"课时少，内容多"的矛盾才会解决。

再如，"综合题练了很多遍，学生还是失分严重；学生对同一道题一错再错，换情境就不会用，怎么办"，这一现象背后的问题究竟是什么？作为培训者，我们怎样帮助老师解决呢？

综合题测量什么？为什么要选同一道题反复测试？测试的目的是什么？老师一致反映测的是知识的综合应用能力，测的是思考问题的方法策略，测的是实际问题的解决能力，通过反复测试查漏补缺并纠正错误、强化知识。这样的现象反映了教学和测评导向的偏离，反映了测评与教学目标关系的颠倒。教育目标与测量的关系可以形象地比喻为"狗"摇"尾巴"的关系。这里"狗"的身体代表教育目标，"尾巴"代表测评。"狗"摇"尾巴"是顺畅自然的，而"尾巴"摇"狗"则是费力且无效的。每个学科都有自己的教育目标，例如，生物学科的教育目标是："获得生物学基本知识和基本技能，指导个人成长及社会参与；获得学科基本思想方法，发展创新思维；形成积极的人生观、价值观、世界观……"这样的教育目标是基于学生发展和社会需求的，是得到公认的。按理说，教育目标应该是指导教学和测评的根本依据。曾几何时，教学实施过程无限放大了测评的内容和地位。高考题、中考题、会考题变成了测评的重要依据，甚至是根本依据。课堂上，教师将考什么、怎样考作为教学设计和教学实施的依据，学生将怎样应考作为学习的主要内容和学习方法策略选择的依据；教师将高考题、会考题预设成可能的模式，形成"题海"，学生在"题海战争"中检测自己的学习效果，监控自己的学习过程。这样的教学和测评要实现学科教学的宏伟目标，恐怕无异于"尾巴"摇"狗"吧。因此，课堂教学究竟"教什么？测什么？怎样测"才是现象背后的深层原因，是真问题，是值得每一位教师深入研究和实践的。

（二）实践研讨，认同问题，引领需求

要让老师认同培训者指出的问题并非易事，这有赖于个体实践分析。例如，对"知识目标还行，能力目标较弱，情感态度价值观目标形同虚设"这一现象，本人给出的结论是"教学目标层次过低，维度混乱"。如何让老师认同这样的结论、激发学习需求，是解决问题的出发点。

首先，呈现教师的教学目标："知识与能力：学生能够说出真核细胞细胞核的主要功能，学生能够辨识细胞核的内部结构并能对应各自的功能。过程与方法：讲授、总结的方式。情感态度价值观：树立结构与功能相适应的观点，认同细胞核的结构和功能。"并要求教师简述教学环节及学生的学习结果表现（略）。

其次，结合学生的学习表现引导教师分析以上教学目标的问题：内容标准对细胞核的教学目标具体描述为"阐明细胞核的结构和功能"，其中"阐明"规定了目标的要求层次为理解而非识记。理解的表征主要有对若干事物分析基础上的本质属性或共同特征的归纳、用本质属性或共同特征解释新特例的演绎、构建结构与功能因果关系的说明等形式。而"说出""辨认""对应"等行为仅仅是短时记忆表现，不能支持理解认知水平，这是目标层次过低的表现。目标中的过程与方法表述"讲授、总结的方式"是教师的教学方法，而不是学生的学习过程和方法训练；"认同细胞核的结构和功能"中，"认同"是衡量情感态度的行为动词，而"细胞核的结构和功能"属于知识目标。因此，教师对目标维度的认识是混乱的。这样的分析促进了教师的问题认同，也激发了教师对三维目标内涵的学习和研究需求。

最后，组织研讨，重新定位教学目标，改进教学设计。根据课标对学科研究方法和学生思维方法的要求，以及本节教学内容隐含的重要学科方法的分析与提炼，学生理解细胞核功能的行为表现等问题探讨，教师重新定位了教学目标："知识目标：举例说明细胞核的主要功能，多种形式表述细胞核的结构，并用结构解释功能。能力目标：尝试探究研究细胞核功能的思路，归纳研究方法，分析资料，概括结论。情感态度观点目标：体会研究方法的巧妙、严谨、重要性，认同细胞核结构与其功能的统一。"在这样的目标定位下，教师对教学活动做了重新设计，充分体现了探究和思维驱动的理念，并通过研究课收获了超出预期的效果，学生设计的实验方案让老师激动不已。教师对"教学目标的定位"及"设计教学活动策略"的研究又掀起了新的高潮。

三、基于效果强化动力

（一）提供问题解决的理论工具，形成解决问题的方案

发现问题、认同问题是产生培训热情的起点。解决问题，进而形成解决问题的方法策略则是形成培训持久动力的保障。

1. 知识分类理论为理解三维目标的内涵提供重要依据

教学目标维度的混乱源于对目标本身所含知识类型的模糊认识。《普通高中生物课程标准（实验）》和《义务教育生物学课程标准》都用知识、能力和情感态度价值观三个维度表述教学目标，而《基础教育课程改革纲要（试行）》则提出对学生知识与技能、过程与方法、情感态度价值观方面的要求。在教学实践中，教师究竟用哪种方式表述三维目标并不重要，重要的是对所表述的目标维度含义的理解，它决定了教师课堂教学的理念和行为，从而影响学生学习的效果。加涅学习结果分类、布卢姆教育目标分

类、我国学者季平关于知识的四个层面等教育理论从不同的视角揭示了知识的本质，对深刻理解三维目标的内涵具有直接的指导作用（见表2），深化了教师对教学目标的理解与实施。

表2 知识分类与三维目标内涵

普通高中生物课程标准（实验）	基础教育课程改革纲要（试行）	加涅学习结果分类	布卢姆教育目标分类	知识的四个层面
知识目标	"知识与技能"目标中的知识目标	言语信息（符号、事实、有组织的整体知识）	事实性知识 概念性知识	事实层面 概念层面
能力目标	"知识与技能"目标中的技能目标	智慧技能 动作技能	程序性知识 元认知知识	方法层面
情感态度与价值观目标	情感态度与价值观目标	态度		价值层面

2. 布卢姆两维分类框架使教学目标的制定和表述科学、具体、清晰化

知识维度主要指导教师明确教什么，认知过程维度是学生学习知识所经历的过程及水平，指导教师设计教和学的方法策略以及测评方案。两维分类框架在很大程度上提高了目标含义的准确性，使教学目标所包含的知识类型和认知水平一目了然。教师在进行目标设计时，运用分类表的框架首先确定知识类型，然后再分析相应的认知水平，就能轻松地完成教学目标的定位和表述。例如，目标1"说出细胞膜的化学组成"（回忆/事实性知识）；目标2"举例说明基因突变的特点"（理解概念性知识）；目标3"根据自由组合定律，分析两种遗传病的患病概率"（应用/原理或概念性知识）；目标4"进行温度对酶活性影响的实验探究，学会控制变量的方法"（应用或执行/程序性知识或方法性知识）。将以上教学目标置于分类框架中，可以清晰地把握对学生学习结果的预期（见表3）。

表3 两维分类表格定位教学目标

知识维度	认知过程维度						
	记忆	理解	应用	分析	评价	创造
事实性知识	目标1					
概念性知识		目标2	目标3			
程序性知识			目标4			
元认知知识						

3. 加涅"学习的过程和条件"提升了教学活动设计的有效性

生物学科涉及众多的现象、事实、概念、方法、思想等不同类型的知识，需要不同的教学方法策略。加涅关于"不同类型知识的学习条件和过程"为有效设计教学活动提供了重要工具（见表4~表5）。

表4　不同类型学习结果的学习条件举例

学习结果类型	内部条件	外部条件
言语信息	已有的有组织的知识编码策略	提供有意义的情境 增加显示的区别性 重复的影响
智慧技能	已习得的构成新技能的先决条件（如对于辨别、概念、规则、高级规则等不同层次的智慧技能，后面复杂技能的习得有赖于先期一种或几种较为简单技能的学习）	言语提示 情境创设
认知策略	可回忆起来的与正在进行的学习任务有关的智慧技能与言语信息	应用策略的激励与强化等

表5　不同类型学习结果的学习过程举例

	动作技能	智慧技能
学习过程	观察动作示范、大量重复练习和反馈纠正。可通过模仿获得	发现、变式练习。不可通过模仿获得
第一阶段	认知阶段：观察正确的操作，并在头脑中形成正确表征	习得概念和规则，常用"举三反一"。其中，"三"指多个例子，"反"指抽象、概括、归纳一类事物的共同特征，"一"指学习的结果，概括性概念或原理
第二阶段	进行心理练习，及在头脑中思考动作的进行过程，或通过重复练习将局部的动作联系起来	变式练习："举一反三"。其中，"一"是概念、原理等，"三"是概念和原理运用情景的变化，"反"是总结出概念和原理运用的条件
第三阶段	动作技能的执行自动化	概念或原理的运用，即迁移

由于每一种类型的学习结果需要相应的学习条件和学习过程支撑，因此进行教学设计时，教师要充分考虑如何创造有效的外部条件激活学生学习的内部条件以引起学习的发生或促进学习，从而有效地达成教学目标。例如，概念是思维的细胞，概念教学是生物学课堂教学的核心任务。究竟如何落实生物学概念教学呢？按照智慧技能的学习条件和学习过程原理设计具体概念"组织"教学的程序：创设情境，激发动机→观察概念的若干正例，初识概念→抽提概念的本质特征，形成概念→迁移概念的应用条件，发展完善概念。设计定义性概念"基因突变"教学的程序：激活学生头脑中同化新概念的原有认知基础→言语界定概念的本质特征→例证概念的本质特征→完善概念外延→为概念迁移提供新情境。结果，均取得了非常理想的教学效果，学生自然而然地完成了对两个概念的"初识、形成、发展和完善"的构建过程。

通过学习、研讨、改进、实践，教师对概念教学本质的理解有了质的飞跃。认识到概念教学决不仅仅是对概念定义的讲解，对概念内涵和外延的分析、对相关概念的分析比较等言语信息加工。概念教学要符合概念形成的过程，教师要努力为学生构建概念提供充足的现象和事实，设计促进概念形成的过程和方法。于是，概念教学成为教师探索、实践的又一高潮。

（二）物化问题解决效果，提升教师的实际获得感，强化培训动力

漫长的培训过程，对业务繁忙的一线教师确实是一种考验和挑战。实际获得感对爱岗敬业的教师、对强烈渴望提升和发展自己的教师来说，是最强大和持久的动力来源。因此，在培训过程中要引导教师形成过程性成果和终结型成果，点燃其参训激情，强化其参训动力（见图1）。

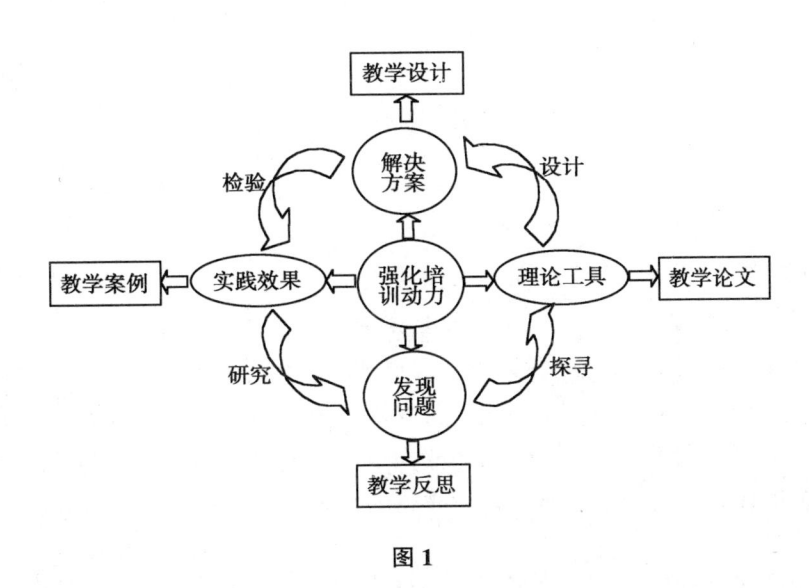

图1

将"表述现象，描述困惑→研究分析，发现问题→开发理论工具，尝试解决问题→实践检验问题，解决程度→梳理经验"作为培训的思路和主线，引导教师摆脱困惑，清醒地发现新问题。在这种循环中深化认识，发展技能，提升水平，增强实际获得感。老师的培训激情被深度点燃，是培训的目的和归宿。作为引领教师发展的培训者，面对"十三五"教育改革的方向和任务，怎样引领教师对核心素养的追求和探索，进而作用于学生核心素养的培养，探索之路是永恒的。

【参考文献】

[1] 洛林 W. 安德森，等. 布卢姆教育目标分类学 [M].修订版. 蒋小平，等译. 北京：外语教学与研究出版社，2009.

[2] R. M. 加涅，等. 教学设计原理 [M].王小明，等译. 上海：华东师范大学出版社，2007.

[3] 季苹. 教什么知识 [M].北京：教育科学出版社，2009.

[4] 催允漷. 有效教学 [M].上海：华东师范大学出版社，2009.

基于核心素养发展的高中英语写作教学的实践研究
——以一节写作研究课为例

冯爱武[*]

【摘 要】根据英语学科的核心素养发展要求，英语写作能力是学生应该具备的学习能力之一。本文以引导学生学会撰写申请信的写作研究课为例，以英语学科核心素养发展为目标，根据区域学情，以教材文本为载体，以高中英语课堂为媒介，从如何组织课堂教学的角度分析采用写前—写中—写后（PWP）教学过程及其原因，并反思如何开展普通高中英语写作教学活动。

【关键词】核心素养发展；高中英语写作；教学方法

一、引 言

中国学生发展核心素养是指学生应具备的、能够适应终身发展和社会发展需要的必备品格和关键能力。高中英语学科的核心素养包括语言能力、思维品质、文化品格和学习能力。英语学习是学生主动建构意义的过程。在这一过程中，学生以主题意义探究为目的，以语篇为载体，在理解与表达的语言实践活动中，融合知识学习和技能发展，通过感知、预测、获取、分析、概括、比较、评价、创新等思维活动，建构结构化知识；在分析问题和解决问题的过程中，发展思维品质，形成文化理解，学会学习，塑造正确的人生观和价值观，促进英语学科素养的形成与发展。

写作，是人们运用语言文字制作文章，并通过文章来反映客观事物，表达、交流思想感情的一种复杂的创造性的脑力劳动。写作是运用语言传递书面信息的手段，是一项重要的语言输出活动，要求文字准确通顺、结构严谨、格式正确、文体得当，而且要求学生具有较强的思维能力和表达能力。英语写作不只是一项语言习得，也是人们在一系列活动中有效沟通的先决条件。根据英语学科的核心素养，写作能力是学生应该具备的学习能力之一。通过培养学生的写作能力，可以提高学生的思辨创新意识，提升学生的思维品质。对学生写作能力的培养，有助于学生进行跨文化交流。

英语核心素养中，语言能力是基础要素，文化品格是价值取向，思维品质是心智特征，学习能力是发展条件。目前，部分英语教师传统的教学理念没有得到根本转变，教

---

[*] 冯爱武，北京市房山区良乡中学，中学高级，北京市骨干教师。

师为应试而教，学生为应试而学，导致学科价值错位。本节研究课以培养英语学科核心素养为目标，根据区域学情，以教材文本为载体，以高中英语课堂为媒介，通过教师角色的重新定位创设和谐的教学环境，系统、简洁地教授教学内容；在写作指导中，改变脱离语境知识的学习，将知识学习与技能发展融入语篇和语用之中，真正贯彻落实学科核心素养精神，立德树人。

《普通高中英语课程标准（实验）解读》（2010）（以下简称"解读"）指出："语言交际有口头和书面两种形式。人们用语言进行交流时，必须通过有声的语言（听和说）或者文字记录的语言（读和写）进行。没有一定的语言知识作为基础，就不可能实现这两种形式的交流。"《普通高中英语课程标准（实验）》（2010）（以下简称"课标"）对高中生写作能力提出六到九级的目标要求，其中对"写"的六级目标（高中阶段必须达到的级别）要求描述为"能用恰当的格式写便条和简单的信函""能对所写内容进行修改"。七级目标描述为（高中阶段必须达到的级别要求）"能写出常见体裁的应用文，如信函和一般通知"。通过解读"课标"对写作的要求可以看出，申请信作为常见题材的应用文中的信函类，是"课标"要求学生掌握的重点之一。虽然不同级别对写作的要求不同，但是这种分级方法却明确显示出培养高中学生写作能力的重要性。

英语写作的本质是利用英语句子、段落和篇章，有效选择、组织和发展意义（或思想）的复杂认知过程，是用书面语表达意义的过程。然而，Johanne Myles（2002）指出写作能力并非自然习得，这种能力通常是在正式的教学环境或其他环境中通过练习学会或文化传承下来，即写作能力必须通过实践练习获得。Hyland（2007）认为，写作对个人经历和社会身份很重要，我们经常是通过写作被别人认可的。在谈及写作文本作为独立对象时，他认为学生的作文就是他们语言知识形式和意识的规则体系的一种体现。从这个角度看，教学指导的目标就是要训练学生写作的明确性和准确性。国内学者兰良平、韩刚（2014）指出学生的英语写作技能只有通过目标清楚、持之以恒的写作训练才能得到发展。但是，写作技能对于大多数语言学习者是最难掌握的语言技能之一。写作能力发展的挑战性使许多普通高中学生对英语写作持有畏难情绪，不愿进行英语写作。

笔者所教学生基础薄弱，尤其是词汇基础弱；写作给他们带来了很大挑战，害怕失败的心理和较强的畏难情绪令他们不愿进行尝试。为了解决学生写作中存在的挑战，增加写作的自信心，笔者计划使用学习前（Pre-learning）、学习中（While-learning）、学习后（Post-learning）的教学模式，也就是PWP教学模式进行写作教学尝试，以核心素养发展为目标，帮助学生解决写作中的困难，完成"课标"对"写"提出的目标要求，培养学生的写作能力。

二、关于 PWP 教学模式

英语教学的有效性需要有一定的教学方式作支撑。目前，新课程标准理念下最常使用的一种教学模式是学习前、学习中和学习后的教学模式，具体为当我们关注学习过程时，可以把学习过程划分为学习前、学习中和学习后三个阶段，简称PWP教学模式。

学习前阶段是教师进行教学准备、学生自我准备、教师激活学生学习新的语言知识、形成新的语言运用能力所需的知识、能力的阶段，其目的是为新语言内容的学习进行准备。这一阶段包括课堂教学之前的一切准备活动，也包括课堂教学中开始学习新的语言内容之前的导入、启动、复习、激活等活动。学习中阶段当然就是学习新语言的阶段，一般是在课堂进行，也可以是课堂之外的自我学习活动。在这一阶段，教师进行知识呈现、讲解，引导学生进行训练，学生通过学习掌握语言内容，形成运用能力。学习后阶段是学习新语言之后的评价、运用阶段。这一阶段应该是课堂之外的运用活动阶段，因为课堂内的活动本质上都属于学习阶段的活动，即使是课堂内的运用活动也是促进学习的运用活动。

PWP 教学模式可以用于英语教学的每一项具体语言教学内容，在技能教学中表现为不同的具体形式。本写作课案例就是利用 PWP 教学模式，通过写前（Pre-writing）、写中（While-writing）和写后（Post-writing）的教学过程进行写作教学的一次尝试。

三、案例描述

（一）教学背景分析

如前所述，语言交际有口头和书面两种形式，人们必须通过有声的语言或者文字记录的语言进行交流；要实现这两种形式的交流，就需要语言知识作为基础。本节写作课的重点是指导学生写出一封申请信。根据英语学科核心素养发展目标，英语学习是学生主动建构意义的过程。在这一过程中，学生以主题意义探究为目的，以语篇为载体，在理解与表达的语言实践活动中，融合知识学习和技能发展。所以，笔者以此为设计依据，结合语篇，通过在学习的过程中创设多种语言实践活动，循序渐进地引领学生从学习语言知识逐渐过渡到运用语言进行书面交流，将知识学习和技能发展有效融合。

本节课是一节写作公开课，选用北师大版模块 5 第 14 单元交流平台（Communication Workshop）的写作（writing）部分，写作话题为申请信。本节课授课对象是高二（12）班的学生。虽然目前该班处于中等年级，学生词汇量小，运用语言的能力较弱，但是这些学生思维活跃，有上进心，学习氛围和学习热情较高，愿意参与到教师组织的教学活动中。根据学生的学情，笔者将本节写作课的目标定为学生学会写一封申请信。

（二）教学设计与过程

根据学情分析，笔者认为要想最后达成教学目标，需要为学生做好写前的铺垫工作。其中，科学合理的语言铺垫有利于学生完成写作任务。鉴于此，笔者选用了写作前、写作中和写作后的 PWP 写作教学模式，在写作前阶段为学生做好语言铺垫，在写作中阶段指导学生如何关注写作要点以及注意事项，在写作后阶段利用同伴互评（peer evaluation）、教师点评（teacher feedback）等评价手段指导学生修改文章，提高语言运用能力，达到学以致用的目标。下面详细阐述此三个教学环节。

1. 写前阶段

在写前阶段笔者采用了引入环节。首先，笔者展示了五张人山人海的求职市场场面

（图1呈现了其中的两张）。这些图片瞬间吸引了学生的注意力，然后教师马上抛出问题："他们在做什么？"（What are they doing?）"你如何看待这样的场景？"（What do you think of the situation?）引导学生思考求职市场的竞争与挑战，借此导入本节课的学习目标——学习写申请信。同时，这些图片也暗示了申请信的重要性并且启发了学生的思维。

图1 求职市场

其次，笔者借助教材范文指导学生归纳、提炼申请信的结构和段落大意（见图2），并注意正式信函与私人信函的差别，激活学生已有的背景知识。

```
Sender's Address
Receiver's Address
Greeting
Para 1 Reason for Writing
Para 2 Personal information and reason for interest
Para 3 Personal quality; Personal advantages
Para 4 Person skills
Ending the letter
Signature
```

图2 申请信结构和段落大意

笔者事先将申请信每段的段落大意随机排列，要求学生根据范文内容排出正确顺序。虽然这个过程就是归纳、提炼申请信结构的过程，但是学生并没有意识到这一目的。于是，当笔者追问学生申请信的结构特点时，学生很快领悟到活动用意，轻松提炼出了申请信的结构，为写作中阶段要完成的写作任务做好了结构的铺垫。

第三，以上活动虽然成功激活了学生的已有知识，但是学生还只停留在浅层次理解上，需要进行深层次的文本解读。为了实现此目标，笔者要求学生挖掘出文本中体现出段落大意的表达方式，即有目的地将文本中的功能句提炼出来。这个活动有针对性地指导学生进行信息的加工、整理和提炼，得出自己需要的有用句式。通过提炼功能句的活动，进行了语言的深度学习与扩展，解决了学生词汇基础薄弱、表达能力弱等问题，为写作做好准备。提取出功能句之后，笔者要求全班同学大声朗读，强化学生对这些表达法的理解和记忆。

文本中的功能句毕竟是有限的，不足以支撑学生进行语言的表达。为了提高学生的表达水平，扩大学生的知识基础，笔者在此活动之后，通过提问的方式让学生思考是否还有其他的表达方式，并以结对（pair work）的方式进行交流，以此来调动学生的原有知识内容并进行重构，最后笔者进行补充。例如，在个人技能（personal skill）部分，学生提炼出"I think I would be a good... due to...; In addition, I am also good at... which might be useful for..."的表达方式。但是在结对活动之后，他们又补充了"I think I am competent in...; I am good at communicating with people; I am fluent in spoken and written English"等多种表达方法。

虽然学生的词汇基础薄弱，但是此阶段笔者利用这些教学活动，既将学生原有的知识储备进行了有效的梳理，又为他们补充了新的知识内容和结构。此过程有效解决了困扰水平较弱学生的词汇和语法问题，为后面写作任务的顺利进行做了语言知识的铺垫。

第四，正确地使用连接词可以使表达条理清晰、逻辑缜密，更加准确地向读者传达信息。本阶段通过提取连接词活动，带领学生学习并梳理不同类连接词所适用的逻辑关系。本节课重点学习表达原因、转折、递进关系的连接词。笔者让学生将找到的连接词放到表格（见表1）中对应的关系下面，以此帮助学生厘清连接词适用的逻辑关系。

表1 连接词

Contrast	Reason	Addition

在以上过程中，学生以语篇为载体，通过感知、分析、概括、创新等思维活动，建构结构化知识；在分析问题和解决问题的过程中，发展了思维品质，学会了学习，促进了英语学科素养的形成与发展。

克拉申（Krashen, 1985）的可理解性输入假说强调，大量可理解性语言输入是二语学习的条件。而迈克尔·朗（Michael Long）在认同这一观点的基础上，针对"这些语言输入是如何得到理解的"进行了研究，提出"交互假说"，认为学习者在互动交流中对语言进行修正，从而达到意思的沟通和理解。朗通过实验发现，互动中对语言的调整使理解性语言输入得以实现，因此，互动促进语言习得。1991年，朗与拉森·弗里曼（Larsen-Freemman & Long, 1991）从语言环境的角度对与交互假说相关的许多语言习得实验进行总结，认为以交流为目的的语言互动（书面或口头形式）有助于理解性语言输入，互动过程中对新词汇和句法结构的理解和使用也有助于二语水平的提高。与交互假说宣称的语言输入和言语互动是二语学习的充要条件不同，斯韦恩（Swain, 1985）的输出假说认为，语言输出是二语学习过程中的一个重要组成部分，交际中出现的理解或表达障碍使学习者注意到自己语言知识的缺陷，进而设法修正或弥补。显然，克拉申、朗和斯韦恩对语言学习的理解各持己见。但是，作为一名语言教师，合理的做法应该是利用和创造条件，使输入和输出最大限度地促进二语的学习。高中英语核心素养发展目标指出，要在理解与表达的语言实践活动中，融合知识学习和技能发展。根据对以上假说和高中英语核心素养，笔者设计了以下学习任务。

第五，通过为学生创设真实的语言环境让学生进行互动与交流，促进学生学习语言，为写作做铺垫。面试重在口头表达，而申请信重在书面表达，但是二者都需要展示应聘者的优势。所以，笔者利用面试和申请信的相似点设计一个小组活动（group work），即根据招聘广告（见表2）完成面试。

表2 招聘广告 EIL International English Summer Camp Volunteer Wanted

Requirements	Activities
over 16 outgoing good knowledge of English experience of working with foreigners get on well with children	language study go hiking travel

学生三个人为一组，学生 A 为来自招聘公司某国际英语夏令营（EIL International English Summer Camp）的面试官，学生 B 和 C 为应聘者；A 根据公司需要对 B 和 C 进行面试考核，B 和 C 利用广告中的内容进行回答；最后，A 决定录用哪一个，并给出理由。进行此活动时要先让学生以小组为单位进行面试活动，然后再选择一到两个小组到前面进行表演，尽最大可能设置真实的语言情境促进学生互动、修正自己的语言错误，并培养学生的语言创造能力，为后面的写作任务做好语言储备。

2. 写中阶段

做好写作准备之后，笔者开始布置写作任务：写一封"自荐信"（见图3）。

假设你是李华，得知 English Newspaper 招聘学生新闻记者，你有意应聘，请按照下列要点给该报社写一封自荐信。
- 对此职位感兴趣
- 容易与他人相处，愿意与他人合作，在学校就很受欢迎
- 读过很多书，知识丰富
- 喜欢英语，口语和写作都不错
- 每周末都参加当地大学的英语角（English Corner）活动
- 相信自己能胜任此工作
- 曾经是学校校报的记者

注意：可适当增加细节，使行文连贯。字数：120。开头、结尾已写好

图3 自荐信

要求学生根据提供的信息写一封自荐信，进行书面形式的语言交流，达到学以致用的目的。笔者在布置写作任务的时候，通过提问的方式引导学生找出写作要点和写作时应该注意的事项，并以"温馨提示"的方式提醒学生关注写作要点和易犯错误，然后要求学生在规定的时间内独立完成写作任务。

通过培养学生的写作能力，提高学生的思辨创新意识，提升学生的思维品质，有助于学生进行跨文化交流。学生在这个过程中，将知识学习与技能发展融入语篇和语用之中，真正贯彻落实学科核心素养精神。

3. 写后阶段

在完成写作任务之后，笔者要求学生根据评价标准（Evaluation）（见表3）对同伴

的写作分项进行评价，按总分 20 分给出分数。

表 3 评价标准（Evaluation）

Items	Excellent（5）	Good（4）	Fair（3）	Poor（2）
Layout				
Linking words				
Key Points				
Language				
Person and tense				

然后，笔者挑选一名志愿者的作文，与学生一起互动，按照评价标准中的项目进行评价，评出分数，以此引导学生关注正确语言、修正错误表述。在这个过程中，笔者利用同伴互评和教师点评的方式，培养了学生自我修改语言错误的能力，提高了学生的鉴赏能力，完成了本课设定的教学目标。

大部分教师完成作文评价这一环节之后，就结束了本节课的教学任务。而笔者认为学生此时的认知还只停留在写作文本本身，忽略了将其变为一项生活技能。于是，笔者在评价活动结束之后，提问学生："为什么学习写申请信？"（Why do you learn to write an application letter?）这个问题将学生的视角从写作转换到学习写申请信的意义，成功将写作技能上升为生活技能，提升了语言学习的意义。

在这一过程中，学生阅读同伴的作文，通过感知、获取、分析、评价等思维活动，在分析作文的过程中发展思维品质，形成文化理解，塑造正确的价值观，促进英语学科素养的形成与发展。

四、案例反思

本节写作研究课自始至终以英语学科核心素养发展为目标，有效地将语言知识的学习和写作技能的培养结合在一起，成功完成了本节课设定的学习目标。具体而言，本节课体现了三个教学原则，笔者也将在今后的教学工作中继续坚持。首先，本节课教学过程流畅合理，所设计的各种教学任务和教学过程都紧紧围绕教学目标展开，层层递进；为学生提供充足的语言学习材料，并且通过多种教学活动帮助学生内化语言知识，直到学生语言铺垫充足的情况下，才让学生写作，符合学生的认知规律。整个教学步骤的设计科学规范，符合学生的认知水平。其次，笔者利用 PWP 的写作教学模式最大限度地关注学生的学习过程，调动了学生的知识储备，强化了学生的语言知识。整个教学过程重点突出，难点突破有方法，尤其是写作中阶段强化的语言学习，有助于减少词汇基础薄弱学生的写作压力。该模式较适合笔者学生的学情。提取功能句和连接词这两个环节，有效落实了本节课的学习重点，体现了学生是学习的主体的教学理念。最后，笔者将核心素养发展贯穿整个教学过程，在写作课中渗透了情感教育，关注学生的思维和情感的发展，使每一个学生的潜能得到发展。

反思本节课的教学环节，笔者认为可以在三个方面进行改进。首先，写作评价标准应该在学生写作之前和学生一起制定，这样学生更清楚写作时的关注点，从而提升写作的质量。其次，写作内容比较死板，不利于优秀学生的发挥，造成全班学生作文质量差距不大。如果写作任务再放开一些，会更有利于不同层次学生的发挥，尤其是优秀学生的发挥。最后，有个别教学环节时间控制不够理想，还需要继续磨炼。

五、结　语

通过本节写作研究课的尝试，笔者发现学生在写作时得到了具体的帮助，尤其是词汇基础薄弱的学生。在本节写作公开课上，学生既扩大了知识储备，也强化记忆了课堂重点知识。但是笔者注意到，PWP 教学模式的运用要防止过度模式化，即不能成为一种固定不变的教学模式。教师要根据实际学情做适当的调整，以便取得更好的效果。同时，教师的教学设计一定要紧紧围绕教学目标，每个教学活动都应该为教学目标服务，避免为了活动而设计活动。在设计教学活动时，还要注意各个教学活动之间的关系是否紧密。

核心素养的提出，使教育的目标更明确，也能更好地发挥英语课程的价值，实现教育的真谛：使每一个生命个体得到充分的发展，使每个人的潜能得到充分的发挥，使每一个学生拥有一片希望的蓝天。

【参考文献】

[1] Johanne Myles. Second Language Writing and Research：The Writing Process and Error Analysis in Student Texts［EB/OL］. http：//www.tesl-ej.org/ej22/a1.html 2016-05-04.

[2] Ken Hyland. Teaching and Researching Writing［M］. Foreign Language Teaching and Research Press，2007.

[3] Krashen S. The Input Hypothesis：Issues and Implications［M］. Harlow：Longman，1985.

[4] Larsen-Freeman D, Long M. An Introduction to Second Language Acquisition Research［M］. Harlow：Longman，1991.

[5] Swain M. Communicative Competence：Some Roles of Comprehensible Input and Comprehensible Output in Its Development［M］// Gass S, Madden C. Input in Second Language Acquisition. Rowley, MA：Newbury House，1985.

[6] 都建颖. 第二语言习得理论入门［M］.武汉：华中科技大学出版社，2015.

[7] 兰良平，韩刚. 英语写作教学——课堂互动性交流视角［M］.北京：外语教学与研究出版社，2014.

[8] 普通高中英语课程标准（实验）解读［M］.南京：江苏教育出版社，2010.

[9] 杨丽菲. 基于书面表达能力提高的大学生英语写作学习策略研究［EB/OL］. http：//max.book118.com/html/2016/0313/37505953.shtm. 2016-05-04.

[10] 任晓萍. 从一节公开课谈利用读写结合模式提高学生写作能力的实践［J］.中小学外语教学（中学篇），2011，34（2）.

[11] 李海. 基于任务型语言教学的新课标高中英语语法 PWP 教学模式的构建［J］. 英语教师，2012（7）.

[12] 蒋云峰. 思维能力培养视角下的高中英语教学——以 PWP 三段教学模式为例［J］. 英语画刊（高级版），2015（10）.

创设诗意课堂，塑造诗意人生
——英文诗创作与欣赏在高中英语教学中的创新运用与实践

蒋炎富[*]

【摘　要】本文分析了英文诗的人文性和艺术性特点以及在提升学生的人文素养，激发学生的英语学习兴趣等方面的突出作用，并结合具体案例探究英文诗创作与欣赏在高中英语阅读、语法、词汇教学中的创新运用与实践。

【关键词】英文诗创作；阅读教学；语法教学；词汇教学

一、引　言

《普通高中英语课程标准》指出：高中英语课程要促进学生心智、情感、态度与价值观的发展和综合人文素养的提高；课堂教学活动的设计应有利于发挥学生的创造力和想象力；设计任务时，应以学生的生活经验和兴趣为出发点，要有助于英语知识的学习、语言技能的发展和语言实际运用能力的提高，使学生的思维能力、想象力、审美情趣、艺术感受、协作和创新精神等综合素质得到发展；教师要具备开发课程资源的能力，创造性地完成教学任务。而诗歌作为文学的精华，对培养学生的人文精神起着相当重要的作用。英文诗的创作与欣赏不仅能发展学生的语言技能，还能提升学生的人文素养。但是这一重要的语言形式在高中英语教学中并没有被充分有效的运用。笔者将结合具体案例探究英文诗的创作与欣赏在高中英语教学尤其是阅读和语法知识教学中的创新运用和实践。

二、英文诗的特点及教材设计分析

英文诗，当属文学的范畴。它有明显的节奏。大多数英文诗押韵，使诗歌和谐、优美、富于音乐感，给读者感官上的满足，使读者在朗读的过程中产生美的共鸣。英文诗强烈的韵律美、节奏美、意境美，使人领略到英文诗的魅力，享受诗歌美的审美乐趣。英文诗语言凝练，寓意深刻，同时，以其细致严谨的结构，描境状物，抒情言志，赞美讽喻，达人策己，可以砥砺师生意志，陶冶师生情操（高安柱，2012）。

---

[*] 蒋炎富，男，北京第十二中学教师。

人教版教材选修六第二单元主课文专门介绍了几种简单的英文诗。此外，据笔者统计，在人教版必修一至五教材的 25 个单元中有 12 个单元的 Reading for fun 板块中提供了与单元话题相呼应的英文诗供师生欣赏，但是分布零散，不成体系。

一般教师只是在学习选修六第二单元时给学生提供欣赏和创作英文诗的机会，对于 Reading for fun 板块提供的英文诗则无暇顾及，没有有效利用。笔者尝试将两者结合，先对清单诗、副词诗、五行诗和自由诗做集中简单介绍和欣赏，之后根据各单元特点和话题，把英文诗的创作、欣赏与阅读、语法、词汇等教学活动相结合，将英语教学的知识性、趣味性和文学性、艺术性融为一体。

三、英文诗在高中英语教学中的运用与实践

（一）英文诗在高中英语阅读教学中的运用与实践

英文诗与常见的阅读篇章是不同形式的语言表达。在阅读教学中充分利用英文诗的创作来促进学生对阅读篇章的理解、推理、归纳和总结等，既能发展学生的读写等综合语言技能，又能丰富课堂教学活动，激发学生学习的兴趣，培养学生丰富的想象力和文学素养。

1. 总结、归纳文章主旨或主要内容

从文章中获取主要信息，理解文章的主旨和作者意图或者不同的观点和态度，是高中英语阅读技能的主要目标之一。因此，归纳总结文章主旨是阅读教学中的重要活动之一。而英文诗中的五行诗（cinquain）的突出特点是语言凝练，概括性强。因此，用五行诗的形式来归纳文章主旨无疑是最有效的方法之一。此外，清单诗（list poems）或副词诗（adverb poems）也是归纳文章主要内容的重要教学策略；藏头诗也可以，但学生创作稍有难度。

笔者在人教版必修一第三单元 Travel Journal 的主课文 Journey down the Mekong 阅读教学时，鼓励学生从五行诗、清单诗、副词诗中选取一种来归纳文章主旨或主要内容，学生的学习兴趣和创作欲望被充分地调动。以下选取部分学生修改后的英文诗稍作展示。

总结一（五行诗）

Journey

Exciting, challenging

Dreaming, planning, arguing

An adventure and experience

Unforgettable

总结二（副词诗）

Always I have dreamed of the trip,

Successfully I persuaded my sister,

Eagerly I planned our schedule,

Sadly we had some disagreement,

Unavoidably we would meet some difficulties,

Bravely we faced the challenge,

Carefully we searched for information in the library,

Happily we found it was worth it,

Finally we got the chance to take the trip.

2. 分析、归纳人物品质与特点

分析、归纳人物传记或记叙文中主要人物特点是阅读教学中必不可少的环节之一。一般教师处理的方法是鼓励学生用形容词或名词来总结人物品质或特点。这样的处理方式使学生失去完整表达的机会，也掩盖了语言所蕴含的情境，学生的思维和情感也会随之变得平淡甚至贫乏。笔者尝试改变这一做法。在学习了人教版必修一第一单元 Friendship 的主课文 Anne's best friend 并观看了电影《安妮日记》后，尝试以英文诗的创作为驱动提升学生对主人公安妮的品质与特点的分析与理解。结果让人振奋，学生创作的诗对于安妮的人格、特点以及内心世界进行了高度提炼，其理解之深刻、表达之准确以及角度之多元让教师为之惊叹。下面展示部分学生作品。

（1）五行诗作品。

Anne
brave, optimistic
writing, dreading, hoping
day in and day out
forever

Anne
rebellious, optimistic
writing, dreaming, fighting
A writer or soldier,
both

（2）自由诗作品。

Anne

A girl loving movies,

a girl with many dreams,

a girl in the attic,

a girl in the World War II.

She wanted to be a writer,

She wanted to open the dusty window,

She wanted to be outside to see the sky,

She wanted to enjoy the sunshine,

She loved diary,

She loved her family,

She loved freedom.

She hated war.

She was outgoing,

She was brave,

> She was a little headstrong,
> She just loved life,
> but she was killed by
> the hell Nazis!

以上作品不仅是学生文学素养潜力的充分展示，更是学生阅读后内心情感世界和对人生价值意义的告白。英文诗不仅是语言技能提升的舞台，更是人文情怀孕育滋生的沃土。

3. 转换重塑文本内容

对于阅读篇章内容的理解，教师普遍采用问答、填表、连线等方式来帮助或检测学生对细节和重要信息的理解。这是一个被动地接受和处理信息的过程。笔者充分利用英文诗这一特殊语言形式，采用转换重塑文本内容的方法，把阅读理解的过程变成一个积极主动地获取并加工信息的过程。

以人教版必修一第四单元的课文教学为例，本单元的中心话题是"地震"，阅读课文讲述的是1976年唐山大地震。文章共四段，分别叙述了地震发生前被人们忽视的征兆、地震的发生过程、地震所造成的巨大伤害和损失以及震后的救援工作。文章属于叙述事实类型，平淡简洁。笔者鼓励学生运用阅读文本中的信息和语言以清单诗的形式来转换重塑文本内容，并运用感官动词的结构形式来描述地震前、地震中和地震后的所见所闻和所感，对文章进行续写。以下为学生修改后的作品，诗的两节对应文章第一、二段落（注：第三、四段落对应诗篇由于版面有限，在此省略）。

A night the earth didn't sleep —chapter one signs I saw strange things happening, I saw well water rising and falling, I noticed well walls cracking, I noticed chicks and pigs nervously behaving, I saw smelly gas coming out, I saw mice running and hiding, I noticed fish jumping, I noticed bright lights flashing, I heard plane-like roaring, I saw water pipes cracking and bursting, I noticed people still sleeping! A night the earth didn't sleep, A warning that people ignored!	A night the earth didn't sleep —chapter two happening I felt everything shaking, I felt the world was ending, I saw a huge crack cutting across, I saw steam bursting, I saw hills of rocks become rivers of dirt, I saw the large city lie in ruins, I saw people injured or killed, I saw children left without parents, A night the earth didn't sleep, A nightmare that people extremely suffered!

这种文本形式的转换使原本平淡的篇章充满了丰富的人文情感，语言的工具性和人文性得以统一，提升了语言教学的境界，促进了学生的全面发展。

4. 促进单元话题理解

教材的每一个单元都是围绕一定的中心话题设计，因此每一个单元的语言知识与技能也都是围绕相应的话题展开，单元结束时应设计一定的单元话题理解提升的教学活动。英文诗的创作与欣赏也能为这类活动增添色彩。例如，人教版必修二第三单元的话题为"计算机"（computers），在单元的知识与技能教学结束后，笔者结合单元Reading for fun 板块设计了一节基于英文诗的创作与欣赏的单元话题理解活动课。笔者首先和学生一起欣赏 Reading for fun 中关于 Android thoughts 的一首自由诗，然后鼓励学生设计机器人并画出来，同时，创作一首诗来说明它的功能并在诗中渗透自己对机器人的态度与观点。学生设计的机器人以及创作的诗都令人惊叹，部分诗作展示如下。

James Bangbang
——a robot detective

He has no soul,

But he reduces your anxiety!

He has no feeling,

But he comforts your emotion!

He can't really think,

But he works fast!

He can figure out the most complicated puzzle;

He can offer any information in the world;

He can analyze all the data in a minute;

He can provide the best solution in a moment;

But he is just a Robot!

两首自由诗呈现的是两种不同的观点与态度。英文诗是一个思维碰撞的平台，也给学生的想象力插上了翅膀，让其在想象的天空自由地翱翔！

（二）英文诗在高中英语语法教学中的运用与实践

在五行诗、清单诗、副词诗以及自由诗中，除五行诗以外，其他都是由具有一定文法结构的句子组成。其中，清单诗和副词诗具有句式不断重复的特点，因此这类英文诗的创作在语法教学中能够起到巩固强化的作用，帮助学生形成语感，同时避免了语法教学的枯燥和单调。

1. 结合阅读教学

教材的单元整体设计使得阅读文本给单元的语法教学提供了充分的语言材料。有效地搭建起阅读文本与语法教学之间桥梁，是单元整体教学的重要一环。笔者在人教版必修一第五单元的教学中，基于阅读文本理解的英文诗创作教学设计就起到了很好的连接作用。

必修一第五单元的话题为"当代英雄纳尔逊-曼德拉"，主课文"Elias' story"以伊莱亚斯的口吻叙述曼德拉对他的帮助及影响来反映曼德拉的伟人品质，同时也渗透了伊莱亚斯对曼德拉的深厚感情。本单元的语法项目为关系副词及介词+关系代词引导的定语从句。阅读文本中提供了很多相关语法的语言材料。本教学设计主要是阅读教学完成后，复习关系代词引导的定语从句，学习介词+关系代词引导的定语从句。

首先，学生运用下面的定语从句结构以清单诗的形式归纳总结阅读文本中两个主要人物"Elias"和"Nelson Mandela"的特点。

Elias was a_____person（worker, boy...）who/that/whose...

Nelson Mandela was a_____person（leader, politician...）who/that/whose...

学生作品如下（清单诗）。

Who is Elias

He was a poor black worker who had very little education.

He was a poor boy whose parents couldn't afford to educate him.

He was a young man who became more hopeful with Mandela's help.

He was the League member who was loyal to Mandela.

He was a young man who fought for the black people's rights.

以上环节既强化了学生对阅读篇章的理解，培养了学生归纳总结的思维能力，又对关系代词引导的定语从句进行了复习，为下一步的介词+关系代词学习做了铺垫。

随后，教师鼓励学生从文中找出介词+关系代词的定语从句，通过观察提炼出以下三个语法结构：

Somebody does/did something, for which I am/was grateful.

Somebody is/was a… to whom I am/ was grateful.

Somebody is/was a… without whom I couldn't have done something.

本学习阶段，正值感恩节即将来临，因此学生的英文诗创作任务是运用以上结构创作一首题为"Thanks to…"的英文诗。学生作品之一如下。

Thanks to My English Teacher

My English teacher teaches me to write poems and stories of my own,

For which I am grateful.

She encourages me to learn English in many interesting ways,

For which I am grateful.

She always writes inspiring words and helpful comments on my homework,

For which I am grateful.

She is strict with us yet loving and caring in life,

For which I am grateful.

She is an excellent teacher, without whom I couldn't have enjoyed English so much.

She is one of the greatest mentors in my life, without whom I couldn't have been so hopeful for my future life!

She is the person to whom I am grateful forever!

如此感人的真情流露是对英语教学意义的最好阐释！英文诗，它让语法学习更加浪漫，让语法知识充满情感！它是师生情感交流的最好平台！

2. 结合节假日主题

语法教学中的时态是重点也是难点，过度讲解是语法教学的普遍问题。其实时态是描述生活中事件发生的时间及状态，因此把时态的教学与生活中的事件联系在一起学习才能赋予语法学习实际意义。笔者采用英文诗创作这一形式把语法学习与节假日相结合，从而实现了语法教学的真正意义。

在必修一第三单元学习现在进行时表将来这一语法项目时，正值北京因APEC会议的召开放假6天（11月7~12日）。在放假前，笔者设计了这节语法课，让学生通过完成一首清单诗和一首副词诗来学习、理解和运用现在进行时表将来已做安排的个人计划这一语法项目。

（1）学生填写下表中间一栏完成自己假期的计划安排。

	Arrangements about APEC break	
date	my arrangements	my desk-mate's arrangements
November 7th		
November 8th		
November 9th		
November 10th		
November 11th		
November 12th		

（2）学生两人一组互相提问了解对方假期安排并把关键信息填入上表第三栏。

（3）学生创作一首题为"Her /His_____holiday"的清单诗来描述同伴的假期，基本格式如下（略）。

（4）学生结合假期和单元话题（第三单元话题为"旅行"）创作一首题为"My dream trip"的副词诗。学生的作品如下。

清单诗	副词诗
Her busy yet rewarding holiday She is watching English films on the first day, She is doing science homework the following day, She is reciting Chinese and English the third day, She is reviewing math and physics the fourth day, She is visiting her grandparents the fifth day, She is reading books the last day. Oh, the holiday is ending, The exam is coming! But she is ready!	My dream trip Excitedly I am going to the Galaxy, Excitedly I am going with my best friends, Excitedly we are traveling by space shuttle, Excitedly we are staying in the space hotel, Excitedly we are visiting the black hole, Excitedly we are staying there forever, Excitedly we are returning as aliens!

一首诗是高中生假期休息与学习生活的再现，一首诗是学生丰富想象力的代表！

3. 结合生活体验

语言的学习离不开生活，它立足于生活，更要运用于生活。人教版必修一第一、二单元的语法项目是直接引语和间接引语，这一项目的要点其实是"tell/ask…somebody to do"以及宾语从句。笔者结合清单诗的创作设计了这一知识点的学习活动。

（1）学生复习总结"verb + somebody + to do"结构中的动词，如 ask, tell, encourage, command, inspire, permit, allow, force, forbid, advise, expect, persuade, prefer, request, require, order, 等等。

（2）学生运用以上结构创作一首清单诗，描述自己生活中的一个人物，如父母、教师、朋友、等等。学生的作品之一如下。

       Mum

    She tells me to work harder,
    She commands me to finish homework,
    She encourages me to try again after failure,
    She requests me to respect others,
    She inspires me to stick to my dream,
    She advises me to manage my time well,
    She persuades me to keep to my plan,
    She prefers me to be an honest man,
    She forces me to drink milk every day,
    She forbids me to cheat in any way,
    She expects me to be the best of myself,
    She is my mum——an amazing woman!

（三）英文诗在高中英语词汇教学中的运用与实践

  英文诗语言简洁，但充满了生动形象的意境，蕴含了丰富有力的情感。它优美的韵律，明快的节奏，都是对词汇准确运用的一种挑战。因此，结合英文诗的创作来进行词汇的学习无疑是一种不仅高效而且无限美好的学习体验。

1. 词性在五行诗中的语篇意义

  五行诗短短五行共11个词，尽管是以单词的形式出现，但是作为诗的一种形式却赋予了每一个单词语篇的意义，展示出一幅幅形象生动的画面。同时，它又对词性有一定的要求。因此，五行诗对于培养学生对词性的了解具有重要意义。

  人教版必修三第五单元的中心话题为"加拿大"（Canada）。以下为学生运用本单元生词创作的一首描述加拿大的五行诗，给我们呈现了一幅辽阔、多元的美丽国度。

       Canada
     broad, multicultural
     settling, chatting, mixing
    maple, harbor, eagle, cowboy,
     impressive

2. 词汇在藏头诗中的话题意义

  藏头诗（acrostic）由于要集中突出一个主题词的意义，所以对于同一话题下的词汇学习非常有效。笔者在必修三第一单元的词汇学习中鼓励学生把本单元的话题"Festival"作为主题词创作一首藏头诗，并充分运用本单元词汇。学生作品之一如下。

       FESTIVAL
    Feasts are offered with carnivals and parades taking place,
    Energetic kids dress up fashion clothing for its arrival,
    Sadness is drowned in the blossom of happiness,
    Tricks are sometimes played just to have fun with it,
    Incense are lighted to spread the smell of traditional customs,

Various celebrations are held worldwide,
　　Ancestors are remembered when the family gather together,
　　Love is passed with lucky money in red paper!

这首关于节日"festival"的藏头诗呈现了大量关于节日活动的词汇，最大限度地运用了本单元的生词，学生的语言知识能力和创造力得到了充分挖掘！

3. 词汇在清单诗中的音形意美

英文诗音形意美的特点及其对韵律的要求，使得它成为语音知识学习的重要手段之一。教师可在单元或模块学习结束后鼓励学生对整个单元或模块的词汇的发音拼写规律做总结归纳，然后以创作押韵的英文诗的形式赋予词汇以意义，体现词汇的音律美和英文诗的形式美和意境美。笔者在必修三学习结束后鼓励学生对整个模块的词汇按照人物、动作、发音进行分类归纳，并运用生词创作一首押韵的清单诗巩固。作品之一如下。

　　What an impressive scene!
　　I saw a spy wandering in the harbor,
　　I saw a customer consulting a barber,
　　I saw the prime minister turning up,
　　I saw beauties dressing up,
　　I saw hunters cheering up,
　　I saw businessmen gathering up,
　　I saw a biologist seeking baggage,
　　I saw a physicist in the passage,
　　I saw a comet crashing down,
　　I saw the governor in the town,
　　I saw a schoolmate in the booth,
　　I saw a rooster in the bush,
　　I saw an author frying bacon,
　　I saw a poet barbecuing mutton,
　　What an impressive scene!

诗中主要的实词均来自于模块三的生词表，给我们展示了一幅生动有趣的画面！这便是英文诗的魅力！

四、结束语

英语诗歌具有韵律优美、节奏明快、意境新奇、韵味无穷等特点，在教学过程中，可以让师生感受其魅力所在，享受审美情趣，提高审美能力（高安柱，2012）。创设诗意的课堂有助于学生打破思维定式，拓宽思路，更灵活地掌握与运用英语，有利于阅读能力的增强和写作能力的提高，更重要的是能够帮助学生塑造诗意人生！❶

---

　❶ 高安柱．让英语教学插上诗歌的翅膀［EB/OL］．http：//www.docin.com/p-490237308.html，2012-9-29．

分析初中生疑问的类型与利用实验释疑

李树新　卢慕稚　王亚兰[*]

【摘　要】分析初中生在物理学习中感到困惑的问题，根据其形成原因可分为三类：（1）缺少相关的经验；（2）表面化的经验使学生形成错误的前概念；（3）经验与已有认识相矛盾、尚不能统一。这样即可有针对性地利用实验解决学生的困惑，在促进学生深入理解物理知识的同时，向学生展现获取科学认识的过程，提升学生的科学素养。

【关键词】初中生；物理；疑问；实验释疑

《浅谈利用物理实验进行释疑》一文提出在高中物理教学中教师应根据学生在学习中出现的心理疑惑、理解知识的障碍、提出的问题和质疑，在仔细分析学生产生问题的本质原因和思维"沟坎"之后，配以恰当的实验，通过实验现象和结论启发学生，解决学生的困惑，从而实现学生思维上和行动上的主动参与。[1] 实际上，这样做在初中物理教学中同样必要，关键是要分析学生所存疑问的类型，根据疑问的成因"对症下药"解决学生的困惑，在促进学生深入理解物理知识的同时，向学生展现获取科学认识的过程。这样做的根本目的是提升学生的科学素养。

一、学生学有疑问的表现与原因分析

从认识论的角度，人的问题一般不外乎"是什么""为什么"和"如何做"三大类。到了初中物理教学过程中，学生的疑问既具有人类问题的共性，又带有一定的学习者的特征，常常表现为对学到的知识半信半疑，甚至于质疑"真的是怎样吗""为什么是这样"？有时也会提出拓展性的问题，"如果……会怎么样"？例如：①在探究影响滑动摩擦力大小的因素时，学生常常认为物体运动的速度是影响因素之一，如果不让学生亲自做实验试一试很难令学生信服。②在学习惯性时，即使能正确地回答说"质量是惯性大小的量度"，但心中还是认为速度大的物体惯性大。③在学习大气压的时候，大

---

[*] 李树新（1978~），男，北京人，北京市燕山东风中学，副校长，中学物理高级教师，本科，北京市骨干教师，北京市自制教具骨干教师，研究方向为中学物理教育；卢慕稚（1963~），女，北京人，首都师范大学首都基础教育发展研究院，副教授，硕士生导师，教育学博士，主研方向为物理教育；王亚兰（1979~），女，北京人，北京市燕山前进中学，副校长，中学物理一级教师，本科，北京市燕山区级骨干教师，研究方向为中学物理教育。

[1] 杨巨环，续佩君. 浅谈利用物理实验进行释疑[J]. 物理教师，2015（12）：54-56.

气压到底有多大？对于课堂演示的马德堡半球实验，学生甚至都怀疑是不是抽气时两个半球之间涂的凡士林把两个半球粘住了。④在学习分子动理论时，教师做演示实验：两块铅块经过削皮后对在一起，再左右拧一下，然后就"粘"在一起了。细心观察的同学会提出疑问：为什么要左右拧一下？不这样行吗？⑤在电学部分的教学中，特别是在学习家庭电路时，很多学生不敢动手做实验，觉得有危险，想不明白为什么老师敢用测电笔辨别火线和零线。⑥在学习静电现象时，老师告诉学生：物理学规定把丝绸摩擦过的玻璃棒所带的电荷叫正电荷，把毛皮摩擦过的橡胶棒所带的电荷叫负电荷。学生立刻提出问题：丝绸摩擦过的橡胶棒带什么电荷？

通过访谈调研，分析学生在学习过程中产生这些疑问的原因，大致可以归结为三类：

（1）缺少相关的经验。例⑥明显属于这一类，是连教师事先都缺乏经验的问题，但只要想办法获取了相关的经验，问题即可迎刃而解。例③的不同在于学生有关于大气压存在的经验，但因为天天生活在大气压的环境中，感受不到明显的大气压的作用，不知道大气压的作用有"那么大"，实际上是缺少相关的量的经验。

（2）表面化的经验使学生形成错误的前概念。也可以说是错误的经验导致学生对书本上给出的科学认识不能真心接受，存有疑惑。例①②是这一类问题的典型代表。

（3）经验与已有认识相矛盾、尚不能统一。例④是弄不清楚"拧一下"动作的本质；例⑤是没有真正弄清楚测电笔的工作原理。

学生在学习中存有疑惑是正常的，而教师不但应关注学生的所思所想，及时发现学生的疑问，而且要通过分析学生困惑的原因帮助自己采取有针对性的教学策略。

二、对缺少经验类疑问的实验释疑

如前所述，学生在学习物理的过程中，有一类疑问是由于缺少相关经验造成的。下面是两个实际的教学案例。

案例1：毛皮摩擦过的玻璃棒带何种性质的电荷？

在学习摩擦起电时，学习了丝绸摩擦过的玻璃棒带正电荷，毛皮摩擦过的橡胶棒带负电荷，有的学生提出："毛皮摩擦过的玻璃棒带什么电荷？"

针对学生提出的问题，笔者首先肯定学生的问题是非常好的问题，是认真听课的产物，是观察和思考的体现，对于学生积极质疑老师的教学提出表扬，同时，引导学生思考：如何才能知道毛皮摩擦过的玻璃棒带什么电荷？

学生在讨论的基础上，设计出如下实验方案（见表1）。

表1

实验原理	利用验电器张角变化判断
实验器材	验电器、玻璃棒、丝绸、毛皮

(续表)

实验步骤	①用丝绸摩擦过的玻璃棒接触不带电的验电器 ②用毛皮摩擦过的玻璃棒接触步骤①中的验电器	现象：验电器张角张开 可能的现象： 验电器张角变大 验电器张角变小或先变小后变大或变为零	结论：验电器带正电 相应的结论： ①玻璃棒带正电 ②玻璃棒带负电
实验结论	用毛皮摩擦过的玻璃棒带正电荷*		

注：孟宪兰等人做过类似的实验，并指出："相互摩擦的两种不同材质的物体能否起电，取决于组成该物质的原子的原子核束缚电子能力的强弱对比。"参见孟宪兰，孙晓斌."摩擦起电"实验教学建议[J].中国现代教育装备，2013（12）．

案例2：大气压真的很大吗？

为了证明大气压是很大的，教师通常是在课堂上演示马德堡半球实验：在两个半球的接触部位抹上凡士林，将两个半球扣住，用手向外拉，发现很容易将两个半球拉开；然后用抽气筒向外抽气，抽到一定程度，把阀门关闭，移去抽气筒，两个人在两侧分别用力向外拉半球，发现很难拉开，从而得出大气压很大。但这个实验在实际教学中往往没有得到教师足够的重视，使学生存有疑问："大气压真有那么大吗？"笔者在演示这个实验时总是从保证密合与提高真空度两个方面做好工作，从而保证让两侧各有两个学生用力拉都不能拉开，并在之后播放电视台录制的用两辆机车反向拉抽真空的半球的视频，大大强化了学生对大气压大小的认知。

案例3：在学习蒸发知识时，有这样一个习题：室内温度为20℃，此时用蘸有少量酒精的棉花涂抹一下温度计的玻璃泡，随着酒精的迅速蒸发，图1中能比较正确反映温度计示数随时间变化的是（ ）。

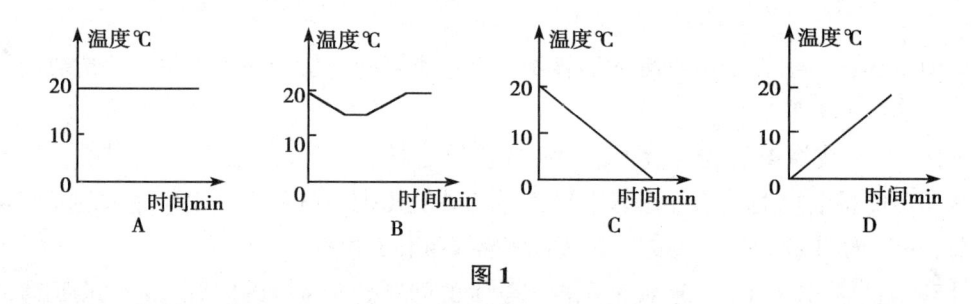

图1

对于本题，一部分学生充满疑问：酒精蒸发时吸收热量，从环境、自身都吸收热量，两种吸热是否会使温度计的示数不变？面对学生的疑惑，教师在课堂上和学生一起进行了实验。实验数据如表2所示。

表2

时间 t/s	0	10	20	30	50	60	70
温度 t/℃	20	17	15	14	16	18	20

利用课堂上实验发现,在酒精蒸发时,吸收热量,使温度计示数先下降,后上升,最后不变,因此得出实验结论。

从以上教学案例可以看出,这类疑问只要努力帮助学生补充相关经验即可释疑,而补充实验是最好的解决途径。同时,我们应该看到,由缺少相关经验而引发疑问,实际上是学生有求知欲的重要表现。教师应关注学生的这类疑问,鼓励、引导他们提出疑问,教育学生在接受教师传授的知识时不盲从,主动地与自己的已有经验相联系,独立思考,质疑老师讲授的结论证据不足之处或发现新问题,这对培养学生的科学素养非常重要。

三、对经验误导类疑问的实验释疑

经验是初中生学习物理必不可少的支撑要素,但是有些生活经验又会误导学生形成错误的前概念,使物理教学促进学生的概念转变成为难题。既然原因在于学生已经基于生活经验形成了错误的认识,则唯有利用物理实验再现生活经验,并引导学生关注其中不易察觉的隐蔽因素。

案例4:在探究浮力问题时,来自生活中的经验使学生常误认为浮力跟物体浸入液体中的深度有关。有的学生举例:到游泳池游泳时,人进入水中越深,感觉水给人的浮力越大。

针对学生的问题,首先肯定学生的想法是有一定的事实依据的,进而演示实验:将3个钩码挂在弹簧测力计下,使钩码逐个浸没到水中,随时观察弹簧测力计的示数,体会在生活中,人进入水中越深,的确是受到的浮力越大;同时,引导学生边观察边思考,如果3个钩码都浸没在水中了,也就是如果人体全都没入水中,受到的浮力又会怎么样呢?从而引导学生发现:他们的生活经验不够完备,有必要补充事实经验,并完整地认识相关的事实经验。由此,教师和学生一起重新分析刚才的实验:

在物体没有完全浸没到液体中以前,浮力随浸入液体的深度增加而增大;在物体浸没到液体中以后,物体所受浮力与浸入的深度无关。因此,不能说物体所受浮力一直都与物体浸入液体的深度有关。但是,换一个角度看,完全浸没前不仅深度增加,浸入的体积也在增加,浸没以后体积就不变了,这样就可以说物体所受浮力在任何时候都与浸入液体的体积有关了。而 $V_{浸入} = V_{排开}$,这是学生很容易理解的。

案例5:在学习牛顿第三定律时,学生虽然经历了一系列的实验探究过程,也能得出二力相等的结论,但还是心有疑问,因为他们在生活中都有这样的经历:主动伸手击打他人时,自己不疼,而被打者很疼。

面对学生的疑问,可以引导学生做这样一个实验:用自己的右手手心击打自己左手握成拳时的手背关节位置,然后让学生谈实验中的体会。学生会发现,这样做的结果是右手手心比较疼。这时教师再解释:疼痛感是人体神经系统的感觉,不仅与受力的大小有关,还有很多其他因素。例如,手心软,受力后可产生较大的形变,相比之下,握拳后的关节处几乎无形变。这样的解释往往可以让学生放弃用打人的经验思考作用力与反作用力的关系。

从以上几个案例来看，这类疑问最大的特点是学生有自己的经验认识，并且这种经验认识是与科学相冲突的。这类疑问具有隐蔽性，学生未必能主动提出，需要教师的教学知识与发现意识。发现之后，又需要教师的教学智慧，寻找恰当的突破口，引导学生认识到自己原有经验的不足与认识错误，从而实现概念转变。

四、重在加强理性认识的实验释疑

纵然初中物理的教学内容大多是建立在物理现象基础上的直接认识，但也绝非"眼见为实"那么简单。物理一定是要讲道理的，包括用学生已经建立的理论认识分析实验现象，使实验现象区别于魔术，令学生因知其所以然而信其真。

案例6：对于测电笔的使用，很多学生都担心不安全。他们认为，使用测电笔时有电流通过人体，人有触电危险。

面对学生的担心，教师进行演示实验甚至指导学生亲手操作：将测电笔笔尖金属体插入接线板的左孔和右孔，发现接左孔时氖管不发光，接右孔时氖管发光。这样，学生即使敢操作了，但心中的疑问并未解决。学生真正需要的是从理论上加以解释。如图2与图3所示，电流的流向应该是：火线→笔尖金属体→电阻→氖管→弹簧→笔尾金属体→人体→大地，即人体与测电笔串联。测电笔通常其阻值在500KΩ 和3MΩ 之间，人体电阻在2KΩ 和20MΩ 之间，家庭电路电压为220V。利用$I = U/(R_{笔}+R_{人})$，取保护电阻的最小值计算就显得更简单明了：$I = U/(R_{笔}+R_{人}) = 220V/(500000Ω+2000Ω) = 0.000439A$。通过人体最大电流大约为$0.000439A = 0.439mA$，通过人体电流低于20mA对于人体是安全的，因此不会有触电危险，本实验是安全的。

测电笔的结构见图2，测电笔的使用见图3。

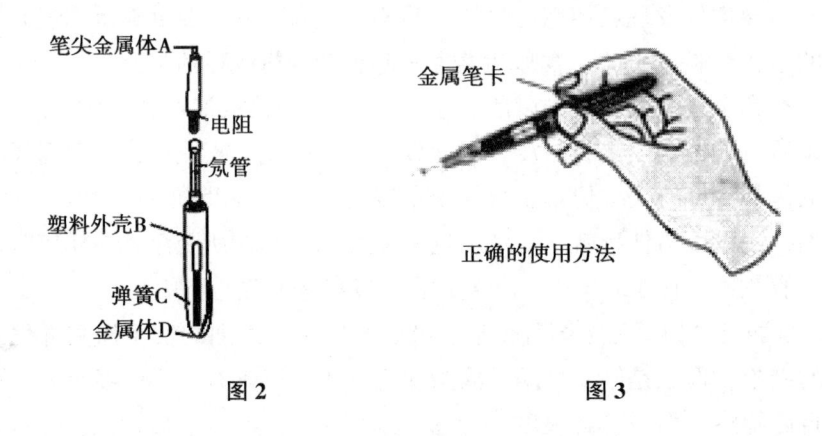

图2

笔尖金属体A
电阻
氖管
塑料外壳B
弹簧C
金属体D

图3

金属笔卡

正确的使用方法

案例7：学生根深蒂固地认为惯性与速度有关。

在学习惯性时，学到影响惯性大小的因素是质量，而学生一直认为速度会影响惯性的大小，认为速度越大，惯性越大。

为了解释学生存在的疑问，老师们绞尽脑汁设计实验，希望能用反例驳倒学生的顽固认识，但都不能奏效。因为学生产生疑问的关键不是事实不清楚，而是学生大多没真正理解什么是"惯性"。

以上两例说明，实验释疑不仅仅是要做实验，有时需要根据问题的症结所在，着重于实验现象的理性分析。

五、实验释疑的教育意义

综上所述，教师在物理教学中利用实验释疑的方法有助于学生求知欲的提高，有助于学生对于新知识的掌握，有助于学生科学素养的提高。

首先，实验释疑是尊重学生的学习主体地位。教师在教学过程中必须时时关注学生存疑的事实，分析学生存疑的原因，对症下药，才能促进学生认知的发展。

其次，实验释疑有助于保护和提高学生的求知欲。因为学生的问题受到教师的关注，这对学生天然的求知欲是一种积极的反馈，而实验释疑的过程可以促使学生深入思考物理问题，激发学生进一步求知。

最后，实验释疑体现了科学尊重事实证据的精神。因为实验释疑即是用事实说话、用论证得出科学结论。然而，科学思维的基本特征不仅是摆事实，还要讲道理，进行理论阐述。实验要与理论相结合，这也是科学素养的一部分。

中考改革背景下的初中英语听力教学研究与实践

刘云凤[*]

【摘 要】 本文以中考改革为背景，以《课标》和《北京市中小学英语学科教学改进意见》为指导，以初中英语听力教学为例，从"听力教学的观念要变——主动、建构；听力文本的选择要变——丰富、真实；听力活动的设计要变——多样、互动"三个层面，以案例的形式呈现了在听力教学上如何变化以适应中考的变化，引领学生"走进"听力文本，与说话者进行"对话"，然后"走出"听力文本，与生活进行"对话"。

【关键词】 听力教学观念；听力文本选择；听力活动设计

一、引 言

2011版《义务教育英语课程标准》（以下简称"课标"）中五级听力目标为："能根据语调和重音理解说话者的意图；能够听懂有关熟悉话题的谈话，并能从中提取信息和观点；能借助语境克服生词障碍、理解大意；能听懂接近自然语速的故事和叙述，理解故事的因果关系；能在听的过程中用适当方式做出反应；能针对所听语段的内容记录简单信息。"《北京市中小学英语学科教学改进意见》指出："初中英语教学要引导学生在小学基础上巩固辨音能力、模仿能力、记忆能力和语言基础知识，发展语言基本技能，初步形成综合语言运用能力。能听懂有关熟悉话题的陈述并参与讨论。"

按照《关于本市中考中招与初中教学改进工作的通知》，从2018年开始，中考满分为580分（不含加减分）。其中外语试卷总分值为100分，其中60分为卷面考试成绩，40分为听力、口语考试（与统考笔试分离，学生有两次考试机会）。听力、口语占40%的分值，口语考试第一次计入中考成绩，这就要求我们改变学生"会考试"但听说语言实际应用能力弱的问题。

同时，这也对我们的听力教学提出了新的挑战。如何确保学生听的效果，如何实实在在地提高学生的听力水平成为我们研究的着手点。况且，听力教学的现状还不尽如人意。黄镇红老师（2014）指出，就教师层面而言，听力教学观念陈旧，教学方法单一，听力材料单调；就学生层面而言，语言基础知识不扎实，文化背景知识缺失，存在心理

---

[*] 刘云凤（1971~），女，北京市第三十五中学，英语教师。

因素障碍，缺乏必要的听力技巧等。

听力教学现状的不尽如人意，激发我们查找问题、解决问题；考试的变化，给我们英语教学的进一步改革创造了时间和空间。下面，笔者就以初中英语听力教学为例，谈谈如何改变听力教学的现状，以适应中考改革的变化需求。

二、听力教学的观念要变——主动、建构

传统意义上的听力理解被看作是一种被动的语言接受技能，教师播放录音，学生回答问题。但是，听力理解并非一个原封不动地接受信息的认知过程，而是一个主动的意义阐释过程，是引导学生理解说话人的意思并与说话人"对话"的过程。

任庆梅老师（2011）认为，听力理解被视为一种积极的意义阐释过程。学生对输入信息的理解也不再被认为是遵循一个固定的程序，而被认为是交际双方在交际过程中不断建构意义的过程。这个过程既受语境信息的影响，又受到学生对信息感知能力的影响。王松美、张鲁静老师（2007）认为，听不再是传统意义上的接收性技能（Receptive skills），而是主动的、有目的的交际性技能。听力教学的任务是使学生能够成功理解现实语言情境中的真实语言材料（Authentic materials），有效获取所需信息，达到交际的目的。

同时，在听力理解的过程中，教师还需要加强对学生进行学习策略训练的意识。顾永琦、胡光伟、张军、白蕊（新加坡）2011 年出版了 *Strategy-Based Instruction：Focusing on Reading and Writing Strategies*《英语教学中的学习策略培训：阅读与写作》，书中写到，外语学习策略研究已经轰轰烈烈地进行了 30 多年，但对于一线教师和学者来说，研究结果似乎并没有什么实实在在的用处。究其原因，主要是多数研究基本停留在探索性阶段，回答的问题主要集中于学生大多用什么策略、学习策略有没有用以及什么策略有用、什么策略没用等问题上，而对于学习策略到底怎么用才好以及教师应该怎样帮助学生更好地运用学习策略等问题很少涉及。策略是可以教的，策略训练可以引导学生有意识地、系统地使用策略。学生思考、使用这些策略，可以提高他们的学习动机和自主性，并给予他们短期和长期努力的目标（Richards & Burns，2014）。因此，教师要在听力教学过程中，渗透听力策略的训练。

例如，在培养学生的"信息重组"的策略时，笔者选取了一则课外材料。

听前活动：笔者通过三张"一闪即逝"的照片吸引学生的注意力，引出听力中的几个生词。并让学生根据图片预测可能听到的内容，培养了学生听前预测的策略。

听中活动：（1）听力排序，检查学生听力提取相关信息的能力，同时，帮助学生理解文段，为下面的听写做准备。（2）听两遍，要求尽可能多的写出听到的单词，为下面的小组讨论做支持。

听后活动：（1）学生小组讨论，根据各自记下的单词和对故事的理解，补全句子，形成段落。培养了学生信息重组的策略。（2）各小组先展示他们重新组成的文段，然后发听力的原文。各组对比本组的文段与原文的不同，找出一些不同之处。（3）播放一段几乎相同的录音，但有几处不同，让学生认真倾听找出不同，训练学生的快速反应

能力及细节提取的能力。

教师改变只放录音、回答问题的模式，将听力策略的训练融进课堂教学中，将听力策略的训练融入活动中，帮助学生在提取信息的同时，了解听力策略，使用听力策略，提高他们的自主学习能力。

三、听力文本的选择要变——丰富、真实

教材是我们一直普遍使用的听力文本资源。教材的话题与课标要求相符，词汇也符合学生的当下水平，是很好的听力教学素材。但由于教材的普及性及同一化，很难满足不同学生的需求。《北京市中小学英语学科教学改进意见》指出，"要用好广播电视、有声读物、英文歌曲、影视作品、网络等英语学习资源"，为英语教学服务，拓展学用英语的渠道。

面对众多的英语资源，如何进行有效的筛选呢？

首先，选材要考虑学生的实际语言水平和需求，要考虑材料的真实性。学生只有经常性地接触真实的语言材料，听正常语速的内容，才有可能在真实的语境中应对自如。部分 TED 演讲就是非常好的初中英语听力教学素材。例如，教师可以使用 Why do we learn English（时长 4 分 20 秒），先激活学生已有的图式知识，然后视听，再附以适当的活动设计来检测学生的理解情况。

其次，选择材料要把握好难度。难度深度的把握上遵从 i+1 理论，i 表示学生当前的水平，1 表示略高于学生现有水平的语言知识，即语言的就近发展区。Krashen 认为："学生只有获得可理解的语言输入时，才能习得语言。"也就是说，学生习得英语的途径是通过"可理解"的语言输入。如果教师给学生提供的是 i+0 或 i+2 及 2 以上的内容，就达不到教学的最佳效果——i+0 的内容太容易，i+2 及 2 以上的内容太难理解。

最后，还要考虑所选材料的趣味性及与学生实际生活的关联度。学生对话题感兴趣，或听力文本本身就很有意思，或贴近学生生活，都会激发学生的听与说的愿望，收到意想不到的效果。如视频 You can learn anything（时长 1 分 30 秒）语言清晰，语速适中，贴近学生生活，而且非常励志。文本部分内容如下：

Nobody's born smart.

We all start at zero.

Can't talk, can't walk...

...certainly can't do algebra.

Adding, reading, writing, riding a bike...nobody's good at anything at first.

There was a time when Einstein couldn't count to 10.

And Shakespeare had to learn his ABC's just like the rest of us.

Thankfully, we're born to learn.

... ...

Because the most beautiful, complex concepts in the whole universe

are built on basic ideas

that anyone, anywhere, can understand.

Whoever you are, wherever you are, you only have to know one thing:

You can learn anything.

总之，选择听力文本要具备丰富、真实的特点，难易度上遵从 i+1 理论，而且还要考虑所选材料的趣味性及与学生实际生活的关联度。人们常说，"教师下海，学生上岸"，在听力素材的选择上，也是这个道理。

四、听力活动的设计要变——多样、互动

听力教学活动的设计不能只局限于听力考试的题型，要通过不同形式提取听力文本中的有效信息，培养学生的听力策略，最终提高学生听力与表达的能力。

在听前活动中，可以通过歌曲、视频、图片预测、单词游戏、问题等激活学生已有的图示知识，引入话题。

听中活动是听力课堂的主体内容，听的活动设计要达到让学生听懂的目的，并为听后活动做铺垫。听中活动不能仅局限于听力回答问题的形式。在听力教学的过程中，我们可以采取多种方式。（1）听力回答问题：事实性问题——总结归纳的问题——推理判断的问题。由听力文本的"表面信息"走进文本"背后"的信息，培养学生的思辨能力。（2）听力填空：填词——填词组——填句子，既可以是核心词，也可以是具体信息；既可以是词组，也可以是关键句。（3）听力选择：既可以选择相关图片，也可以选择所听到的单词或句子（并进行排序），还可以选择最佳答案。听力活动还可以是"听后画出示意图""听力判断正误""听写""听力配对"，等等。至于具体设计哪种听中的活动，要根据听力文本内容、教学目标、学生情况等具体处理，但尽量采取不同的形式，以避免过分单调。

关于听后的活动设计，更是多种多样。在传统的读、背、分角色表演的基础上，围绕话题编新的对话、设置新的情境编对话或做 presentation、对话改写成短文、相关话题的补充阅读或视频拓展，等等。

下面，笔者以外研版八年级下第六模块 Hobbies Unit 1 Do you collect anything? 为例，谈谈如何在听力活动的设计中体现多样、互动的特点。

Step 1：Lead-in.

Play the song "Hobbies" to lead in the topic.

设计目的：利用歌曲"Hobbies"，导入主题。

Step 2：Pre-listening.

Ask students to listen to the song once more and tick the hobbies they hear. Then ask some questions about hobbies.

taking photos reading and writing building model planes

drawing or painting watching stars at night fixing old clocks

growing vegetables making kites

Collections of…

cards	train tickets	postcards	fans
comic books	toy cars	stamps	coins and notes

设计目的：激活关于"爱好"的词汇，也提取出了后面听力所谈及的关于爱好的词汇，为后面的听力做铺垫。

Step 3：While-listening.

第一个听力：

(1) Listen and choose the things they (Tony, Tony's dad, Tony's mum) collect.

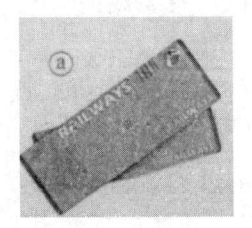

(2) Listen again and answer the questions.

①What does Tony's mum want him to do?

②Which hobby does Tony think is expensive?

③Which hobby do you think takes up the most space?

设计目的：通过听对话选择、回答问题的形式，有效地提取关键信息，导入主听力内容。

第二个听力：

(1) Listen and complete the notes.

Lingling's hobby	
Betty's	
Tony's hobbies	Collecting bus and train tickets, collecting toy cars

设计目的：第一遍听力，让学生提取三个说话者的爱好，培养学生提取信息及记录信息的能力。

(2) Listen again and fill in the blanks.

Lingling：Hi, everyone! Come in and find somewhere to sit down. Sorry, it's a bit of a _____. I'll put the fans on the shelf.

· 288 ·

Betty: Let me have a look. You've got so many fans.

Lingling: Yes, about _____.

… …

Tony: I know, but when I look at them, I remember some wonderful _____.

Lingling: Right! Their value isn't always _____. People also collect things just to remember something important in their lives.

设计目的：第二遍听力，让学生填出所缺单词（必须通过听才能填出的），培养学生听力提取信息、记笔记的能力。（不发文本，通过ppt呈现）

(3) First, predict what sentences are missing according the context, then ask them to listen for a third time and find out the answers.

Lingling: Hi, everyone! Come in and find somewhere to sit down. Sorry, it's a bit of a mess. I'll put the fans on the shelf.

Betty: Let me have a look. _____.

Lingling: Yes, about sixty.

… …

Lingling: Right! Their value isn't always important. _____.

设计目的：听之前，让学生根据情境，补全对话（根据上下文的逻辑关系，可以分析出来的句子），培养学生分析文本的能力；播放第三遍听力，检验学生的预测，引导学生注意听力文本中的衔接句，感知这些句子在整篇文本中的作用。

Step 4: Post-listening.

(1) Read aloud the dialogue.

设计目的：让学生朗读课文，进一步理解对话信息，锻炼学生的有声朗读能力。

Challenge Ss'memory to say out the five persons' different hobbies, and tell what they think of them. Then let Ss say what a hobby is.

设计目的：让学生说出听力中出现的5个人的爱好，并对他们的爱好做些评价，为下一步的输出做铺垫。

(2) Show a "flashing passage" and ask Ss to complete the sentences.

A hobby can be anything a person likes to do in his free time.

A hobby can be something from which we learn more about ourselves or about the world.

A hobby can provide us with interest, enjoyment, friendship and knowledge.

设计目的：通过"字幕式"展示一篇关于爱好的文段，让学生补全句子，既能引出"Hobby"的解释，又能为下面的小组活动做铺垫。

(3) Work in groups to make a survey about their hobbies and why they like them, then share their surveys in class.

设计目的：小组合作，讨论各自的兴趣爱好，再次巩固对话中的内容，而且从课本走进生活，激发学生的参与热情。

听力教学，是引领学生"走进"听力文本，与说话者进行"对话"的过程，也是"走出"听力文本，与生活进行"对话"的过程。

五、结　语

正如 TED 演讲中所说："English represents hope for a better future. A future where the world has a common language to solve its common problems."面对中考改革，面对未来社会对学生英语能力的要求，我们要抓住改革的契机，还英语学习的本真"面目"，引领学生在真实语料中浸润、在日常交际中使用、在文学阅读中感悟、在文化冲击中成长。

【参考文献】

［1］Jack C. Richards，Anne Burns. Tips for Teaching Listening：A practical Approach［M］．北京：清华大学出版社，2014.

［2］黄镇红．图式理论在初中英语听力教学中的运用研究［D］．上海：上海师范大学，2014.

［3］顾永琦，胡光伟，等．Strategy-Based Instruction：Focusing on Reading and Writing Strategies［M］．北京：外语教学与研究出版社，2011.

［4］任庆梅．英语听力教学［M］．北京：外语教学与研究出版社，2011.

［5］王松美，张鲁静．英语教学设计指导与案例［M］．北京：现代教育出版社，2007.

数学教学中解题反思能力的培养与实践

栾瑞红[*]

【摘　要】 本文简述数学解题反思内涵和培养学生解题反思能力的重要意义。数学解题教学现状和教学实践表明，引导学生进行反思是必要和可行的。笔者根据教育学理论，结合教学实际，总结了在解题之后从哪些方面培养学生的反思能力，主要有：（1）反思错误；（2）反思方法；（3）反思拓展与联系；（4）反思不同；（5）反思变式；（6）反思归纳。

【关键词】 数学教学；解题反思；反思途径

一、问题的提出

解题是数学教学的重要方面，是数学学习永恒的主题。学生解题能力如何是广大教师和学生、家长都关心的一个问题。而在平时的教学中，笔者发现学生在解题后存在两大弊端：一是只管做题，像猴子摘玉米，过一段时间又不知其所以然。这类学生往往比较刻苦，只注重做题的数量，而不重视做题的质量；只注重做题结果，而不重视解题的过程及解题后的反思。二是遗忘快，学了后面忘前面．这类学生往往只注重个体而忽略整体，没有系统性，数学学习靠记忆的成分多；只注重知识学习，注重当前效果，只顾"勇往直前"，却缺乏"回头看"。

数学解题过程，一般包括"审题""分析探求""解题行动""解题回顾"（"反思"）四个步骤。如果说"审题"是解题的起点，那么解题后的"反思"便是解题的归宿，它远比前面三步更为重要。著名数学教育家波利亚说过："数学问题的解决仅仅只是一半，更重要的是解题之后的回顾与反思。"题后反思，能有效地促进学生对知识、技能的深化理解，也是培养学生思维品质的重要途径之一。如何在解题过程中渗透反思的思想、学会反思的方法仍是目前数学教学中开展有效教学的重要方向。

二、主要概念界定

"反思"，顾名思义，"思"是指"心"上有块"田"，那么"反思"就是指"田"上有颗"心"。不断地"反思"就是指在"心田"上长出更多的"心"。这样，"心心

---

[*] 栾瑞红，女，中学高级教师，大兴区德茂中学，数学教研组长。

之火就会燃为燎原之势，创新的实质就是要不断地创"心"（反思）。现代汉语词典给出的解释是："思考过去的事情，从中得到经验教训。"

"扪心自问""反求诸己"，这些耳熟能详的成语都反映了古人的"反思"意识。费赖登塔尔教授指出，"反思是数学思维活动的核心和动力""通过反思才能使现实世界数学化"。波利亚说："如果没有了反思，他们就遗漏了解题中一个重要而且有效的阶段。通过回顾完整的解答，重新斟酌、审查结果及导致结果的途径，他们能够巩固知识，并培养他们的解题能力。"曹才翰先生认为："培养学生对学习过程进行反思的习惯，提高学生的思维自我评价水平，这是提高学习效率、培养数学能力的行之有效的方法。"

解题反思是元认知监控环节中一种详细的、操作化的行动方式，是使人们自我监控的内在机制运作程序。

本文中的数学解题反思主要指解题之后的反思，主要包括试题涉及知识点的反思、解题思路形成的反思、解题方法的反思、解题后的拓展联系的反思及解题失误的反思。从一个新的角度多层次、多方面地对问题及解决问题的思维过程进行全面的考察、分析和思考，从而深化对问题的理解、优化思维过程、揭示问题本质、探索一般规律、沟通新旧知识间的迁移、深化对知识的理解。

三、培养解题反思能力的途径

目前，数学教学最薄弱的正是数学的反思性学习这一环节，而它又是数学学习活动中最重要的环节。由于数学对象的抽象性，数学活动的探索性，数学推理的严谨性和数学语言的特殊性，决定了中学生必须要经过多次反复思考，深入研究，自我调整，即坚持反思性数学学习，才可能洞察数学活动的本质特征。在新教材的教学实践中，笔者觉得有以下途径可以实施反思。

（一）反思错误

现代心理学研究表明，好奇心、求知欲和创造力是紧密相连的。笔者在平时的解题教学过程中，采用正误对比、设置陷阱的方法，引导学生参与，让他们自己发现暴露出的问题，诱发学生的好奇心，引导学生去反思问题的根源，看清问题的实质，寻求解决问题的方法。

案例1：计算 $\frac{1}{x-1}-1$

初二学分式计算时，每一届都有不少学生的做法如下：

原式 $=\frac{1}{x-1}-1=1-(x-1)=2-x$

此时是学生进行反思的好机会。不该去分母时去了分母，错把分式的化简与解方程去分母混同一体，说明学生对变形的依据不清楚，可引导学生进行以下反思。

（1）解方程：$\frac{1}{x-1}-1=0$，它与"计算 $\frac{1}{x-1}-1$"有什么不同？

(2) 去分母的依据是什么？什么时候才能去分母？

(3) 异分母分式加减的步骤是什么？通分的依据又是什么？

通过这样的解题反思，相信学生对分式化简的每一步变形的依据和去分母的依据都比较清楚，以后这样的错误不会再出现。

（二）反思方法（一题多解，最优法和通法）

很多数学问题有多种解法，解题后要多角度思考，看是否还有其他解法。通过寻找新的方法，可以开拓思路，防止思维定式，及时总结出各类解题技巧，找出"最优法"和"通法"。下面是初二期末复习时，我给学生出的一道题目。

案例2：如图1，ΔABC 是等边三角形，点 D 是 BC 边上任意一点，DE⊥AB 于点 E，DF⊥AC 于点 F，若 BC=2，则 DE+DF = ____。

以下是学生的几种解法。

解法1：取特殊点法。因为点 D 是 BC 边上任意一点，所以把点 D 取到 C 处，如图2，此时 DF=0，DE 是 AB 边上的中线，在 RtΔBCE 中，用勾股定理可算出 DE=$\sqrt{3}$，所以 DE+DF=$\sqrt{3}$。（还有同学把点 D 取到 BC 中点处，也较快的算出了结果）

解法2：因为 ΔABC 是等边三角形，所以 $\angle B=\angle C=60°$，RtΔBDE 和 RtΔCDF 都是特殊的直角三角形，设 BE=x，CF=y，由30°的性质和勾股定理得到 BD=2x，DE=$\sqrt{3}x$，CD=2y，DF=$\sqrt{3}y$；因为 BD+CD=2x+2y=BC=2，所以 $x+y=1$，所以 DE+DF=$\sqrt{3}x+\sqrt{3}y=\sqrt{3}(x+y)=\sqrt{3}$。

解法3：面积法。如图3，连接 AD，

过 A 作 AG⊥BC 于 G。

∵ AB=AC=BC=2，由勾股定理可求 $AG=\sqrt{3}$，

∴ $S_{\Delta ABC}=\frac{1}{2}BC \cdot AG=\frac{1}{2}\times 2\times\sqrt{3}=\sqrt{3}$，

∵ $S_{\Delta ABC}=S_{\Delta ABD}+S_{\Delta ADC}=\frac{1}{2}AB \cdot DE+\frac{1}{2}AC \cdot DF=\frac{1}{2}\times 2(DE+DF)$，

∴ DE+DF=$\sqrt{3}$

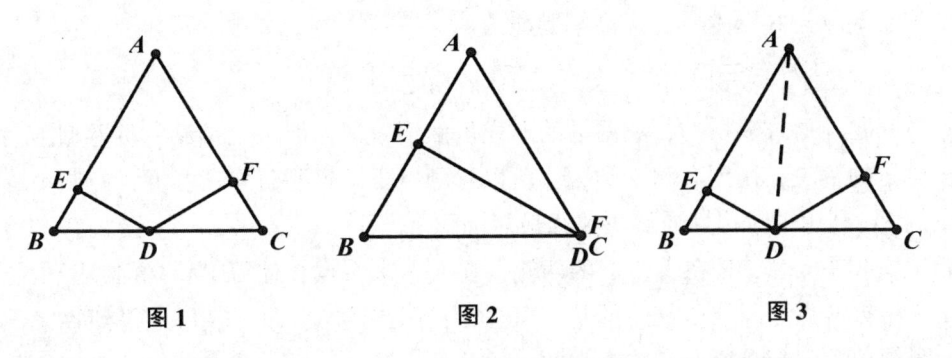

图1　　　图2　　　图3

例2的教学中，我又引导学生从以下角度反思：哪种解法最优，哪一种是通法？显然解法1特殊点法最简单，但它只适用于填空选择题，所以是最优法但不是通法。解法

2和解法3谁是通法呢？

这时有学生想到变换题目的条件，如图4，若点D是等边△ABC的内部任意一点时，过点D向三边作垂线，DE⊥AB于点E，DF⊥AC于点F，DG⊥BC于点G，若BC=2，则DE+DF+DG=＿＿。

这时学生依然想到，若是填空选择题，依然可以取特殊点法。作为解答题时，解法1和解法2都不能再用，此时解法3的优势显示了出来，依然可以用面积法求得DE+DF+DG=$\sqrt{3}$。

此时我没有急着看下道题，接着引导学生反思，本题目还可以怎么变式。学生很快想到，如图5，若点D是等边△ABC的外部任意一点时，其他条件不变，则DE+DF+DG=＿＿。

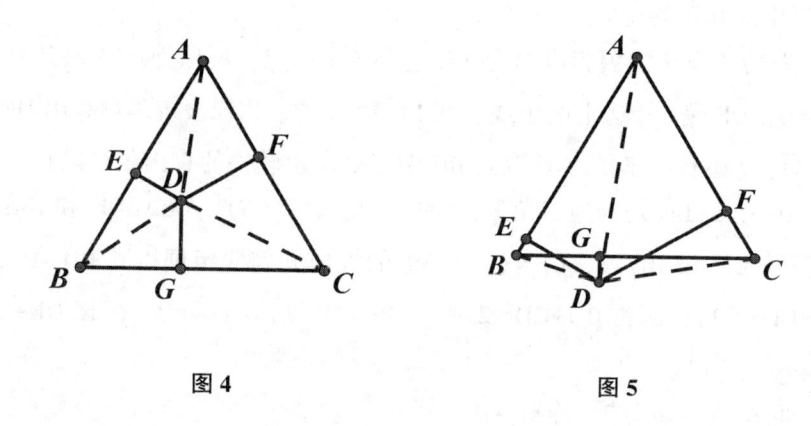

图4   图5

先让学生独立思考，依然用面积法分割三角形。几分钟后，学生发现了问题，分割后的三角形加在一起不等于△ABC的面积，所以求不出DE+DF+DG的和，怎么回事呢？此时让学生分组讨论，最后得出题目变式出了问题，应改为：当点D是等边△ABC的外部任意一点时，其他条件不变，则DE+DF−DG=＿＿。由面积法很快可求DE+DF−DG=$\sqrt{3}$。此时，我们可以得出这类题解法3即面积法是通法。

在解题训练时要求学生不能仅满足于一种解法，鼓励他们进一步思考其他解法。通过讨论与交流，鉴别各种方法的作用与最佳方法和通法，并通过各种方法引导学生认识解题的核心问题与共同本质，提高解题能力。

（三）反思拓展与联系（多题一解，揭示本质）

数学问题是形式多样的，有些题的形式虽然不一样，但可归结到一种题型上去，通过这一道题的解决，达到会解一类题，所以解题后要反思题目实质，并进行归类。

案例3：利用轴对称性质解决路径最短问题。

题1：如图6，A，B在直线L的两侧，在L上求一点，使得PA+PB最小。

题1根据两点之间线段最短的基本概念，只用连接AB即可轻松地得到答案。本题虽然十分简单，但却是所有有关本类题目的基础。解决完后，我接着出了下面的题2和题3。

题2：如图7，A，B在直线L的同一侧，在L上求一点，使得PA+PB最小。

题3：如图8，P是正方形ABCD对角线AC上一动点，E为AB中点，若AD=1，则EP+BP的最小值为多少？

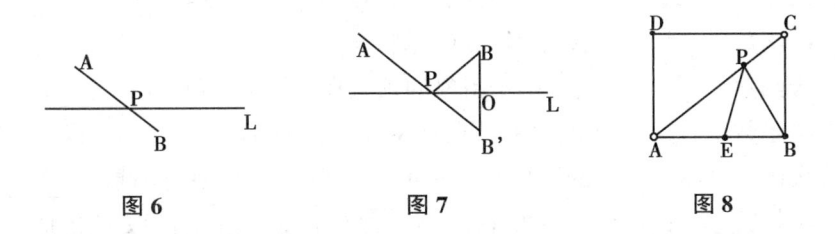

图6

图7

图8

题2直接求点B关于直线L的对称点B′，连接B′A可得点P。题3是题2的变式训练，把题目的背景放在了一个正方形中。但题目的本质没有变，都是利用轴对称求最短距离。

题4：如图9，A是锐角MON内部任意一点，在∠MON的两边OM、ON上各找一点B、C，使△ABC的周长最短。

题5：如图10，∠MON=60°，点A位于∠MON内部，且到OM、ON的距离均为$50\sqrt{3}$，B、C分别是OM、ON上的动点，求AB+AC+BC的最小值。

题6：如图11，在直角坐标系中，有四个点A（-8，3）、B（-4，5）、C（0，n）、D（m，0），当四边形ABCD的周长最短时，求m/n的值。

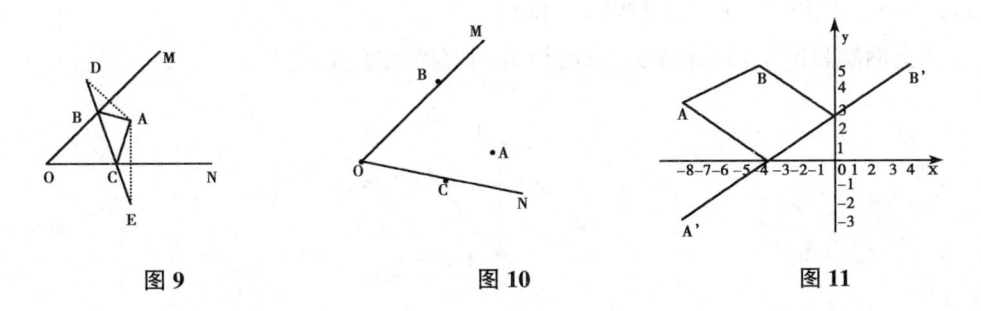

图9

图10

图11

题4比前三个问题更深一层，学生有了前三个的解题经验，易想出解决的方法。作点A关于两条直线的对称点D、E，连接DE，分别与OM，ON交于点B、C，此时△ABC的周长最短。题5是能力发展题，在题4的基础上，再连接OA、OD、OE，结合轴对称的性质和解直角三角形的知识即可解决。题6是分别求A关于x轴的对称点A′、B关于y轴的对称点B′，连接A′B′并求出其解析式，进一步即可求出C、D两点坐标。

上述6题都是围绕着利用轴对称求最小值这一核心题进行变化和延伸的，核心问题解决了，各个问题也就不攻自破了。所以在平时解题教学中，应抓住问题的本质引导学生深入探究，从建构学的角度可以使学生做一个题，明白一类题，抓住一串题，培养学生的解题反思能力，达到举一反三目的。

（四）反思不同

有些数学问题具有一定的迷惑性，如果概念不清，见识不广，就容易混淆，错误地将不同问题混为一谈。所以，通过反思形相似但质不同的题目，能够提高辨别能力，避免错解的发生。

案例4：在复习二次函数时，可选用以下题组。

(1) 二次函数 $y=2x^2-bx+c$ 图象的顶点在原点，则 b＝ ，c＝_____。

(2) 二次函数 $y=x^2-bx+c$ 图象过原点，则 c＝_____。

(3) 二次函数 $y=x^2-(b-2)x+4$ 图象的顶点在 y 轴上，则 b＝_____。

(4) 二次函数 $y=x^2-bx+4$ 图象的顶点在 x 轴上，则 b＝。

(5) 二次函数 $y=x^2-x+m$ 的图象在 x 轴上方，则 m 的取值范围是_____。

(6) 二次函数 $y=(m-1)x^2-2mx+m$ 与 x 轴有交点，则 m 的取值范围是_____。

(7) 函数 $y=(m-1)x^2-2mx+m$ 与 x 轴有交点，则 m 的取值范围是_____。

以上题目貌似形近，答案却各不相同；在学生平时的练习中屡有混淆、错误率很高。设计这样的一组题目，让学生进行比较、分析和综合，反思各种解决方法的不同，弄清它们之间的区别及相应的解题方案，提高审题分析能力。

（五）反思变式

解题后引导学生反思变式，不仅能加深学生对某类问题结构和特征的理解，而且有利于培养学生思维的广阔性，使学生做一道题，会一套题，提高了解题能力。

案例5：平行线的判定和性质复习。

原题：已知：如图12，BF∥CG，BF 平分∠ABC，CG 平分∠BCD。求证：∠ABC＝∠BCD。

根据上面题目的条件和结论，自己设计两道类似题目。

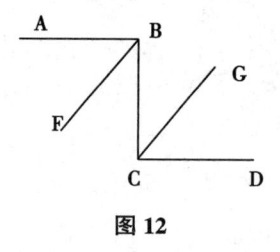

图12

这样设计题组，更具开放性，能培养学生思维的发散性和独创性。下面是学生自己出的几道题目。

题1：已知：如图12，AB∥CD，BF 平分∠ABC，CG 平分∠BCD。求证：BF∥CG。

题2：已知：如图12，AB∥CD，BF∥CG，BF 平分∠ABC。求证：CG 平分∠BCD。

题3：如图13，AB∥CD，GP，HQ 平分∠EGB，∠EHD，判断 GP 与 HQ 是否平行？

题4：已知：如图13，GP∥HQ，GP，HQ 平分∠EGB，∠EHD。求证：AB∥CD。

题5：已知：如图13，AB∥CD，GP∥HQ，GP 平分∠EGB。求证：HQ 平分∠EHD。

题6：已知：如图14，AB∥CD，GM，HM 平分∠FGB，∠EHD。试判断 GM 与 HM 的位置关系。

题7：如图14，GM 平分∠BGF，HM 平分∠EHD，∠MGH＋∠HGM＝90°，那么直

图 13

图 14

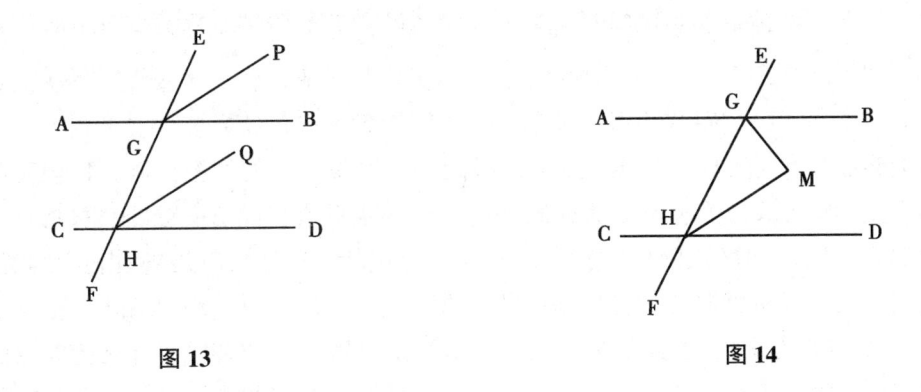

线 AB、CD 的位置关系如何？

通过以上题目条件和结论之间的转换，学生进一步掌握了平行线、角平分线的性质和判定，以及当两直线平行时，内错角、同位角、同旁内角的平分线有何位置关系，对培养学生思维能力起到了很好的作用。

（六）反思归纳小结

一个数学问题的解决，并不等于这个问题思维活动的结束，而是对这个问题进行深入研究的开始。如果此时停止对这个问题进行思考，将错过反思的大好良机，只解决了"怎样做"等问题，而没有解决"是否解中有错""为什么这样解""还能怎样解"等问题。这些问题只有在不失时机地解后反思中才能得到解决。更重要的是，学生通过对自己思维过程的再验证、再认识，使自己对数学概念、定理、方法等各个方面的认识从感性认识上升到理性认识，极大地提高思维水平。

对数学解题反思可以从以下几个方面小结：

（1）对解题过程的反思，即解题过程中，自己是否很好地理解了题意？是否弄清了题干与设问之间的内在联系？是否能较快地找到解题的突破口？在解题过程中曾走过哪些弯路？犯过哪些错误？这些问题后来又是怎样改正的？

（2）对解题方法与技能的反思，即解题所使用的方法、技能是否有广泛应用的价值？如果适当地改变题目的条件和结论，问题将会出现怎样的变化？有什么规律？解决这个问题还可以用哪些方法，等等。

（3）题目立意的反思，即所解决的问题有什么意义？还有哪些问题需要进一步解决？

四、教学实践后的反思

（一）培养学生的解题反思能力时机要趁早

培养学生的解题反思能力，我们是在初二上学期做的，但是经过之前几年的学习，他们的学习已经有了惯性。比如，看到题目就做，考试前的复习就是做题目；订正作业觉得无关紧要，因为老师讲了就会，看看就能找到思路。因此，若是在初一就开始培养学生良好的数学学习的反思习惯，督促学生做好整理和归纳工作，让他们体会到数学解题反思的好处和策略，那么他们的数学学习应该可以事半功倍，数学学习生活就会有更多的兴趣和乐趣。

（二）学生反思能力的培养和反思习惯的养成需要督促

培养学生数学学习的反思能力不是一日之功。通过一年的试验，学生数学反思的内容、如何进行解题反思，基本方法已经学会，并且体验到了解题反思带来的成功。特别是要求学生填写"典型题分析和错题分析本"，每周至少分析2道典型题和5道易错题。典型题包括思路分析、一题多解和最优解法或者变式，同类的归纳到一起，通过分析找到它们的本质特征。易错题要分类并进行原因分析，这个过程本身就包括归纳、整理和监控。这个作业，开始我坚持每周一判，并且每周都有评价和展览，学生也慢慢知道了该怎样做，不少同学在期末复习考试时也体会到了这样做带来的成功。一年之后，我以为可以放手了，该学期初就没特意要求。一个月后，我想查一下这个易错题和典型题分析本，结果让我大吃一惊，除了三四个学生坚持外，其他孩子什么也没写。看来，学生反思能力的培养和反思习惯的养成需要老师的督促。

总之，学生数学解题反思能力的培养和提高要经历一个不断反复、螺旋上升的过程，要靠老师的示范和引导，但更重要的是要学生学会反思，在解题活动中自觉自愿地进行反思，逐步形成反思的意识和习惯，进而提高解题反思能力。

【参考文献】

［1］向绍连．强化反思意识　培养学生自主探究能力［J］．数学教学通讯，2003（11）．
［2］曹绪华．例说解题反思［J］．高中数学教与学，2007（4）．
［3］熊川武．反思性教学［M］．上海：华东师范大学出版社，1999.

普通高中推进名著阅读的有效策略

罗 丹[*]

【摘 要】 近年来，名著阅读得到前所未有的重视，而普通高中学生对名著阅读望而生畏，读不懂，也没有时间读，教师们往往急功近利，没有采取有效的实施策略，导致名著阅读放任自流，没有落到实处。笔者经过近两年的实践探索，总结教学经验，探索出适应普通高中的名著阅读的有效策略。本文从激发学生阅读兴趣、精选阅读篇目、明确阅读目标、注重阅读习惯的养成和阅读方法的指导，保障阅读时间、督促阅读计划的落实，给学生提供展示交流的平台、注重反馈评价机制等方面对适合普通高中学生的名著阅读的有效策略进行阐述。

【关键词】 普通高中；语文；名著阅读；策略

《普通高中语文课程标准》要求："具有广泛的阅读兴趣，努力扩大阅读视野。学会正确、自主地选择阅读材料，读好书，读整本书，丰富自己的精神世界，提高文化品位。课外自读文学名著（五部以上）及其他读物，总量不少于150万字。"近年来中学语文各级各类考试中有关名著阅读的题目所占比重越来越大，对名著的考查已是大势所趋，名著阅读成为语文课的必修内容，进入到常规的课堂中。

现实情况是普通高中学生阅读的主动性普遍较差，缺乏良好的阅读习惯，对名著阅读望而生畏。在以往的名著教学中，老师们只是提要求、布置任务，往往急功近利，脱离文本，名著阅读没有落到实处。如何引领学生主动去阅读名著，感悟名著，提升学生阅读的思维广度与深度，切实有效地提高名著阅读的教学，是亟待解决的问题。笔者经过近两年的实践探索，希望探索出适应普通高中的名著阅读的有效策略，真正提高名著阅读教学的实效性，把名著阅读落到实处，不仅使学生阅读能力得到提升，更重要的是让阅读成为学生终身的习惯，用名著涵养、润泽学生的心灵。

一、激发兴趣

现代心理学之父皮亚杰说过："所有智力方面的工作都要依赖于兴趣。"只有激发出学生的阅读兴趣，才能让他们自觉地爱上阅读。因此，教师首先要激发学生阅读名著

---

[*] 罗丹（1972~），女，重庆人，昌平实验中学，中学高级教师，研究方向为中学语文教学。

的兴趣，使学生自觉主动地参与阅读。

（一）阅读前的激趣

1. 加强阅读心理指导

普通高中的学生学习动力不足，阅读惰性普遍存在，对他们的阅读进行心理指导是必要的。教师可以用古今学者博览群书的名言警句来启发学生，如"读书破万卷，下笔如有神"，也可以通过"世界阅读日"的各种活动、央视有关阅读的公益广告说说阅读对一个人的精神成长，乃至对一个民族的重要性。还可以谈谈阅读名著的重要性，名著是书中精品，具有高贵的血统，阅读名著让人受益终身，以此诱发学生强烈的阅读欲望，激起浓厚的阅读兴趣，从而形成自主的阅读行为。

2. 抓住学生的兴奋点、好奇处

正式开始名著阅读前的激趣相当重要，教师不妨拿出1~2课时的时间导入，激起学生阅读的兴趣和好奇心。触发点就是能够激发学生去阅读这部名著的兴奋点，需要教师用心去研究每部名著的特点，找到它们最精彩的部分，挖掘出触发点。比如，在读《边城》的时候，同为花样年华的少男少女，学生对少女翠翠与兄弟俩的朦胧爱情感兴趣，由此导入阅读；读《呐喊》时，鲁迅为什么要取名"呐喊"？"呐喊"什么？对谁"呐喊"？教师领着学生带着问题和好奇自然而然走进文本去寻找答案。

3. 恰当运用影视剧、多媒体

一般来说，直观形象的手法容易引导学生踏入文学欣赏的门槛。直观形象的教学资源包括图片、漫画、PPT、视频、专题片、影视剧的片段等。在读《边城》前给学生播放湘西风光片，读《呐喊》前制作了精美的视频，把鲁迅生平、创作、中外文化名人对鲁迅及其作品的评价和影响做了详细介绍，图文并茂，再配上音乐，学生被深深吸引，看得兴趣盎然，阅读的热情被瞬间点燃。

（二）阅读中的激趣

1. 利用名著本身的魅力

文学名著能够给人以真、善、美的启迪，引人进入美好的遐思。在阅读中人们可以受到思想的教育和情感的熏陶，能够得到精神上的充实和享受。阅读名著，要用名著的自身魅力去吸引学生积极阅读。比如，在阅读中感受沈从文笔下优美、纯朴的自然风光和民风民情；通过《论语》，了解两三千年前儒家在治国理念、个人修养、道德追求、社会规范、教育思想方面的智慧。文学名著具有不可替代的特点和魅力，学生在阅读、感悟、思考的过程中会慢慢获得新知、得到启发、受到熏陶。这种获得感和满足感又会激发他们进一步学习的渴望。

2. 提供相关的辅读材料

名著思想深刻，具有深厚的文化内涵和独特的艺术价值，但由于时代的距离，普通中学学生阅读起来是有难度的。这时教师可以提供一些辅读材料，减轻学生的阅读难度和阅读负担，比如文言文的翻译、写作的背景资料、对文本的基本解读和鉴赏等。对名著多角度甚至互相矛盾的解读为我们提供了丰富的教学资源。教师可以提供各家各派的解读鉴赏文章作为比读资料，帮助学生多角度理解，找到他们阅读的兴趣点。比如

《红楼梦》中对贾宝玉、林黛玉、薛宝钗人物形象的不同认识，古代社会生活的节日习俗、饮食服装、琴棋书画等。这些辅读材料可以开阔学生阅读视野，给他们启发，帮助他们找到阅读的兴趣点和研读方向，把学生的阅读引向深入。

3. 组织多种活动

名著阅读是一个长期的过程，如果形式单调，方法单一，很难让学生阅读的兴趣和动力持续下去，这就需要教师变换方法，开展各种活动来促进学生阅读，比如定期举行读书交流会、经典片段朗读、演讲比赛、辩论会、戏剧表演、海报展览、组织外出游览等。比如，读《红楼梦》，可组织学生参观北京植物园曹雪芹故居，了解曹雪芹的生平和创作情况，参观大观园了解红楼人物的生活起居；读《呐喊》，组织学生探寻鲁迅在北京的生活、创作轨迹等活动。

二、精选篇目

中外名著浩如烟海，如何选择适合学生阅读的篇目呢？笔者认为主要遵循以下几个原则：以《普通高中语文课程标准》推荐的阅读篇目为主，兼顾古今中外、各种类型的作品；符合学生年龄特点和实际接受水平，考虑学生阅读兴趣，对现实生活有启发；体现个性化、选择性。可以把高中三年作为一个整体来进行规划，形成内容序列。高一、高二升学压力不大，可以利用的课外时间相对较多，多安排时间读经典名著，争取在高二完成"建议"上指定的阅读篇目；高三进行高考考查名著篇目的复习。但是每学期不宜偏多，由老师带领着统一必读一到两本就合适了，其余篇目自读或选读。名著阅读注重的是质量而不是数量，不宜贪多。笔者结合高考考查篇目及本校学生学情，在阅读内容上做如下计划。

高一上学期。（1）必读：《论语》《边城》《呐喊》。（2）选读：《家》《女神》《哈姆雷特》，师生推荐作品。

高一下学期。（1）必读：《红楼梦》《雷雨》。（2）选读：《欧也妮·葛朗台》《老人与海》，师生推荐作品。

高二上学期。（1）必读：《三国演义》《茶馆》。（2）选读：《堂吉诃德》《子夜》师生推荐作品。

高二下学期。（1）必读：《巴黎圣母院》《庄子》。（2）选读：《围城》、《复活》师生推荐作品。

高三选读：《普希金诗选》《泰戈尔诗选》，师生推荐作品。

三、明确目标

名著阅读不是漫无目的的自主阅读，要有明确的阅读目标，才会有的放矢，有针对性，便于测评。老师要结合学生情况设置难易适中的阅读目标，阅读目标最好能分层设置，适应不同层次学生的需要。笔者根据普通高中学生情况，把目标设置为：基础目标，针对语文基础较差的同学；提升目标，针对中等及中等偏上的同学；挑目标，针对学有余力，有强烈愿望深入学习的同学。学生在完成基础阅读目标后，再根据自己的情况逐级选择阅读目标。具体分层目标如下。

（1）基础目标：在老师带领下，基本能通读整本书，了解整体内容，梳理故事情节，基本把握主要人物特征和作品主题，能积累书中出现的字词和文化常识。

（2）提升目标：掌握自主阅读的方法，对文本进行细化阅读，能从谋篇布局、人物形象的刻画、细节描写、作品主题、艺术表现技巧等方面进行解读和鉴赏，有自己真实独特的阅读体会，并能读写结合，表达出来。

（3）挑战目标：能围绕阅读中的一个兴趣点进行深入阅读和研究，进行专题学习方式的尝试，学会质疑、查阅资料、自主探究、假设推断、得出结论，最后能完成一篇小论文。

四、指导方法

信息时代，阅读能力有着至关重要的作用。我们应该培养学生终身受益的阅读习惯，为学生提供阅读技巧和方法的具体指导。

（一）阅读习惯的培养

叶圣陶先生说，教育的目的就是培养习惯。养成良好的阅读习惯，能够提高阅读效率，提高阅读理解、记忆材料的能力。首先，养成做读书笔记的习惯。中学生常用的做读书笔记的方法有圈点、批注、做摘录或制作卡片、写读书心得笔记等。如勾画《红楼梦》中能表现主人公性格特征的片段，摘录《红楼梦》中优美的诗词，阅读时在文章旁边写出自己的见解和感受。其次，培养学生边读边思考的习惯。阅读要边看、边诵、边写，更要动脑思考，发现规律，提出问题。只有这样，才能读得进，记得住，在阅读上收益显著。因此，在名著教学中教师要培养学生边读边思考的良好习惯，引导学生学会质疑。习惯的培养不是朝夕之功，要根据学生特点，分步提出要求，从易到难逐步提高。

（二）阅读方法指导

《普通高中语文课程标准（实验）》中提到："根据不同的阅读目的、针对不同的阅读材料，灵活运用精读、略读、浏览、速读等阅读方法，提高阅读效率。"在名著阅读教学中，要指导学生学会运用精读、略读、速读等相结合的阅读方法，以提高名著阅读的效率。

1. 阅读附件的指导

指导学生学会读目录、序跋、注解、索引书的序跋、摘要、目录等附件，是带领读者进入长篇巨著的向导，能帮助读者在最短的时间内从整体上了解该书的时代背景、主要内容和作者思想。

2. 阅读方式的指导

阅读有多种方式，主要分为精读和略读两种情况。精读是对作品的篇章结构、人物事件、思想内容等彻底通晓，它通过细致、反复地琢磨、推敲文句，使读者得到对知识的深度理解。略读的特点是把注意力集中在需要关注的问题上，通过、跳读、浏览等快速形式，省略了逐字逐句的阅读，舍去无关紧要的部分。它是针对作品主要部分而进行的阅读过程。它可提高阅读速度，扩大学生的阅读量。采用略读时，教师要特别注意训练学生的阅读速度，让学生养成默读的习惯，使学生真正达到"阅读一般现代文每分钟不少于500字"的阅读速度要求。

3. 分类阅读指导

课程标准推荐的课外阅读材料涉及小说、诗歌、戏剧和文化经典等类型。作品体裁不同，阅读方法也会不一样，教师应该分类指导学生的课外阅读。

（1）小说阅读指导。小说反映社会生活，塑造典型环境中的典型人物。要引导学生从剖析人物形象、分析情节结构、理解环境描写的作用、挖掘小说主题、领略小说的语言美这几个方面入手。如对《红楼梦》的阅读，指导学生梳理情节，精读精彩片段。如林黛玉进贾府、贾宝玉梦游幻境、黛玉葬花、宝玉挨打、晴雯之死、黛玉焚稿等，通过人物形象和情节，分析作品的思想主旨。

（2）戏剧剧本阅读指导。戏剧文学具有高度的集中性，结构完整，人物形象突出，重舞台说明。阅读戏剧剧本要了解剧情，把握尖锐的戏剧冲突，品味戏剧语言，重视舞台说明。如指导学生阅读莎士比亚的戏剧作品《哈姆雷特》时，引导学生从哈姆雷特与叔父克劳狄斯之间的矛盾冲突、三条复仇的线索来梳理情节，分析哈姆雷特的形象；通过哈姆雷特"生存还是毁灭"的经典独白，体会戏剧鲜明的人物语言。还可以将剧本的指导和戏剧的表演活动结合起来，调动学生的积极性，加深学生对剧本的理解。

（3）诗歌阅读的指导。诗歌重在抒情，富有想象，语言精练。指导学生阅读，要指导学生揣摩诗歌的形象，领会诗歌的意境。如诵读泰戈尔的《飞鸟集》，领悟朴素短小的语句道出的深刻的人生哲理。同时，在诵读诗歌时感受诗歌的韵律美和语言美。

（4）文化经典著作的指导。如《论语》《庄子》等，主要指导学生借助工具书、注释、参考资料等来研读，克服字词的阅读障碍，正确理解和把握文化经典的内容，并与学生的现实生活相结合。在反复诵读中培养文言语感，感受传统文化的魅力。

五、落实计划

名著的阅读是一个漫长的过程，所以在教学中制订一个切实可行的名著阅读计划尤为重要。

（一）时间保障

名著阅读不能落实的很大原因在于学生学习负担重，没有足够的时间进行名著阅读。教师要千方百计保障学生的阅读时间。比如，每天利用大课间、午间、睡前15分钟阅读；每周拿出一节语文课作为阅读课；充分利用周末特别是寒暑假时间推进名著阅读；统一规定阅读内容、阅读进度。有条件的学校还可以利用选修课、研究性学习开发名著阅读的校本课程。

（二）检查落实

普通高中的学生学习自主性和自律性都有待提高。教师如果只是布置任务、提要求，没有检查督促，学生的阅读兴趣会慢慢消减。所以必须要有检查督促的方法，名著阅读才能长久持续下去，真正取得成效。

阅读笔记本：要求学生准备一个名著阅读笔记本，落实读书笔记。阅读笔记本用于知识积累、原文摘抄、记录自己的阅读感受、鉴赏评析等，老师定期检查。

课前五分钟阅读汇报：利用每节语文课前五分钟，让学生轮流走上讲台，汇报本周的阅读心得和收获。汇报的内容可以围绕故事情节、人物形象、细节描写、文化常识和自己感兴趣的点进行，要求制作成PPT向大家展示。

阶段检测：根据阅读内容，以考试题的形式对学生进行检测，让学生自己当一回命题者，建立班级名著题库，自主命题。命题的数量和质量可以成为检测学生是否深入阅读的一个特殊参照。在平时的月考、期中期末考试中也可以对名著阅读的内容进行考查。

六、展示评价

教师要搭建平台，让学生有更多的机会来锻炼自己，分享阅读成果，交流各自的阅读感受。"阶段性成果显现的阅读"提高了学生阅读名著的兴趣，提升了学生的人文素养。我们通过建立班级名著阅读QQ群，随时交流阅读心得，分享阅读体会，展示阅读成果。另外，还可以进行读书笔记展示、手抄报展览、读书汇报、名著阅读交流课、编写课本剧表演、经典朗诵比赛等丰富多彩的读书活动，使学生在交流中阶段性地感受到名著阅读的成功。

注重评价：文学名著阅读是一个开放式的语文学习方式，阅读评价的标准不能一刀切，要尊重个体差异；只要能够最大限度地激发学生阅读的积极性和主动性，评价的目的就达到了。要用发展性评价更多地体现对学生的关注和关怀，重视学生的成长过程。同时，注重评价主体多元化，重视学生参与评价过程。如果能获得家长的支持，发动家长参与进来，名著阅读的效果将会更加显著。

名著阅读要有清晰的学习目标、明确的学习内容，运用有效的阅读方法，落实阅读计划，注重展示交流和评价，才能落到实处，取得实效。真正的阅读需要足够大的空间。我们在指导学生进行名著阅读时，一定要注意处理好学生阅读中出现的各种问题，积极调整教学策略，保证教学的有效性，并采取行之有效的措施，将名著阅读要求落实到语文常规教学中，使名著阅读真正成为语文教学的重要部分。同时，教师应该以身作则，和学生一起阅读名著，这样才能发挥榜样示范作用，教学相长。

【参考文献】

[1] 朱自清. 经典常谈 [M].北京：北京出版社，2004.

[2] 叶圣陶. 叶圣陶语文教育论集 [M].北京：教育科学出版社，2015.

[3] 杨敏. 新课程标准下名著阅读研究与策略 [D].大连：辽宁师范大学，2010.

[4] 顾建英. 高中生文学名著阅读的现状分析及对策研究 [D].苏州：苏州大学，2010.

［5］冯兰珍．高中语文名著阅读的教学困境及对策［D］．苏州：苏州大学，2015．

［6］黄非冰．高中名著阅读教学初探［J］．读与写，2012（10）．

［7］张春华．目标引领——让自由阅读更有效［J］．语文教学，2015（4）．

［8］罗晶．浅谈新课程标准下的名著阅读策略在中学语文教学中的运用［J］．语文教育研究，2014（37）．

［9］侯磊．也谈中学名著阅读教学的落实［J］．作文成功之路，2015（12）．

慢读细品，关注学生的阅读感受

吕 静[*]

【摘 要】 针对教师在文学作品阅读教学中忽视微观解读，学生又普遍缺少细读语言习惯的现状，本文提倡在诗歌教学中应慢读细品，"强迫"学生放慢阅读的速度，放大阅读过程，重视学生和文本字句相遇时的感受。"阅读感受"大体有"三个层面""两个方向"。为了帮助学生进行微观解读，在解读诗的过程中重点要求学生关注画面情景层面及文字层面，提倡学生注重靠向文本，在交流中关注阅读感受的个人化特点与文本限制性的结合。

【关键词】 诗歌教学；阅读感受；慢读细品

一、问题的提出

孙绍振先生在他的《名作细读》中提出，无论是中学还是大学课堂，都缺少文本的微观解读，老师们常常以文本外打游击为能事，讲传记材料、时代背景、文学理论、文学史等宏观内容，无法引领学生进入文本内部。这是在以教师讲授为主的课堂上经常发生的一种情况，另一种情况就是阅读教师把自己对文本的解读（常常是参考一些他人的解读，有时消化好些，有时就是照搬一下）讲给学生。教师是较为认真地研读课文并查阅了参考资料，可学生可能课文还没好好读过呢。老师声嘶力竭讲了半天，学生云里雾里似懂非懂。再加上有时候老师自己也没有很好消化借鉴来的内容或概念，学生听得就更不"真切"。一隔再隔，剩下的顶多是一些与文本生命无关的概念术语，这些东西自然与学生甚至教师的心灵关系就不大了。

近年来，针对教师大量讲解代替学生阅读的弊端，语文教学提倡注重学生"个性化阅读""感受性阅读"，反对教师越俎代庖，强调要让学生自己来读。强调学生阅读，主体性无疑是正确的，但具体的教学中容易发生误会。"个性化阅读"因强调"个性"而重视新奇的、与众不同的解读，"感受性阅读"因过分"尊重"学生"感受"而偏离文本，结果仍然是在学生与文本间没有发生深层次的对话。

小结起来，文学作品阅读教学中可能存在以下问题：

(1) 重文本之外的材料收集，轻视文本微观解读。
(2) 重教师解读，轻学生感受。

---

[*] 吕静（1970~），女，北京市第十五中学，中学高级教师。

（3）重结论总结，轻解读过程。
（4）重概念粘贴，轻切实的感受体会。
（5）重解读、感受的开放性，轻解读、感受与文本的联系。
（6）重主题概括，轻文字琢磨。
（7）教师解读重依赖资料，轻自我解读。
（8）教师解读重中学语文圈内传统知识，轻向学术界较新研究的学习。

以上（7）（8）两条主要指向教师的自我发展、自我提高，可另外讨论。

那么，当前文学作品阅读教学中如何引导学生与文本间发生切实的对话呢？本文着重以诗歌教学为例来谈谈对这个问题的思考。

回顾一下学生阅读诗歌的情况：学生普遍缺少细读语言的习惯，止步于读完后有个模糊的印象，这个印象可能是某种情绪，可能是某些事象。这些初读的印象的确重要，但这些印象与语言文字的关系往往被忽略，尤其可怕的是很多学生有"极强的概括能力"，用一两个概念就了结了自己与一首诗的缘分。

我想，要改变这种情况，还是要回到文本自身。准确地说，就是要重视学生和文本中的字句相遇时的感受，一方面，教师要有意识地关注学生接触文本时产生的感受、理解到什么层面、有哪些困惑、有哪些盲点（学生自以为没问题，实际上在很难很关键的地方）；另一方面，要启发学生来关注自己的阅读感受，仔细反复地阅读，多次修正、补充对文本的理解。

二、关于阅读感受

阅读感受指阅读时产生的复杂的心理活动。为了讨论方便，我大体把它分为三个层面：一是情思情绪，即读文本时产生的情感体验，喜怒哀乐。比如，读《雨巷》会有一种寂寞哀怨的情思。二是画面情景，即由文本而产生的可视可听可感的图景。这里的画面不仅仅指视觉获得的信息，应包括所有感官能感受的形象，比如声音、气味、冷暖，等等；也不仅仅是静止的，还应包括动态的甚至是叠加变形的。三是对文字的感觉，综合感觉，如令人惊异，感觉美、有趣或平淡无味，欣赏或是厌恶，音节和谐与否等。精细一些的，如关注字词的选用、词句的组合，等等。

换一个角度，我们还可以看到，以上三层阅读感受又都同时可以朝两个方向运动：一是靠近文本、一是偏离文本，由此及彼。当然，在实际的阅读中很难将这两个方向绝对分开，而且无论是一味贴近还是完全偏离都不利于与文本对话。比较理想的情况大概是围绕文本展开联想、想象，进行推想、质疑，这些心理感受又不断与文本发生碰撞。在不断的偏离与靠近的过程中，逐渐深入地揭示作品内蕴。

人们的阅读感受正是存在于这样多层面多方向的交错之中。

在阅读文本时产生的感受是很个人化的，不同人会聚焦在不同层面，有不同的靠近或偏离文本的方式。不同经历不同文化背景的读者读同一首诗产生的感受可能大相径庭，甚至同一个读者在不同心境不同年龄段读同一首诗的感受也会迥然不同。

但是，在看到阅读感受个人化、有开放性的同时，还应注意到它也有共同性的一面。因为所有阅读感受的起点都是文本，文本提供了一定程度的限制性。比如我们提到的《雨巷》，在情感方面，可能引起读者不同的情感，但大体都和青春的忧郁有关，至少不会带来欢乐的感觉吧？在情景方面，雨、古老的小巷、丁香般的姑娘，可能不同的人有不同的想象，但都会和这些形象有关。在文字方面，应都能意识到一种由整句分行、词句重复等带来的缓慢的节奏感，不管读者是否喜欢这样的风格。

在文学阅读教学中，应正视阅读感受的个人化、开放性特点，充分尊重每一个同学的感受，提倡交流互补；同时，也要看到阅读感受的共同性的一面，引导学生注重结合文本提供的文字、形象来进行讨论，交流碰撞，这样的交流才有根基，有价值。

三、教学实践

在语文课堂上如何启发学生来关注自己的阅读感受呢？首先，要"强迫"他们放慢阅读的速度，放大阅读过程，就是有意识地注意阅读字句时的所思所想。那些零碎的、散乱的、不断纠正的感受片段正是最珍贵的教学资源。

如何获得这样的资源，一定有多种方式。目前我做了一些尝试，利用诗歌是时间性的、线性的艺术，可以让学生按照阅读时间先后来谈阅读感受。学生习惯于快读略读，为了纠偏，就故意加长时间，用PPT呈现诗句。根据需要，一句一句或者一小节一小节地展示，延长诗中空白停顿的时间，"强迫"学生加入自己的阅读感受。要求学生边读诗句边写下或说出初步感受。学生能全心投入这样初步的阅读是关键，然后再交流碰撞，然后再阅读、再感受、再交流，如此反复。

前面提到阅读感受大体有三个层面两个方向，为了帮助学生进行微观解读，在解读诗的过程中重点要求学生关注画面情景层面及文字层面，提倡学生注重靠向文本，在交流中关注阅读感受的个人化特点与文本限制性的结合。

（一）画面情景感受力

比如，我把李白的《玉阶怨》整首诗（"玉阶生白露，夜久侵罗袜。却下水晶帘，玲珑望秋月。"）同时呈现出来，请同学谈他们"看到"什么时，大多数回答都很简单："秋天的月亮""有人在等人""有人在看月"。而当我对另外的同学逐行展现时，同学们"看到"的内容就多起来了："台阶上有晶莹的露水"，甚至"感觉到秋天的夜晚的寒意"。"有人在这样的夜晚久久伫立，直到寒露打湿了袜子""回到屋里，放下帘子，却又忍不住要仰看屋外的月亮。"

在老师、同学的互相补充与碰撞中，大家看到的事象更加精细："洁白如玉的台阶""月光下晶莹剔透的露水""丝织的袜子的光泽""月色中闪亮晃动的水晶帘子""透过水晶帘子看到的皎皎明月"。暂且不提画面中主人公的形象与心境，能看到这样一些美好光洁的形象本身就是一种美的享受。

人们都知道在实际生活中人的视力有好坏，但常常忽视在文字阅读中的"视力"也有强弱。在不断的训练中，让学生逐渐拥有较强的画面感受力，就是帮助他们提高另一双眼睛的视觉能力。

（二）语言文字感受力

除了引导学生提高画面情景感受力，还应该引导他们关注语言，想想哪些地方感觉新鲜、独特甚至奇怪，关注词句组合、句间衔接。应养成随时对自己提问的习惯，比如，这个词在这是什么意思，为什么要这样讲，为什么要这样的组合，等等，使学生慢慢找到阅读中一字一句落在心上的感觉。

比如读穆旦的《春》（人教版《中国现代诗歌散文欣赏》）第一二行"绿色的火焰在草上摇曳/他渴求着拥抱你，花朵。"学生说："春天一般给人的是温暖温柔的，这里用火焰显得很热烈，像夏天。"有人说："火焰是红色的，这里为什么说绿色的火焰，"有人说"读不懂，很奇怪""春草想要拥抱花朵，想象很独特"，等等。

下面是"反抗着土地，花朵伸出来/当暖风吹来烦恼，或者欢乐。"学生说："土地孕育了花朵，为什么花朵要反抗土地？""暖风应该是春风。春风让人感觉舒适温暖，为什么吹来烦恼，什么样的烦恼？吹来烦恼同时又吹来欢乐，怎么理解？"还有"满园的欲望是不是指满园的花草树木？花草美丽好理解，但为什么要说满园的欲望多么美丽？""欲望是什么意思"等。

每个人想的可能不完全一样，但这些想法都很珍贵，都是阅读教学的宝贵资源。这些片段没有明确的结论，不是成熟的看法，甚至很多是疑问，但正是在这些疑问中，孩子们与诗句真正地接触了，赏析开始了。在这样感觉的基础上，进一步让孩子们去思考，去交流讨论，他们就有很多话要说，就会碰撞出有价值的内容来。比如，讨论这句"一如那泥土做成的鸟的歌"，有人说："泥土做成的鸟，没有生命，怎么能歌唱？"有人说："'泥土做成的'不是修饰'鸟'的，是修饰'歌'的，是说泥土做成的歌声。泥土是凝固的，有重量的，是平凡的；鸟的歌声是灵动的，是无形的，是美妙的。二者形成强烈的反差。"也有人说："其实不管修饰那个，句子都很奇特，都构成矛盾。而整首诗不也正处于一种紧张的矛盾中，被点燃如火焰的生长欲望与泥土般的禁锢相互抗衡"。

这样的教学可能占时较多，也不可能千篇一律，课课如此。但如选用恰当的文本引导学生结合具体的词语句子来谈阅读感受，养成一种贴近文本微观解读的习惯，那么，不仅语文阅读课会上得鲜活些，更留给了学生一笔宝贵的财富。

【参考文献】

[1] 王荣生.语文科课程论基础 [M].上海：上海教育出版社，2005.
[2] 孙绍振.名作细读 [M].上海：上海教育出版社，2009.

利用阅读输出活动 改变初中生英语阅读学习态度

聂青华[*]

【摘　要】 本文探究在初中英语阅读教学中，如何有效组织不同输出活动、如何以输出驱动方式影响学生的英语阅读态度，以及如何评价不同阅读输出方式。本文探讨的阅读输出方式包括撰写读书报告、表演、话题讨论、话题演讲等。实验教师以一节公开课为例，通过实践观察、调查问卷和访谈等形式，分析阅读输出驱动方式对学生阅读态度的影响。

【关键词】 输出活动方式；英语阅读；阅读学习态度

一、问题的提出

在初中英语阅读教学中，如果教师能引导学生养成良好的阅读习惯，形成一定的阅读能力，逐渐从初级阅读者变成成熟阅读者，会对学生未来的英语学习及其他方面的发展奠定坚实的基础。但是，目前笔者所在校的学生英语阅读状况还存在诸多问题。

笔者在2015年6月学期末对初二2个实验班学生进行有关阅读情况的问卷调查，结果表明学生的阅读更多地局限于教材中的内容，平时参与的阅读更多的是为考试，而不是因为兴趣所在。另外，学生缺乏课外自主阅读行为，自主阅读时间很少。阅读学习策略欠缺也影响阅读态度，导致学生缺乏阅读情感体验，易形成挫败感。同时，阅读分享渠道不通畅也难以促进情感体验。

初中阶段是改进学生阅读学习态度的关键阶段。强化阅读的意义在于激发学生多种多样的思想和感情，丰富学生的精神世界，陶冶情操，培养道德品质和审美意识。阅读学习中，阅读态度是关键，好的阅读学习态度会有好的阅读效果，好的阅读效果才能让阅读产生意义。因此，如何改变学生的阅读学习态度是个很重要的问题。

针对初中英语阅读教学中出现的问题，笔者尝试从输出任务驱动入手，利用语言输出活动驱动语言输入过程，影响学生的阅读学习态度。本文将首先呈现笔者教学实验的核心概念，然后以一节阅读公开课为例阐述教学实践过程，最后阐述本实践阶段性成果。

---

[*] 聂青华，女，北京牛栏山一中实验学校教师。

二、理论基础

文秋芳（2013）提出了"输出驱动"假设在英语教学中的应用。"输出驱动假设"中，输出被认定为既是语言习得的动力，又是语言习得的目标；输入是完成当下产出任务的促成手段，而不是单纯为培养理解能力和增加接受性知识服务、为未来的语言输出打基础。换句话说，学生清楚地知道要成功完成教师布置的产出任务，就需要认真学习输入材料，从中获得必要的帮助。

阅读输出活动能否改变学生的阅读学习态度？阅读输出活动可以在哪些方面改变学生的阅读学习态度？根据"输出驱动假设"，输出被认定为是语言习得的动力，动力就是输出活动对学生态度的影响，对情感因素以及行为倾向的影响，进而影响学生的认知水平。我们可以从学习者对学习目标的认识程度、学习过程中的情感体验、对学习活动的坚持程度等方面，综合地判定或评价输出活动对学生阅读学习态度的影响。

三、教学改进方案

针对我校学生阅读状况，我们适时开展"输出驱动方式对初中生阅读学习态度的影响的研究"。具体而言，笔者首先创设不同输出活动方式，开展阅读后撰写读书报告、分角色朗读、剧目表演、话题演讲、话题讨论等形式，同时，开展以小组合作的形式进行输出活动检测。班级分为六个小组，学生以个体形式阅读，以小组形式准备和完成输出活动。其次，创设不同输出活动的指导方式，培养学生开展阅读输出活动的技能以及对这些活动进行准确评价的技能。利用教师评价、小组评价、同学评价等多种形式对输出活动进行评价。

另外，笔者通过文本理解、人物事件分析、讨论等检测形式检测学生对阅读文本的理解，通过问卷、访谈等收集学生阅读学习态度的变化数据。观察并收集案例，分析阅读输出活动对学生阅读学习态度的影响。摸索有效的阅读输出活动方式，总结组织办法与评价方式。

本校初三学生的课外阅读资料为《典范英语》，阅读周期是三至四周。第一周为学生自主阅读；第二周为自主阅读，部分疑难字词学生间讨论或教师讲解，第三至四周撰写读书报告或进行表演、读后讨论、辩论分析、电影相关片段配音等输出活动，依据阅读时间、阅读内容而定。下面以初三上学期末的一节阅读研究课为例，阐述笔者如何以阅读输出活动影响学生的阅读学习态度。

此节公开课的阅读书目为 *Blackbeard's Last Stand*，课时为三课时。第一、二课时，进行教师引导阅读，即为学生提供导读案。学生利用导读案进行自主阅读。导读案既是对学生自主阅读过程的指导，又是对阅读内容的理解检测。导读案包含故事背景、各个章节的发展理解、人物简单分析、字词理解等。第三课时，针对阅读导读案中所设计的问题进行文本内容检查、表演、讨论，采用教师授课中穿插文本理解、表演与讨论等方式。表演环节是其中一个最精彩的环节。课前，笔者还鼓励学生进行相关电影片段配音,并收集学生们的配音资料。

Blackbeard's Last Stand 是关于海盗的故事,描写精彩,语言生动形象,画面感强。故事中对人物的外形、心理、各种武器装备、天气状况描写很多,易于吸引学生的阅读兴趣。所以阅读导读案设计了两个主要人物的信息、主要兵器、旗帜,以及每个章节的时间、地点、人物、主要事件等环节,帮助学生更好地理解故事文本。

笔者将该书阅读的教学目标确定为,使学生了解一些海盗的历史背景,识读故事中的重点词汇,简要复述主要故事情节,并能够把握人物特点,表演精彩情节。同时,利用小组表演的输出活动方式帮助学生更好地体验文本中的人物特点,增加情感体验。通过评价方式增加阅读分享的快乐,驱动阅读学习过程。

为了实现教学目标,笔者的教学过程包括导入环节、故事理解环节、表演环节以及表演后的评价与讨论环节。

在导入环节,笔者播放学生的《加勒比海盗》电影片段配音,引出话题,然后与学生一起谈论海盗的背景知识。该设计的目的是通过配音的播放,直接引入主题。通过学习海盗的相关背景知识,拓宽学生对"海盗文化"的了解,激发学习兴趣,引出主要故事人物——Blackbeard, Robert (the Captain)。同时,检测导读案是否引导了学生自主阅读,是否加强了学生对文本的基本理解。在故事理解环节,笔者设计了学生根据问题的呈现总结陈述每章节的主要内容,加强学生对故事的理解。所有章节的故事情节均以问题的形式呈现,引导学生抓住人物、时间、地点、事件的起因、经过、结果(who, where, when, what, how) 等要点去复述故事情节。

另外,笔者设计了表演环节。学生在课下简单排练的基础上,课上利用准备时间继续磨合,之后进入表演环节。表演中最精彩的环节是最后一个章节——The Trap。该环节设计目的为,利用表演任务驱动输入过程、利用表演形式检查学生对人物的理解、利用小组表演检查小组合作的状况。表演结束后,掌声与教师简短的评价会使学生沉浸在故事的回味中。紧接着,笔者组织学生开展了话题讨论。此环节设计的目的是带领学生更深入地理解故事中的人物。表演过后开展的开放式话题讨论环节,有助于对学生进行批判性思维训练,使学生融入剧情之中,加入自己的思考,表达自己的观点,更全面、更深刻地理解人物。教师设计巧妙的开放性话题"If you can ask one of the main characters one question, what will it be",再次激起学生们的兴趣。这个过程使学生始终沉浸在剧情里,同时又能引发思考,思考故事中两个主要人物的人生选择,进一步体味"海盗文化"。

四、教学改进效果与反思

在阅读公开课之后,笔者对学生进行了"针对近期所进行的各种输出活动方式的认可度"的问卷调查与访谈,主要涉及输出活动对其情感态度以及阅读行为状况的影响。

问卷分析中发现,学生在阅读行为、情感态度等方面发生了一些变化。首先,学生阅读行为有明显改变。采用阅读表演、讨论的方式时,56%的学生会阅读文本3遍或3

遍以上，有的甚至能阅读10遍。另外，阅读后进行的表演、讨论的方式是对单纯阅读的推进，受到学生们的喜爱。阅读后进行表演能够对阅读的有效性进行延伸。既要理解文本，又要把握人物特点，为完成输出活动，学生增加了阅读行为。所增加的阅读行为促进了阅读内容的内化，引发学生进行深入思考。教师利用输出驱动方式，引导学生自主阅读，不同环节的输出活动任务都在不同程度上带动了学生的阅读输入过程，促发一环一环的阅读输入行为，改变了学生的阅读学习态度。

其次，笔者发现，通过这些阅读活动学生的认知态度也发生了积极变化。通过访谈，学生对表演、讨论等形式比较认可。有任务就有动力，同时，对阅读活动的认识也很明确。很多学生指出通过反复阅读文本以及对人物的分析，对故事的理解更到位，更能体味人物描写之味道。一个学生说道："我们将自己带入故事中，模仿、感受文中角色的语言与行为，将这些带着自己的理解在台上展示给大家，这种形式增加了同学们对学习英语的兴趣。我们也更愿意仔细品读每一篇文章，体会每个人物的情感。"输出活动任务驱动了学生的阅读行为，促使学生对故事以及人物的理解更加深入，也更能体会到或认识到阅读本身的价值，更愿意接纳输出实践活动。

最后，笔者发现，通过阅读活动学生的情感态度也发生了变化。通过近期的实践以及问卷调查的结果可以看出，适当的输出活动方式增加了学生的阅读情感体验。表演的评价方式更多来自同学的认可、欣赏，来自表演评价标准的达成度，来自小组成员间的支持与鼓励，这些都带给参与同学不同的愉悦感。阅读公开课后，笔者把班级表演片段视频、照片上传到两个实验班的群里，同学们欣赏、点赞，继续扩大了同学间的认可度，这也是对课上表演同学最好的评价。

笔者尝试的读书报告输出活动形式引发的阅读行为较少，主要因为评价方式不到位，评价方式不明确，不易被看到，其他同学的认可度低。撰写读书报告不仅需要教师指导，还要给学生创造有效分享的机会，如采用演讲、张贴等形式。评价方式决定了学生的情感体验效果。学习活动中情感体验处于核心地位，愉悦的情感体验会促发阅读行为倾向。

另外，将阅读输出活动与小组活动形式相结合有助于学生阅读学习态度的改变。小组活动有利于调动学生阅读的主动性，特别是那些阅读兴趣不高的学生。小组成员之间的互相约束和干预能有效督促学生进行阅读，并能在表演活动中互相帮助、互相鼓励。而阅读分享后的成功感，会有效促进每位学生阅读兴趣的增加。

五、结　语

阅读输出活动是学生阅读的驱动力，驱动学生更好地参与阅读过程，体会作者的思想变化；阅读输出活动是一种阅读分享活动，是把体会到的作者的感受传递给别人，分享给别人，增加自己的阅读愉悦感；阅读输出活动是下一轮阅读的原动力，驱动下一轮阅读行为的展开。发挥阅读输出活动的作用，关键在于读后任务的设计、实施与评价。希望有更多的教师与笔者共同思考和设计有效的读后活动及其评价方式，以促进学生英语阅读能力的提升。

【参考文献】

[1] Alexander J E, Filter RC. Attitudes and Reading [M].Newark, DE: International Reading Association, 1976.

[2] Fishbein, M., & Ajzen, I. Belief, Attitude, Intention, and Behavior: An Introduction to Theory and Research Reading [M].MA: Addison-Wesley, 1975.

[3] Izumi, S. Comprehension and Production Processes in Second Language Learning: In Search of the Psycholinguistic Rationale of the Output Hypothesis [J]. Applied Linguistics, 2003, 24(2).

[4] Krashen, S. D. The Input Hypothesis: Issues and Implications [M].London: Longman, 1985.

[5] Petscher Yaacov. Meta-Analysis of the Relationship Between Student Attitudes Towards Reading and Achievement in Reading [J].Journal of Research in Reading, 2009, 3(2).

[6] Sainsbury Marian& Schagen Ian. Attitudes to Reading at Ages Nine and Eleven [J].Journal of Research in Reading, 2004, 27(4).

[7] Swain, M. Communication Competence: Some Roles of Comprehensible Input and Comprehensible Output in its Development [M] //S. Gass, S & Madden, C. Input in Second Language Acquisition. Rowley. MA: Newbury House, 1985.

[8] Swain, M. Tree Functions of Output in Second Language Learning [M] //In Cook, G & Seidlhofer, B. Principles and Practice in Applied Linguistics. Oxford University Press, 1995.

[9] Vanpattern, B. From Input to Output: A Teacher's Guide to Second Language Acquisition [M].Beijing World Publishing Corporation, 2007.

[10] 陈贤纯. 外语阅读教学与心理学 [M].北京：北京语言文化大学出版社，1998.

[11] 蒋炎富. 基于"输出驱动——输入促成"的高三英语写作教学行动研究 [J].英语学习，2015（4）.

[12] 克特.W. 巴克. 社会心理学 [M].南开大学社会学系，译. 天津：南开大学出版社，1984.

[13] 李萍. 语言输出假设研究二十年：回顾与思考 [J].外语与外语教学，2006（7）.

[14] 陶战勇. 高中生英语阅读动机研究 [J].基础英语教育，2008（4）.

[15] 唐炜. 中学生英语阅读中的动机问题及其影响机制 [J].杭州师范大学学报，2005（4）.

[16] 王卫红. 基于"输出驱动假设"的大学生英语应用能力培养 [J].课程教育研究，2015（10）.

[17] 文秋芳. 输出驱动假设与英语专业技能课程改革 [J].外语界，2008（2）.

[18] 文秋芳. 输出驱动假设在大学英语教学中的应用、思考与建议 [J].外语界，2013（6）.

[19] 鄢家利，韩宝成. 高中生英语课外阅读情感因素现状调查与分析 [J].基础教育外语教学研究，2008（8）.

学生发展核心素养：政策背景、内涵辨析及培养路径

宋洪鹏[*]

【摘 要】 核心素养是当前我国基础教育改革与发展的热门话题，受到政策制定者、研究者、实践者的广泛关注。本文梳理核心素养提出的国内外政策背景，辨析核心素养与育人目标、学科核心素养、三维目标的关系，提出核心素养的培养路径。为培养学生的核心素养，中小学校应提出符合学校实际的核心素养体系；有效实施课程教学培养学生的核心素养；加强教师队伍建设提高教师的核心素养；构建基于核心素养的学校评价体系。

【关键词】 核心素养；育人目标；培养路径

核心素养是当前我国基础教育领域的热门话题，受到政策制定者、研究者、实践者的广泛关注。仅在2016年，在CNKI里以"核心素养"为关键词检索到的核心期刊论文数就达到138篇。可以说，核心素养是学界关注的焦点问题。在实践中，核心素养是各级各类基础教育培训聚焦的主题，也是中小学探索学校管理变革的重点。本文关注核心素养提出的国内外政策背景，进一步厘清和辨析核心素养的内涵，在此基础上探讨核心素养由理念落到实处的培养路径。

一、核心素养提出的政策背景

（一）"培养什么样的人"是我国基础教育改革与发展强调的重点

"培养什么样的人"是对教育目标的探讨，是我国教育领域一直以来关注的重要议题。1995年通过的《中华人民共和国教育法》强调教育应当坚持立德树人，规定教育要"培养德、智、体、美等方面全面发展的社会主义建设者和接班人"。1999年《中共中央国务院关于深化教育改革全面推进素质教育的决定》（中发[1999] 9号）提出，"全面推进素质教育，培养适应二十一世纪现代化建设需要的社会主义新人"，强调教育应"以提高国民素质为根本宗旨，以培养学生的创新精神和实践能力为重点，造就'有理想、有道德、有文化、有纪律'的、德智体美等全面发展的社会主义事业建设者

---

[*] 宋洪鹏（1987~），男，山东泰安人，北京教育科学研究院教师研究中心研究实习员，管理学博士，研究方向为学校管理、教师专业发展、教育评价。

和接班人"。这一文件对我国基础教育改革与发展起了很大的推动作用。

进入 21 世纪以来,特别是 2010 年以后,"培养什么样的人"成为一系列政策关注的焦点。2010 年出台的《国家中长期教育改革和发展规划纲要(2010—2020 年)》,是影响十年教育发展的纲领性政策。它明确将"育人为本""提高质量"作为工作方针,提出"把育人为本作为教育工作的根本要求""把提高质量作为教育改革发展的核心任务""坚持以人为本、全面实施素质教育是教育改革发展的战略主题",强调以人为本、全面实施素质教育的核心是解决好培养什么人、怎样培养人的重大问题,重点是面向全体学生、促进学生全面发展,着力提高学生服务国家服务人民的社会责任感、勇于探索的创新精神和善于解决问题的实践能力,要求德育为先、能力为重、全面发展。2014 年颁布的《教育部关于全面深化课程改革落实立德树人根本任务的意见》(教基二[2014] 4 号)开宗明义,将落实立德树人作为教育发展的根本任务,提出"要根据学生的成长规律和社会对人才的需求,把对学生德智体美全面发展总体要求和社会主义核心价值观的有关内容具体化、细化,深入回答'培养什么人、怎样培养人'的问题"。2016 年 9 月发布的《中国学生发展核心素养》对未来培养什么样的人进行了具体的规定,提出"中国学生发展核心素养,以科学性、时代性和民族性为基本原则,以培养'全面发展的人'为核心,分为文化基础、自主发展、社会参与三个方面。综合表现为人文底蕴、科学精神、学会学习、健康生活、责任担当、实践创新六大素养,具体细化为国家认同等十八个基本要点"。这一成果是落实立德树人根本任务、深化教育领域综合改革的迫切需要,为我国基础教育改革与发展指明了方向。

(二)核心素养培养是国际基础教育发展的重要趋势

自 20 世纪 90 年代以来,一些世界组织如经济合作与发展组织(OECD)、欧盟(EU)和国家如美国、新加坡提出了核心素养政策和核心素养框架。可以说,世界范围内的核心素养热潮实质上是教育质量的升级运动,是国际教育竞争的集中反映。[1] 1997 年,OECD 启动了"素养的界定与遴选:理论和概念框架基础"(Definition and Selection of Competencies: Theoretical and Conceptual Foundation)研究项目,2003 年出版了最终研究报告《核心素养促进成功的生活和健全的社会》(Key Competencies for a Successful Life and a Well-Functioning Society),2005 年发布了《核心素养的界定与遴选:概要》(The definition and selection of key competencies: Executive summary),提出了"三大类九个素养"的核心素养结构模型。2006 年 12 月,欧盟通过了关于推荐八项核心素养的建议案,提出了使用母语交流、使用外语交流、数学素养与基本的科学技术素养、信息素养、学会学习、社会与公民素养、主动意识与创业精神、文化意识与表达八大核心素养。[2] 2002 年,美国正式启动 21 世纪核心技能研究项目,创建美国 21 世纪技能联盟(Partnership for 21st Century Skills),提出了 21 世纪核心素养框架,包括学习与创新技

---

[1] 褚宏启. 核心素养的国际视野与中国立场——21 世纪中国的国民素质提升与教育目标转型 [J]. 教育研究,2016 (11): 8-18.

[2] 裴新宁,刘新阳. 为 21 世纪重建教育——欧盟"核心素养"框架的确立 [J]. 全球教育展望,2013 (12): 89-102.

能、信息媒体与技术技能、生活与职业技能等素养。[1] 2010 年 3 月，新加坡教育部公布了新加坡学生的"21 世纪素养"框架，提出了核心价值观和具体的技能。核心价值观包括尊重、负责、正直、关爱、坚毅不屈、和谐。具体的技能包括社交与情绪管理技能，公民素养、全球意识和跨文化交流技能，批判性、创新性思维，交流、合作和信息技能。[2] 总的来说，世界上很多国家和国际组织为应对 21 世纪的挑战进行了学生发展核心素养研究，推动了教育改革与发展。

二、核心素养内涵辨析

（一）核心素养的内涵

厘清核心素养的内涵，对于核心素养在实践中的落实和培育具有非常重要的意义。虽然当前对核心素养的研究很多，但是对核心素养的界定尚未达成一致。中国学生发展核心素养课题组组长、北京师范大学资深教授林崇德认为："从本质上来讲，关注学生发展核心素养，就是关注'面向未来教育要培养怎样的人'这一问题。"[3] 辛涛教授认为在讨论一个政策概念时，充分考虑概念的政策指向应是首要的角度。核心素养的政策指向至少包括三个方面：我们究竟要培养什么样的人；贯彻党和国家的教育方针，落实立德树人根本任务的要求；真正实现由传统的以学科知识传授为导向的课程和教学方式转向以促进学生全面发展为导向的课程和教学方式。[4]《中国学生发展核心素养》明确提出了核心素养的概念，它主要指学生应具备的，能够适应终身发展和社会发展需要的必备品格和关键能力。

一些研究者对核心素养的概念进行了辨析。张华教授认为核心素养是人们适应 21 世纪信息时代个人和社会的发展需求，解决复杂问题和适应不确定情境的高级能力和道德意识。它有三个最显著的特点：它是一种高层次能力，以批判性思维、创造性思维和复杂交往能力为核心；它具有道德感和社会责任感，倡导负责任的创新、创造与批判，不是所有高层次能力都是核心素养；它具有鲜明的时代特征，应信息文明的召唤。[5] 褚宏启教授认为核心素养是为了适应 21 世纪的社会变革，人所应该具备的关键素养。从本质上讲，其含义包括以下几点：核心素养是"关键素养"，不是"全面素养"；核心素养要反映"个体需求"，更要反映"社会需要"；核心素养是"高级素养"，不是"低级素养"，甚至也不是"基础素养"；核心素养要反映"全球化"的要求，更要体现"本土性"的要求。[6] 这两个概念进一步明确了核心素养的内涵，使人更容易理解和掌握。

---

[1] 师曼，刘晟，等. 21 世纪核心素养的框架及要素研究 [J]. 华东师范大学学报：教育科学版，2016（3）：29-37.
[2] 褚宏启，张咏梅，田一. 我国学生的核心素养及其培育 [J]. 中小学管理，2015（9）：4-7.
[3] 林崇德. 学生发展核心素养：面向未来应该培养怎样的人？[J]. 中国教育学刊，2016（6）：1-2.
[4] 辛涛. 学生发展核心素养研究应注意几个问题 [J]. 华东师范大学学报：教育科学版，2016（1）.
[5] 张华. 正确处理核心素养与"双基"的关系 [J]. 人民教育，2016（19）：23-26.
[6] 褚宏启. 核心素养的概念与本质 [J]. 华东师范大学学报：教育科学版，2016（1）：1-3.

尽管对核心素养概念的认识还未达成一致，但是从已有研究中可以总结出以下观点：核心素养是对培养什么人问题的回答；核心素养不是基础素养、全面素养，而是高级素养、关键素养；核心素养的提出能够助推基础教育的改革与发展。

（二）核心素养与育人目标

核心素养是对未来教育培养什么样人的回答，以往我们提出的育人目标也是对学校培养什么样人的回答，核心素养与育人目标之间是什么关系？如果不厘清两者的关系，就可能给中小学校造成很大的困扰。辛涛教授认为核心素养是我国教育目标的反映，旨在将宏观的教育理念、教育目标结构化细化，进行更系统化的诠释，促进一线教师在实践过程中理解并落实国家的教育理念与目标。[1] 学校的育人目标是中小学校在国家教育目标的指导下基于自己的历史传统与办学实际提出的，是国家教育目标在学校里的微观体现。可以说，具体到一所学校，核心素养是学校育人目标的反映，是对学校育人目标的细化、具体化。

（三）核心素养与学科核心素养

在核心素养概念提出后，一些研究者提出了学科核心素养的概念，希望通过学科课程学习来培养学生的核心素养。学科核心素养指的是学生通过该门学科的学习形成的必备品格和关键能力，它是一门学科（教育和学习）留给学生最有价值、最有意义的东西。学科核心素养就是核心素养的具体化、学科化、情境化。[2]

学科核心素养是学生核心素养培养的手段，是核心素养落实的重要途径。这里需要注意的是，核心素养并不是由一门学科独立培养出来的，而是通过不同学科共同培养出来的。刘恩山教授认为核心素养是一种跨学科素养，它强调各学科都可以发展的、对学生最有用的东西。[3] 石鸥教授认为学科在促进学生核心素养的发展上意义重大，但是任何核心素养的培养都不是一门单独的学科可以完成的，任何学科都有其对于核心素养发展的共性贡献与个性贡献。[4] 褚宏启教授认为跨界素养即为核心素养，是指可以迁移和适应不同工作需求及环境的素养，如分析问题解决办法的素养、有效交流思想和信息的素养、创新和创造的素养等。[5] 所以，在实践中，学科研究者在找寻自己学科所能达成的核心素养，试图在一个具体学科中找到学生核心素养培养的抓手，但需要强调的是，不应过分夸大单一学科在某一核心素养培养中的作用，而应更多地将其放在跨学科的语境下，通过学科整合，真正促进学生核心素养的培养。

（四）核心素养与三维目标

如果说从"双基"走向三维目标是新一轮课程改革的一个标志，那么从三维目标走向核心素养则是课程改革全面深化的一个标志；从三维目标到核心素养，其变迁基本

---

[1] 辛涛，姜宇，刘霞．我国义务教育阶段学生核心素养模型的构建 [J]．北京师范大学学报：社会科学版，2013（1）：5-11．
[2] 余文森．从三维目标走向核心素养是课改深化的标志 [J]．人民教育，2016（19）：27．
[3] 施久铭．核心素养：为了培养"全面发展的人"[J]．人民教育，2014（10）：13-15．
[4] 石鸥，张文．学生核心素养培养呼唤基于核心素养的教科书 [J]．课程·教材·教法，2016（9）：14-19．
[5] 褚宏启．只讲"核心素养"是不够的 [J]．中小学管理，2016（9）：61．

上体现了学科本位到以人为本的转变。❶ 一些研究者认为核心素养的提出是对三维目标的全面超越。在这里，需要追根溯源，对两个概念做进一步的辨析。三维目标是根据美国著名教育学者布卢姆的教育目标分类学提出的，指出教育教学过程不应只关注基本知识和基本技能，而应该达到三个目标维度，即知识与技能、过程与方法、情感态度与价值观。三维目标是新课改所倡导的教育教学理念，对于我国2001年后的课程改革与发展具有重要的推动作用。核心素养是对于"培养什么样的人"的探讨，与三维目标相比，它是上位的概念，更强调知识、能力与态度的统整;❷ 在这个层面上可以说，核心素养是对三维目标的超越。但是，这不意味着要全面否定三维目标，三维目标作为课程教学目标，是核心素养形成的要素和路径，是三维目标的进一步提炼与整合，❸是通过系统的学习之后而获得的。

三、核心素养的培养路径

在国家学生发展核心素养政策提出以后，核心素养如何落地是当前我国基础教育实践领域关注的问题。中小学应该采取多种手段促进学生核心素养的培养。

（一）提出符合学校实际的核心素养体系

国家提出的学生发展核心素养框架为中小学探讨核心素养问题提供了依据。各校应根据学校实际提出符合本校特色的核心素养体系。

1. 提出符合实际的育人目标

校长对于培养什么样的人要有明确的深刻的认识，真正理解什么是"以人为本"。❹学校应综合教师、学生、家长、专家等各方利益，采用SWOT分析法，分析学校内部的优势（Strengths）和不足（Weaknesses），找到学校外部的机遇（Opportunities）和挑战（Threats），在国家教育目标指导下，形成符合学校实际的育人目标。

2. 对育人目标进行分解构建核心素养体系

学校在培养学生核心素养的时候，应该注重整体设计。学校的育人目标是学生核心素养整体设计的依据。在一所学校，育人目标是核心素养的总体概括，核心素养是育人目标的具体化。实现学校的育人目标，需要基于育人目标构建核心素养体系。在参考国家版的核心素养体系的基础上，学校将育人目标分解成几个大的核心素养，再将每个大的核心素养具体细化为基本要点。需要注意的是，国家的核心素养体系较为全面，关照的方面较多，很多学校很难面面俱到，应突出学校发展的特色，再结合国家版的核心素养构建学校的核心素养体系。

3. 核心素养体系应考虑不同学段的差异

学校提出的核心素养体系是一个学生在这所学校学习期间实现的必备品格和关键能力。在实践中，还应该考虑到核心素养在各学段的分解，考虑到不同学段的具体表现。

---

❶❸ 余文森. 从三维目标走向核心素养是课改深化的标志 [J]. 人民教育，2016（19）：27.
❷ 王岚. 从学科实施到课程创生：核心素养视野下的教与学 [J]. 中小学管理，2016（12）：42-43.
❹ 褚宏启. 核心素养与规划未来 [J]. 中小学管理，2016（8）：60.

《中国学生发展核心素养》中明确指出,"根据这一总体框架,可针对学生年龄特点进一步提出各学段学生的具体表现要求"。所以,一所学校在制定总的核心素养时要考虑到学校各个年级学生的差异,根据每个年级学生的年龄特点、认知特点将学校总的核心素养分解为每个年级学生的核心素养。这样,每个年级的核心素养有不同的侧重点,当一个学生从这所学校毕业时,其核心素养就能够达到学校总体核心素养的要求。

（二）有效实施课程教学培养学生的核心素养

1. 加强课程整合培养学生的核心素养

课程是教育思想、教育目标和教育内容的主要载体,是实现学校育人目标和学生核心素养的主要手段。从广义上来看,学校的活动都可以视为课程。我国中小学校实行三级课程管理。2001年出台的《基础教育课程改革纲要（试行）》指出,"为保障和促进课程适应不同地区、学校、学生的要求,实行国家、地方和学校三级课程管理"。国家课程、地方课程、校本课程是当前我国中小学校基本的课程结构。中小学实施三级课程,并不意味着三级课程是简单的叠加或者罗列,而是应以实现育人目标和核心素养为目标进行有机整合。在育人目标和核心素养的指导下,学校的课程整合更是学校课程建设的主旋律,如何通过跨学科的融合培养学生的核心素养是各校关注的重点。需要强调的是,加强课程整合,要更多地选用真实情景问题作为课程资源,提高学生解决真实问题的能力。

2. 优化教学模式培养学生的核心素养

教学是课程的实施,是将课程理念转换为具体实践的载体。如何将学生发展核心素养落到实处,课堂教学发挥着重要作用。为提升学生的核心素养,学校应以学生核心素养为基础制定教学目标,调整优化课堂教学模式,将以教师为中心转变为以学生为中心；开展课堂教学改革,实施诸如走班制、小组合作学习等模式,让更多的学生参与到教学中,促进学生的主动学习与合作学习,培养学生的自主学习能力、批判思维能力、自主探究能力。"以学生为主"的课堂教学,不仅要求教师让学生独立自主地进行探究,更重要的是要求教师以学生学习为主线,关注学生问题生成、实践、操作、思维转化、问题解决的全过程,指导并促进他们由浅入深、由表及里地进行学习探索,进而使他们形成独立思考、实践和学习的能力。❶

（三）加强教师队伍建设提高教师的核心素养

教育大计,教师为本,教师是中小学校的第一资源。要培养学生的核心素养,就需要提高教师的核心素养。加强教师队伍建设是促进学生核心素养培养的重要手段。加强教师队伍建设,应重点关注以下几个方面。第一,要加强核心素养理念的培训,提高教师对核心素养的理解和认识程度,使教师具备相应的知识和能力,具有相应的核心素养。第二,培养学生的核心素养,教师要真正转变教育教学观念,发挥学生的主体性,切实落实以生为本的理念。第三,教师要提高课程建设和课堂教学能力,以课程整合和课堂教学模式改革为主要抓手,促进学生核心素养的培养。

---

❶ 姜宇,辛涛,等. 基于核心素养的教育改革实践途径与策略 [J]. 中国教育学刊,2016（6）：29-32.

（四）构建基于核心素养的学校评价体系

评价是对教育过程和效果进行检验的活动。它是学校管理的重要组成部分，是学校育人目标和核心素养实现的重要保障。为此，学校应建立以育人目标和核心素养为评价标准，以形成性评价和终结性评价为主要形式，构建多个评价主体参与的、方式多样的评价体系。学校要使用形成性评价和终结性评价相结合的形式，对核心素养的培养过程和结果进行全面了解，以促进核心素养的实现。基于不同的核心素养，学校采用多样化的评价方式，比如知识测验、心理测试、体质监测、问卷调查、集体座谈、个别访谈、实地观察等。针对不同的形式，让学生、教师、家长、第三方等评价主体广泛参与。多个评价主体和多种评价形式相互印证、多角互证，得出符合客观实际、科学的评价结果。学校合理使用评价结果，充分发挥评价的发展性功能，将其作为每一位学生发展的基准数据，向教师、学生和家长及时反馈相关数据，使各方能够采取有针对性的措施，促进学生核心素养的提升。

交流轮岗背景下中小学校教师队伍
建设的挑战与应对

郝保伟*

【摘　要】 交流轮岗、县管校聘管理变革使中小学校教师队伍建设置于新的制度环境之下，面临新的挑战。面对新挑战，教育行政部门和学校必须采取新举措，转变观念，改革管理方式，优化队伍建设，强化团队建设，建立激励保障体系，建立针对交流轮岗教师的专业发展支持体系。

【关键词】 交流轮岗；县管校聘；挑战与应对

"十二五"以来，促进教育公平、提高教育质量成为我国基础教育改革的两大价值取向和战略任务。围绕这两大战略任务，为进一步深化教育领域综合改革，国家层面进行了顶层制度设计，出台了一系列政策文件，进行了一系列制度创新。教师交流轮岗制度作为促进教育均衡发展、促进教育公平的重要抓手，成为国家层面的政策工具。交流轮岗制度、县管校聘制度的推行，是对现行教师管理制度的重大变革，势必对教师人事管理体制、教师队伍建设、教师专业成长等带来一系列冲击与影响。在学校层面，给学校教师队伍建设带来诸多挑战。

一、县管校聘、交流轮岗：学校教师队伍建设新的制度环境

县管校聘制度、交流轮岗制度的建立，构成中小学校教师管理、队伍建设的新的制度环境。

1. 交流轮岗制度

早在"十一五"期间，诸多地方教育行政部门（主要是县级教育行政部门）即开始了中小学教师交流轮岗的实践探索，初步建立起了当地的交流轮岗制度，实现了制度创新。到"十二五"后期，这种制度创新逐渐为国家接受，上升为国家意志，完成了由下而上的制度变迁。

2014年8月，教育部、财政部、人力资源和社会保障部联合颁发《关于推进县（区）域内义务教育学校校长教师交流轮岗的意见》（教师〔2014〕4号），对交流轮岗的政策目标、政策对象与范围、交流轮岗形式、激励与保障措施等进行了明文规定。同

---

* 郝保伟（1979~），男，北京教育科学研究院教师研究中心副研究员，博士。

时明确指出"力争用3至5年时间实现县（区）域内校长教师交流轮岗的制度化、常态化"。教师交流轮岗的途径与形式有定期交流、跨校竞聘、学区制、名校办分校、学校联盟、集团化、对口支援、教师走教等。这些都构成新的教师管理制度。

2. "县（区）管校聘"管理制度

教师［2014］4号文件同时规定，全面推进义务教育教师队伍"县（区）管校聘"管理改革，加强县（区）域内义务教育教师的统筹管理，推进"县管校聘"管理改革，打破教师交流轮岗的管理体制障碍。文件要求教育行政部门制订本县（区）域内教师岗位结构比例标准、公开招聘和聘用管理办法、培养培训计划、业绩考核和工资待遇方案，规范人事档案管理和退休管理服务。要求学校依法与教师签订聘用合同，负责教师的使用和日常管理。签订岗位聘用合同。

同时，国家教育部启动了"县管校聘"示范区建设，2015年4月公布了第一批19个示范区，2017年5月公布了第二批30个示范区。示范区建设为推进"县管校聘"积累了宝贵经验，并成为这些县（区）的新的教师管理制度的一部分。

"县管校聘"管理制度的推行，是对现行教师管理制度的重大改革，对各级教育行政部门和各级各类中小学校的队伍管理、队伍建设的各个环节产生一系列影响。

二、学校教师队伍建设面临的挑战

交流轮岗、县管校聘制度背景下，学校教师队伍建设工作面临诸多挑战。

1. 挑战一：重塑学校与教师之间的关系

县管校聘管理制度的基本安排是：县级教育行政部门会同有关部门制定本县（区）域内教师岗位结构比例标准、公开招聘和聘用管理办法、培养培训计划、业绩考核和工资待遇方案，规范人事档案管理和退休管理服务。学校依法与教师签订聘用合同，负责教师的使用和日常管理。

教师成为教育"系统人"，不再是"学校人"，其编制、档案都不再属于某一所学校，而由县级教育行政部门或其派出单位统一管理，且有权在全县范围统筹安排调剂师资，打破了编制的单位所有制，打破了教师对学校的依附关系。这种情况下，教师、学校、教育行政部门之间的关系需要重新调整。学校对教师的管理，从管理内容到管理方式都需要进行变革。

2. 挑战二：冲击学校队伍建设，影响教师队伍质量

交流轮岗成为新常态，教师在学校之间的流出、流入成为家常便饭。如果一所学校参加交流轮岗的教师比例过大，相对稳定的教学秩序必定会受到一定冲击，影响教育教学质量。优质师资的派出，短期内会稀释派出学校的优质师资，影响学校教师队伍的结构和梯队建设，影响教师队伍的整体质量。

3. 挑战三：影响学校教师队伍建设的动力

新常态下，"铁打的学校，流水的教师"，教师不再固定在一所学校，不再属于一所学校。学校打造教师队伍建设的动力势必有所减弱，重使用，轻培养。长此以往，县（区）域整体教师队伍质量势必受到影响，直至影响县域整体教育质量。

4. 挑战四：影响学校教师团队文化与人际关系

"交流轮岗"政策实施之初，多数教师对此不理解、不接纳，甚至认为"被交流""被流动"是学校淘汰、处理绩效不佳教师的一种手段，因此唯恐避之不及。每当工作开展之时，教师群体中弥漫着一点"人心惶惶"的感觉。而随着该项政策的广泛推行，尤其是将"交流轮岗"与教师的评职晋级、评优评先挂钩之后，甚至成为必要条件之后，参加交流轮岗就成为一种"稀缺资源"，逐步成为大家竞争的焦点。这两种情况都给学校教师文化、人际关系带来一定冲击，甚至会加剧教师之间的竞争与猜忌。

5. 挑战五：交流轮岗教师对新环境"水土不服"

交流到新学校、新岗位，面临着新同事、新学生，短期内必然会出现对新环境的"水土不服"现象。尤其是从城区优质学校交流到农村学校、山区学校的教师，环境差异较大，可能会出现一定的心理不适，缺乏归属感，甚至会认为被原来学校"抛弃"了。

6. 挑战六：交流轮岗教师的专业发展可能受阻

与优质学校、城区学校相比，农村学校、薄弱学校的教师队伍整体水平不高，教科研团队水平与资源有限，参加研修学习的机会不多。优质学校、城区学校交流过来的教师，其持续性专业发展可能会受到一定影响；在交流期间，其业务水平可能无法持续提升，甚至倒退。

三、新常态下学校教师队伍建设的应对之策

1. 转变观念，转变管理方式

学校与教师双方都需要及时转变观念，重新认清双方的角色定位、责权利关系，从而改变相应的管理行为、教育教学行为等。需要进一步调整、完善岗位聘任制的内容与形式，加强对教师日常管理、使用等。

2. 提升政策实施的科学性，加强队伍建设

教育行政部门要科学、合理确定学校教师参加交流轮岗的比例，不盲目追求数字上的浮夸。学校要做好交流轮岗工作计划，有计划、有比例、有针对性地做好教师的派出与接收，确保本校教师队伍不"伤筋动骨"。要切实打造教师团队，如教研团队、学科团队等，优化队伍结构，确保不因某一位或几位教师的离岗而影响某学科的教学工作，甚至学校的特色工作。

3. 克服本位主义，强化校本培训指导

教育行政部门要加大交流轮岗政策意义与价值的宣传，引导广大学校和校长树立"大教育观"，克服"学校本位主义"，从均衡发展、教育公平的高度接纳新常态，不遗余力地打造本校教师队伍。同时，教育行政部门要做好本县（区）教师队伍建设的统筹规划，在培养培训上加大力度；加大对校本培训的指导、支持、管理与考核，强化学校校本培训的责任与力度。

4. 完善管理，加强过程管理

学校作为交流轮岗政策的对象和组织实施者，具有双重功能、双重角色，是非常关

键的一环。全面、细致解读交流轮岗政策，建立健全交流轮岗工作过程管理制度，严格遵循制度开展工作。交流轮岗工作务必做到公开、公平、规范，尤其是选派教师的过程，要严格符合要求与标准。加强教师团队文化建设，鼓励团队精神、良性竞争。

5. 开展培训，彰显人文关怀

开展新岗位岗前培训。教育行政部门、接收学校应对交流进来的新教师进行有针对性的培训，帮助他们提前了解新学校的基本情况、所处区域的情况，对新学校、新环境有个相对清晰的心理预期。解决交流轮岗教师的实际困难，加强人文关怀。如开通班车解决交通问题，或者发放交通补贴；改善住宿条件，尤其是交流到农村学校的教师的住宿条件；在伙食方面，适当关照交流轮岗教师的饮食习惯。对心理出现问题的教师，要切实加强心理调适。

6. 建立持续专业发展支持体系

针对交流轮岗教师，必须建立专门的专业发展支持体系。教育行政部门加强对交流轮岗教师的业务培训，提供各种研修学习的机会。派出学校加强对交流轮岗教师的追踪指导。交流轮岗教师个人要加强研修学习，借助信息手段、网络资源开展学习，定期回原学校参加各种学习活动。

【参考文献】

［1］郝保伟. 促进教育均衡发展的中小学教师流动研究［M］. 北京：知识产权出版社，2015.

［2］魏小芳. 中小学教师队伍建设存在的问题、原因及对策研究［D］. 武汉：华中师范大学，2015.

［3］冼秀丽，蒋金夏. 教师流动中的学校文化冲突与调适［J］. 太原城市职业技术学院学报，2017（3）.